公路路线优化设计原理与方法

吴明先　林宣财　潘兵宏　吴善根　王贵山 **编著**
　　　　　　王　佐　李　涛 **主审**

人民交通出版社股份有限公司

北　京

内 容 提 要

本书系统总结了我国公路路线设计中的典型问题和焦点问题,基于设计实践总结和科学研究重要成果,阐述了公路路线设计典型问题的优化设计原理和优化设计方法。全书共分两篇15章:第1篇主要对《公路路线设计规范》(JTG D20—2017)中的相关规定进行深入解读,解释主要技术指标的来源,同时基于实践经验的总结性研究,阐述灵活运用路线技术指标的方法;第2篇主要介绍公路路线安全性优化设计方面的总结性、创新性及原创性研究成果,全面科学阐述了路线优化设计的基本原理和方法。同时本书列举了较多典型工程案例剖析,供同行借鉴、参考。

本书适用于高速公路改扩建工程和复杂环境公路路线优化设计,可为公路总体、路线专业的广大设计、管理、科研人员提供理论指导和设计指南,也可供高校相关专业师生参考阅读。

图书在版编目(CIP)数据

公路路线优化设计原理与方法 / 吴明先等编著. —北京:人民交通出版社股份有限公司,2023.9
ISBN 978-7-114-18957-9

Ⅰ.①公… Ⅱ.①吴… Ⅲ.①公路线形—线形设计 Ⅳ.①U412.3

中国国家版本馆 CIP 数据核字(2023)第 162056 号

Gonglu Luxian Youhua Sheji Yuanli yu Fangfa
书　名:	公路路线优化设计原理与方法
著 作 者:	吴明先　林宣财　潘兵宏　吴善根　王贵山
责任编辑:	丁　遥
责任校对:	孙国靖　宋佳时
责任印制:	张　凯
出版发行:	人民交通出版社股份有限公司
地　　址:	(100011)北京市朝阳区安定门外外馆斜街3号
网　　址:	http://www.ccpcl.com.cn
销售电话:	(010)59757973
总 经 销:	人民交通出版社股份有限公司发行部
经　　销:	各地新华书店
印　　刷:	北京市密东印刷有限公司
开　　本:	787×1092　1/16
印　　张:	22.25
字　　数:	541 千
版　　次:	2023 年 9 月　第 1 版
印　　次:	2023 年 9 月　第 1 次印刷
书　　号:	ISBN 978-7-114-18957-9
定　　价:	120.00 元

(有印刷、装订质量问题的图书,由本公司负责调换)

序
PREFACE

新中国成立以来,我国公路交通总体经历了从"瓶颈制约"到"初步缓解",再到"基本适应"的发展历程,取得了历史性的成就。截至2022年底,我国公路总里程达到535.48万km,其中高速公路里程17.73万km,国省干线公路连接了全国县级及以上行政区,干支衔接、四通八达的公路网已经形成。

2019年9月和2021年2月中共中央、国务院发布了《交通强国建设纲要》和《国家综合立体交通网规划纲要》,将交通强国从行业发展战略上升到国家战略层面,这两个纲要擘画了我国交通运输发展的宏伟蓝图。党的二十大报告指出"坚持把发展经济的着力点放在实体经济上,推进新型工业化,加快建设制造强国、质量强国、航天强国、交通强国、网络强国、数字中国",再次明确了建设交通强国的战略定位。

"十四五"时期是我国全面建成小康社会、实现第一个百年奋斗目标之后,乘势而上开启全面建设社会主义现代化国家新征程、向第二个百年奋斗目标进军的第一个五年,也是加快建设交通强国、构建国家综合立体交通网的关键时期。国家经济快速发展,民众出行需求不断变化,对高速公路的服务质量提出了更高的要求,不仅要安全快捷,也要舒适愉悦。对标"人民满意、保障有力、世界前列"的交通强国建设总目标,高速公路建设的关键技术指标和管理手段等也需与时俱进,进一步更新和完善。

中交第一公路勘察设计研究院有限公司(以下简称一公院)作为我国交通规划设计咨询行业领军企业,70年来不仅在国内外承担了大量复杂的公路建设项目,还承担了《公路工程技术标准》《公路路线设计规范》等标准、规范的编制工作。一公院长期重视科研与工程实际的结合,秉承"解工程难题,填行业空白,引领行业技术进步"的职责使命,坚持问题导向、需求导向、目标导向和应用导向,对事关高速公路建设方案、工程造价与行车安全等影响比较大的四大方面问题开展了系统的技术攻关,在复杂环境公路路线优化设计原理与方法、高速公路连续长大纵坡路段平均纵坡的合理控制、互通式立交出入口技术指标体系与安全保障技术、高速公路停车视距与识别视距及对交通安全的影响等方面取得了丰硕的创新性研究成果,这些成果对促进和提升我国高速公路设计水平具有重要意义和参考价值。

  为了更好地推广、应用既有研究成果,一公院组织负责参加课题研究的资深专家,在研究成果及学术论文基础上,编撰了三本专著,分别为《公路路线优化设计原理与方法》《互通式立交优化设计原理与方法》和《互通式立交出入口与隧道口小净距路段交通安全保障技术》,全面系统地阐述了公路路线设计中关键技术指标及典型问题的优化设计原理和优化设计方法,理论性、实践性都很强。我们期待专著的出版能对新建公路复杂环境路段和高速公路改扩建工程合理运用技术指标及灵活设计起到积极的促进作用,助力在加快建设交通强国中实现"一流设施"的建设目标。

2023 年 7 月

前言
FOREWORD

随着公路网的不断完善,我国高速公路建设取得了举世瞩目的成就,积累了丰富的经验。一公院(参加单位长安大学)于2018年开始针对高速公路路线及互通式立交在安全性、舒适性优化设计方面存在的典型关键技术问题,在既有研究成果的基础上开展了系统的总结性、创新性及原创性研究。经过4年多的深入调查、分析与研究,取得了丰硕的成果:完成了《高速公路路线及互通式立交安全性优化设计研究》专题研究报告(含6个子课题),在国内核心期刊发表了40余篇学术论文,申请了系列专利,完成了系列专著的编著。本书系统总结了我国公路路线设计中关键技术指标和相关规定中出现的典型问题和焦点问题,并基于"安全性研究成果为基础,舒适性高质量建设为目标",在总结设计实践和深入分析研究成果的基础上,系统阐述了公路路线设计中典型问题的优化设计原理和优化设计方法。

我国高速公路里程于2022年底达到17.73万km,位居世界第一。我国《公路路线设计规范》中路线技术指标及相关规定的历次修订,除了配套专项研究成果起到了主要支撑作用外,还参考了《日本高速公路设计要领》和美国《公路与城市道路几何设计》中的相关规定。因此,我国公路路线设计主要技术指标及相关规定与美国、日本较为一致。但在实际运用中也发现存在如下几个方面的典型问题和焦点问题:①对工程造价影响较大的主要技术指标规定了一般值和极限值,但缺乏具体的选用原则和要求,设计人员在实际应用时难以合理把握;②对新建工程造价影响较小的次要技术指标,在高速公路改扩建工程运用时,由于指标规定固化,既有工程技术指标难以满足改建提速后的规定时,因缺乏安全性与灵活性应用的基本原理,设计人员和管理者难以根据具体情况灵活处置,易造成既有工程出现较多的废弃;③部分"好中求好"的技术指标或规定,因缺乏灵活应用的设计指南,在困难路段盲目"求好",往往造成工程造价大幅增加;④有些规定缺乏量化指标,只作定性规定,造成设计中难以掌握;⑤有些指标之间不一致,造成运用时难以取舍,或应用指标时不得不"就高不就低",造成工程规模增大较多。

规范中的上述问题是我国高速公路跨越式发展中存在的一些关键技术难点,针对这些问题我国学者一直不遗余力地进行调查分析与研究,相应的研究成果为不同时期的建设项目提供了非常有价值的技术支撑,为我国高速公路高质量建设与发展奠定了科学基础。本书配套课题"高速公路路线及互通式立交安全性优化设计研究",重点针对高速公路路线及互通式立交中技术指标及相关规定在实际运用中存在难以灵活运用的典型问题,从已建高速公路交通数据调查和交通事故多发诱因着手研究,旨在为路线安全性设计方面提出较为可靠的理论基础与实践应用方法,为建设高质量的公路奠定基础。期待本书能为新建公路复杂环境路段和高速公路改扩建工程中合理运用技术指标及灵活设计提供技术支撑。

本书配套科研项目的主要创新性及原创性成果如下:

(1)研究构建了高速公路路线线形与交通事故风险概率、连续下坡路段货车制动毂温升修正、超高和横向力分配优化、曲线型超高过渡、车道停车视距等关键指标的理论计算模型。

(2)系统分析了高速公路连续下坡路段缓坡设计指标、圆曲线极限最小半径、缓和曲线长度合理取值、隧道洞口明暗适应特性及适应时间、隧道洞口一致性控制性指标、不同车道驾驶人视点横向位置、基于不同车道停车视距的高速公路临界圆曲线半径、高速公路圆曲线最小半径路段限制速度取值等关键技术指标确定的基本原理,并提出了指标优化建议值。

(3)形成了高速公路连续下坡路段缓坡安全性设计、大型载重汽车缓速车道设计、隧道洞口线形一致性设计、中间带宽度变宽过渡优化设计、缓和曲线长度合理取值及超高过渡优化设计、多车道高速公路圆曲线超高曲线过渡与双路拱过渡设置等优化原理、方法和指标体系。

(4)对路线规范中部分关键指标规定原理不清晰的问题进行了释义,为灵活运用规范设计指标提供了重要的理论支撑,也为路线规范的修订提供了重要参考依据。

全书共分两篇15章:第1篇主要对路线规范中相关规定进行深入解读,解释主要技术指标的来源,同时基于实践经验的总结性研究,阐述灵活运用路线技术指标的方法;第2篇主要介绍公路路线安全性优化设计方面总结性、创新性及原创性研究成果,全面科学阐述了公路路线优化设计原理与方法。本书列举了较多典型工程案例剖析,供同行借鉴、参考。

本书由吴明先、林宣财、潘兵宏(长安大学)、吴善根、王贵山编著,由王佐、李涛主审。参加本书撰写的人员还有:富志鹏、黄治炉、张江洪、王松、刘禹同(长安大学)、邵阳(西安邮电大学)、白浩晨、李星、李赞勇、任春宁、张朝辉、王孟超、周永涛、刘维维、牛肖、金涛、王科、安欣、屈强、王旭鹏、刘传志、赵韬、李琛等。在本书编著过程中,一公院赵永国、汪晶、李宏斌、曹校勇、任海峰、陈彬、石剑兴等专家提供了指导和帮助,提出的宝贵意见与建议对提升专著质量起到显著的作用。本书的出版得到了一公院科技创新基金项目的资助,人民交通出版社股份有限公司对本书的出版给予了大力支持,在此一并表示感谢。

本书的主要内容属于对工程设计依据的总结性、创新性及原创性研究成果,对指导公路路线设计实践、实现公路灵活设计、促进我国高速公路高质量发展具有较高价值。由于编著者水平有限,书中难免有错误与不妥之处,恳请批评指正。来函请寄中交第一公路勘察设计研究院有限公司(陕西省西安市高新区科技二路63号,邮编:710075,联系电话:029-88322888,邮箱:linxc8616@163.com)。

编著者
2023年7月

目录
CONTENTS

第 1 篇
《公路路线设计规范》(JTG D20—2017) 相关规定的理解与运用

第 1 章 《公路路线设计规范》(JTG D20—2017) 相关规定的运用原则　　3
- 1.1 公路线形设计总体要求　　4
- 1.2 路线线形相关规定的理解、分类与运用原则　　9
- 1.3 桥梁与隧道路段路线技术指标运用原则　　12
- 1.4 互通式立交路段路线技术指标运用原则　　13
- 本章参考文献　　13

第 2 章 公路平面线形设计　　15
- 2.1 直线　　16
- 2.2 圆曲线　　20
- 2.3 缓和曲线　　24
- 2.4 小偏角平曲线长度　　26
- 2.5 回头曲线　　27

2.6　螺旋线 ·· 30

本章参考文献 ··· 32

第3章　公路纵断面线形设计 　35

3.1　最大纵坡 ·· 36

3.2　最小纵坡 ·· 39

3.3　坡长限制 ·· 41

3.4　平均纵坡 ·· 44

3.5　合成坡度 ·· 45

3.6　竖曲线 ··· 46

本章参考文献 ··· 48

第4章　平纵线形组合设计 　51

4.1　平纵线形组合形式 ··· 52

4.2　平包竖理想组合线形的运用 ·· 53

4.3　平曲线与竖曲线半径应均衡的指标运用 ····································· 55

4.4　平曲线包含竖曲线个数的合理性分析 ·· 55

4.5　平纵线形组合中应注意避免的组合线形 ····································· 56

4.6　平纵组合线形与环境景观相协调 ·· 57

本章参考文献 ··· 58

第5章　公路横断面设计 　59

5.1　公路横断面形式及组成 ·· 60

5.2　路拱横坡度及圆曲线超高设计 ··· 69

5.3　圆曲线加宽及加宽过渡段设计 ··· 74

5.4　爬坡车道 ·· 75

5.5　避险车道 ·· 80

5.6　错车道 ··· 83

5.7　紧急停车带 ··· 83

本章参考文献 ··· 83

| 第6章 | 公路平面交叉设计 | 85 |

6.1 平面交叉设计原则 ··· 86
6.2 平面交叉设计交通量与通行能力 ································· 88
6.3 平面交叉类型及其适用条件 ······································ 91
本章参考文献 ·· 98

第2篇
高速公路路线设计关键技术难点优化原理与方法

| 第1章 | 高速公路平纵线形与交通事故风险概率 | 101 |

1.1 概述 ·· 102
1.2 国内外相关研究简介及分析 ··· 103
1.3 高速公路交通事故影响因素分析 ······································ 107
1.4 事故风险概率分析模型 ··· 112
1.5 基于事故风险概率的单因素分析 ······································ 113
本章参考文献 ·· 118

| 第2章 | 基于悬挂模型的高速公路圆曲线极限最小半径 | 121 |

2.1 概述 ·· 122
2.2 悬挂模型的构建 ··· 123
2.3 基于悬挂模型的圆曲线极限半径 ······································ 126
2.4 极限半径下车辆稳定性分析 ··· 127
本章参考文献 ·· 133

| 第3章 | 高速公路圆曲线最小半径路段限制速度取值分析 | 135 |

3.1 概述 ·· 137
3.2 基于横向力系数的圆曲线最小半径限制速度取值分析 ········ 138

3.3 基于停车视距的圆曲线最小半径限制速度取值分析 ······ 141
本章参考文献 ······ 145

第4章　高速公路缓和曲线长度与超高过渡优化设计　　147

4.1 概述 ······ 149
4.2 缓和曲线长度取值规定及存在的问题 ······ 150
4.3 高速公路缓和曲线长度合理取值分析 ······ 157
4.4 缓和曲线最大长度取值规定与参数取值规定的修订建议 ······ 162
4.5 缓和曲线长度过长路段超高过渡优化设计 ······ 164
本章参考文献 ······ 171

第5章　多车道高速公路超高过渡方式与双路拱优化设计　　173

5.1 概述 ······ 174
5.2 三种曲线超高过渡方式计算模型 ······ 175
5.3 曲线过渡方式行车稳定性分析 ······ 177
5.4 曲线过渡方式的排水分析 ······ 181
5.5 多车道高速公路圆曲线超高双路拱取值方法 ······ 183
5.6 多车道高速公路圆曲线超高双路拱过渡段方法 ······ 186
本章参考文献 ······ 189

第6章　高速公路中间带宽度变化过渡方式与分幅过渡优化设计　　193

6.1 概述 ······ 195
6.2 现状调研分析 ······ 195
6.3 历次规范对高速公路中间带宽度变化过渡方式的修订及执行情况 ······ 198
6.4 高速公路中间带宽度变化过渡方式 ······ 199
6.5 调整缓和曲线参数的中间带宽度变化分幅过渡设计计算模型 ······ 204
6.6 应用案例 ······ 208
本章参考文献 ······ 209

第7章　隧道洞口明暗适应特性与洞口线形优化设计　211

- 7.1　隧道洞口明暗适应特性相关研究简介　213
- 7.2　隧道洞口出现"黑洞"与"白洞"效应的基本条件　214
- 7.3　隧道出入口驾驶人明、暗适应特性与适应时间　217
- 7.4　隧道进出口前后 3s 行程范围驾驶行为及行车安全性分析　227
- 7.5　隧道洞口线形设计存在的问题及相关研究简介　229
- 7.6　隧道洞口平纵面线形相关规定修订过程简介　230
- 7.7　隧道洞口平纵线形相关规定的不同理解及对工程造价的影响　231
- 7.8　隧道洞口平纵线形一致性判别标准及控制性设计指标　234
- 7.9　隧道洞口平纵线形优化设计　239
- 本章参考文献　247

第8章　连续长大纵坡路段平均纵坡控制指标与纵坡优化设计方法　251

- 8.1　概述　253
- 8.2　大型载重车功重比对连续下坡路段交通安全性的影响　259
- 8.3　基于交通事故多发位置的任意区间平均纵坡优化指标　265
- 8.4　缓坡坡度与降温所需的缓坡坡长控制指标　272
- 8.5　基于限速管理的缓速车道稳速区平均坡度控制指标　277
- 8.6　基于多指标控制的连续长大纵坡优化设计方法　279
- 8.7　基于限速管理的载重车专用缓速车道设计　285
- 8.8　长大纵坡段交通安全保障措施综述　289
- 本章参考文献　290

第9章　高速公路停车视距及保证措施　295

- 9.1　概述　297
- 9.2　高速公路不同车道驾驶人视点位置　305
- 9.3　高速公路停车视距　312
- 9.4　高速公路停车视距对应的临界圆曲线半径　321
- 9.5　高速公路停车视距保证措施及应思考的问题　330
- 9.6　高速公路停车视距最小值安全风险分析　335
- 本章参考文献　339

第 1 篇
PART 1

《公路路线设计规范》(JTG D20—2017) 相关规定的理解与运用

第 1 章
CHAPTER 1 》》

《公路路线设计规范》(JTG D20—2017) 相关规定的运用原则

> **本章导读**
>
> 公路路线线形设计必须符合《公路路线设计规范》(JTG D20—2017)(以下简称2017年版《路线规范》)的相关规定。在正常通行条件下,路线设计技术指标符合2017年版《路线规范》的规定能保证交通安全,但不同的平纵横组合设计在安全性与舒适性方面存在较大的差异,如何紧密结合地形、地质及环境等条件,合理运用技术指标与合理掌握在线形设计中的相关规定,是提升公路路线安全性与舒适性的关键。本章依据2017年版《路线规范》相关规定重点提出公路线形设计总体要求、路线线形相关规定的运用原则,停车视距对应的临界圆曲线半径与2017年版《路线规范》中圆曲线最小半径规定值不一致的焦点问题详见本书第2篇第9章。

1.1 公路线形设计总体要求

1.1.1 几何线形设计总体要求

(1)公路线形设计应做好平面、纵断面、横断面三者间的组合,并同自然环境相协调。

(2)线形设计除应符合行驶力学要求外,尚应考虑用路者的视觉、心理与生理方面的要求,提高汽车行驶的安全性、舒适性与经济性。

(3)线形设计的要求与内容应随公路功能和设计速度的不同而各有侧重,并应符合下列要求:

①高速公路和承担干线功能的一级、二级公路,应更加注重立体线形设计,做到线形连续、指标均衡、视觉良好、景观协调、安全舒适。设计速度愈高,线形设计组合所考虑的因素应愈周全。

②承担集散功能的一级、二级公路,应根据混合交通情况确定公路横断面布置设计,并注重路线交叉等处的线形设计组合,保障通视良好、行驶通畅、安全。

③设计速度小于或等于40km/h的双车道公路,在保证行驶安全的前提下,应正确地运用线形要素的规定值,合理地组合各线形要素,或采取设置相应交通工程设施等技术措施,合理控制工程规模。

④遵循以地形、地质和环境等条件为前提确定公路技术等级、设计速度的原则,设计路段的长度不宜过短,前后设计路段线形技术指标应保持相对均衡。

⑤不同设计路段相衔接处前后的平、纵、横技术指标,应随设计速度由高向低(或反之)而逐渐由大向小(或反之)变化,使行驶速度自然过渡。相衔接处附近不宜采用该路段设计速度的最小或最大平、纵技术指标值。

1.1.2　平面线形设计总体要求

（1）平面线形设计应符合下列要求：
①平面线形应直捷、连续、均衡，并与地形相适应，与周围环境相协调。
②顺应地形条件采用长直线时，应利用沿线地势或技术措施等改变驾驶人连续可视范围的视觉变化。
③连续的圆曲线间应采用适当的曲线半径比。
④各级公路不论转角大小均应敷设曲线，并宜选用较大的圆曲线半径。转角过小时，不应设置较短的圆曲线。
⑤两同向圆曲线间宜设有较长的直线；两反向圆曲线间可设置较短的直线。
⑥设计速度小于或等于40km/h的双车道公路，两相邻反向圆曲线无超高时可径相衔接，无超高有加宽时应设置长度不小于10m的加宽过渡段；两相邻反向圆曲线设有超高时，地形条件特殊困难路段的直线长度不得小于15m。
⑦设计速度小于或等于40km/h的双车道公路，应避免连续急弯的线形。地形条件特殊困难不得已而设置时，应在曲线间插入规定长度的直线或回旋线。

（2）直线的运用应符合下列要求：
①直线的运用应注意同地形、环境的协调与配合。采用直线线形时，其长度不宜过长。
②农田、河渠规整的平坦地区，城镇近郊规划等以直线条为主体时，宜采用直线线形。
③特长、长隧道或结构特殊的桥梁等构造物所处的路段，以及路线交叉点前后的路段宜采用直线线形。
④双车道公路提供超车的路段宜采用直线线形。

（3）圆曲线的运用应符合下列要求：
①设置圆曲线时应与地形相适应，宜采用超高为2%~4%对应的圆曲线半径。
②条件受限制时，可采用大于或接近于圆曲线最小半径的"一般值"；地形条件特殊困难而不得已时，方可采用圆曲线最小半径的"极限值"，并应采取措施保证视距的要求。
③设置圆曲线时，应同相衔接路段的平、纵线形要素相协调，使之构成连续、均衡的曲线线形，避免小半径圆曲线与陡坡相重合的线形。
④当交点转角不得已小于7°时，应按规定设置足够长的曲线。

1.1.3　纵断面线形设计总体要求

（1）纵断面线形设计应符合下列要求：
①纵断面线形应平顺、圆滑、视觉连续，并与地形相适应，与周围环境相协调。
②纵坡设计应考虑填挖平衡，并利用挖方就近作为填方，以减轻对自然地面横坡与环境的影响。
③相邻纵坡之代数差小时，应采用大的竖曲线半径。
④连续设置长、陡纵坡的路段，上坡方向应满足通行能力的要求，下坡方向应考虑行车安全，并结合前后路段各技术指标设置情况，采用运行速度对连续上坡方向的通行能力及下坡方向的行车安全性进行分析。

⑤路线交叉处前后的纵坡应平缓。
⑥位于积雪冰冻地区的公路,应避免采用陡坡。
(2)纵坡值的运用应符合下列要求:
①纵断面线形设计时应充分结合沿线地形等条件,宜采用平缓的纵坡,最小纵坡不宜小于0.3%。对于采用平坡或小于0.3%的纵坡路段,应进行专门的排水设计。
②各级公路不宜采用最大纵坡值和不同纵坡最大坡长值,只有在为利用有利地形克服高差而避开工程艰巨地段且不得已时,方可采用。
(3)纵坡设计应符合下列要求:
①平原地形的纵坡应均匀、平缓。
②丘陵地形的纵坡应避免过分迁就地形而起伏过大。
③越岭线的纵坡应力求均匀,必要时可采用最大值或接近最大值的坡度与最大坡长连续拉坡。
④山脊线和山腰线,除结合地形不得已时采用较大的纵坡外,在可能条件下应采用平缓的纵坡。

1.1.4 平纵面组合设计总体要求

(1)线形组合设计应遵循下列原则:
①线形组合设计中,各技术指标除应分别符合平面、纵断面规定值外,还应考虑横断面对线形组合与行驶安全的影响。应避免平面、纵断面、横断面的最不利情况相互组合的设计。
②在确定平面、纵断面的各相对独立技术指标时,各自除应相对均衡、连续外,还应考虑与之相邻路段的各技术指标值的均衡、连续。
③线形组合设计除应保持各要素间内部的相对均衡与变化节奏的协调外,还应注意同公路外部沿线自然景观的适应和地质条件等的配合。
④路线线形应能自然地诱导驾驶人的视线,并保持视线的连续性。
(2)线形组合设计应符合下列要求:
①平、纵线形宜相互对应,且平曲线宜较竖曲线长。当平、竖曲线半径均较小时,其相互对应程度应较严格;随着平、竖曲线半径的同时增大,其对应程度可适当放宽;当平、竖曲线半径均大时,可不严格相互对应。
②长直线不宜与坡陡或半径小且长度短的竖曲线组合。
③长的平曲线内不宜包含多个短的竖曲线;短的平曲线不宜与短的竖曲线组合。
④半径小的圆曲线起、讫点,不宜接近或设在凸形竖曲线的顶部或凹形竖曲线的底部。
⑤长的竖曲线内不宜设置半径小的平曲线。
⑥凸形竖曲线的顶部或凹形竖曲线的底部,不宜同反向平曲线的拐点重合。
⑦复曲线、S形曲线中的左转圆曲线不设超高时,应采用运行速度对其安全性予以评价。
⑧避免在长下坡路段、长直线路段或者大半径圆曲线路段的末端接小半径圆曲线的组合。
(3)设计速度大于或等于60km/h的公路,应注重路线平、纵线形组合设计。设计速度小于或等于40km/h的公路,可参照上述要求执行。

(4)六车道及以上的高速公路,应重视直、曲线(含平、纵面)间的组合与搭配,在曲线间宜设置较长的直线,使其衔接过渡顺适,路面排水良好。

(5)在高填方路段设置平曲线时,宜采用较大半径的圆曲线,并设置具有诱导功能的交通设施。

1.1.5 横断面设计总体要求

(1)公路横断面设计应最大限度地降低填挖高度,减小对沿线生态的影响,保护环境,使公路融入自然。条件受限制不得已而出现高填、深挖时,应同桥梁、隧道、分离式路基等方案进行论证比选。

(2)路基横断面布设应结合沿线地面横坡、自然条件、工程地质条件等进行设计。自然横坡较缓时,以整体式路基断面为宜。横坡较陡、工程地质复杂时,双幅公路宜采用分离式路基横断面。

(3)整体式路基的中间带宽度宜保持等值。当中间带的宽度需要增大或减小时,应采用左右分幅线形设计。条件受限制,且中间带宽度变化小于3.0m时,可采用线性渐变过渡,过渡段的渐变率不应大于1/100。

(4)整体式路基过渡为分离式路基或分离式路基汇合为整体式路基时,其中间带的宽度增大或减小时,应采用左右分幅线形设计。

(5)公路横断面设计应注重路侧安全,做好中间带、加(减)速车道、路肩以及渠化、左(右)转弯车道、交通岛等各组成部分的细节设计。在有条件的地区或路段,积极采用宽中央分隔带、低路基、缓边坡、宽浅边沟等断面形式。

1.1.6 停车视距、超车视距与会车视距

1)停车视距

汽车在路上行驶时,驾驶人看到前方障碍物,紧急安全制动所需的最短距离称作停车视距。停车视距由三部分组成:①驾驶人在反应时间内行驶的距离;②开始制动到汽车停止所行驶的距离,即制动距离;③安全距离5~10m。

停车视距是最重要的视距,在道路沿线每个点均必须具有足够的停车视距。关于停车视距,2017年版《路线规范》具体规定如下:

①高速公路、一级公路的视距采用停车视距。高速公路、一级公路的一般路段,每条车道的停车视距应不小于表1-1-1的规定。

高速公路、一级公路停车视距 表1-1-1

设计速度(km/h)	120	100	80	60
停车视距(m)	210	160	110	75

②高速公路、一级公路以及大型车比例高的二级公路、三级公路的下坡路段,应采用下坡段货车停车视距对相关路段进行检验。各级公路下坡段货车停车视距应不小于表1-1-2的规定。

下坡段货车停车视距(m)　　　　　　　　　　　　　　表 1-1-2

设计速度(km/h)		120	100	80	60	40	30	20
纵坡坡度（%）	0	245	180	125	85	50	35	20
	3	265	190	130	89	50	35	20
	4	273	195	132	91	50	35	20
	5	—	200	136	93	50	35	20
	6	—	—	139	95	50	35	20
	7	—	—	—	97	50	35	20
	8	—	—	—	—	—	35	20
	9	—	—	—	—	—	—	20

③路线设计应对采用较低几何指标、线形组合复杂、中间带设置护栏或防眩设施、路侧设有路基边坡或构造物、公路两侧各类出入口、平面交叉、隧道等各种可能存在视距不良的路段和区域,进行视距检验。不符合对应的视距要求时,应采取相应的技术和工程措施予以改善。

高速公路不同车道停车视距有关问题,详见本书第2篇第9章。

2) 超车视距

汽车行驶时为超越前车所必需的视距称作超车视距。规范规定二级公路、三级公路、四级公路双车道公路,应间隔设置满足超车视距的路段。具有干线功能的二级公路宜在3min的行驶时间内,提供一次满足超车视距要求的超车路段。超车视距最小值应符合表1-1-3的规定。

超车视距最小值　　　　　　　　　　　　　　表 1-1-3

设计速度(km/h)		80	60	40	30	20
超车视距（m）	一般值	550	350	200	150	100
	极限值	350	250	150	100	70

注:"一般值"为正常情况下的采用值;"极限值"为条件受限时可采用的值。

3) 会车视距

二级公路、三级公路、四级公路的视距应采用会车视距。受地形条件或其他特殊情况限制而采取分道行驶措施的路段,可采用停车视距。会车视距应不小于表1-1-4的规定。

二级公路、三级公路、四级公路会车视距　　　　　　表 1-1-4

设计速度(km/h)	80	60	40	30	20
会车视距(m)	220	150	80	60	40

1.2 路线线形相关规定的理解、分类与运用原则

1.2.1 路线线形相关规定的理解与分类

规范对不同技术标准条件下的路线设计指标作了详细的规定,给出了线形设计的一般原则,以及在运用技术指标时应注意的若干问题。公路设计者只有深刻理解规范条文内容实质,才有熟练掌握和灵活运用技术指标的基础,才能针对具体项目特点、难点等关键因素采用合理的设计指标,才能做到满足公路使用功能的同时,保证行车安全、保护环境,同时降低工程造价。

2017年版《路线规范》在确定路线技术指标时,首先从交通安全性和行车舒适性两方面考虑,其次考虑了工程造价、资源占用和环境影响等因素。2017年版《路线规范》中所有路线技术指标都是安全指标,符合规范要求的设计在正常通行条件下能保证交通安全,但不同的平纵横组合设计在安全性与舒适性两方面存在较大的差异,因此对线形组合设计还进行了相应的规定。技术指标中一般值相对于最小值或极限值在行车舒适性方面具有更好的条件,而最小值或极限值更多考虑的是在困难路段对工程造价的影响,故其安全冗余度取值相对较小。不同的路线技术指标在运用时对工程造价的影响差别非常大。对工程造价、安全性与舒适性均影响较大的指标可统称为主要指标,本书将其归为第一类相关规定,规范用词通常为"应"或"不宜",应严格执行。对工程造价影响较小的指标可统称为次要指标,本书将其归为第二类相关规定,规范用词为"应""宜""不宜"或"可",规范用词为"应"说明对安全性与舒适性影响相对较大,应较严格地执行;规范用词为"宜""不宜"或"可"说明对安全性与舒适性影响相对较小,可灵活掌握,特别是在高速公路改扩建项目设计时。对好中求好的相关规定,本书将其归为第三类相关规定,规范用词往往也为"应",规范用词为"应"的说明对安全性与舒适性提出了更高的要求,但这类指标无论规范用词为"应"或"宜",在对工程规模影响较大时均可灵活掌握。

1.2.2 路线线形相关规定运用原则

(1)第一类相关规定为主要技术指标,主要有圆曲线最小半径、竖曲线最小半径、最大纵坡、最大坡长、平均纵坡和连续坡长等,详见表1-1-5。在实际运用时,可参考表中的灵活运用要点掌握。

主要技术指标运用要点参考　　　表1-1-5

序号	指标名称		指标考虑因素		规范用词	灵活运用要点
			安全性	舒适性		
1	圆曲线最小半径	一般值	√	√	应	一般不突破
		极限值	√		应	不得已采用,不得突破
2	凸形竖曲线最小半径	一般值	√	√	应	不应突破
		极限值	√		应	不得已采用,不得突破

续上表

序号	指标名称		指标考虑因素		规范用词	灵活运用要点
			安全性	舒适性		
3	凹形竖曲线最小半径	一般值	√	√	应	不应突破
		极限值	√		应	不得已采用,不得突破
4	竖曲线最小长度	一般值	√	√	应	不应突破
		极限值	√		应	不得已采用,不得突破
5	最大纵坡		√		应	经论证后可增加1个百分点
6	最大坡长		√		应	不应突破
7	缓和坡段最大纵坡		√		应	不应突破
8	平均纵坡与连续坡长		√		不宜	可参考本书第2篇第8章
9	停车视距(宜增加最小值)		√	√	应	安全冗余度较大
10	识别视距(宜修订规范值)		√	√	宜	宜按《互通式立交优化设计原理与方法》中的建议取值
11	会车视距		√	√	应	不应突破
12	超车视距最小值	一般值	√	√	应	不应突破
		极限值	√		应	不得已采用,不得突破

对困难路段,路线技术指标中圆曲线半径的选用对工程造价、交通安全性与行车舒适性的影响均最大;在实际运用时原则上应大于一般值,受条件限制或特别困难路段,不得已时可采用极限值;当圆曲线最小半径小于一般值时,宜通过综合论证后采用,极限值不得突破。竖曲线半径对工程造价影响相对较小,对交通安全性与行车舒适性影响较大,最小半径宜大于一般值,避免采用小于一般值的竖曲线半径(大于极限值),有条件时尽量采用满足视觉要求的竖曲线半径。最大纵坡及最大坡长限制对工程造价、交通安全性影响大,对条件受限制或特别困难路段,通过技术经济论证,最大纵坡可增加1个百分点;连续长大纵坡路段平均纵坡对工程造价和交通安全性的影响都非常大,建议参考本书第2篇第8章进行设计,以利于提升交通安全性,并降低工程造价。

与视距相关的指标,对交通安全性与行车舒适性影响也均较大,在设计阶段作为验算指标,在验算时计算参数取值不同,验算结果有差异。高速公路停车视距的安全冗余度取值很大,不同车道交通特点又有较大差异,因此高速公路不同车道的停车视距宜采用不同的规定值。停车视距存在的具体问题详见本书第2篇第9章。识别视距指标仅在《公路工程技术标准》(JTG B01—2014)(以下简称2014年版《标准》)附录B中提出,由于指标偏大,执行难度大。2017年版《路线规范》中增加"受地形、地质等条件限制路段,识别视距可采用1.25倍的停车视距,但应进行必要的限速控制和管理措施"的规定。识别视距存在的问题详见《互通式立交优化设计原理与方法》一书中的相关内容。

(2)第二类相关规定为次要技术指标,主要是与圆曲线相关的平曲线技术指标,包括直线、小偏角、回旋线、超高及超高过渡等,详见表1-1-6。在实际运用时,可参考表中的灵活运用要点掌握。2017年版《路线规范》中缺少回旋线最大长度的规定,造成缓和曲线取值普遍偏长,可能出现超高过渡设置不合理而带来路面排水不畅等问题,影响交通安全。缓和曲线合理取值与超高过渡优化设计等问题详见本书第 2 篇第 4 章。规范修订时宜补充回旋线(缓和曲线)最大长度的规定。

次要技术指标运用要点参考　　　　　　　表 1-1-6

序号	指标名称		指标考虑因素		规范用词	灵活运用要点
			安全因素	视觉需要		
1	长直线		√	√	不宜	改善单一视野,可灵活掌握
2	圆曲线之间最小直线长度	同向	√	√	宜	结合缓和曲线曲率半径灵活掌握
3		反向	√	√	宜	结合缓和曲线曲率半径灵活掌握
4	圆曲线最大半径		√	√	不宜	原则上不宜大于 8000m
5	不设超高圆曲线半径		√	√	应	临界值宜设回旋线和超高
6	小于 7°的小偏角		√	√	可	原则上宜大于 7°
7	平曲线最小长度	一般值	√	√	应	一般不突破
8		最小值	√	√	应	不得已采用,不得突破
9	小于 7°的平曲线最小长度	一般值	√	√	应	一般不突破
10		最小值	√	√	应	不得已采用,不得突破
11	复曲线中小圆临界圆曲线半径		√	√	可	应符合要求
12	回旋线最小长度		√	√	应	应按超高过渡段长度控制
13	回旋线最大长度(宜增加)		√	√	不宜	原则上不宜大于 200m
14	最小纵坡		√		应	不应突破
15	最小坡长		√		应	不应突破
16	圆曲线最大超高值		√		应	我国多数省(区、市)采用 8%
17	圆曲线超高		√		应	原则上按设计速度取值
18	超高渐变率		√		应	不应突破
19	合成坡度		√		应	不应突破
20	圆曲线加宽		√		应	不应突破
21	回头曲线技术指标		√		应	不应突破
22	爬坡车道技术指标		√		宜	不应突破

(3)第三类相关规定为好中求好的技术指标和相关规定,主要为与平纵面线形相关的规定,如回旋线参数与圆曲线协调性的取值规定、平纵组合中平包竖的规定、中间带宽度变化应采用分幅线形设计、隧道洞口线形应一致等,互通式立交区主线平纵面线形指标也属于好中求好的技术指标,详见表 1-1-7。这类规定规范用词往往也为"应",规范用词为"应"的说明对交通安全性与行车舒适性提出了更高的要求,有条件时应尽量满足要求;但困难路段对工程造价影响较大时,应结合平纵线形中的圆曲线和竖曲线半径的具体情况灵活掌握,具体运用时可参考本书相应章节的内容进行优化设计。

对高速公路互通式立交区中主线分合流区路段的技术指标,从交通安全角度考虑应符合识别视距(其规定值有待完善)要求,其他区间路段的技术指标可与一般路段要求相同;圆曲线最小半径和最大纵坡对工程造价影响较大,除了分流区路段应尽量采用一般值外,其他路段可采用极限值(最大值);考虑互通式立交区竖曲线半径规定值偏保守,可考虑采用极限值或满足视觉要求的竖曲线半径,互通式立交主线分合流区技术指标的运用可参考《互通式立交优化设计原理与方法》相关章节的指标要求掌握。

好中求好的技术指标或相关规定运用要点参考 表 1-1-7

序号	指标名称		指标考虑因素		规范用词	灵活运用要点
			安全因素	视觉需要		
1	回旋线参数协调性取值			√	应	宜按本书第 2 篇第 4 章优化设计
2	隧道洞口线形应一致		√	√	应	宜按本书第 2 篇第 7 章优化设计
3	平纵线形组合中平包竖组合		√	√	宜	平纵指标较高时可放松或忽略
4	中间带宽度变化线形设计			√	应	宜按本书第 2 篇第 6 章优化设计
5	视觉所需要的竖曲线半径			√	宜	尽量满足
6	互通式立交区主线平面最小半径	一般值	√	√	应	一般不突破
		极限值	√	√	应	可采用,不得突破
7	互通式立交区主线竖曲线最小半径	一般值		√	宜	可突破
		极限值		√	应	可采用,不得突破
8	互通式立交区主线最大纵坡	一般值			应	一般不突破
		最大值	√		应	可采用,不得突破

1.3 桥梁与隧道路段路线技术指标运用原则

1.3.1 桥梁路段路线技术指标运用原则

(1)小桥纵坡应随路线纵坡设计。

(2)桥梁路段平、纵、横技术指标应与路线总体布设相协调,大、中桥上的纵坡不宜大于 4%,桥头引道纵坡不宜大于 5%。

(3)易结冰、积雪的桥梁纵坡宜适当减小。

(4)位于城镇混合交通繁忙处的桥梁纵坡不得大于 3%。

1.3.2 隧道路段路线技术指标运用原则

(1)隧道平面线形应综合考虑地形地质条件、洞口接线、隧道通风、行车安全和施工条件因素。隧道平面线形宜采用直线或较大半径的曲线,并保持线形的均衡过渡。隧址平纵面指标较低时,隧道内不宜采用 S 形曲线。

(2)关于隧道洞口内外各 3s 设计速度行程长度范围的平面线形应保持一致的要求,宜按本书第 2 篇第 7 章执行。原则性意见如下:

①隧道洞口内外各 3s 设计速度行程长度范围的平面线形应保持一致,特殊困难路段,经

技术经济比较论证后,洞口内外平曲线可采用缓和曲线,但应加强线形诱导。

②隧道洞口内外各3s设计速度行程长度范围的纵面线形宜采用直线坡段,需设置竖曲线时,宜采用较大的竖曲线半径,且不应将两个反向纵坡组成的凸曲线最高点、凹曲线最低点设置在隧道洞口内外各3s设计速度行程长度范围内。

(3)隧道内的纵坡应大于0.3%且小于3%,但短于100m的隧道不受此限;交通量较大路段的长隧道最大纵坡宜不大于2.5%,特长隧道不宜大于2%。

(4)中、短隧道受地形等条件限制时,应综合权衡隧道后期运营与工程建设费用,采取一定措施提高隧道行车安全性后,最大纵坡可适当加大到4%。

(5)隧道内的纵坡宜设置成单向坡,地下水发育的特长、长隧道可采用双向人字坡。

1.4 互通式立交路段路线技术指标运用原则

规范从交通安全角度对互通式立交区主线平纵线形指标进行了规定,技术指标运用可按如下原则掌握:

(1)互通式立交区内主线分合流区路段的技术指标,从交通安全角度考虑应符合识别视距要求,其他区间路段的技术指标可与主线一般路段要求相同。

(2)圆曲线最小半径和最大纵坡对工程造价影响较大,主线分流区路段应尽量采用一般值;对困难路段,经技术经济比较论证后可采用极限值(最大值)。

(3)互通式立交区竖曲线半径规定值偏保守,可考虑采用互通式立交范围内主线线形指标规定的竖曲线最小半径极限值。

● 本章参考文献

[1] 中华人民共和国交通运输部.公路工程技术标准:JTG B01—2014[S].北京:人民交通出版社股份有限公司,2015.

[2] 中华人民共和国交通运输部.公路路线设计规范:JTG D20—2017[S].北京:人民交通出版社股份有限公司,2017.

[3] 交通部公路司.降低造价公路设计指南(2005版)[M].北京:人民交通出版社,2005.

[4] 交通部公路司.新理念公路设计指南(2005版)[M].北京:人民交通出版社,2005.

[5] 林宣财.公路隧道洞口平面线形设计有关问题的探讨[J].公路,2007(3):22-27.

[6] 潘兵宏,周锡浈,韩雪艳.高速公路隧道入口连续视觉参照设施设置研究[J].重庆交通大学学报(自然科学版),2021,40(8):112-139.

[7] 王贵山,张堂仁.基于安全耐久、环保节约、设计标准化理念的项目总体设计[J].公路交通科技(应用技术版),2019,15(6):323-326.

[8] 张航,张玲.高等级公路路线方案多级模糊综合评判[J].华中科技大学学报(城市科学

版),2004,21(4):23-25.
[9] 马瑞.高速公路路线方案综合比选研究[D].西安:长安大学,2014.
[10] 林宣财,王掌军,王孟超.少洛高速公路路线方案设计[J].中外公路,2005,25(3):6-8.
[11] 宁向向,刘朝晖.基于环境影响评价的山区高速公路路线方案比选及应用[J].中外公路,2010,30(2):5-9.
[12] 廖朝华.基于运营安全的山区高速公路路线设计新理念[J].公路,2004(4):52-55.
[13] SHAFAHI Y,BAGHERIAN M. A customized particle swarm method to solve highway alignment optimization problem[J]. Computer-Aided Civil and Infrastructure Engineering,2013,28(1):52-67.

第 2 章
CHAPTER 2 》》

公路平面线形设计

> **本章导读**
>
> 平面线形设计应根据公路等级、设计速度,在充分考虑沿线自然环境和社会环境的基础上,通过合理运用技术指标,做到宜直则直,宜曲则曲,并使平纵面线形指标均衡、连续、舒顺。本章通过典型示例,着重阐述如何灵活运用直线"宜"的指标和圆曲线最小半径;通过灵活设计使公路线形与地形、地质、环境及景观等相协调,且在保障交通安全的前提下降低工程造价。同时,提出了高速公路回头曲线与螺旋线展线设计、低等级公路螺旋线展线设计。缓和曲线长度合理取值典型问题详见本书第2篇第4章,圆曲线最小半径安全性分析详见本书第2篇第1章、第2章、第3章。

2.1 直线

2.1.1 相关规定

规范中对直线作了如下规定:

(1)直线的长度不宜过长。受地形条件或其他特殊情况限制而采用长直线时,应结合沿线具体情况采取相应的技术措施。

(2)两圆曲线间以直线径相连接时,直线的长度不宜过短,并应符合下列规定:

①设计速度大于或等于60km/h时,同向平曲线间最小直线长度(以 m 计)以不小于设计速度(以 km/h 计)的6倍为宜;反向平曲线间最小直线长度(以 m 计)以不小于设计速度(以 km/h 计)的2倍为宜。

②设计速度小于或等于40km/h时,可参照上述规定执行。

2.1.2 直线的运用

1)最大直线长度

直线是平面线形基本要素之一。在地形平坦、地物稀少路段,由于连接两控制点的直线距离最短,占用土地资源最少,工程规模最小,原则上应尽量采用较长的直线线形。但直线线形缺乏变化,不易与地形相适应,为了降低工程造价,山区公路难以做到采用较长的直线。当直线过长时,在高速行驶状态下,直线线形易使驾驶人感到单调,易出现疲乏状态,易放松警惕性,易出现超速行驶,易导致难以准确目测车间距离,并增加夜间行车车灯眩目的危险。诸多不利于交通安全的因素,容易导致交通事故的发生。因此规范规定最大直线长度不宜过长,但规范没有明确限制长度,给设计人员的掌握带来困难。

多数国家对长直线的运用都加以限制,提倡以曲线为主,日本和德国规定直线最大长度

(以 m 计)不宜超过设计速度(以 km/h 计,以下类似表述不再逐一标注)的 20 倍。我国在实际运用时直线最大长度也多以设计速度的 20 倍掌握,即所谓长直线是指直线长度超过设计速度的 20 倍。长直线作为次要指标,规范用词为"不宜",因此在平原区、沙漠化地区、低等级公路采用超过设计速度 20 倍长度的情况较多,如图 1-2-1 所示。但即使为低等级公路,也应尽量避免长直线与单坡或纵面起伏较小的组合设计;高速公路采用长直线的情况较少,当采用长直线时,如果纵面地形起伏较大(图 1-2-2),中间分段设置竖曲线后,视线被阻断,驾驶过程随着纵面环境的变化,驾驶人不容易出现单调、疲乏、放松警惕等影响交通安全的状况,这时直线长度可以超过设计速度的 20 倍;在采用长直线时,应结合沿线具体情况采取相应的技术措施,改善周边环境条件,避免沿线环境过于单调。

  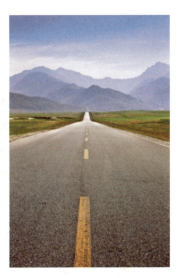

图 1-2-1　低等级公路长直线典型示例

图 1-2-2　高速公路长直线典型示例

高速公路长隧道、特长隧道采用长直线线形情况较多,图 1-2-3 所示的路线方案中特长隧道路段均为长直线线形。由于隧道造价高,而直线线形长度最短、投资最少,同时长隧道或特长隧道往往采取无死角全程监控、严格限速管理、分段虚拟景观化装饰等措施,因此长隧道、特长隧道采用长直线线形被多数专家认可。

图1-2-3 特长隧道采用长直线示意图

2）同向圆曲线间最小直线长度

在山区复杂地形条件下,同向圆曲线间的最小直线长度往往难以满足规定要求,这时如果调整为单圆或复曲线,工程规模会增加较大;如果调整为连续的S形线形,会降低技术指标和行车安全性;如果为满足"宜"指标而减小直线两端平曲线半径,又有可能出现长直线接小半径圆曲线的不良线形组合,或不适应地形的变化出现大填大挖现象,造成自然环境的破坏,出现的高填边坡或深挖边坡工程可能带来工程安全性问题。这些机械地满足"宜"指标的设计方案并不是最佳方案。

其实,如果将缓和曲线上曲率半径大于不设超高曲率半径部分的长度计入同向曲线之间的直线长度,则直线长度计算值将增大,这种计算方法有一定的合理性。计算结果表明,设计速度4倍的直线长度加上缓和曲线上曲率半径大于不设超高曲率半径部分的长度一般能满足设计速度6倍的长度要求,正因如此,有些省(区、市)提出同向曲线间直线最小长度可采用设计速度的4倍。调查表明,满足设计速度4倍长度要求的既有高速公路,没有发现交通事故明显多于其他正常路段。对于地形条件复杂的路段,同向圆曲线间的直线长度可结合缓和曲线设计指标合理突破"宜"指标的规定值。

典型示例一:某高速公路设计速度为80km/h,全线平曲线半径取值在600～1000m范围内。同向圆曲线间的直线长度采用设计速度的6倍时,直线两端平曲线半径均为500m,小于全线取值范围,且超高值达6%;当"宜"的指标由设计速度的6倍降为4倍时,直线两端平曲线半径分别为807.23m和800m,在全线取值范围内,超高值仅为4%,如图1-2-4所示。经综合分析,认为将缓和曲线曲率半径大于不设超高曲率半径部分的长度计入直线段,则曲线间直线长度为501.6m,满足设计速度6倍规定要求,故推荐圆曲线之间直线长度采用设计速度4倍的设计方案。该示例说明如果简单地套用规范规定值,实际上出现了长直线接小半径的圆曲线,超高值偏大,反而不利于交通安全。

典型示例二:某项目设计速度为80km/h,地形条件特别复杂,属黄土地区,全线平曲线半径一般取值为 400~800m。当圆曲线间直线长度采用设计速度的 5 倍时,直线两端的平曲线半径分别为 690m 和 500m,在全线取值范围内。当圆曲线间直线长度采用设计速度的 6 倍时,直线两端的平曲线半径分别为 550m 和 440m,也在全线取值范围内,圆曲线半径有所降低,但圆曲半径为 550m 附近出现高边坡,土石方工程量大,同时圆曲半径为 440m 附近路线悬空,需做半幅桥,如图 1-2-5 所示。经综合分析,将缓和曲线曲率半径大于不设超高曲率半径部分的长度计入直线段,则圆曲线间直线长度为 510.8m,满足设计速度 6 倍的要求。故推荐圆曲线间直线长度采用设计速度 5 倍的方案。

图 1-2-4　同向曲线间直线长度典型示例一

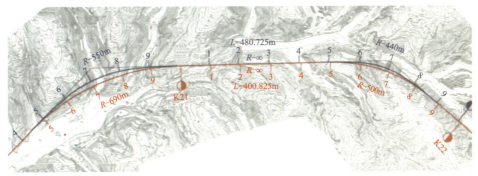

图 1-2-5　同向曲线间直线长度典型示例二

典型示例三:某改扩建项目设计速度由 80km/h 提速为 100km/h,该项目既有高速公路平面指标偏低,如图 1-2-6 所示。既有高速公路同向圆曲线间直线长度满足原设计速度 6 倍规定要求,但不满足改扩建提速后的要求。如果改建为单圆曲线(图中方案二),需要调整既有高速公路平面长度约 1.5km,出现高填路基,且既有高速公路废弃较多。经综合分析,将缓和曲线曲率半径大于不设超高曲率半径部分的长度计入直线段,则圆曲线间直线长度满足改建后设计速度 6 倍的要求,故维持既有高速公路平面线形设计(图中方案一),提高了既有高速公路的利用率。

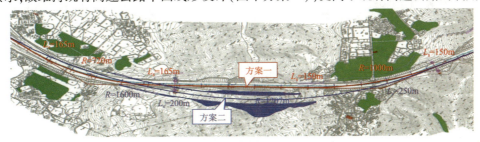

图 1-2-6　同向曲线间直线长度典型示例三

典型示例四:当平曲线半径较大且曲线长度较长时,以曲线为主(S形)的设计被多数专家认定为理想设计。但当同向两端圆曲线半径较小时,不宜再将同向圆曲线改为3个连续的反向圆曲线(连续S形),如图1-2-7所示。因为改为反向圆曲线后,圆曲线半径往往变得更小,动态视距减小,超高值增大,反向超高过渡段长度增长较多,这些不利因素将增大交通安全风险。当同向曲线之间的直线长度不满足规定要求时,首先应考虑将同向圆曲线改为单圆曲线或复曲线,如图1-2-6中的方案二。因为改为单圆曲线或复曲线,所采用的圆曲线半径往往仍然较大,如果工程规模增加不多,则应为首选方案。

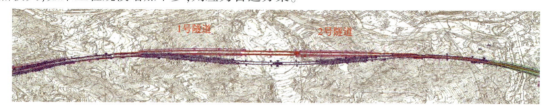

图1-2-7　同向曲线间直线长度典型示例四

3)反向圆曲线间最小直线长度

在设计运用时,反向曲线间的最小直线长度一般较易满足规范要求,难以满足要求时较易做成S形曲线,且对工程造价影响较小。因此多数设计者在反向曲线间直线长度难以满足设计速度2倍要求时都将反向曲线改为S形曲线。但当圆曲线半径较小、超高值偏大时,从在S形曲线中间路段的超高过渡段中车辆平稳运行角度分析,S形曲线之间设计一定长度的直线段显然更有利于车辆平稳过渡,更有利于交通安全。因此反向圆曲线间的直线长度不满足设计速度2倍的要求时,将反向圆曲线间的短直线通过增加缓和曲线长度或调整圆曲线半径改为S形曲线的设计有待商榷。本章认为反向曲线之间有直线的组合线形优于径相连接的S形,直线长度大于设计速度的2倍可理解为理想线形。在2017年版《路线规范》修订前,对地形困难路段,可考虑将缓和曲线上曲率半径大于不设超高曲率半径部分的长度计入反向圆曲线间的直线长度,这时较短的直线长度就能满足设计速度2倍的要求,以避免被改为S形曲线。

2.2　圆曲线

2.2.1　相关规定

2017年版《路线规范》对圆曲线最小半径作了明确规定,分别为不设超高的圆曲线半径、最小半径一般值、最小半径极限值三种。从车辆行驶的舒适性而言,应尽量采用较大的圆曲线半径,有条件时宜采用不设超高的圆曲线半径。规范中对圆曲线的具体规定如下:

(1)各级公路平面不论转角大小,均应设置圆曲线。在选用圆曲线半径时,应与设计速度相适应。

(2)圆曲线最小半径应根据设计速度,按照表1-2-1确定。

圆曲线最小半径   表 1-2-1

设计速度(km/h)		120	100	80	60	40	30	20
圆曲线最小半径(一般值)(m)		1000	700	400	200	100	65	30
圆曲线最小半径 (极限值)(m)	$I_{max}=4\%$	810	500	300	150	65	40	20
	$I_{max}=6\%$	710	440	270	135	60	35	15
	$I_{max}=8\%$	650	400	250	125	60	30	15
	$I_{max}=10\%$	570	360	220	115	—	—	—

注:"一般值"为正常情况下的采用值;"极限值"为条件受限制时可采用的值;"I_{max}"为采用的最大超高值;"—"为不考虑采用对应最大超高值的情况。

(3)圆曲线最大半径值不宜超过10000m。

(4)不设超高的圆曲线最小半径见表1-2-2。

不设超高的圆曲线最小半径   表 1-2-2

设计速度(km/h)		120	100	80	60	40	30	20
不设超高的圆曲线 最小半径(m)	路拱≤2.0%	5500	4000	2500	1500	600	350	150
	路拱>2.0%	7500	5250	3350	1900	800	450	200

2.2.2 圆曲线半径的运用

1)圆曲线半径的总体控制

圆曲线半径是路线中最重要的技术指标之一。圆曲线半径运用得当,能有效地与地形地物相适应。圆曲线最小半径的合理控制,能有效降低工程造价,保护自然与生态环境。圆曲线半径在实际运用中,当地形条件较好时,宜以不小于极限半径的3倍或一般最小值的2倍为宜,使圆曲线路段超高值控制在4%以内;同时应注重前后圆曲线半径取值的均衡。当地形条件较复杂时,圆曲线最小半径可小于一般值,但需要设置超过6%的超高。超高值偏大,特别是大于8%时,在阴雨天、路面湿滑时,容易出现车辆侧移、侧翻等交通事故,故应经综合论证后采用。特殊困难路段,不得已时可采用极限值,但应通过限速等措施,控制车辆不超速行驶,保障交通安全。

2)从地形类别或工程类型考虑圆曲线半径的合理运用

(1)从工程造价控制角度考虑,圆曲线半径应结合地形类别选用。

①地形复杂路段,为了适应地形地势变化、降低工程造价,圆曲线半径宜采用较小值(接近一般值),采用小于一般值的圆曲线半径应经综合论证后确定,不得已时采用极限指标。

②只要地形条件容许,在工程造价不增加或增加不多的情况下,圆曲线半径应尽量采用较大值(远大于一般值)。

③从桥梁与隧道工程造价角度考虑,以桥隧为主的路段,圆曲线半径宜采用较大值,以便缩短桥隧路段的长度,降低工程造价。

(2)从安全风险考虑,圆曲线半径应结合工程类型选用。

①隧道内行车安全风险最大,应尽量采用较大的圆曲线半径;路基与桥梁工程路段行车安全风险较小,圆曲线半径可采用较小值。

②以桥梁工程为主的路段，在路线布设时尽可能做到"裁弯取直"，地形复杂，桥隧比例高，往往采用较大的圆曲线半径。

③以隧道为主的路段，技术指标应考虑按高一级技术标准掌握，圆曲线半径最小值宜以超高值不大于4%控制。

2.2.3 圆曲线半径的具体运用

1) 圆曲线半径应与地形相适应

圆曲线半径的选用应考虑公路与自然环境的适应性、协调性，注意平面线形指标的连续、均衡，不盲目追求高标准、高指标。当路线线位布设在靠沟底一侧时，为避免出现高边坡，技术指标宜掌握较低些；当线位布设在靠山顶一侧时，由于设置了必要的桥梁工程，路线平面线形可采用较高的技术指标，如图1-2-8所示。

图1-2-8 圆曲线半径与地形相适应

2) 圆曲线半径应与工程方案相适应

如图1-2-9所示，某山区高速公路某段，以高架桥为主的K线方案，采用的圆曲线最小半径为1000m，平面指标略低，但顺应地形地势，与自然环境相协调；以隧道为主的B6线方案，平面指标较高，路线顺直，但造价高，交通环境较差。经综合比选，K线方案较B6方案桥梁增长615m，无隧道（B6方案隧道长944m），造价低9532万元，故推荐采用指标略低的K线方案。

图1-2-9 圆曲线半径与工程方案相适应

3) 圆曲线最小半径极限值的运用

如图 1-2-10 所示,该段主线收费站之外的连接线,设计标准为设计速度 80km/h 的高速公路。该段交通运行特点为出收费站后下坡,收费站需要停车收费,车速低;进收费站前为上坡,相对行驶速度较低。基于交通运行特点和交通安全性分析,为减小工程规模、降低工程造价,靠近收费站的 2 处圆曲线半径采用极限值,即取 $R \geqslant 250\text{m}$,填挖工程量明显小很多。作为收费站之外的连接线,在交通安全有保障情况下可考虑采用极限指标。

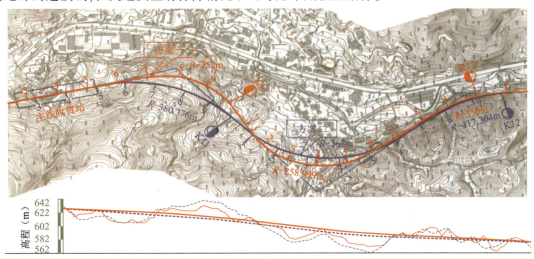

图 1-2-10　圆曲线最小半径极限值的运用示例

当高速公路采用回头曲线展线时,回头曲线路段圆曲线半径可采用极限值。高速公路回头曲线平纵面设计典型问题详见本章 2.5 节。

2.2.4　基于最大超高值的圆曲线最小半径极限值的取值

我国早期规范中对圆曲线最小半径极限值的规定都是采用单一指标(表 1-2-3),即以最大超高值 8% 作为确定圆曲线最小半径的极限值。2014 年版《标准》与 2017 年版《路线规范》中圆曲线最小半径极限值与最大超高取值相关联,出现多指标的规定,即分别依据不同的最大超高取值、设计速度和横向力系数计算确定。

圆曲线最小半径(早期规范规定)　　　　　表 1-2-3

设计速度(km/h)		120	100	80	60	40	30	20
一般值(m)		1000	700	400	200	100	65	30
极限值(m)		650	400	250	125	60	30	15
不设超高的圆曲线最小半径(m)	路拱≤2.0%	5500	4000	2500	1500	600	350	150
	路拱>2.0%	7500	5250	3350	1900	800	450	200

2014 年版《标准》和 2017 年版《路线规范》中圆曲线最小半径极限值采用多指标,符合基于最大超高值的基本原理,但设计人员不应误解为"超高值选取越大越安全,圆曲线最小半径值可选取得越小"。圆曲线最小半径规范取值是基于路面横向力的平衡确定的,同时由于规范对横向力系数的安全冗余度取值较大,经核算完全能满足 ±2% 横向坡差的行车稳定性与安

全性要求,因此原则上宜以最大超高值8%作为圆曲线最小半径极限值和相应的曲线超高的取值依据。另外,我国正常路段路面的路拱一般采用2%横坡,采用大于2%的横坡较少,故不设超高的圆曲线最小半径一般采用路拱小于或等于2.0%的设计指标。

2.3 缓和曲线

2.3.1 设置缓和曲线的作用

缓和曲线是公路平面线形基本要素之一。规范规定缓和曲线采用回旋线,是设置在直线与圆曲线之间或半径相差较大的两个转向相同的圆曲线之间的一种曲率连续变化的曲线。设置缓和曲线的主要作用如下:

(1)回旋线曲率连续变化,与车辆轨迹变化相符合。回旋线基本符合车辆刚开始转弯并进入圆曲线过程的运行轨迹,设置缓和曲线将减少车辆占用邻近车道,有助于车辆的匀速行驶。

(2)回旋线曲率连续变化,与离心加速度逐渐变化相符合。车辆在曲线道路上行驶会产生离心力,而离心力的大小与曲率大小成正比。设置缓和曲线,车辆在进入或离开圆曲线时,离心力会逐渐增加或减小,避免急促拐转产生离心力突变,避免驾乘人员出现不舒适感。

(3)回旋线曲率连续变化,与超高过渡逐渐变化相符合。正常横坡断面与圆曲线超高断面之间的过渡一般在缓和曲线内完成,并保持超高值逐渐变化,与缓和曲线曲率的变化相匹配,使曲线上的离心力与路面横向力相抵消,使车辆行驶更平稳。

(4)回旋线曲率连续变化,与圆曲线加宽过渡逐渐变化相符合。路面加宽值与圆曲线半径相关联,因此加宽过渡一般在缓和曲线内完成。

(5)平曲线设置缓和曲线,作为直线与圆曲线、圆曲线与圆曲线间的衔接,在视觉上能够提高线形的连续圆滑,增加线形的美观。如果直线与圆曲线、圆曲线与圆曲线径相连接,在连接处曲率发生突变,则会导致视觉上有不平顺的感觉。

2.3.2 相关规定

(1)高速公路、一级公路、二级公路、三级公路的直线同小于表1-2-2不设超高的圆曲线最小半径径相连接处,应设置缓和曲线。四级公路的直线同小于表1-2-2不设超高的圆曲线最小半径径相连接处,可不设置缓和曲线,但应设置超高、加宽过渡段。

(2)半径不同的同向圆曲线径相连接处,应设置缓和曲线。符合下列条件时可不设缓和曲线:
①小圆半径大于表1-2-2规定时。
②小圆半径大于表1-2-4规定,且符合下列条件之一者:
a.小圆按最小缓和曲线长度设缓和曲线时,大圆与小圆的内移值之差小于0.10m时;
b.设计速度大于或等于80km/h,大圆半径(R_1)与小圆半径(R_2)之比小于1.5时;

c. 设计速度小于80km/h,大圆半径(R_1)与小圆半径(R_2)之比小于2时。

复曲线中小圆临界圆曲线半径 表1-2-4

设计速度(km/h)	120	100	80	60	40	30
临界圆曲线半径(m)	2100	1500	900	500	250	130

(3)缓和曲线的长度应符合下列规定:
①缓和曲线的长度应根据圆曲线半径的增大而增大。
②圆曲线按要求需设置超高时,缓和曲线长度应不小于超高过渡段所需的长度。
③缓和曲线最小长度应符合表1-2-5的规定。

缓和曲线最小长度 表1-2-5

设计速度(km/h)	缓和曲线最小长度(m)	设计速度(km/h)	缓和曲线最小长度(m)
120	100	40	35
100	85	30	25
80	70	20	20
60	50		

(4)缓和曲线的运用应符合下列要求:
①设计速度大于或等于60km/h时,缓和曲线应作为必要的线形要素加以运用。缓和曲线-圆曲线-缓和曲线的长度以大致接近为宜。两个缓和曲线的参数也可根据地形条件设置为非对称的曲线,但第一缓和曲线参数A_1与第二缓和曲线参数A_2之比不应大于2.0。
②缓和曲线参数宜根据线形要求及地形条件确定,与圆曲线半径相协调。缓和曲线的确定宜在下述范围内选定:$R/3 \leq A \leq R$,R为圆曲线半径,A为缓和曲线参数,但:

a. 当$R < 100$m时,A宜大于或等于R;
b. 当R接近100m时,A宜等于R;
c. 当R较大或接近于3000m时,A宜等于$R/3$;
d. 当$R > 3000$m时,A宜小于$R/3$。

这些规定存在的典型问题详见本书第2篇第4章。

2.3.3 缓和曲线最小长度

我国规范中规定的缓和曲线最小长度是按3s行程计算得到的。AASHTO(美国各州公路与运输官员协会)主编的《公路与城市道路几何设计》(以下简称《绿皮书》)规定:当车辆驶入曲线时,合适的缓和曲线长度以不会让驾驶人随着向心加速度的增加产生不舒适的感觉为宜;从安全角度考虑,缓和曲线所需要的长度应保证车辆在正常的轨迹下行驶时,其侧向偏移量不会超出自己的行车道。以此确定出缓和曲线的最小长度,其计算公式见式(1-2-1)。

$$L_{s,min} = \sqrt{24(P_{min})R} \qquad (1-2-1)$$

式中:$L_{s,min}$——缓和曲线的最小长度(m);
R——圆曲线半径(m);
P_{min}——直线与圆曲线间的最小侧移值(m),P_{min}的推荐值为0.2m,该取值与驾驶人自然驾驶车辆可能产生的最小侧移值基本相同。

2.3.4 缓和曲线最大长度

美国《绿皮书》中对缓和曲线最大长度进行了限制。缓和曲线过长容易误导驾驶人认为接近直线部分的缓和曲线为直线,可能导致车辆驶入相邻的车道或行驶到路肩上,增加行车风险;同时缓和曲线过长可能出现超高过渡设计不合理,造成路面排水不畅,影响交通安全。因此设计应对缓和曲线最大长度进行限制,以利于保障交通安全。根据美国《绿皮书》规定,缓和曲线最大长度的计算公式见式(1-2-2):

$$L_{s,max} = \sqrt{24(P_{max})R} \qquad (1\text{-}2\text{-}2)$$

式中:$L_{s,max}$——缓和曲线的最大长度(m);

　　　R——圆曲线半径(m);

　　　P_{max}——直线与圆曲线间的最大偏移值(m),P_{max}的推荐值为 1.0m,该值与驾驶人自然操作车辆产生的最大偏移值基本相同。

2.3.5 缓和曲线的运用

缓和曲线运用的典型问题详见本书第 2 篇第 4 章。

2.4 小偏角平曲线长度

2.4.1 相关规定

(1)平曲线最小长度应符合表 1-2-6 的规定。

平曲线最小长度　　　　表 1-2-6

设计速度(km/h)		120	100	80	60	40	30	20
平曲线最小长度(m)	一般值	600	500	400	300	200	150	100
	最小值	200	170	140	100	70	50	40

注:"一般值"为正常情况下的采用值,"最小值"为条件受限时可采用的值。

(2)当路线转角等于或小于 7°时,应设置较长的平曲线,其长度应大于表 1-2-7 中规定的"一般值"。当受地形条件及其他特殊情况限制时,可采用表 1-2-7 中的"最小值"。

路线转角等于或小于 7°时的平曲线长度　　　　表 1-2-7

设计速度(km/h)	120	100	80	60	40	30	20
一般值(m)	1400/Δ	1200/Δ	1000/Δ	700/Δ	500/Δ	350/Δ	280/Δ
最小值(m)	200	170	140	100	70	50	40

注:表中 Δ 为路线转角值(°),当 Δ<2°时,按 Δ=2°计算。

2.4.2 平曲线长度的运用

平曲线由缓和曲线和圆曲线组成,缓和曲线长度应满足超高、加宽要求,同时满足规范中最小长度的要求。圆曲线长度对交通安全有一定的影响：驾驶人在驶入较长的曲线路段时，容易产生提高车速、尽快驶出曲线路段的心理，这种心理容易诱发交通事故；同时圆曲线长度不宜太短，太短将形成近似于凸形曲线，容易使驾驶人感到操作突变且视觉不舒顺。因此应合理控制圆曲线长度，避免过长或过短。

最小平曲线长度宜不小于3倍缓和曲线最小长度，即保证设置最小长度的缓和曲线后，仍保留一段相同长度的圆曲线。从线形设计要求方面考虑，平曲线最大长度取缓和曲线最小值的5~8倍为宜。

2.4.3 小偏角的运用

圆曲线偏角不宜过小，公路出现小偏角时，平曲线的长度将被看成比实际的短，实际行驶中驾驶人容易产生急转弯的错觉而急忙操作转向盘，诱发交通事故。偏角越小，这种错觉越明显。虽然规范规定7°以下为小偏角，不宜小于或等于7°，但实际运用时，较多专家建议新建公路尽量避免出现小于10°的小偏角。小偏角曲线半径尽量采用不设超高的圆曲线半径，需要设置超高时应尽量减短缓和曲线长度，增大圆曲线半径，增长圆曲线长度，有利于行车安全。既有公路改扩建出现小偏角情况较常见，改扩建工程路线优化设计时，宜按表1-2-6、表1-2-7的规定执行，尽量利用既有公路。

2.5 回头曲线

2.5.1 相关规定

（1）越岭路线应尽量利用有利地形自然展线，避免设置回头曲线。三级公路、四级公路在自然展线无法争取需要的距离以克服高差，或因地形、地质条件所限不能采取自然展线时，可采用回头曲线。

（2）两相邻回头曲线之间，应有较长的距离。一个回头曲线的终点至下一个回头曲线起点的距离，设计速度为40km/h、30km/h、20km/h时，分别应不小于200m、150m、100m。

（3）低等级公路回头曲线主要技术指标应符合表1-2-8的规定。设计速度为40km/h的公路根据地形条件可选用35km/h或30km/h的回头曲线设计速度。

低等级公路回头曲线主要技术指标　　　　　　表1-2-8

主线设计速度(km/h)	40		30	20
回头曲线设计速度(km/h)	35	30	25	20
圆曲线最小半径(m)	40	30	20	15
回旋线最小长度(m)	35	30	25	20
超高横坡度(%)	6	6	6	6
双车道路面加宽值(m)	2.5	2.5	2.5	3.0
最大纵坡(%)	3.5	3.5	4.0	4.5

(4)回头曲线前后的线形应连续、均匀、通视良好,两端以布设过渡性曲线为宜,且应设置限速标志等交通安全设施。

2.5.2 低等级公路回头曲线设计

在低等级公路的越岭段,为克服高差,较多路段不可避免需要设置回头曲线,甚至采用连续的回头曲线,如图 1-2-11 所示。回头曲线运用时应注意以下几点:

(1)回头曲线位置的选择:回头曲线一般宜设置在有较低鞍部的山包或较为平坦的山脊,回头曲线可沿山包或在山包中间布设,以控制回头曲线位置的挖方边坡高度;在满足排水要求的前提下,可布设在地形开阔、横坡较缓的山沟或山坳上。

图 1-2-11 低等级公路回头曲线实景图

(2)回头曲线的缓和曲线长度在满足超高过渡段所需的最小长度前提下,宜尽量取短,以达到尽量增大圆曲线半径的目的。

(3)两相邻回头曲线间路段的纵坡值尽量取大,以利于尽快克服高差。回头曲线路段的纵坡应尽量减缓,以利于行车安全,如图 1-2-12 所示。

图 1-2-12 回头曲线纵坡设计实景图

(4)回头曲线的平曲线半径决定了车辆的行驶速度。车辆在驶入回头曲线之前,驾驶人需要采取制动措施,迅速降低行驶速度,以保证车辆安全通过回头曲线。因此回头曲线前后的线形应保证通视良好。回头曲线内侧应挖除山体土堆,清除边坡上影响视距的植物与树种,以满足会车视距要求。

(5)回头曲线超高设置时应考虑阴雨天路面湿滑、冬季结冰、雪天积雪等不良因素对行车安全的影响,超高取值宜尽量采用低限值。

(6)回头曲线双车道路面加宽值一般取2.5m,加宽过渡在回头曲线两端的缓和曲线全段进行。

(7)回头曲线超高横坡度一般取6%,超高过渡在回头曲线两端的缓和曲线内进行。

2.5.3 高速公路回头曲线设计

在山区高速公路相对高差较大路段,为了尽快克服高差,利用有利地形采用回头曲线展线的例子已越来越多,如图1-2-13所示。高速公路回头曲线运用时应注意以下几点:

(1)回头曲线位置的选择:高速公路回头曲线一般宜设置在地形较为宽阔、横坡较缓的山沟上,回头曲线前后的线形应保证通视良好,并满足停车视距要求。

图1-2-13 高速公路回头曲线实景图

(2)回头曲线技术指标的运用:高速公路回头曲线路段可采用2017年版《路线规范》中圆曲线最小半径的极限值,以利于尽快克服高差,并缩短路线长度,减小工程规模。在高差特别大的路段,且有条件连续采用回头曲线时,为了更好地利用地形、地质条件良好的区域展线,有必要时设计速度可论证采用降低一档的标准。高速公路回头曲线主要技术指标应符合表1-2-9的规定。

高速公路回头曲线主要技术指标　　表1-2-9

主线设计速度(km/h)	120	100	80
回头曲线不降低标准的设计速度(km/h)	120	100	80
回头曲线不降低标准的圆曲线最小半径(m)	650	400	250
回头曲线降低一档标准的设计速度(km/h)	100	80	60
回头曲线降低一档标准的圆曲线最小半径(m)	400	250	125
回旋线最小长度(m)	满足超高过渡段最小长度的要求		
超高横坡度(%)	8	8	8
最大纵坡(%)	3	4	5

(3)回头曲线的缓和曲线长度可采用超高过渡段最小长度(一般大于缓和曲线最小长度的规定值),宜短不宜长,以便增大圆曲线半径值。

(4)两相邻回头曲线间路段的纵坡值尽量取大,以利于尽快克服高差。回头曲线路段的纵坡宜为缓坡,以利于行车安全。

(5)回头曲线超高横坡度一般取8%,超高过渡设置在回头曲线两端的缓和曲线内。

(6)高速公路回头曲线路段应加强交通安全保障措施,应根据设计速度与平纵面技术指标严格限制区间速度。

2.5.4 高速公路回头曲线路段技术指标的合理选用

当回头曲线路段圆曲线最小半径采用极限值时,根据本书第2篇第3章,2017年版《路线规范》规定的圆曲线最小半径极限值满足以相应设计速度作为最低限速的要求。根据调查,圆曲线最小半径为极限值路段,如低等级公路回头曲线路段,行驶速度与设计速度基本吻合,即圆曲线半径控制了行驶速度(不是靠限速标志控制)。设置回头曲线的路段,相对高差都非常大,回头曲线为不得已情况下采用的平面线形。考虑圆曲线最小半径为极限值路段的行驶速度能够达到设计速度(最低限速)要求,因此建议高速公路回头曲线路段平面指标可采用极限值。有条件连续设置回头曲线的路段,有必要时技术指标可论证采用降低一档的标准,且平面指标仍然采用降低一档标准的极限值。在具体设计时应结合地形条件,在工程规模不增加或增加不多的情况下,尽量采用较大的圆曲线半径。

2.6 螺旋线

2.6.1 高速公路螺旋线展线设计

自从雅西高速公路采用双螺旋线展线克服高差后,我国复杂环境的山区高速公路采用螺旋线展线的例子越来越多,如图1-2-14所示。

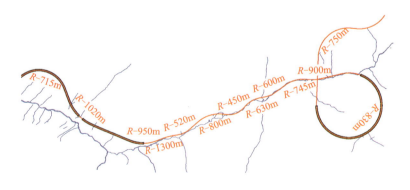

图1-2-14 高速公路螺旋线展线设计示意图

高速公路采用螺旋线展线时应注意以下几点：

(1)螺旋线展线设计方法：高速公路螺旋线展线位置应选择地质条件较好的路段，通过设置隧道工程或高架桥工程，并利用螺旋线展线，实现尽快克服高差。由于工程规模大、工程艰巨，原则上应尽量避免采用螺旋线展线设计。

(2)螺旋线展线技术指标的运用：应以隧道工程或高架桥工程对平纵面线形设计的要求为依据；平面指标应以超高不大于4%为基本条件，并尽量采用较大值；隧道路段纵坡原则上应不大于3%，高架桥路段纵坡应不大于4%；缓和曲线长度与超高取值等技术指标应满足2017年版《路线规范》规定的最小值要求；隧道路段需核查停车视距是否满足要求。

(3)螺旋线路段由于路线长度较长，设计指标较为单一，行驶环境较为单调，驾驶人容易出现类似于长直线路段的驾驶行为，影响交通安全。当需要设置2处以上螺旋线时，螺旋线之间应尽量保持较长的距离。

(4)螺旋线的缓和曲线长度可采用超高过渡段所需的最小长度，宜短不宜长，以便增大圆曲线半径值，减小超高值。

2.6.2 低等级公路螺旋线展线设计

低等级公路连续长大纵坡路段，为了尽快克服高差，也可利用有利地形采用螺旋线展线，如图1-2-15所示。低等级公路采用螺旋线展线时应注意以下几点：

(1)螺旋线展线设计方法：低等级公路螺旋线展线多利用狭窄的山沟布设，一般不考虑隧道方案，并应尽量减短桥梁长度，降低工程造价。低等级公路螺旋线展线设计方法是回头曲线展线的一种补充。该设计方法较回头曲线展线在工程规模上往往增加不多，但更容易得到更高的平面设计指标和采用较大的纵坡，既有利于尽快克服高差，又能满足设计速度要求（不需要降低设计速度）。

图1-2-15　低等级公路螺旋线展线设计示意图

(2)螺旋线展线技术指标的运用：应以正常路段的平纵面线形设计要求为依据，且可连续采用螺旋线展线。

(3)螺旋线的缓和曲线长度可采用超高过渡段所需的最小长度，宜短不宜长。

● 本章参考文献

[1] 中华人民共和国交通运输部.公路工程技术标准：JTG B01—2014[S].北京：人民交通出版社股份有限公司,2015.

[2] 中华人民共和国交通运输部.公路路线设计规范：JTG D20—2017[S].北京：人民交通出版社股份有限公司,2017.

[3] 杨少伟.道路勘测设计[M].3版.北京：人民交通出版社,2003.

[4] 张维全.道路勘测设计[M].重庆：重庆大学出版社,2002.

[5] 交通部公路司.降低造价公路设计指南(2005版)[M].北京：人民交通出版社,2005.

[6] 交通部公路司.新理念公路设计指南(2005版)[M].北京：人民交通出版社,2005.

[7] 何勇.公路安全设计指南[M].北京：人民交通出版社,2011.

[8] 侯德藻,敖道朝,李爱民,等.山区高速公路安全设计指南[M].北京：人民交通出版社股份有限公司,2014.

[9] 王佐,王贵山,李星,等.基于车辆悬挂系统的高速公路圆曲线极限最小半径路段车辆稳定性仿真[J].公路交通科技,2021,38(9):9-14,24.

[10] 张玥.基于横向力系数的公路平曲线半径及超高取值方法研究[J].中外公路,2015,35(2):5-9.

[11] 王贵山,张堂仁.基于安全耐久、环保节约、设计标准化理念的项目总体设计[J].公路交通科技(应用技术版),2019,15(6):323-326.

[12] 朱兴琳.基于可靠度理论的公路路线设计[J].长安大学学报(自然科学版),2010,30(4):46-50.

[13] 彭金涛,吴永清,李明.山区公路路线技术指标应用研究探讨[J].公路交通技术,2005(1):1-2.

[14] 余景顺,林国涛,苏永和.基于运行安全的山区高速公路路线设计及实例[J].公路,2005(1):24-29.

[15] 张霖波,冯长林,刘志强.公路路线方案比选的模糊综合评价法[J].武汉理工大学学报：信息与管理工程版,2009,31(2):347-350.

[16] 吴明先,赵立廷,陈常明,等.西南山区高速公路总体设计问题与分析[J].公路,2022,67(5):30-37.

[17] 钟小明,刘小明,荣建,等.基于高速公路路线设计一致性的中型卡车运行速度模型研究[J].公路交通科技,2005,22(3):92-96.

[18] 王贵山,柳银芳,林宣财,等.公路缓和曲线应用探讨[J].中外公路,2021,41(1):1-4.

[19] 范琪,陈敬.回旋线在公路平面设计中的应用[J].公路,2018,63(9):58-61.

[20] 马瑞.高速公路路线方案综合比选研究[D].西安：长安大学,2014.

[21] 赵爽爽,吴海锋,蒋林志.运行速度在公路路线设计中的应用[J].交通标准化,2009(13):47-50.

[22] 刘秀英,赵明登.一种基于AHP-GRAP的山区高速公路路线方案优选方法[J].武汉大学学报(工学版),2012,45(3):356-360.

[23] 林宣财,王掌军,王孟超.少洛高速公路路线方案设计[J].中外公路,2005,25(3):6-8.

[24] 刘伟国.谈山岭重丘区公路路线方案的比选[J].森林工程,2001,17(6):46-48.

[25] 江文德,郭正言.高等级公路路线设计与环境保护[J].公路,1996(4):18-21.

[26] 宁向向,刘朝晖.基于环境影响评价的山区高速公路路线方案比选及应用[J].中外公路,2010,30(2):5-9.

[27] 赵康.基于环境影响的公路路线方案优选[J].森林工程,2003(2):21-22.

[28] 杨宏志,卢瑜.公路路线智能优化方法研究[J].交通信息与安全,2009,27(5):77-80.

[29] 廖朝华.基于运营安全的山区高速公路路线设计新理念[J].公路,2004(4):52-55.

[30] 邹亚宏,廖晓瑾,黄秋星.高等级公路路线方案优选与论证[J].中外公路,2003(3):69-71.

[31] 朱兴琳,方守恩,艾力.高速公路路线方案的综合评价[J].公路工程,2008,33(5):85-87.

[32] 杨林,谷长发.层次分析法在林区公路路线方案比选中的应用[J].东北林业大学学报,2003,31(1):51-52.

[33] 杨宏志,李超,许金良.基于多目标进化算法的公路路线优化模型[J].武汉理工大学学报(交通科学与工程版),2010,34(3):496-500.

[34] 任春宁,宋帅,王佐,等.基于调整缓和曲线参数的中间带宽度变化分幅过渡研究[J].公路交通科技,2021,38(09):25-32.

[35] 王贵山,胡昌亮,白浩晨,等.高速公路圆曲线超高及过渡段设计研究[J].公路交通科技,2021,38(12):47-55.

[36] KANG M W,JHA M K,SCHONFELD P. Applicability of highway alignment optimization models[J]. Transportation Research Part C:Emerging Technologies,2012,21(1):257-286.

[37] KRAMMES R A. Design speed and operating speed in rural highway alignment design[J]. Transportation Research Record,2000,1701(1):68-75.

[38] FWA T F,CHAN W T,SIM Y P. Optimal vertical alignment analysis for highway design[J]. Journal of transportation engineering,2002,128(5):395-402.

第 3 章

CHAPTER 3

公路纵断面线形设计

> **本章导读**
>
> 纵断面线形设计重点应根据2017年版《路线规范》中最大纵坡及最大坡长限制、缓和坡段设置、竖曲线最小半径等的规定,在充分考虑地形地势的基础上,通过合理运用技术指标和灵活掌握相关规定,做到顺势而为,并使纵断面线形接近平均纵坡线,提升交通安全性。本章结合典型示例,重点阐述最大纵坡在改扩建工程及互通式立交区中的灵活运用、最小纵坡路段如何优化路面排水设计,以及最大坡长的灵活运用和设置缓和坡段的必要性等关键技术;通过灵活设计使公路线形与地形、地质、环境及景观等相协调,且在保障交通安全的前提下降低工程造价。连续长大纵坡路段平均纵坡控制指标与纵坡优化设计方法详见本书第2篇第8章。

3.1 最大纵坡

3.1.1 相关规定

(1)公路的最大纵坡应不大于表1-3-1的规定,并应符合下列规定:

①设计速度为120km/h、100km/h、80km/h的高速公路,受地形条件或其他特殊情况限制时,经技术经济论证,最大纵坡可增加1%。

②改扩建公路设计速度为40km/h、30km/h、20km/h的利用原有公路的路段,经技术经济论证,最大纵坡可增加1%。

③四级公路位于海拔2000m以上或积雪冰冻地区的路段,最大纵坡不应大于8%。

最大纵坡 表1-3-1

设计速度(km/h)	120	100	80	60	40	30	20
最大纵坡(%)	3	4	5	6	7	8	9

(2)设计速度小于或等于80km/h、位于海拔3000m以上高原地区的公路,最大纵坡应按表1-3-2的规定予以折减。最大纵坡折减后小于4%时应采用4%。

高原纵坡折减值 表1-3-2

海拔(m)	3000~4000	4000~5000	5000以上
纵坡折减(%)	1	2	3

(3)桥上及桥头路线的纵坡应符合下列规定:

①小桥处的纵坡应随路线纵坡设计。

②桥梁及其引道的平、纵、横技术指标应与路线总体布设相协调,各项技术指标应符合路

线布设的规定。大、中桥上的纵坡不宜大于4%，桥头引道纵坡不宜大于5%，引道紧接桥头部分的线形应与桥上线形相配合。

③易结冰、积雪的桥梁，桥上纵坡宜适当减小。

④位于城镇混合交通繁忙处的桥梁，桥上及桥头引道纵坡均不得大于3%。

(4) 隧道及其洞口两端路线的纵坡应符合下列规定：

①隧道内的纵坡应大于0.3%并小于3%，但短于100m的隧道不受此限。

②高速公路、一级公路的中、短隧道，当条件受限制时，经技术经济论证后，最大纵坡可适当加大，但不宜大于4%。

③隧道内的纵坡宜设置成单向坡；地下水发育的隧道及特长、长隧道宜采用人字坡。

(5) 位于城镇附近且非汽车交通量较大的路段，其纵坡可根据具体情况适当放缓。

3.1.2 最大纵坡的运用

1) 高速公路改扩建工程中最大纵坡的运用

《公路工程技术标准》(JTG B01—2003)(以下简称2003年版《标准》)中规定："公路改建中，设计速度为40km/h、30km/h、20km/h的利用原有公路的路段，经技术经济论证，最大纵坡可增加1%"，该规定可理解为"最大纵坡可增加1%"含"公路改建"，但有些设计者理解为不含"公路改建"；《公路路线设计规范》(JTG D20—2006)(以下简称2006年版《路线规范》)中相应的规定改为"设计速度为40km/h、30km/h、20km/h的利用原有公路，改建工程利用原有公路的路段，经技术经济论证，最大纵坡可增加1%"，修订后的规定含义比较明确，不会出现理解歧义。2014年版《标准》中仍然维持2003年版《标准》的规定，2017年版《路线规范》中相应的规定改为："改扩建公路设计速度为40km/h、30km/h、20km/h的利用原有公路的路段，经技术经济论证，最大纵坡可增加1%"，该规定中"最大纵坡可增加1%"显然不含"高速公路改建"。在执行2017年版《路线规范》时，高速公路改扩建工程应依据规范中"设计速度为120km/h、100km/h、80km/h的高速公路，受地形条件或其他特殊情况限制时，经技术经济论证，最大纵坡可增加1%"的规定执行，因为该规定不能理解为仅适用于新建高速公路，否则就出现规范规定缺乏完整性的问题，造成高速公路改扩建(提速)工程受条件限制时，因缺少"经论证后可增加1%"的规定而导致既有工程的浪费和增加较大投资，对规范的理解也应符合改扩建工程应充分利用既有工程的设计原则。

2) 高速公路隧道内纵坡的控制

隧道路段纵坡一般控制在0.3%~3.0%之间。隧道纵断面设计应综合考虑坡长、线形、视距、通风等因素，高速公路隧道最大纵坡宜按表1-3-3控制。

高速公路隧道纵坡建议值　　　　表1-3-3

纵坡控制值	隧道长度 L(m) 对应最大纵坡值			
	短隧道	中隧道	长隧道	特长隧道
	$L \leq 100$	$100 < L \leq 500$	$500 < L \leq 1000$	$1000 < L \leq 3000$	$L > 3000$
最大纵坡(%)	4.0	3.5	3.0	2.5	2

3）大纵坡与长坡长组合设计

采用大纵坡（接近最大纵坡）和长坡长组合设计称为陡坡设计。陡坡设计可使深挖路堑变为低挖路基，减小防护工程，或免于设置隧道工程；在斜坡上布线时，采用陡坡设计可迅速提升路线高度，使更长的路线布置于相对宽缓的坡面上，从而避免因线位过低而大规模开挖山体，保护自然环境，减小工程量，降低工程造价。

但采用陡坡设计将影响道路的使用功能，为解决这一矛盾，可根据不同的纵坡及坡长，结合运行速度与通行能力分析，考虑增设必要的爬坡车道，使公路建设既能满足使用功能的要求，又能缩短里程，降低工程造价。

采用陡坡设计时，只要指标有余地，应综合考虑工程量、排水、占地以及设置爬坡车道等因素，选择最佳方案。如图 1-3-1 所示，该路段设计速度为 100km/h，最大纵坡为 3.86%，最大坡长为 800m，方案一与方案二均采用大纵坡和长坡长。方案二主要问题在于认为 K129+200～K130+000 挖 3m，边坡高度虽不高，但实际上存在两方面突出问题，一是土石方数量增加约 10 万 m^3，二是长距离排水问题，故应避免采用方案二的设计。

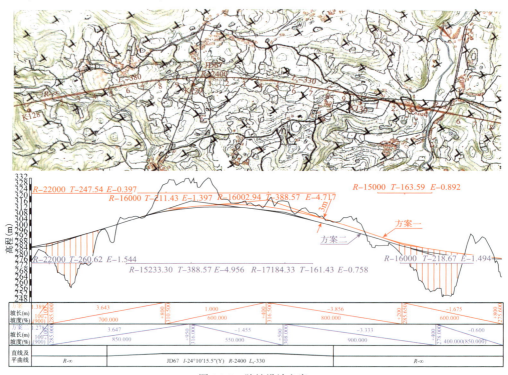

图 1-3-1　陡坡设计方案

注：图中 R、T、E、L_s 单位均为 m，以下不再逐一标注。

4）互通式立交区主线纵坡的灵活应用

互通式立交区主线的最大纵坡主要是从保证匝道向主线平稳汇流角度考虑的，因此，主线减速区上坡路段和加速区下坡路段的纵坡是有利于减速和加速的，可以灵活运用。如图 1-3-2 所示，设计速度为 100km/h，互通式立交区的匝道入口加速车道与出口减速车道区间纵坡采用 3.7%，设计方案总体较为合理。

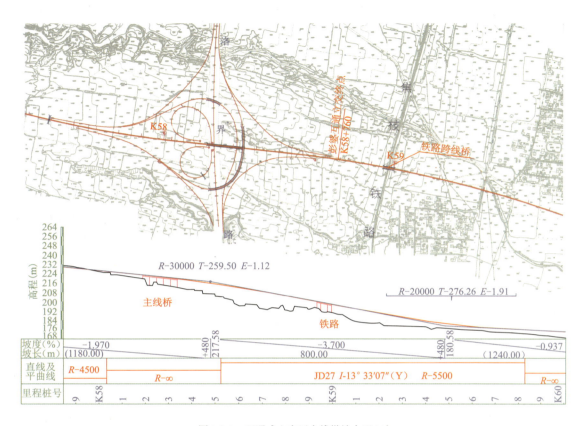

图 1-3-2　互通式立交区主线纵坡大于 2%

互通式立交区主线纵坡值控制宜按《公路立体交叉设计细则》(JTG/T D21—2014)执行。该细则中仅对互通范围的减速车道下坡路段和加速车道上坡路段的主线纵坡值进行规定,对减速车道上坡路段和加速车道下坡路段的主线纵坡值没有提出特殊要求。

5) 高原地区最大纵坡折减

高原地区公路,随着海拔的增加,大气压力、空气温度和密度都逐渐减小。空气密度的减小使汽车发动机的正常运行状态受到影响,从而使汽车的动力性能受到影响。另外,空气密度变小,散热能力也降低,发动机易过热。经常持久使用低挡高转速,特别容易使发动机过热,并使汽车水箱中的水易沸腾而破坏冷却系统。因此,根据试验与分析,当海拔超过 3000m 时,最大纵坡应按表 1-3-2 的规定予以折减。

3.2　最小纵坡

3.2.1　相关规定

规范中对纵坡规定如下:公路纵坡不宜小于 0.3%。横向排水不畅的路段或长路堑路段,采用平坡(0%)或小于0.3%的纵坡时,其边沟应进行纵向排水设计。

3.2.2 最小纵坡的运用

规范规定最小纵坡不宜小于0.3%,但对于多雨地区,且适当增大纵坡不会导致工程规模增加较大时,最小纵坡宜按不小于0.5%控制。同时小于1%的纵坡不宜与由-2%过渡到2%的超高渐变段范围重叠,以避免合成纵坡较小,出现路面排水不畅、交通事故多发状况。当小纵坡与-2%过渡到2%的超高渐变段范围重叠时,宜调整平纵面设计,避免不良组合。当平纵面难以调整时(既有公路改扩建),宜调整超高-2%~2%渐变过渡段位置,使其位于纵坡大的路段,使合成坡度满足要求。

例如某双向四车道高速公路改扩建工程,设计速度为120km/h,路基宽度为26.5m,其中K10+200~K10+700段平面设置1处$R=1650$m圆曲线,缓和曲线长210m,纵断面在K10+440处设置1处变坡点,前坡为-1.25%,后坡为+0.80%,竖曲线半径为12000m,竖曲线K10+407.107~K10+527.039范围临界纵坡小于或等于0.5%。超高过渡设计若按照缓和曲线HY点(K10+522.272)设置全超高,经反算不设超高点($R=5500$m)距HY点距离为147m(K10+375.272),按此原则设置超高过渡段,虽满足规范要求,但临界纵坡小于或等于0.5%范围和-2%过渡到2%的超高渐变段范围重叠,合成纵坡较小,易出现路面排水不畅情况(图1-3-3)。

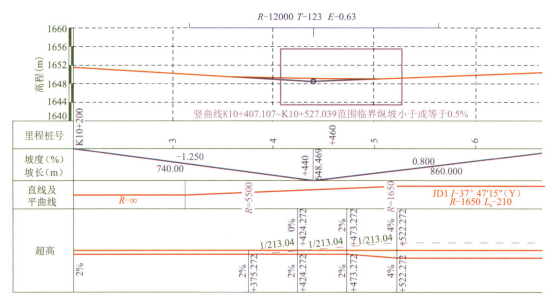

图1-3-3 小纵坡与超高渐变段重叠示例(正常超高设置)

设计时针对这种情况,宜对上述超高过渡方式进行优化,首先反算出圆曲线$R=1650$m的全超高值对应上限圆曲线$R=1990$m的位置(K10+486.393),此点设置为全超高起点。考虑K10+407.107~K10+527.039段竖曲线临界纵坡小于或等于0.5%,为避免超高-2%~2%渐变过渡位置与临界纵坡小于0.5%重合,超高过渡段设置时,可在K10+312.272(ZH点)~K10+407.107段进行-2%~2%的渐变过渡,K10+407.107~K10+486.393段进行2%~4%的渐变过渡(图1-3-4)。

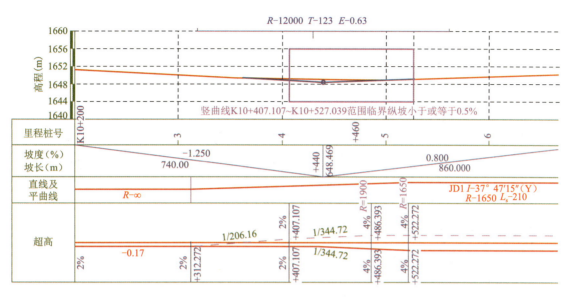

图 1-3-4　小纵坡与超高渐变段重叠优化设计示例

3.3 坡长限制

3.3.1 规范相关规定

（1）公路纵坡的最小坡长应符合表 1-3-4 的规定。

最小坡长　　　　　　　　　　　　　　　　　表 1-3-4

设计速度（km/h）	120	100	80	60	40	30	20
最小坡长（m）	300	250	200	150	120	100	60

（2）各级公路的最大坡长应符合表 1-3-5 的规定。

不同纵坡最大坡长（m）　　　　　　　　　　表 1-3-5

设计速度（km/h）		120	100	80	60	40	30	20
纵坡坡度（%）	3	900	1000	1100	1200	—	—	—
	4	700	800	900	1000	1100	1100	1200
	5	—	600	700	800	900	900	1000
	6	—	—	500	600	700	700	800
	7	—	—	—	—	500	500	600
	8	—	—	—	—	300	300	400

续上表

设计速度(km/h)		120	100	80	60	40	30	20
纵坡坡度(%)	9	—	—	—	—	—	200	300
	10	—	—	—	—	—	—	200

（3）各级公路的连续上坡路段，应根据载重汽车上坡时的速度折减变化，在不大于表1-3-5规定的纵坡长度之间设置缓和坡段。其设置应符合下列规定：

①设计速度小于或等于80km/h时，缓和坡段的纵坡应不大于3%；设计速度大于80km/h时，缓和坡段的纵坡应不大于2.5%。

②缓和坡段的长度应大于表1-3-4的规定。

3.3.2 最大坡长与缓和坡段的运用

1）高速公路连续下坡路段最大坡长与缓和坡段的运用

2017年版《路线规范》中对连续上坡路段纵坡设计明确规定需要设置缓和坡段，但未对下坡是否需要设置缓和坡段进行规定。因此，分离式路基下坡方向纵坡组合设计中没有设置缓和坡段也符合规范规定。连续长大下坡路段有时采用分离式路基，特别是在高速公路改扩建工程中尤为多见。但是，对下坡方向缺少缓和坡段的规定，在连续下坡路段纵坡设计时，针对第一次采用最大（或接近最大）纵坡及最大（或接近最大）坡长后如何"拉坡"存在不同看法：比较传统的设计者一般还按2006年版《路线规范》相关规定设置缓和坡段（即陡-缓-陡组合）；近几年新入职的设计者存在连续采用最大（或接近最大）纵坡及最大（或接近最大）坡长（即陡-陡-陡组合）的纵断面设计，那么，最大坡长限制的规定就没有意义了。陡-陡-陡组合拉坡带来的问题是连续长大纵坡路段的中间位置容易出现局部陡坡，可能成为交通事故多发的"黑点"。经分析对比，发现采用陡-缓-陡组合拉坡后，纵断面线形更接近于平均纵坡线，即更有利于交通安全。主要原因为：①受平均纵坡指标的控制，连续长大纵坡路段最大纵坡基本上都控制在4%以内；②设置缓和坡段后，冲减了最大纵坡值；③路线布设时考虑了设置缓和坡段对克服高差的影响；④避免了连续采用"最大纵坡及最大坡长"（陡-陡-陡组合）的不利组合设计。

根据调查，即使连续长大纵坡路段不是太长（高差在150m内），当平均纵坡大于4%、连续坡长大于3km时，往往也是交通事故多发段落，因此应尽量避免采用连续最大（或接近最大）纵坡与最大（或接近最大）坡长（陡-陡-陡组合）的纵坡组合设计。

调查发现，纵坡不论是上坡还是下坡，都容易出现错觉，如上坡以为是下坡或平坡，下坡以为平坡或上坡，这是普遍现象。错觉与纵坡大小、坡长有关，但与公路周边参照的地势关系更大。对纵坡错觉问题，有必要时可以通过设置纵坡标志提醒驾驶人是上坡还是下坡。

我国2006年版《路线规范》规定的缓和坡段设置，首先是在较大坡度的单坡之间，是间隔设置，不是在长陡坡中间设置1处长缓坡而造成两端纵坡偏大；其次是二者坡差较小（一般小于或等于1.5%），坡长较长（一般大于或等于300m）；第三，设置竖曲线后基本上没有缓和坡段的直线坡段。根据调查，没有发现在缓和坡段出现交通事故多发的情况。同时，根据2017

年版《路线规范》中上坡方向应在不大于不同纵坡的最大坡长之间设置缓和坡段的规定,对整体式路基意味着下坡方向也随之设置了缓和坡段。

综上分析,连续下坡路段可设置缓和坡段,设置缓和坡段(陡-缓-陡组合)后纵断面线形更接近平均纵坡线,有利于交通安全。高速公路缓和坡段的纵坡原则上宜取小于或等于2.5%,不应大于3%,缓坡坡长尽量大于或等于300m。连续长大纵坡路段纵坡优化设计方法详见本书第2篇第8章。

2)货车占比较高的路段最大坡长运用

根据实际工程项目调研,有些项目反馈长陡坡路段货车爬坡速度较低,低于路段允许的最低速度。产生该情况的主要原因是当前我国高速公路货运的车型主要为五、六轴半挂式铰接列车,有些货车配置的发动机功率偏低、载重偏大,造成功率质量比(以下简称功重比)整体偏低(功重比最低仅为5.21kW/t),部分货车爬坡能力低,有些货车行驶速度低于高速公路允许的最低速度,导致上坡时整个路段运行速度较大幅度降低。

针对该问题规范在条文解释中进行了补充说明:

(1)对于货车混入率较低的高速公路和一级公路,在上坡路段建议仍采用2017年版《路线规范》第8.3.2条中的规定值(表1-3-5),即采用以两轴载重汽车性能条件为基础提出的最大坡长限制指标为基础进行纵坡设计。

(2)对于二级及二级以下公路,由于通行条件和设计车型等与高速公路和一级公路存在不同,在连续纵坡路段的设计中,仍依据2017年版《路线规范》第8.3.2条中的规定值(表1-3-5)进行纵坡设计。

(3)对于高速公路和一级公路,当货车混入率较高(达20%以上)时,在连续上坡路段的纵坡设计中,宜适当兼顾当前我国车型的变化和影响。应结合交通量、车型组成和货运主导车型(应考虑实际装载的满载率和货车达到的功重比)的实际性能条件等因素,合理确定单一纵坡的最大坡长和多个连续长大纵坡的组合方案,以保证主导车型上坡速度折减不低于容许最低速度,必要时可设置爬坡车道,保障路段整体通行能力符合设计要求。

基于铰接列车实际的爬坡能力,2014年版《标准》配套的"高速公路纵坡设计关键指标与设计方法研究"(2011年)专题论证中提出了对高速公路连续纵坡路段上坡时的不同纵坡的最大坡长等指标建议,详见表1-3-6。该表仅供参考,原则上当纵坡大于3%时,坡长应按表1-3-5的规定执行。

不同纵坡最大坡长(铰接列车)(m)　　　　　表1-3-6

设计速度(km/h)		120	100	80	60
纵坡坡度(%)	2.0	不限	不限	不限	不限
	2.5	1000	不限	不限	不限
	3.0	680	910	不限	不限
	3.5	520	570	930	不限
	4.0	420	440	560	不限
	4.5	—	360	410	540
	5.0	—	300	320	370

续上表

设计速度（km/h）	120	100	80	60
纵坡坡度（%） 5.5	—	—	—	290
6.0	—	—	—	240

考虑到当前我国货运的车型主要为五、六轴半挂式铰接列车，由于爬坡能力低，上坡时的运行速度降低，直接影响高速公路和一级公路连续上坡路段的通行能力和服务水平，进而引起路段拥堵等问题；同时，货车在上坡路段运行速度出现明显的降低之后，会加大大、小车型之间运行速度之差，容易诱发追尾、横向剐蹭等事故，对行车安全不利。因此，有条件时，对于货车占比较高且货车功重比明显偏低的新建高速公路项目，当设计速度大于或大于80km/h时，纵坡坡度和最大坡长可按表1-3-6取值，尽量减短最大坡长，并减少陡坡路段的长度，以提高行车安全性。

3）长大竖曲线路段坡长折减

陡坡设计时通常会出现采用较大纵坡、较大竖曲线半径和较长坡长的组合。针对该种长大竖曲线的坡长限制指标宜灵活运用，对长大竖曲线的坡长计算应考虑竖曲线的折减。折减计算方法可按图1-3-5所示方式考虑，在长大竖曲线之间寻找相切于竖曲线的2%纵坡线，该线与陡坡（右坡）交叉，然后坡长计算到2%纵坡线与竖曲线切点处。如图中计算结果，折减后坡长为706.45m，纵坡为3.856%，符合坡长限制长度要求，2%纵坡线在两大纵坡之间长度为604.385m，大于6倍设计速度，也符合视觉所需长度要求。

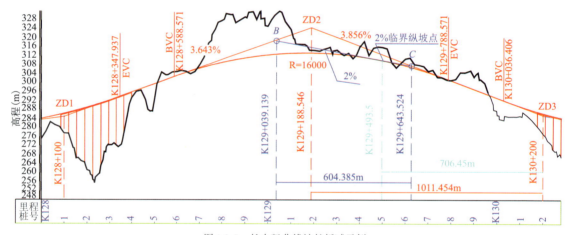

图1-3-5 长大竖曲线坡长折减示例

3.4 平均纵坡

3.4.1 相关规定

（1）二级公路、三级公路、四级公路越岭路线连续上坡或下坡路段，相对高差为200~500m时平均纵坡不应大于5.5%；相对高差大于500m时，平均纵坡应不大于5%。任意连续

3km 路段的平均纵坡宜不大于 5.5%。

（2）高速公路、一级公路连续长、陡下坡路段的平均纵坡与连续坡长不宜超过表 1-3-7 的规定；超过时，应进行交通安全性评价，提出路段速度控制和通行管理方案，完善交通工程和安全设施，并论证增设货车强制停车区的必要性。

连续长、陡下坡路段的平均纵坡与连续坡长 表 1-3-7

平均纵坡（%）	<2.5	2.5	3.0	3.5	4.0	4.5	5.0	5.5	6.0
连续坡长（km）	不限	20.0	14.8	9.3	6.8	5.4	4.4	3.8	3.3
相对高差（m）	不限	500	450	330	270	240	220	210	200

3.4.2 平均纵坡合理控制

山区高速公路平均纵坡大小对工程规模影响非常大，平均纵坡偏小导致工程造价高，平均纵坡偏大又可能存在交通安全隐患。如何合理权衡高速公路连续长大纵坡路段的交通安全性和工程经济性的典型问题，详见本书第 2 篇第 8 章。

3.5 合成坡度

3.5.1 相关规定

规范中对合成坡度规定如下：
（1）公路最大合成坡度值不得大于表 1-3-8 的规定。

公路最大合成坡度 表 1-3-8

公路等级	高速公路、一级公路				二级公路、三级公路、四级公路				
设计速度（km/h）	120	100	80	60	80	60	40	30	20
合成坡度值（%）	10.0	10.0	10.5	10.5	9.0	9.5	10.0	10.0	10.0

（2）当陡坡与小半径平曲线相重叠时，宜采用较小的合成坡度。下列情况合成坡度必须小于 8%：
①冬季路面有结冰、积雪的地区；
②自然横坡较陡峻的傍山路段；
③非汽车交通量较大的路段。
（3）各级公路最小合成坡度不宜小于 0.5%。在超高过渡的变化处，合成坡度不应设计为 0%。当合成坡度小于 0.5% 时，应采取综合排水措施，保证路面排水畅通。

3.5.2 合成坡度的运用

根据不同超高和纵坡对应的最大合成坡度（表 1-3-9）可知，因高速公路、一级公路平纵面指标较高，按规范规定的圆曲线最小半径一般值对应超高值与最大纵坡组成的合成坡度值不超过9.22%,一般情况均满足规范中合成坡度的要求。对于设计速度小于60km/h的低等级公路,应注意核查合成坡度是否满足规范要求。合成坡度接近规范规定值时,一般都会出现陡坡与急弯的组合,对交通安全产生不利影响,对于这些路段应进行安全性分析,并采取必要的安全保障措施。

不同超高和纵坡对应的最大合成坡度(%)　　　　　　　　　　　表1-3-9

纵坡(%)	超高(%)					
	3.00	4.00	5.00	6.00	7.00	8.00
2.00	3.61	4.47	5.39	6.32	7.28	8.25
2.50	3.91	4.72	5.59	6.50	7.43	8.38
3.00	4.24	5.00	5.83	6.71	7.62	8.54
3.50	4.61	5.32	6.10	6.95	7.83	8.73
4.00	5.00	5.66	6.40	7.21	8.06	8.94
4.50	5.41	6.02	6.73	7.50	8.32	9.18
5.00	5.83	6.40	7.07	7.81	8.60	9.43
5.50	6.26	6.80	7.43	8.14	8.90	9.71
6.00	6.71	7.21	7.81	8.49	9.22	10.00
7.00	7.87	8.31	8.83	9.43	10.10	10.82
8.00	8.90	9.29	9.76	10.31	10.92	11.59
9.00	9.95	10.30	10.72	11.22	11.79	12.41

3.6 竖曲线

3.6.1 相关规定

规范中对竖曲线规定如下:公路纵坡变更处应设置竖曲线,竖曲线可采用圆曲线或抛物线,竖曲线最小半径与竖曲线长度应符合表1-3-10的规定。

竖曲线最小半径与竖曲线长度　　　　　　　　　　　　　　表1-3-10

设计速度(km/h)		120	100	80	60	40	30	20
凸形竖曲线半径(m)	一般值	17000	10000	4500	2000	700	400	200
	极限值	11000	6500	3000	1400	450	250	100
凹形竖曲线半径(m)	一般值	6000	4500	3000	1500	700	400	200
	极限值	4000	3000	2000	1000	450	250	100
竖曲线长度(m)	一般值	250	210	170	120	90	60	50
	极限值	100	85	70	50	35	25	20

注:表中所列"一般值"为正常情况下的采用值;"极限值"为条件受限制时,经技术经济论证后的采用值。

设计速度大于或等于60km/h的公路,竖曲线设计宜采用长的竖曲线和长直线段的组合。有条件时宜采用大于或等于表1-3-11所列视觉所需要的竖曲线半径值。

互通式立交区主线凸形竖曲线指标应符合表1-3-12的规定。

视觉所需要的最小竖曲线半径值　　　　　表1-3-11

设计速度(km/h)		120	100	80	60
竖曲线最小值(m)	凸形	20000	16000	12000	9000
	凹形	12000	10000	8000	6000

互通式立交区主线凸形竖曲线最小半径　　　　　表1-3-12

设计速度(km/h)		120	100	80	60
凸形竖曲线最小半径值(m)	一般值	45000	25000	12000	6000
	极限值	23000	15000	6000	3000

3.6.2 竖曲线的运用

1) 一般路段

竖曲线最小半径主要依据停车视距确定,因此,不同设计速度对竖曲线最小半径需求相差较大。在实际运用时,当设计速度小于或等于80km/h时,竖曲线半径采用值宜大于一般值的2倍以上,特别是凹形竖曲线;当设计速度大于80km/h时,凸形竖曲线半径采用值宜大于一般值以上,凹形竖曲线半径宜大于一般值的1.5倍以上。对连续上坡或连续下坡路段,即使纵坡较大,但往往坡差较小,竖曲线半径大小对工程规模的影响较小,应采用较大的竖曲线半径(大于一般值2倍以上)或采用满足视觉所需要的最小竖曲线半径值;当前后纵坡为反向坡且坡差较大时,为减小工程规模,可采用相对较小的竖曲线半径,但不小于一般值;因竖曲线半径对工程规模影响较小,对交通安全性与行车舒适性影响较大,故不宜采用小于一般值的竖曲线半径。

2) 互通式立交区主线凸形竖曲线半径的灵活运用

互通式立交区主线凸形竖曲线半径规范要求较高,属于好中求好的指标,可采用满足视觉所需要的最小竖曲线半径值或极限值。例如:

(1)平原区主线上跨被交路或上跨匝道时,为降低路基平均填土高度,减小工程规模,凸形竖曲线半径可采用接近(或等于)竖曲线最小半径极限值,如图1-3-6所示,能缩短桥长100~300m,减少土石方4万~5万 m^3。

(2)主线在较高地势上跨被交路时,为降低工程投资,可采用接近(或等于)竖曲线最小半径极限值,如图1-3-7所示,工程量节省较明显。

上述两个设计示例中凸形竖曲线半径均大于视觉所要求的最小竖曲线半径值,交通安全性与行车舒适性均较为理想。

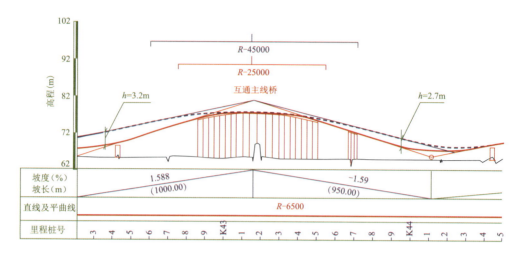

图 1-3-6　平原区互通式立交区凸形竖曲线半径的采用(设计速度 120km/h)

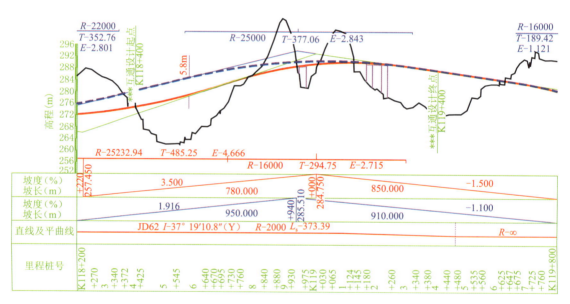

图 1-3-7　山区互通式立交区凸形竖曲线半径的采用(设计速度 100km/h)

● 本章参考文献

[1] 中华人民共和国交通运输部.公路工程技术标准:JTG B01—2014[S].北京:人民交通出版社股份有限公司,2015.

[2] 中华人民共和国交通运输部.公路路线设计规范:JTG D20—2017[S].北京:人民交通出版社股份有限公司,2017.

[3] 许金良.道路勘测设计[M].5版.北京:人民交通出版社,2009.

[4] 张维全.道路勘测设计[M].重庆:重庆大学出版社,2002.

[5] 交通部公路司.降低造价公路设计指南(2005版)[M].北京:人民交通出版社,2005.

[6] 交通部公路司.新理念公路设计指南(2005版)[M].北京:人民交通出版社,2005.

[7] 何勇.公路安全设计指南[M].北京:人民交通出版社,2011.

[8] 侯德藻,敖道朝,李爱民,等.山区高速公路安全设计指南[M].北京:人民交通出版社股份有限公司,2014.

[9] 朱兴琳.基于可靠度理论的公路路线设计[J].长安大学学报(自然科学版),2010,30(4):46-50.

[10] 钟小明,刘小明,荣建,等.基于高速公路路线设计一致性的中型卡车运行速度模型研究[J].公路交通科技,2005,22(3):92-96.

[11] 张朴,张雨化.公路路线纵断面优化设计的解析方法[J].长安大学学报(自然科学版),1988,3:132-148.

[12] 游润卫,许有俊.高速公路路线竖曲线上的纵坡分析[J].公路工程,2013,38(4):21-24.

[13] 苏晓智,刘维维,张江洪,等.基于关联规则的高速公路纵面线形事故风险概率研究[J].公路交通科技,2021,38(9):1-8.

[14] 刘秀英,赵明登.一种基于AHP-GRAP的山区高速公路路线方案优选方法[J].武汉大学学报(工学版),2012,45(3):356-360.

[15] 赵康.基于环境影响的公路路线方案优选[J].森林工程,2003(2):21-22.

[16] 廖朝华.基于运营安全的山区高速公路路线设计新理念[J].公路,2004(4):52-55.

[17] 朱兴琳,方守恩,艾力.高速公路路线方案的综合评价[J].公路工程,2008,33(5):85-87.

[18] 杨林,谷长发.层次分析法在林区公路路线方案比选中的应用[J].东北林业大学学报,2003,31(1):51-52.

[19] 杨宏志,李超,许金良.基于多目标进化算法的公路路线优化模型[J].武汉理工大学学报(交通科学与工程版),2010,34(3):496-500.

[20] KRAMMES R A. Design speed and operating speed in rural highway alignment design[J]. Transportation Research Record,2000,1701(1):68-75.

[21] SHAFAHI Y,BAGHERIAN M. A customized particle swarm method to solve highway alignment optimization problem[J]. Computer-Aided Civil and Infrastructure Engineering,2013,28(1):52-67.

[22] LEE Y,TSOU Y R,LIU H L. Optimization method for highway horizontal alignment design[J]. Journal of Transportation Engineering,2009,135(4):217-224.

[23] FWA T F,CHAN W T,SIM Y P. Optimal vertical alignment analysis for highway design[J]. Journal of Transportation Engineering,2002,128(5):395-402.

第 4 章
CHAPTER 4 〉〉

平纵线形组合设计

> **本章导读**
>
> 平纵线形组合设计的主要目的是提升公路线形的连续性、舒适性,使驾驶人在行驶时保持视觉诱导良好、路面排水顺畅,以利于提升交通安全性。在充分考虑沿线地形、地质、环境及景观等因素的基础上,通过优化平纵线形组合设计,做到平竖曲线指标均衡,公路线形连续、舒顺,并与周围景观相协调。本章结合典型示例,着重阐述平纵线形组合形式、平包竖理想线形的合理运用,并提出应避免的组合线形。隧道洞口明暗适应特性与洞口平纵线形优化设计详见本书第2篇第7章。

4.1 平纵线形组合形式

公路线形设计从公路选线、定线开始,最终以平、纵、横所组成的立体线形反映于驾驶人的视觉上。平面线形设计应特别注重与周围环境相协调,纵断面线形设计应特别注重与地势及工程规模相适应,而平纵线形组合设计旨在研究公路几何线形在视觉上的要求,是在满足汽车运动学和动力学要求的前提下,研究如何满足驾驶人视觉和心理方面对公路几何线形在连续性、舒适性及与周围景观协调性方面的要求,同时使路面具有良好的排水条件。

平纵线形组合是指平面以直线和平面曲线为基本组合元素,纵断面以直坡、变坡点前坡坡度大于后坡坡度的凸曲线和前坡坡度小于后坡坡度的凹曲线为基本组合元素,两两相互组合成的线形。根据不同组合可分为六种基本组合形式,如图1-4-1所示。在六种基本组合形式的基础上可细分为非常多种的组合形式(包括应避免的组合线形),平曲线与竖曲线一一对应仅是其中一种,通常简称为平包竖理想组合线形。

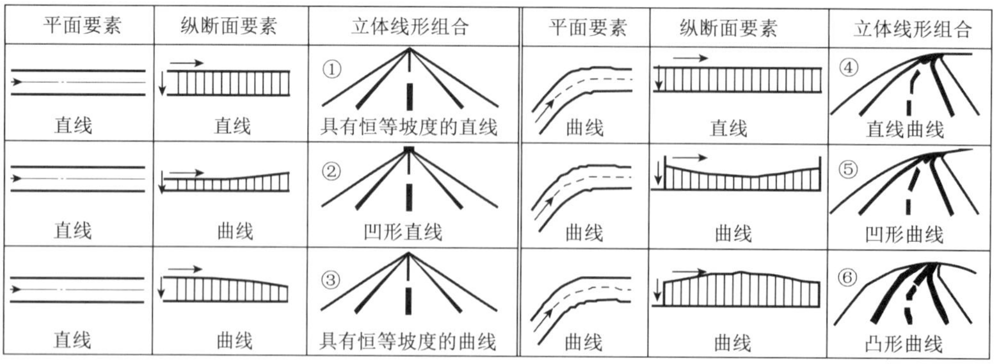

平面要素	纵断面要素	立体线形组合	平面要素	纵断面要素	立体线形组合
直线	直线	① 具有恒等坡度的直线	曲线	直线	④ 直线曲线
直线	曲线	② 凹形直线	曲线	曲线	⑤ 凹形曲线
直线	曲线	③ 具有恒等坡度的曲线	曲线	曲线	⑥ 凸形曲线

图1-4-1 平纵线形组合形式

4.2 平包竖理想组合线形的运用

4.2.1 平包竖理想组合线形

(1)当平曲线与竖曲线组合时,竖曲线包含在平曲线之内,且平曲线应稍长于竖曲线,如图1-4-2所示,俗称平曲线与竖曲线一一对应,即"平包竖"理想组合线形。

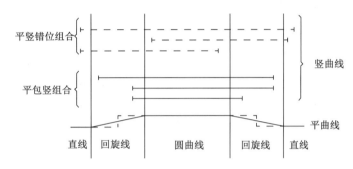

图1-4-2 平包竖线形组合示意图

(2)《公路路线设计规范》(JTJ 011—84)提出竖曲线完全包含在平曲线之内,主要理由是:当车辆驶入凸形竖曲线的顶点之前能清楚地看到平曲线的始末,辨明转弯的走向,不至于因失去视线引导作用出现判断错误而发生事故,如图1-4-3所示。当时我国高速公路建设刚处于起步阶段,主要总结了低等级公路建设经验,因此低等级公路采用较小的竖曲线半径时,应注重平包竖线形组合设计。

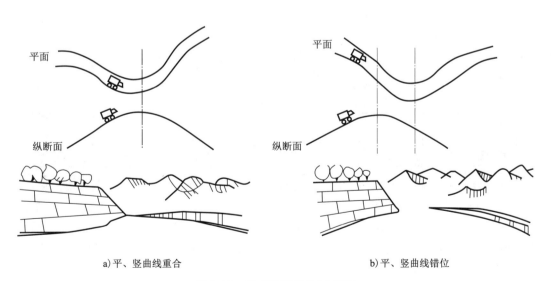

a) 平、竖曲线重合   b) 平、竖曲线错位

图1-4-3 平、竖曲线的重合与错位

4.2.2　2017年版《路线规范》对平纵组合线形的规定

高速公路采用的平竖曲线半径都较大,在驾驶人行驶视野距离内能看清前方平曲线的走向,不会失去视线的引导作用。平竖曲线半径均较大时对平包竖理想组合线形要求较低,因此2017年版《路线规范》修订为:"平、纵线形宜相互对应,且平曲线宜比竖曲线长。当平、竖曲线半径均较小时,其相互对应程度应较严格;随着平、竖曲线半径的同时增大,其对应程度可适当放宽;当平、竖曲线半径均大时,可不严格相互对应。"但2017年版《路线规范》(第9.5.2条第1款)没有明确具体指标。

4.2.3　平包竖理想组合线形的运用

交通部公路司编著的两本专著《新理念公路设计指南》(2005年版)(以下简称《新理念指南》)和《降低造价公路设计指南》(2005年版)(以下简称《降造指南》),基于《公路路线设计规范》(JTJ 011—94)(以下简称1994年版《路线规范》)的规定,对平包竖理想组合线形的运用共同提出:当平、纵面指标较低,坡度呈反向且坡差较大时,应强调平纵组合设计;当平曲线半径大于4000m,坡差小于1.5%,或竖曲线半径大于16000m,受其他条件限制时,平纵组合可以从宽掌握;当平曲线半径大于6000m,纵面坡差小于1%(尤其是同方向坡),或竖曲线半径大于20000m,受其他条件限制时,可不考虑平纵组合要求。《降造指南》还提出:山区高速公路设计速度为80km/h时,当平曲线半径大于2500m,坡差小于1.5%,或竖曲线半径大于12000m,受其他条件限制时,平纵组合可以从宽掌握;当平曲线半径大于4000m,纵面坡差小于1%,或竖曲线半径大于16000m,受其他条件限制时,可不考虑平纵组合要求。

平纵线形组合设计注重研究公路几何线形在视觉上的要求,结合驾驶人行驶视野距离(表1-4-1)分析,当满足视觉所需要的最小竖曲线半径值与平曲线组合、满足不设超高的圆曲线最小半径值与竖曲线组合或纵坡坡差小于1.5%时,平曲线与竖曲线长度远大于驾驶人行驶视野距离,不存在需要通过平包竖线形组合起到视线引导的作用,故可不要求平曲线与竖曲线一一对应。

驾驶人行驶视野距离　　　　　　　表1-4-1

运行速度(设计速度)(km/h)	120	100	80	60	40
行驶视野距离(m)	675	575	450	325	200

平包竖线形组合的灵活掌握对工程造价影响较大。如图1-4-4所示,平纵组合从宽掌握后桥头路基填土高度降低较多,桥长缩短约160m,降低了工程造价。由于该典型示例设计速度为100km/h,平曲线半径为4100m,大于不设超高的圆曲线半径,竖曲线半径为25000m,大于视距所需要的最小竖曲线半径值,平竖曲线长度也远大于驾驶人行驶视野距离575m,故平纵组合没有完全重叠并不影响公路线形在安全性与舒适性方面的要求。

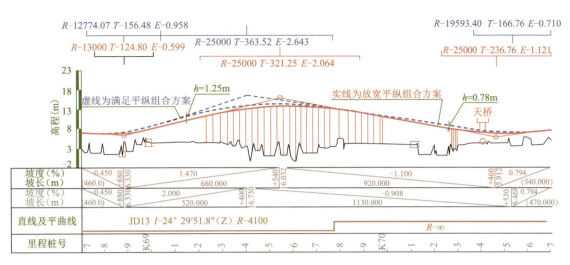

图 1-4-4　平纵组合从宽掌握(设计速度 100km/h)

4.3 平曲线与竖曲线半径应均衡的指标运用

设计速度越高,平纵面指标相应也要求越大,随着平面指标的增大,纵面竖曲线半径也应随着增大。如果平曲线与竖曲线的大小不匹配,竖曲线半径过小,则驾驶人视觉感觉会出现不愉悦,影响视觉上的连续性、均衡性。根据经验,高速公路凸形竖曲线半径宜为平面圆曲线半径的 8～20 倍,凹形竖曲线半径宜为平面圆曲线半径的 8～15 倍,可达到线形的均衡性,见表 1-4-2,表中取值范围仅供设计时参考。

高速公路平、竖曲线半径的均衡组合　　　　　　　表 1-4-2

平曲线半径 (m)	竖曲线半径(m)		平曲线半径 (m)	竖曲线半径(m)	
	凸形	凹形		凸形	凹形
400	4500～8000	3000～6000	1000	8000～20000	8000～12000
500	5000～10000	4000～7500	1100	9000～20000	9000～12000
700	6000～14000	5500～10000	1200	10000～20000	10000～12000
800	7000～16000	6500～12000	1500	12000～25000	12000～15000
900	8000～18000	7000～12000	2000	16000～30000	12000～20000

4.4 平曲线包含竖曲线个数的合理性分析

一般驾驶人同时看到两个或两个以上竖曲线时,会感到紧张。对地形较平坦地区的高速公路,平曲线半径往往采用值比较大,平曲线也比较长,为了降低路基填土高度、降低工程造价,一个平曲线可能设置多个竖曲线。由于高速公路平纵线形指标都比较高,从驾驶人行驶视野距离(表1-4-1)分析,驾驶人正常的行驶视野范围内不会出现多个竖曲线。因此,一般情况下,一个平曲线包含多个竖曲线与驾驶人视觉连续性、均衡性关系不大,而且正常设计时一般不会超过3个,因此原则上一个平曲线可设置3个竖曲线。当设置2个竖曲线时,一般为凹形竖曲线与凸形竖曲线的组合,即使能看到2个竖曲线,但不会出现驼峰、暗凹等使驾驶人视觉中断的现象。一个平曲线设置2个竖曲线,工程规模较设置1个竖曲线小得多,如图1-4-5所示。

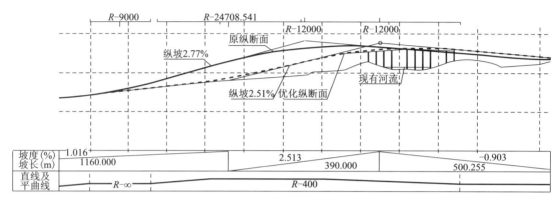

图1-4-5　一个平曲线设置2个竖曲线示意图

4.5 平纵线形组合中应注意避免的组合线形

相关研究表明,低等级公路路面在驾驶人的视觉中所占的比例为8%,公路两侧占80%;在高速公路上以100km/h行驶时视野缩小,路面所占比例为30%,空间所占比例为50%,公路两侧所占比例小于20%。这充分说明行驶速度越快,路面本身在视觉透视图中所描绘的形状越是构成公路美观印象的控制因素。因此,设计速度大于或等于60km/h的公路,须注重平纵线形组合设计,但不是片面追求平包竖理想组合线形,而是要避免平纵线形前后不均衡、平纵组合不协调等不利组合。设计速度越高,平纵线形组合设计越重要,应尽量做到线形连续、指标均衡、视觉良好。设计速度小于或等于40km/h的公路,应在保证行车安全的前提下,正确运用线形要素和控制指标,尽量做到平包竖理想组合线形,有条件时尽量做好平纵线形连续性、均衡性组合设计。平纵线形组合设计中应注意避免的组合形式如下:

(1)避免竖曲线的顶底部插入小半径的平曲线。

如果在凸形竖曲线的顶部有小半径的平曲线,不仅不能引导视线而且会因急转转向盘导致行车危险。在凹形竖曲线的底部有小半径的平曲线,便会出现汽车加速而急转弯的情况,同样可能发生危险。

(2)避免将小半径的平曲线起、讫点设在或接近竖曲线的顶部或底部。

若将凸形竖曲线的顶部设在小半径平曲线的起点,会产生不连续的线形,失去了视线引导作用;而将凹形竖曲线的底部设在小半径平曲线的起点,除了视觉上扭曲外,还会产生下坡尽头接急弯的不安全组合。

(3)避免竖曲线顶部、底部与反向平曲线的拐点重合。

此类组合都存在不同程度的扭曲外观,前者不能正确引导视线,会使驾驶人操作失误;后者使路面排水不畅,路面积水影响行车安全。

(4)避免在长直线上设置陡坡或曲线长度短、半径小的凹形竖曲线。

在长直线上设置陡坡易使驾驶人超速行驶,危及行车安全;在长直线上设置曲线长度短、半径小的凹形竖曲线易使驾驶人产生坡底道路变窄的错觉,导致高速行驶中的制动操作,影响行车安全。

(5)避免小半径的竖曲线与缓和曲线重合。

采用该组合形式,对凸形竖曲线,诱导性差,事故率较高;对凹形竖曲线,路面排水不良,影响行车安全。

(6)避免短的平曲线与短的竖曲线重合,避免长的竖曲线范围内设置小半径平曲线。

(7)避免急弯与陡坡的不利组合。

(8)避免出现驼峰、暗凹、跳跃、断背、折曲等使驾驶人视线中断的线形。

(9)避免采用过大或过小的合成坡度。合成坡度过大对行车不利,特别是在冬季结冰期更危险;合成坡度过小也不好,会导致排水不畅。虽然 2017 年版《路线规范》对合成坡度的最大允许值作了规定,但在进行平纵面线形组合时,如条件允许,最大合成坡度宜小于 8%,最小合成坡度不宜小于 0.5%。

4.6 平纵组合线形与环境景观相协调

修建公路可能会对自然景观产生一定的破坏,而公路两侧的自然景观又会影响公路上汽车的行驶。优美的线形和宜人的景观,对驾驶人的视觉、心理以及驾驶操作等都有较大影响。平纵线形组合应与公路所经地区的景观相配合,对设计速度高的公路,平纵线形组合设计与环境景观配合尤为重要(图1-4-6)。同时,山区高速公路沿线各类自然环境保护区、水资源保护区、休闲度假区等环境敏感点往往较多,设计中应坚持公路与自然和谐的原则,尽量采取绕避方案。

图 1-4-6　与环境景观相协调的路线方案

本章参考文献

[1] 中华人民共和国交通运输部.公路工程技术标准:JTG B01—2014[S].北京:人民交通出版社股份有限公司,2015.
[2] 中华人民共和国交通运输部.公路路线设计规范:JTG D20—2017[S].北京:人民交通出版社股份有限公司,2017.
[3] 杨少伟.道路勘测设计[M].3版.北京:人民交通出版社,2003.
[4] 何勇.公路安全设计指南[M].北京:人民交通出版社,2011.
[5] 侯德藻,敖道朝,李爱民,等.山区高速公路安全设计指南[M].北京:人民交通出版社股份有限公司,2014.
[6] 王贵山,张堂仁.基于安全耐久、环保节约、设计标准化理念的项目总体设计[J].公路交通科技(应用技术版),2019,15(6):323-326.
[7] 蒲浩,宋占峰,詹振炎.公路路线设计的一体化与可视化[J].中南大学学报(自然科学版),2004,35(5):830-835.
[8] 李荣生.公路路线方案影响因素及评价指标研究[J].科技创新导报,2009(7):82-82.
[9] 刘建蓓,郭忠印,胡江碧,等.公路路线设计安全性评价方法与标准[J].中国公路学报,2010,23(S1):28-35.
[10] 范爽.高速公路平面线形指标及其组合安全性研究[D].西安:长安大学,2019.
[11] 刘伟国.谈山岭重丘区公路路线方案的比选[J].森林工程,2001,17(6):46-48.
[12] 江文德,郭正言.高等级公路路线设计与环境保护[J].公路,1996(4):18-21.
[13] 杨宏志,卢瑜.公路路线智能优化方法研究[J].交通信息与安全,2009,27(5):77-80.
[14] 廖朝华.基于运营安全的山区高速公路路线设计新理念[J].公路,2004(4):52-55.
[15] LEE Y,TSOU Y R,LIU H L. Optimization method for highway horizontal alignment design[J]. Journal of Transportation Engineering,2009,135(4):217-224.

第 5 章
CHAPTER 5 〉〉

公路横断面设计

> **本章导读**
>
> 公路横断面设计中路基、桥梁与隧道断面宽度组成基本上为标准化设计,但高速公路硬路肩取值、中间带宽度变化过渡设计、多车道高速公路路拱横坡中超高过渡设计、爬坡车道设计、避险车道设计等在 2017 年版《路线规范》中规定不够具体,且缺少十车道高速公路横断面相关规定。本章着重阐述高速公路左右侧硬路肩以功能为依据的取值建议、十车道高速公路左侧硬路肩宽度与车道横断面优化设计、爬坡车道载重汽车运行速度验算方法、避险车道设置条件,为设计者提供参考依据。高速公路中间带宽度变化过渡方式与分幅过渡优化设计详见本书第 2 篇第 6 章,多车道高速公路超高过渡方式优化设计详见本书第 2 篇第 5 章。

5.1 公路横断面形式及组成

5.1.1 公路横断面形式及组成相关规定

(1)公路路基标准横断面组成应符合下列规定:

①高速公路、一级公路的路基标准横断面分为整体式路基和分离式路基两类。整体式路基的标准横断面应由车道、中间带(中央分隔带、左侧路缘带)、路肩(右侧硬路肩、土路肩)等部分组成。分离式路基的标准横断面应由车道、路肩(右侧硬路肩、左侧硬路肩、土路肩)等部分组成。

②二级公路路基的标准横断面应由车道、路肩(右侧硬路肩、土路肩)等部分组成。

③三级公路、四级公路路基的标准横断面应由车道、路肩等部分组成。

(2)公路路基横断面形式应根据公路功能、技术等级、交通量和地形等条件确定。各级公路一般路基横断面形式如图 1-5-1 ~ 图 1-5-5 所示,并应符合下列规定:

①高速公路、一级公路应根据需要采用整体式或分离式路基断面形式。

②双向十车道及以上车道数的高速公路可采用复合式断面形式。

③二级公路、三级公路、四级公路应采用整体式路基断面形式。

(3)公路路基横断面中各组成部分宽度应根据公路技术等级、交通量与交通组成、横断面各组成部分的功能综合确定,并应符合下列规定:

①公路路基宽度为车道宽度与路肩宽度之和。当设有中间带、加(减)速车道、爬坡车道、紧急停车带、错车道、超车道、侧分隔带、非机动车道(或慢车道)和人行道等时,应包括上述部分的宽度。

②非机动车、行人密集公路和城市出入口的公路,可根据需要设置侧分隔带、非机动车道和人行道。

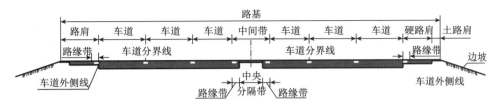

图 1-5-1　高速公路、一级公路一般整体式断面形式

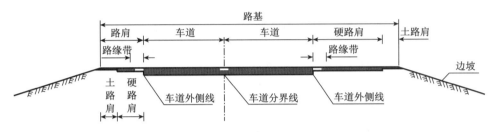

图 1-5-2　高速公路、一级公路一般分离式断面形式（右幅断面）

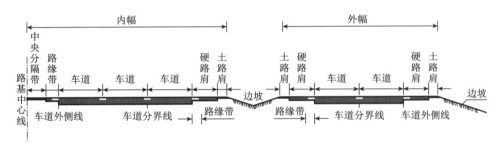

图 1-5-3　高速公路复合式一般断面形式（右幅断面，内外幅路基分离式）

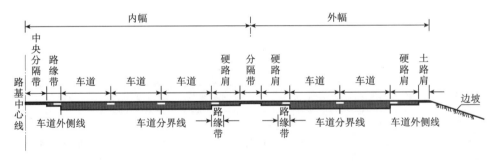

图 1-5-4　高速公路复合式一般断面形式（右幅断面，内外幅路基整体式）

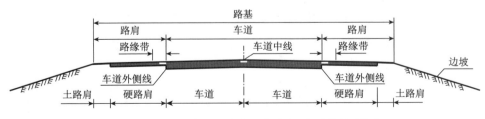

图 1-5-5　二级公路、三级公路、四级公路一般路基断面形式

③一级公路在慢行车辆较多时,可利用右侧硬路肩(宽度不足时应加宽)设置慢车道,并应在车道与慢车道之间设置隔离设施。

④二级公路在慢行车辆较多时,可根据需要采用加宽硬路肩的方式设置慢车道,并应增加必要的交通安全设施,加强交通组织管理。

5.1.2 行车道相关规定

1)行车道宽度

行车道宽度对于超车或并行来说,必须具有足够的富余,但若采用的车道过宽,在单向双车道公路上,实际会发生按三车道行驶的状态,车辆难以纵向排列并安全顺适地通行,因此行车道宽度过宽也不利行车安全。行车道宽度的确定需要综合考虑汽车车型、交通组成、车辆行驶速度等。规范规定,设计速度为80km/h及以上时,行车道宽度采用3.75m;设计速度为60km/h、40km/h时,行车道宽度采用3.50m;设计速度为30km/h时,行车道宽度采用3.25m;设计速度为20km/h时,行车道宽度采用3.00m。同时应符合下列规定:

(1)八车道及以上公路在内侧车道(内侧第1、2车道)仅限小客车通行时,其车道宽度可采用3.50m。

(2)以通行中、小型客运车辆为主且设计速度为80km/h及以上的公路,经论证车道宽度可采用3.50m。

(3)根据需要设置慢车道的公路,慢车道宽度应采用3.50m。

(4)采用30km/h、20km/h设计速度的四级公路采用单车道时,车道宽度应采用3.50m。

(5)需要设置非机动车道和人行道的公路,非机动车道和人行道等的宽度,宜视实际情况确定。

2)车道数

各级公路的基本车道数应符合表1-5-1的规定。

各级公路的基本车道数　　　　　　　　　　表1-5-1

公路等级	高速公路、一级公路	二级公路	三级公路	四级公路
车道数(条)	≥4	2	2	2(1)

注:括号内数值为交通量小或工程特别艰巨路段采用。

(1)高速公路和一级公路各路段车道数应根据设计交通量、设计通行能力确定,当车道数增加时应按双数、两侧对称增加。

(2)二级公路、三级公路应为双车道。

(3)四级公路一般路段应采用双车道,交通量小且工程特别艰巨的路段可采用单车道。

5.1.3 中间带相关规定

(1)高速公路、一级公路整体式路基断面必须设置中间带,中间带由两条左侧路缘带和中央分隔带组成,并应符合下列规定:

①高速公路和作为干线的一级公路,中央分隔带宽度应根据公路项目中央分隔带功能确定。

②作为集散的一级公路,中央分隔带宽度应根据中间隔离设施的宽度确定。

③左侧路缘带宽度不应小于表1-5-2的规定。

左侧路缘带宽度　　　　　　　　　　　　　　表1-5-2

设计速度(km/h)		120	100	80	60
左侧路缘带宽度(m)	一般值	0.75	0.75	0.50	0.50
	最小值	0.50	0.50	0.50	0.50

注:1."一般值"为正常情况下的采用值。
　　2.设计速度为120km/h、100km/h时,受地形、地物限制的路段或多车道公路内侧仅限小型车辆通行的路段,可论证采用"最小值"。

(2)分离式路基的间距应满足设置必要的排水和安全防护设施等的需要,且与地形和周围景观相配合。

(3)分离式路基应在适当位置设横向连接道,以供养护、维修或应急抢险时使用。

5.1.4　中间带宽度变化的过渡设计

规范规定当中间带的宽度需要增大或减小时,应采用左右分幅线形设计。条件受限制,且中间带宽度变化小于3.0m时,可采用渐变过渡,过渡段的渐变率不应大于1/100。

对于中间带宽度存在变化的路段,宜将渐变段设置于圆曲线与直线之间的缓和曲线处。利用缓和曲线路段完成宽度渐变,能避免行车道轨迹线发生突变,使宽度渐变更顺畅,有利于车辆行驶安全。具体优化设计方法详见本书第2篇第6章。

5.1.5　公路建筑限界

公路建筑限界是为了保证公路上规定车辆的正常运行与安全,在一定宽度和高度范围内,不得有任何障碍物侵入的空间范围。公路标志、护栏、照明灯柱、电杆、管线、绿化、行道树以及跨线桥的梁底、桥台、桥墩等的任何部分不得侵入公路建筑限界。

(1)各级公路的建筑限界应符合图1-5-6的规定,并应符合下列规定:

①设置加(减)速车道、紧急停车带、爬坡车道、错车道、慢车道、车道隔离设施等路段,行车道应包括该部分的宽度。

②八车道及其以上的高速公路(整体式),设置左侧硬路肩时,建筑限界应包括相应部分的宽度。

③隧道最小侧向宽度应符合表1-5-3的规定。

④桥梁、隧道设置检修道、人行道时,建筑限界应包括相应部分的宽度。

⑤高速公路、一级公路、二级公路的净高应为5.00m;三级公路、四级公路的净高应为4.50m。

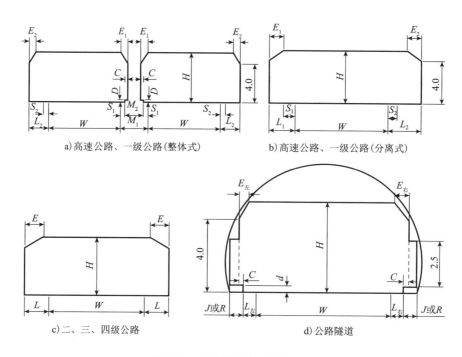

图 1-5-6　建筑限界(尺寸单位:m)

图中:W——行车道宽度;

L_1——左侧硬路肩宽度;

L_2——右侧硬路肩宽度;

S_1——左侧路缘带宽度;

S_2——右侧路缘带宽度;

L——侧向宽度,二级公路的侧向宽度为硬路肩宽度;三、四级公路的侧向宽度为路肩宽度减去0.25m;设置护栏时,应根据护栏需要的宽度加宽路基;

$L_左$——隧道内左侧侧向宽度;

$L_右$——隧道内右侧侧向宽度;

C——侧向安全富余宽度,当设计速度大于100km/h时为0.5m,小于或等于100km/h时为0.25m;

D——路缘石高度,小于或等于0.25m;一般情况下,高速公路可不设路缘石;

M_1——中间带宽度;

M_2——中央分隔带宽度;

J——检修道宽度;

R——人行道宽度;

d——检修道或人行道高度;

E——建筑限界顶角宽度,当$L \leqslant 1m$时,$E=L$;当$L>1m$时,$E=1m$;

E_1——建筑限界左顶角宽度,当$L_1<1m$时,$E_1=L_1$;或$S_1+C<1m$,$E_1=S_1+C$;当$L_1 \geqslant 1m$或$S_1+C \geqslant 1m$时,$E_1=1m$;

E_2——建筑限界右顶角宽度,$E_2=1m$;

$E_左$——建筑限界左顶角宽度,当$L_左 \leqslant 1m$时,$E_左=L_左$;当$L_左>1m$时,$E_左=1m$;

$E_右$——建筑限界右顶角宽度,当$L_右 \leqslant 1m$时,$E_右=L_右$;当$L_右>1m$时,$E_右=1m$;

H——净空高度。

⑥人行道、自行车道、检修道与行车道分开设置时,其净高应为2.50m。
⑦路基、桥梁、隧道相互衔接处,其建筑限界应按过渡段处理。

隧道最小侧向宽度 表1-5-3

设计速度 (km/h)	高速公路、一级公路				二级公路、三级公路、四级公路				
	120	100	80	60	80	60	40	30	20
左侧侧向宽度 $L_{左}$(m)	0.75	0.75	0.50	0.50	0.75	0.50	0.25	0.25	0.50
右侧侧向宽度 $L_{右}$(m)	1.25	1.00	0.75	0.75	0.75	0.5	0.25	0.25	0.50

(2)公路建筑限界的边界线应按图1-5-7划定,并应符合下列规定:
①不设超高的路段,建筑限界的上缘边界线应为水平线,其两侧边界线应与水平线垂直。
②在设置超高的路段,建筑限界的上缘边界线应与超高横坡平行,其两侧边界线应与路面超高横坡垂直。

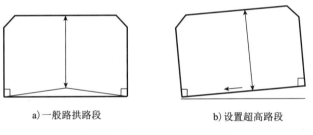

a)一般路拱路段   b)设置超高路段

图1-5-7 建筑限界的边界线划定

5.1.6 路肩

1)相关规定

(1)各级公路右侧路肩宽度应符合表1-5-4的规定,并应符合下列规定:
①高速公路、一级公路应在右侧硬路肩宽度内设右侧路缘带,其宽度为0.50m。

右侧路肩宽度 表1-5-4

公路技术等级(功能)		高速公路			一级公路(干线功能)	
设计速度(km/h)		120	100	80	100	80
右侧硬路肩宽度 (m)	一般值	3.00 (2.50)	3.00 (2.50)	3.00 (2.50)	3.00 (2.50)	3.00 (2.50)
	最小值	1.50	1.50	1.50	1.50	1.50
土路肩宽度 (m)	一般值	0.75	0.75	0.75	0.75	0.75
	最小值	0.75	0.75	0.75	0.75	0.75

续上表

公路技术等级(功能)		一级公路(集散功能)和二级公路		三级公路、四级公路		
设计速度(km/h)		80	60	40	30	20
右侧硬路肩宽度(m)	一般值	1.50	0.75	—	—	—
	最小值	0.75	0.25	—	—	—
土路肩宽度(m)	一般值	0.75	0.75	0.75	0.50	0.25(双车道)
	最小值	0.50	0.50			0.50(单车道)

注:1. 正常情况下,应采用"一般值";在设爬坡车道、变速车道及超车道路段,受地形、地物等条件限制路段及多车道公路特大桥,可论证采用"最小值"。

2. 高速公路和作为干线的一级公路以通行小客车为主时,右侧硬路肩宽度可采用括号内数值。

3. 高速公路局部设计速度采用60km/h的路段,右侧硬路肩宽度不应小于1.50m。

②二级公路的硬路肩可供非汽车交通使用。非汽车交通量较大的路段,可采用全铺的方式,以充分利用。

③二级公路、三级公路、四级公路在路肩上设置的标志、防护设施等不得侵入公路建筑限界,必要时应加宽路肩。

(2)高速公路、一级公路的左侧路肩应符合下列规定:

①高速公路、一级公路的分离式路基,应设置左侧路肩,其宽度应符合表1-5-5的规定。左侧硬路肩内含左侧路缘带,左侧路缘带宽度为0.50m。

高速公路、一级公路分离式路基的左侧路肩宽度   表1-5-5

设计速度(km/h)	120	100	80	60
左侧硬路肩宽度(m)	1.25	1.00	0.75	0.75
左侧土路肩宽度(m)	0.75	0.75	0.75	0.50

②高速公路整体式路基双向八车道及以上路段,宜设置左侧硬路肩,其宽度应不小于2.50m。

③高速公路分离式路基单幅同向四车道及以上路段,左侧硬路肩宽度不宜小于2.50m。

2)硬路肩宽度的选用

(1)路肩宽度对运行车速的影响。

国内外资料显示,当路肩宽度达1m以上时,对车速影响不大。

根据《公路限速标志设计规范》(JTG/T 3381-02—2020)(以下简称2020年版《限速规范》)编制时的深入分析认为:左右侧硬路肩、高速公路和一级公路建筑界限中的C值、路缘带等横断面设计指标既具有紧急停车、保护建筑等功能,也具有安全净宽的作用。2014年版《标准》规定右侧硬路肩宽度最小值为1.50m,在我国公路车道宽度普遍大于其他国家且小客车主要在内侧车道行驶的情况下,横断面指标对自由流状态下车辆行驶速度的影响并非决定性、控制性的,因此未列入核查内容范围。

(2)路肩宽度对道路通行能力的影响。

道路通行能力计算公式见式(1-5-1):

$$C_\text{日} = CNK_\text{d}$$
$$C = C_\text{B}(V/C)f_\text{cw}f_\text{sw}f_\text{hv}f_\text{p} \tag{1-5-1}$$

式中：$C_\text{日}$——基本路段设计通行能力(pcu/d)；

C——单车道通行能力(pcu/d)；

C_B——单车道基本通行能力(pcu/d)；

N——单向车道数；

K_d——设计小时交通量系数；

V/C——不同服务水平下的流率与通行能力之比的最大值；

f_cw——行车道宽度对通行能力的修正系数；

f_sw——侧向余宽对通行能力的修正系数(表1-5-6)；

f_hv——交通组成对通行能力的修正系数；

f_p——驾驶人总体特征影响修正系数。

侧向余宽对通行能力的修正系数 f_sw　　表1-5-6

美国《通行能力手册》规定值				日本《道路技术标准》规定值						
侧向余宽(m)				侧向余宽(m)						
1.8	1.2	0.6	0	1.75	1.5	1.25	1.0	0.75	0.5	0
1.00	0.99	0.97	0.90	1.00	1.00	0.99	0.98	0.97	0.95	0.90

若将高速公路硬路肩减窄为0.75m，则$f_\text{sw}=0.95\sim0.97$，这说明在其他条件相同时，硬路肩的减窄对通行能力的影响程度为3%～5%；侧向余宽为1.0m时，$f_\text{sw}=0.98$，影响程度仅为2%；侧向余宽大于1.5m时没有影响。

(3)硬路肩宽度的选用。

硬路肩宽度对工程造价影响非常大，应根据硬路肩使用功能、路段交通组成、交通量大小、工程规模、土地资源和路线长度等关键因素综合分析确定。2020年版《限速规范》相关说明和国内外相关资料表明，高速公路硬路肩宽度取值可灵活运用；根据2006年版、2017年版《路线规范》相关规定，结合已建高速公路不同宽度的硬路肩交通运行总体平稳的现状，提出高速公路硬路肩宽度取值以功能为主(不考虑设计速度)的选用原则。

①硬路肩的功能。

硬路肩是在公路行车道外，与行车道直接相邻的部分。硬路肩的首要功能是作为路侧安全净空区的一部分；其次是用于紧急停车或救援停车、公路养护停车、管理车辆临时停车；第三是作为应急车道；同时起到为行车道的路面、路基提供侧向稳定支撑的作用。

②右侧硬路肩宽度的选用。

右侧路肩主要功能为用于紧急停车时，在正常情况下，硬路肩宽度应采用3.0m；高速公路和作为干线的一级公路以通行小客车为主时，可采用2.5m。主要功能为用作应急车道时，最小值可采用2.5m。

右侧路肩主要功能为提供侧向安全净宽时，硬路肩宽度一般采用1.5m，最小值采用1.0m，且主要用于以下路段：

a.设爬坡车道、载重汽车专用缓速车道路段；

b. 在互通式立交之间的变速车道、辅助车道路段；
c. 多车道公路特大桥路段；
d. 受地形、地物等条件限制,包括高度城市化地区受用地条件限制,且路段长度较短的路段；
e. 从路网功能考虑需要建设的高速公路小交通量路段(预测交通量小于25000pcu/h)；
f. 高速公路局部路段设计速度采用60km/h的路段。
③左侧硬路肩宽度的选用。

分离式半幅路基的左侧路肩主要功能为提供侧向安全净宽时,硬路肩宽度应按表1-5-5的规定值选用。

八车道及以上高速公路整体式路基主要功能为提供侧向安全净宽时,左侧硬路肩宽度可采用1.5m或1.0m(含路缘带宽度和C值);由于高速公路靠中间带的行车道左侧设有路缘带,再加上中间带侧向安全富余宽度C值,路侧总宽度基本满足路侧安全净宽要求,八车道高速公路可不设左侧硬路肩;八车道以上高速公路在条件受限且路段较短时,也可不设左侧硬路肩。

八车道及以上高速公路左侧硬路肩主要功能需考虑紧急停车时,由于内侧车道一般为小客车专用车道,硬路肩宽度可采用2.5m(含路缘带宽度和C值),如图1-5-8所示;同时,可考虑内侧2个车道或3个车道为小客车专用车道,外侧3个车道或2个车道为客货车混合交通的车道,中间采用0.50m的双实线软隔离,如图1-5-9所示。通过车道交通组织管理提高断面通行能力,提升交通安全性。当条件受限且内侧车道宽度为3.75m时,左侧硬路肩宽度最小值可论证采用2.0m;当条件允许且将来可能被市政化改造时,左侧硬路肩宽度也可采用3.0m。

图1-5-8　十车道高速公路左右侧设置硬路肩示意图

图1-5-9　十车道高速公路小客车专用车道与客货混合车道软隔离示意图

5.2 路拱横坡度及圆曲线超高设计

5.2.1 相关规定

（1）路拱坡度。

①高速公路、一级公路整体式路基的路拱宜采用双向路拱坡度，由路中央向两侧倾斜。位于中等强度降雨地区时，路拱坡度宜为 2%；位于降雨强度较大地区时，路拱坡度可适当增大。

②高速公路、一级公路分离式路基的路拱，宜采用单向横坡，并向路基外侧倾斜，也可采用双向路拱坡度。积雪冰冻地区，宜采用双向路拱坡度。

③双向六车道及以上车道数的公路，当超高过渡段的路拱坡度过于平缓时，可采用双向路拱坡度。路拱坡度过于平缓路段应通过路面排水分析。

④二级公路、三级公路、四级公路的路拱应采用双向路拱坡度，由路中央向两侧倾斜。路拱坡度应根据路面类型和当地自然条件确定，但不应小于 1.5%。

（2）硬路肩、土路肩横坡的设计应符合下列规定：

①直线路段的硬路肩应设置向外倾斜的横坡，其坡度值应与车道横坡值相同。路线纵坡平缓且设置拦水带时，其横坡值宜采用 3% ~ 4%。

②曲线路段内、外侧硬路肩横坡的横坡值及其方向：当曲线超高小于或等于 5% 时，其横坡值和方向应与相邻车道相同；当曲线超高大于 5% 时，其横坡值应不大于 5%，且方向相同。

③硬路肩的横坡应随邻近车道的横坡一同过渡，其过渡段的纵向渐变率应控制在 1/330 ~ 1/150 之间。

④土路肩的横坡：位于直线路段或曲线路段内侧，且车道或硬路肩的横坡值大于或等于 3% 时，土路肩的横坡应与车道或硬路肩横坡值相同；小于 3% 时，土路肩的横坡应比车道或硬路肩的横坡值大 1 个或 2 个百分点。位于曲线路段外侧的土路肩横坡，应采用 3% 或 4% 的反向横坡值。

⑤中型以上桥梁及隧道区段的硬路肩横坡值，应与车道相同。

（3）圆曲线半径小于规范规定的不设超高圆曲线最小半径时，应在曲线上设置超高。超高的横坡度应根据设计速度、圆曲线半径、路面类型、自然条件和车辆组成等情况确定，必要时应按运行速度予以验算。

①各级公路圆曲线部分的最大超高值应符合表 1-5-7 的规定。

各级公路圆曲线最大超高值（%） 表 1-5-7

公路等级	高速公路、一级公路	二级公路、三级公路、四级公路
一般地区	8 或 10	8
积雪冰冻地区	6	
城镇区域	4	

注：一般地区公路，圆曲线最大超高值应采用 8%；以通行中、小型客车为主的高速公路和一级公路，最大超高值可采用 10%。

②各级公路圆曲线部分的最小超高值应与该公路直线部分的正常路拱横坡度值一致。

（4）二级公路、三级公路、四级公路接近城镇且混合交通量较大的路段，车速受到限制时，其最大超高值可按表1-5-8采用。

车速受限制时的最大超高值　　　　　　　　　　　表1-5-8

设计速度（km/h）	80	60	40、30、20
超高值（%）	6	4	2

（5）各圆曲线半径所设置的超高值应根据设计速度、圆曲线半径、公路条件、自然条件等经计算确定，必要时应根据运行速度予以验算。

（6）当路拱横坡度发生变化时，必须设置超高过渡段，其超高渐变率应根据超高旋转轴的位置按表1-5-9确定。

超高渐变率　　　　　　　　　　　　表1-5-9

设计速度（km/h）	超高旋转轴位置	
	中线	边线
120	1/250	1/200
100	1/225	1/175
80	1/200	1/150
60	1/175	1/125
40	1/150	1/100
30	1/125	1/75
20	1/100	1/50

（7）超高过渡方式应符合下列规定：

①对于无中间带的公路，当超高横坡度等于路拱横坡度时，将外侧车道绕路中线旋转，直至超高横坡度；当超高横坡度大于路拱横坡度时，应采用绕内侧车道边缘旋转、绕路中线旋转或绕外侧车道边缘旋转的方式，设计中应视情况确定。

a. 新建工程宜采用绕内侧车道边缘旋转的方式。

b. 改建工程可采用绕路中线旋转的方式。

c. 路基外缘高程受限制或路容美观有特殊要求时，可采用绕外侧车道边缘旋转的方式。

②对于有中间带的公路，应采用绕中间带中心线旋转、绕中央分隔带边缘旋转或分别绕行车道中线旋转的方式，设计中应视情况确定。

a. 有中间带的公路均可采用绕中央分隔带边缘旋转的方式。

b. 中间带宽度较小的公路还可采用绕中间带中心线旋转的方式。

c. 车道数大于4条的公路可采用分别绕行车道中线旋转的方式。

③采用分离式路基断面的公路，其超高过渡方式宜按无中间带公路分别予以过渡。

（8）超高过渡宜在回旋线全长范围内进行。当回旋线较长时，其超高过渡段应设在回旋线的某一区段范围内，超高过渡段的纵向渐变率不得小于1/330，全超高断面宜设在缓圆点或圆缓点处。

（9）超高过渡宜采用线性过渡方式。

（10）双向六车道及以上车道数的公路宜增设路拱线。

（11）高速公路、一级公路整体式路基的纵坡较大处，其上、下行车道可采用不同的超高值。

（12）硬路肩超高过渡方式应符合下列规定：

①硬路肩超高值与相邻车道超高值相同时，其超高过渡段应与车道相同，且采用与车道相同的超高渐变率。

②硬路肩超高值比相邻车道超高值小时，应先将硬路肩横坡过渡到与车道路拱坡度相同，再与车道一起过渡，直至硬路肩达到其超高横坡值。

5.2.2 最大超高值的合理控制

1）超高值计算

为抵消车辆在曲线路段上行驶时所产生的离心力，将曲线段的外侧路面横坡做成与内侧路面同坡度的单坡横断面，这样的设置称为超高。根据汽车行驶在曲线上力的平衡理论，超高坡度计算公式见式(1-5-2)。

$$i = \frac{v^2}{127R} - u \tag{1-5-2}$$

式中：i——超高坡度；
　　　v——设计速度(km/h)；
　　　R——平曲线半径(m)；
　　　u——横向力系数。

当采用极限最小半径时，即计算最大超高坡度，计算公式见式(1-5-3)。

$$i_{\max} = \frac{v^2}{127R_{\min}} - u \tag{1-5-3}$$

最大超高坡度的限值与汽车以低速行驶的频率、路面结构类型、沿线自然条件、车辆组成等因素有关。从保证汽车转弯时有较高速度和乘客舒适性来看，要求超高横坡应尽量大一些，但考虑到车辆组成不同、车速不一，特别是停在弯道上的车辆($v=0$)，有向弯道内侧滑移的危险，因此最大超高选取也不能过大。

2）最大超高值的合理控制

（1）一般地区。

结合规范规定和实际应用情况，对于高速公路和封闭一级公路，一般地区最大超高选取8%；以通行中、小型客车为主的高速公路和一级公路，最大超高可采用10%；城镇区域的高速公路及封闭一级公路，由于不受城镇的非机动车、行人及沿线复杂因素干扰，运行速度不会显著降低，原则上应按照一般路段选取8%。

对于非封闭一级公路以及二级、三级、四级公路，一般地区最大超高选用8%；城镇区域受非机动车、行人及沿线复杂因素干扰路段，运行速度可能会显著降低，但最大超高宜结合运行速度的变化合理选取，因此城镇区域公路最大超高可采取4%的规定，应审慎选用。

（2）积雪冰冻地区。

对于积雪冰冻地区，考虑我国各级公路货车占比较高的特点，限定最大超高为6%比较安全，因此规范规定积雪冰冻地区最大超高值选取6%。

根据超高计算公式,反算出一般地区与积雪冰冻地区两种情况的横向力系数(表1-5-10),对应最大超高8%的一般地区横向力系数 μ 取值为 0~0.12,积雪冰冻地区超高横向力系数 μ 取值为 0~0.08。一般地区最大 μ 值与路面能提供的最大横向力系数 0.35 相差较大,说明积雪冰冻地区最大超高采用6%,对非积雪冰冻季节行车安全基本有保障。对于积雪时间少的地区,超高取值采用一般地区最大超高规定取值较为合理;对东北、西北部分积雪时间较长的地区,超高取值宜采用积雪冰冻地区的超高规定取值。

一般地区与积雪冰冻地区超高值的横向力系数采用值　　　　表1-5-10

超高值(%)	设计速度 100km/h				设计速度 80km/h			
	最大超高值:一般地区 8%,积雪冰冻地区 6%							
	一般地区		积雪冰冻地区		一般地区		积雪冰冻地区	
	R(m)	μ值	R(m)	μ值	R(m)	μ值	R(m)	μ值
2	4000	0.00	4000	0.00	2500	0.00	2500	0.00
	2150	0.02	2090	0.02	1410	0.02	1390	0.02
3	2150	0.01	2090	0.01	1410	0.01	1390	0.01
	1480	0.02	1410	0.03	960	0.02	940	0.02
4	1480	0.01	1410	0.02	960	0.01	940	0.01
	1100	0.03	1040	0.04	710	0.03	680	0.03
5	1100	0.02	1040	0.03	710	0.02	680	0.02
	860	0.04	770	0.05	550	0.04	490	0.05
6	860	0.03	770	0.04	550	0.03	490	0.04
	690	0.05	565	0.08	420	0.06	360	0.08
7	690	0.04			420	0.05		
	530	0.08			320	0.09		
8	530	0.07			320	0.08		
	400	0.12			250	0.12		

5.2.3 基于横向力系数的超高设置安全性分析

根据超高计算公式和规范规定的圆曲线半径 R 与超高值的关系,可推算出各设计速度、各半径下横向力系数 μ 的取值,设计速度 100km/h 的横向力系数 μ 的取值见表1-5-11,其他设计速度的取值情况相类似。

圆曲线超高取值与横向力系数对应关系　　　　表1-5-11

超高值(%)	设计速度 100km/h							
	一般情况						积雪冰冻地区	
	最大超高值为 10%		最大超高值为 8%		最大超高值为 6%			
	R(m)	μ值	R(m)	μ值	R(m)	μ值	R(m)	μ值
2	4000	−0.0003	4000	−0.0003	4000	−0.0003	4000	−0.0003
	2180	0.0161	2150	0.0166	2000	0.0194	2090	0.0177

续上表

超高值 (%)	设计速度 100km/h							
	一般情况						积雪冰冻地区	
	最大超高值为10%		最大超高值为8%		最大超高值为6%			
	R(m)	μ 值	R(m)	μ 值	R(m)	μ 值	R(m)	μ 值
3	2180	0.0061	2150	0.0066	2000	0.0094	2090	0.0077
	1520	0.0218	1480	0.0232	1320	0.0297	1410	0.0258
4	1520	0.0118	1480	0.0132	1320	0.0197	1410	0.0158
	1160	0.0279	1100	0.0316	920	0.0456	1040	0.0357
5	1160	0.0179	1100	0.0216	920	0.0356	1040	0.0257
	920	0.0356	860	0.0416	630	0.0750	770	0.0523
6	920	0.0256	860	0.0316	630	0.0650	770	0.0423
	760	0.0436	690	0.0541	440	0.1190	565	0.0794
7	760	0.0336	690	0.0441				
	640	0.0530	530	0.0786				
8	640	0.0430	530	0.0686				
	540	0.0658	400	0.1169				
9	540	0.0558						
	450	0.0850						
10	450	0.0750						
	360	0.1187						

从人的承受能力与舒适感考虑,当 $\mu<0.10$ 时,转弯不感到曲线存在,很平稳;当 $\mu=0.15$ 时,转弯感到有曲线存在,但尚平稳;当 $\mu=0.20$ 时,已感到曲线存在,并感到不平稳;当 $\mu=0.35$ 时,感到有曲线存在,并感到不平稳。由表 1-5-11 可知,规范选用的横向力系数 μ 均较小,与横向力系数 μ 的最大允许值 0.15 相比存在较大的富余空间。

在超高设计时,对于连续长大纵坡上坡方向的顶部,车辆行驶至连续长大纵坡顶部时,行驶速度会降低,超高取值适当减小为宜;对于连续长大纵坡下坡方向的底部,车辆行驶至连续长大纵坡底部附近时,行驶速度会偏高,超高取值适当增大为宜。接近城镇且混合交通量较大的非封闭公路,受非机动车的干扰,行驶速度将会偏低,超高取值可适当减小。对特殊路段,超高取值可根据超高计算公式,结合运行速度并适当调整横向力系数 μ 的取值,灵活设计超高,使超高取值与项目实际运行速度相匹配,以有利于行车安全。

5.2.4 超高过渡段的设置方法

1)缓和曲线长度取值宜与超高过渡段长度相匹配

规范从美学角度考虑缓和曲线与圆曲线的协调性,提出了缓和曲线参数 A 与圆曲线半径 R 的相关要求。在实际应用时易出现缓和曲线长度取值远大于规范规定的最小长度,从而出现超高过渡所需要的长度远小于缓和曲线长度。为了满足超高过渡渐变规定要求,只能选取缓和曲线中一段进行超高过渡。若超高过渡段位置选取不合理，会导致排水不畅或缓和曲线上局部范围超高取值出现偏大或偏小等问题。

为减小缓和曲线过长带来安全风险的概率，设计人员首先应灵活运用缓和曲线的规范规定，在满足超高过渡长度要求的情况下尽量采用较短的缓和曲线。缓和曲线合理取值的典型问题具体详见本书第2篇第4章。

2) 缓和曲线长度确定后超高过渡段设置方法

在缓和曲线长度确定后，需要对超高过渡段进行合理选取，避免选取不合理造成超高值不合理或出现排水不畅等可能带来交通安全问题。缓和曲线长度取值过大时的超高过渡优化设计方法详见本书第2篇第4章。

5.3 圆曲线加宽及加宽过渡段设计

5.3.1 圆曲线加宽

圆曲线加宽指为满足汽车在圆曲线上行驶时后轮轨迹偏向曲线内侧的需要，圆曲线内侧相应增加路面和路基宽度。

2017年版《路线规范》规定二级公路、三级公路、四级公路的圆曲线半径小于或等于250m时，应设置加宽。双车道公路路面加宽值规定见表1-5-12。圆曲线加宽值应根据公路功能、技术等级和实际交通组成确定，并应符合下列规定：

(1) 作为干线的二级公路，应采用第3类加宽值。

(2) 作为集散的二级公路和三级公路，在考虑铰接列车通行时，应采用第3类加宽值；不考虑通行铰接列车时，可采用第2类加宽值。

(3) 作为支线的三级公路、四级公路可采用第1类加宽值。

(4) 有特殊车辆通行的专用公路应根据特殊车辆验算确定其加宽值。

(5) 圆曲线上的路面加宽应设置在圆曲线的内侧。各级公路的路面加宽后，路基也应相应加宽。

(6) 双车道公路采取强制性措施实行分向行驶的路段，当其圆曲线半径较小时，内侧车道的加宽值应大于外侧车道的加宽值，设计时应通过计算分别确定。

双车道公路路面加宽值（m） 表1-5-12

加宽类别	圆曲线半径（m）								
	250～200	<200～150	<150～100	<100～70	<70～50	<50～30	<30～25	<25～20	<20～15
第1类	0.4	0.5	0.6	0.7	0.9	1.3	1.5	1.8	2.2
第2类	0.6	0.7	0.9	1.2	1.5	2.0	—	—	—
第3类	0.8	1.0	1.5	2.0	2.7	—	—	—	—

注：单车道公路路面加宽值应为表1-5-12规定值的一半。

5.3.2 圆曲线加宽过渡段

当圆曲线半径小于或等于250m时，一般在圆曲线范围内设置全加宽。为了使路面和路基均匀变化,设置一段加宽值为零逐渐加宽至全加宽的过渡段,称为加宽过渡段。在公路设计中,加宽过渡段长度宜采用以下三种情况之一或较长的一种:①加宽所需的最小长度,在不设缓和曲线或超高缓和段时,加宽缓和段长度应按渐变率1∶15且不小于10m的要求设置;②超高缓和段长度;③缓和曲线长度。

1) 加宽过渡段设置

设置回旋线或超高过渡段时,加宽过渡段长度应采用与回旋线或超高过渡段长度相同的数值;不设回旋线或超高过渡段时,加宽过渡段长度应按渐变率为1∶15且不小于10m的要求设置。

2) 四级公路的加宽过渡段

(1) 四级公路可不设回旋线而用超高、加宽过渡段代替。当直线同半径小于不设超高的最小半径和规定应设置加宽的圆曲线衔接时,应设置超高、加宽过渡段。

(2) 四级公路的超高、加宽过渡段长度应分别按超高和加宽的有关规定计算,取其较长者,但最短应符合渐变率为1∶15且长度不小于10m的要求。

(3) 四级公路的超高、加宽过渡段应设在紧接圆曲线起点或终点的直线上。受地形条件或其他特殊情况限制时,可将超高、加宽过渡段的一部分插入曲线,但插入曲线内的长度不得超过超高、加宽过渡段长度的一半。不同半径的同向圆曲线径相连接构成的复曲线,其超高、加宽过渡段应对称地设在衔接处的两侧。

(4) 四级公路设人工构造物处,当因设置超高、加宽过渡段而在圆曲线起、终点内侧边缘产生明显转折时,可采用路面加宽边缘线与圆曲线上路面加宽后的边缘圆弧相切的方法予以消除。

5.4 爬坡车道

爬坡车道是指设置在陡坡路段上坡方向右侧供慢速车行驶的附加车道。

在道路纵坡较大的路段上,载重汽车爬坡时需克服较大的坡度阻力,使输出功率与车重之比值降低,车速下降,载重汽车与小客车的速度差变大,超车频率增加,对行车安全不利。速度差较大的车辆混合行驶,必将减小小客车的行驶自由度,导致通行能力降低。为了提高通行能力,宜在陡坡段增设爬坡车道,把载重汽车从主车流中分离出去,以提高小客车行驶的自由度,提高路段的通行能力,提升交通安全性。

5.4.1 爬坡车道的设置条件

2017年版《路线规范》规定四车道高速公路、四车道一级公路以及二级公路连续上坡路段,符合下列情况之一时,宜在上坡方向行车道右侧设置爬坡车道。

(1) 沿连续上坡方向载重汽车的运行速度降低到表1-5-13的容许最低速度以下。

上坡方向容许最低速度 表1-5-13

设计速度(km/h)	120	100	80	60	40
容许最低速度(km/h)	60	55	50	40	25

（2）单一纵坡坡长超过规范中不同坡度的最大坡长的规定或上坡路段的设计通行能力小于设计小时交通量。

（3）经设置爬坡车道与改善主线纵坡不设爬坡车道技术经济比较论证，设置爬坡车道的效益费用比、行车安全性较优。

5.4.2 载重汽车运行速度验算步骤

根据爬坡车道的设置条件，对于连续上坡路段需通过测算分析陡坡路段运行速度的变化，来论证是否需要增设爬坡车道。如某高速公路设计速度为80km/h，存在一处连续纵坡组合0.8%/500m+4%/900m+2.5%/400m+4%/800m+1.5%/600m，路线长度为3.2km。该路段运行速度测算分析步骤如下：

（1）运行速度上坡减速验算起点的确定。

根据2017年版《路线规范》条文说明，从图1-5-10可知，小于1.0%的纵坡载重汽车上坡能正常行驶(行驶速度为80km/h)，因此该段纵坡运行速度验算起点从4%/900m纵坡的起点开始。

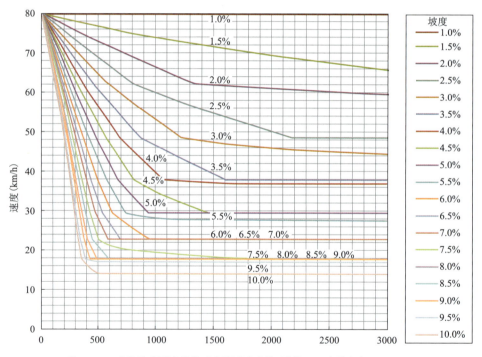

图1-5-10 六轴铰接列车满载时上坡减速曲线(满载49t，功重比为5.1kW/t)

（2）运行速度验算过程。

①依据图1-5-10及表1-5-14，可查得4%/900m纵坡终点的运行速度由80km/h降低至42km/h。由表1-5-14可知4%/900m纵坡由80km/h上坡减速至对应的容许最低速度50km/h的长度为652m，该位置确定为爬坡车道起点。

六轴铰接列车满载时上坡减速坡长（49t）（m）　　　　　表 1-5-14

速度 (km/h)	坡度(%)																	
	1.0	1.5	2.0	2.5	3.0	3.5	4.0	4.5	5.0	5.5	6.0	6.5	7.0	7.5	8.0	8.5	9.0	9.5	10.0
75	46	798	349	224	165	130	108	92	80	71	64	58	53	49	45	42	40	37	35
70		1871	727	454	330	259	214	182	158	140	125	114	104	96	89	83	77	73	69
65		3288	1121	682	491	384	315	267	232	205	184	166	152	140	130	121	113	106	100
60		4220	2691	996	680	520	422	355	307	270	241	218	199	183	169	157	147	138	130
55				1479	917	677	540	449	385	337	300	270	246	225	208	193	181	169	160
50				2021	1156	830	652	538	459	400	355	319	289	265	244	227	212	198	187
45				2173	2542	1095	806	647	543	469	413	370	334	305	281	260	242	227	213
40						1451	981	764	631	539	471	419	378	344	316	292	271	253	238
35						1606	4713	990	753	625	538	474	424	384	351	323	300	280	262
30								1407	915	726	611	531	471	424	386	354	328	305	285
25								1455	933	3380	829	639	544	479	430	391	359	332	310
20											947	688	574	809	522	449	402	367	339
15														1809	586	482	425	838	461
10																			519
稳定速度 (km/h)	79.8	62.3	58.2	48.6	43.2	37.8	36.8	29.4	29.4	27.6	22.9	22.9	22.9	17.9	17.9	17.9	17.9	17.0	14.0

注：表中每列最后一行数据对应的速度为稳定速度（不再是左侧的预定速度）。

②依据表 1-5-14 可知 2.5% 纵坡的稳定速度为 48.6km/h，在 2.5%/400m 纵坡起点的运行速度为 42km/h，查图 1-5-11 及表 1-5-15 可知，在 2.5% 纵坡上加速行驶 400m 后，行驶速度加速至 47.5km/h，没有达到稳定速度。

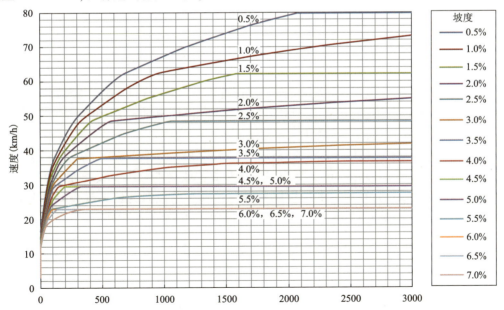

图 1-5-11　六轴铰接列车满载时上坡加速曲线（49t）

六轴铰接列车满载时上坡加速坡长（49t）（m） 表 1-5-15

速度 (km/h)	坡度（%）													
	0.5	1.0	1.5	2.0	2.5	3.0	3.5	4.0	4.5	5.0	5.5	6.0	6.5	7.0
10	2	2	3	3	3	3	3	3	3	3	3	3	3	4
15	7	8	8	8	9	9	10	10	11	11	12	13	14	16
20	17	18	19	20	21	23	25	27	30	34	40	48	63	105
25	33	35	38	41	46	51	58	69	86	122	350	90	134	363
30	56	62	68	76	87	103	128	200	187	329	3248			
35	93	104	118	138	167	216	326	992						
40	144	165	196	245	346	1470	492	5208						
45	213	252	311	417	687									
50	305	374	498	981	1058									
55	438	567	851	3066										
60	592	798	1308											
65	838	1325	1583											
70	1177	2223												
75	1583	3557												
80	2176	6422												
稳定速度 (km/h)	>80	79.8	62.3	58.2	48.6	43.2	37.8	36.8	29.4	29.4	27.6	22.9	22.9	22.9

注：表中每列最后一行数据对应的速度为稳定速度（不再是左侧的预定速度）。

③在 4.0%/800m 纵坡起点，运行速度为 47.5km/h，查图 1-5-10 及表 1-5-14 可知在 4%/800m 的纵坡上行驶 300m 后运行速度降至 38km/h，再行驶 500m 减速至稳定速度 36.8km/h。

④在 1.5%/800m 纵坡起点，运行速度为 36.8km/h，依据表 1-5-14 可知 1.5% 纵坡的稳定速度为 62.3km/h；在 1.5%/600m 纵坡起点，运行速度为 36.8km/h，查图 1-5-11 及表 1-5-15 可知，在 1.5% 纵坡上坡加速行驶 352m 后运行速度达到设计速度 80km/h 对应的容许最低速度 50km/h，该位置即为爬坡车道的爬坡段终点。

综上所述，在连续上坡路段中的 4%/652m + 2.5%/400m + 4%/800m + 1.5%/352m 区间上货车运行速度降至 50km/h 以下，建议从 4%/650m 坡段终点开始设置爬坡车道，爬坡段终点在 1.5%/350m 坡段位置结束。本示例以六轴铰接列车满载时为依据进行验算分析，具体项目可结合载重汽车主要车型、载重汽车装载率的调查与爬坡能力分析确定。

5.4.3 爬坡车道设计

1）横断面组成

爬坡车道设于上坡方向主线行车道右侧。爬坡车道的宽度不应小于 3.5m，且不大于 4.0m。

高速公路、一级公路的爬坡车道应紧靠车道的外侧设置,条件受限时,爬坡车道路段右侧硬路肩宽度应不小于 0.75m;二级公路的爬坡车道应紧靠车道的外侧设置,可利用硬路肩宽度,当需保留原来供非汽车交通行驶的硬路肩时,该部分应移至爬坡车道的外侧。

高速公路、一级公路爬坡车道长度大于 500m 时,应按规定在其右侧设置紧急停车带。

2)加宽

爬坡车道的曲线加宽值应采用一个车道曲线加宽规定值。

3)超高

如果主线处于曲线超高路段,爬坡车道一般需设置与主线不同的超高,因为爬坡车道上的车辆主要为大型载重汽车,大型车辆速度低,对应的超高值小,超高过大,易出现车辆侧翻。爬坡车道的超高坡度应符合表 1-5-16 的规定。

爬坡车道的超高坡度　　　　　　　　　　表 1-5-16

主线的超高坡度(%)	10	9	8	7	6	5	4	3	2
爬坡车道的超高坡度(%)	5			4				3	2

4)平面布置与长度

爬坡车道的平面布置如图 1-5-12 所示,其总长度由分流渐变段长度、爬坡车道长度和汇流渐变段长度组成。

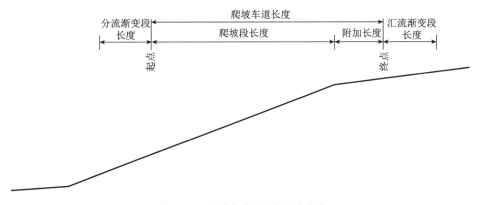

图 1-5-12　爬坡车道平面布置示意图

(1)爬坡车道长度由两段组成,一段是速度逐渐降低的爬坡段长度,另一段是速度逐渐恢复的附加长度。附加长度见表 1-5-17。

陡坡路段后延伸的附加长度　　　　　　　　　　表 1-5-17

附加段纵坡(%)	下坡	平坡	上坡			
			0.5	1.0	1.5	2.0
附加长度(m)	100	150	200	250	300	350

(2)爬坡车道起终点处应设置分流、汇流渐变段,分流渐变段用来使主线车辆驶离主线而进入爬坡车道,汇流渐变段用来使车辆驶离爬坡车道而进入主线。分流、汇流渐变段长度见表 1-5-18。

爬坡车道分流、汇流渐变段长度　　　　　　　　　　　　　表 1-5-18

公路等级	分流渐变段长度(m)	汇流渐变段长度(m)
高速公路、一级公路	100	150~200
二级公路	50	90

(3)爬坡车道起、终点与长度的确定应符合下列规定：

a.爬坡车道的起点，应设于陡坡路段上载重汽车运行速度降低至容许最低速度处。

b.爬坡车道的终点，应设于载重汽车爬经陡坡路段后运行速度恢复至容许最低速度处，或陡坡路段后延伸的附加长度的端部。该陡坡路段后延伸的附加长度应符合表 1-5-17 的规定。

c.相邻两爬坡车道相距较近时，宜将两爬坡车道以直接相连。

5)爬坡车道平面布置确定的典型示例

如某项目为双向四车道高速公路，设计速度为 80km/h，存在一段连续陡坡路段。该段陡坡起点桩号为 K12+600，纵坡为 0.8%/500m+4%/900m+2.5%/400m+4%/800m+1.5%/600m，路线长度为 3.2km，终点桩号为 K15+800。爬坡车道平面布置确定工作步骤如下：

(1)爬坡车道起点确定。

依据图 1-5-10 及表 1-5-14，可查得 4%/900m 纵坡终点的运行速度由 80km/h 降低至 42km/h。由表 1-5-14 可知 4%/900m 纵坡由 80km/h 上坡减速至对应的容许最低速度 50km/h，运行距离为 652m，该位置确定为爬坡车道起点，具体桩号为 K13+750(取整)。

(2)爬坡车道终点确定。

根据载重汽车运行速度验算结果(详见 5.4.2)，载重汽车在连续上坡路段 0.8%/500m+4%/900m+2.5%/400m+4%/800m+1.5%/600m 上行驶，最终在 1.5% 纵坡上坡加速行驶 352m 后运行速度达到设计速度 80km/h 对应的容许最低速度 50km/h，该位置即为爬坡车道的爬坡段终点，具体桩号为 K15+550(取整)，爬坡段长度为 1800m。

(3)爬坡车道平面布置。

根据表 1-5-18 取值，高速公路分流渐变段长度为 100m，汇流渐变段长度为 150m，因此该段陡坡爬坡车道平面布置段落为 K13+650~K15+700，其中 K13+650~K13+750 为分流渐变段，K13+750~K15+550 为爬坡车道，K15+550~K15+700 为汇流渐变段。

5.5 避险车道

避险车道是在连续下坡的长陡坡路段主线行车道下坡方向右侧为失控车辆增设的专用车道。避险车道一般为陡上坡，并设有标志标线、减速路面、路侧护栏、端部抗撞设施、施救设施等。

5.5.1 设置条件

当货车制动器达到衰退温度时，制动器的制动效能将会有明显的下降，进而可能会引起车辆失控事故。为了使绝大多数失控车辆能够进入紧急避险车道，在制动器温度超过制动器衰退温度时应设置避险车道。即连续下坡坡长较长，平均纵坡值较大，且交通组成中大、中型车辆比例较高时，应考虑设置避险车道。

避险车道应设置在车辆可能失控的连续长陡下坡路段下方，设置位置的平均纵坡及连续坡长原则上按以下规定值确定：

(1) 平均纵坡大于 3.5%，任意连续坡长大于 3km；

(2) 平均纵坡为 3.0%～3.5%，任意连续坡长大于 4km；

(3) 平均纵坡为 2.5%～3.0%，任意连续坡长大于 5km；

(4) 最小间距控制在 3～5km 为宜。

5.5.2 设置位置

(1) 避险车道一般设置在长陡下坡路段右侧的视距良好路段，主线应设置醒目标志，应避免由于视距不良导致驾驶人未发现或来不及操作而错过避险车道。

(2) 避险车道一般设置在车辆高速行驶时不能安全转弯的主线平曲线之前或人口稠密区之前。

(3) 避险车道入口在较小半径的曲线上时应尽量以切线方式从主线切出，在直线或大半径曲线上时，进入避险车道的驶入角不应过大，避免侧翻，确保失控车辆安全、顺利驶入。

(4) 高速公路交通安全越来越被重视，已从传统的"重节约"变为"要安全"，从避险车道"有条件时设"逐渐转变为"没有条件时也尽量创造条件设"。因此，避险车道已不是仅仅设置在路基挖方的边坡段上，设置"裤衩桥"引出，并跨河谷设置到河谷对岸的情况也逐步被考虑，如图 1-5-13 所示。

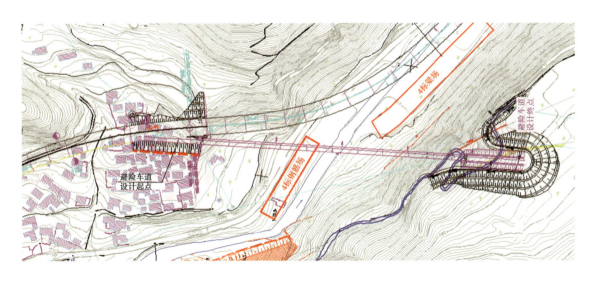

图 1-5-13　某高速公路 K23+870 避险车道设置示意图

5.5.3 避险车道路段的平纵面设计

1) 平面线形

避险车道是专为失控车辆避险设置的,由于车速较高,原则上平面线形应设计成直线,与行车道夹角以 3°~5°为宜,如图 1-5-14 所示。

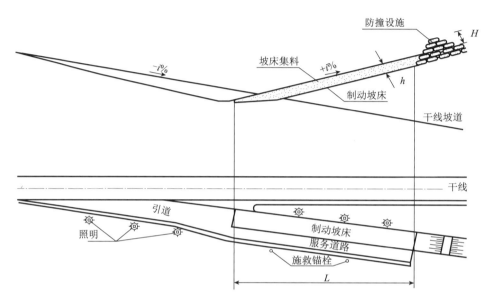

图 1-5-14 避险车道布置示意图

2) 纵断面线形

避险车道的纵断面线形宜采用单向上坡。当需要设置竖曲线时,竖曲线半径应满足视觉要求的半径值。

避险车道的纵坡大小应根据避险车道的长度和坡床材料综合确定,保证车辆不发生纵向倾覆和纵向滑动的危险。

避险车道的纵坡在 8%~20%之间。

3) 避险车道宽度

避险车道宽度一般宜为 4~6m。为方便解救失控车辆和维修养护避险车道,有必要在避险车道旁修建一条服务车道,其宽度可为 3.2m。若要满足两辆车辆先后进入避险车道,则车道宽度宜为 8~10m。

4) 避险车道长度

避险车道长度需根据失控车辆驶出速度、避险车道纵坡及坡床材料综合确定。

避险车道长度计算公式见式(1-5-4):

$$L = \frac{v_1^2 - v_2^2}{254(R \pm G)} \tag{1-5-4}$$

式中:v_1——车辆驶出速度(km/h),货车按 100km/h、110km/h 计;

v_2——通过坡床缓冲后由强制减弱装置消止的速度(km/h);
R——滚动阻力,以当量坡度百分数表示;
G——坡床坡度,以代数值表示。

5.6 错车道

采用4.5m单车道宽度的四级公路,需要在适当的可通视距离内设置供车辆交错避让用的一段加宽车道,即错车道。设置错车道路段的路基宽度不小于6.5m,错车道有效长度不小于20m。

5.7 紧急停车带

对于故障车辆和事故车辆来说,需要一个紧急停靠的地方,这个区域就是紧急停车带。

(1)高速公路和作为干线的一级公路的右侧硬路肩宽度小于2.50m时,应设紧急停车带。紧急停车带宽度不应小于3.50m,有效长度不应小于40m,间距不宜大于500m,并应在其前后设置不短于70m的过渡段。

(2)高速公路,一级公路的特长桥、特长隧道,根据需要可设置紧急停车带,其间距不宜大于750m。

(3)二级公路根据需要可设置紧急停车带,其间距按实际情况确定。

本章参考文献

[1] 中华人民共和国交通运输部.公路路线设计规范:JTG D20—2017[S].北京:人民交通出版社股份有限公司,2017.
[2] 张维全.道路勘测设计[M].重庆:重庆大学出版社,2002.
[3] 交通部公路司.降低造价公路设计指南(2005版)[M].北京:人民交通出版社,2005.
[4] 交通部公路司.新理念公路设计指南(2005版)[M].北京:人民交通出版社,2005.
[5] 何勇.公路安全设计指南[M].北京:人民交通出版社,2011.
[6] 侯德藻,教道朝,李爱民,等.山区高速公路安全设计指南[M].北京:人民交通出版社股份有限公司,2014.
[7] 王佐,潘兵宏,曾志刚,等.基于紧急停车功能的高速公路右侧硬路肩宽度研究[J].中外公路,2013,33(3):311-315.
[8] 王贵山,胡昌亮,白浩晨,等.高速公路圆曲线超高及过渡段设计研究[J].公路交通科技,

2021,38(12):47-55.

[9] 杨永前,黄红明.S形曲线超高过渡设计方法研究[J].中外公路,2017,37(6):6-9.

[10] 屈强,李星,吴明先,等.基于行车稳定性的高速公路超高过渡方式对比研究[J].公路交通科技,2021,38(9):15-24.

[11] 刘利民,王智.三次抛物线与线性超高渐变的对比研究[J].中外公路,2018,38(3):1-3.

[12] 董斌.部分滑水条件下高速公路车辆行驶安全性研究[D].重庆:重庆交通大学,2011.

第 6 章
CHAPTER 6

公路平面交叉设计

> **本章导读**
>
> 本章系统提出平面交叉设计原则、平面交叉设计交通量与通行能力、平面交叉类型及其适应条件、平面交叉口优化设计等内容。

6.1 平面交叉设计原则

公路与公路平面交叉,是指两条或两条以上公路在同一平面上连接或交叉的整个区域,车辆在该区域直行、穿越,或彼此之间转弯运行,简称"平交口"。从交叉点向外辐射、构成交叉组成部分的每一条公路称之为"肢"。两条公路十字交叉即为"四肢"平交口。

相较于分离式立体交叉和互通式立体交叉,平交口具有建设规模小、用地少、适应建设条件能力强的特点,不同方向交通流相互干扰,基于安全运行考虑,车辆通过平交口需要降速行驶,平交口通行能力及交通安全相对较低。

平交口一般适用于交通量较小、设计速度较低的公路之间相互交叉。公路功能及技术等级差异大的公路相交时,应限制设置平交口;对承担干线功能的一级、二级公路,为提高其交通安全性和通行效率,应严格限制被交道路接入,控制设置平交口的数量和间距;对承担集散功能的一级、二级公路,有条件时也应限制。

平交口相交道路中,等级较高或交通量较大的道路称为主要道路,等级较低或交通量较小的道路称为次要道路。

为保证各种车辆、行人能够有序、畅通、安全、从容地通过平交口区域,设计时应充分考虑平交口周边的自然条件、相交道路的交通条件,并符合车辆运行轨迹及驾驶人的驾驶操作特点,尽量减少冲突点,缩小冲突区,分散和分隔冲突区。

6.1.1 平交口设置原则

(1)应根据相交公路的功能、技术等级合理设置。一级公路、二级公路、三级公路、四级公路之间相互交叉时,平交口的设置应符合表 1-6-1 的规定。

(2)平交口位置的选择应综合考虑公路网现状和规划、地形、地物和地质条件、经济与环境因素等,宜选择在地形起伏不大、通视条件较好路段。

(3)平交口间距应根据公路功能、技术等级,及其对行车安全、通行能力和交通延误的影响确定。一级、二级公路作为干线公路时,应优先保证干线公路的畅通,采取排除纵、横向干扰的措施,必要时可设置立体交叉;作为集散公路时,应通过支路合并等措施,减少平交口的数量,保证平交口的间距。一级、二级、三级、四级公路平交口最小间距应符合表 1-6-2 的规定。

平面交叉的设置要求 表 1-6-1

被交叉公路	公路主线				
	一级公路(干线)	一级公路(集散)	二级公路(干线)	二级公路(集散)	三级、四级公路
一级公路(干线)	严格限制	—	—	—	—
一级公路(集散)	严格限制	限制	—	—	—
二级公路(干线)	严格限制	限制	限制	—	—
二级公路(集散)	严格限制	限制	限制	允许	—
三级、四级公路	严格限制	限制	限制	允许	允许

平面交叉最小间距 表 1-6-2

公路技术等级	一级公路			二级公路		三级、四级公路
公路功能	干线公路		集散公路	干线公路	集散公路	集散公路、支路
	一般值	最小值				
间距(m)	2000	1000	500	500	300	200

6.1.2 平交口适用原则

(1)设计应以预测的交通量为基本依据,兼顾所有交通使用者的需求,处理好与其他交通方式的衔接。设计所采用的交通量应为高峰期设计小时交通量。

(2)选型应综合考虑相交公路功能、技术等级、交通量、交通管理方式、用地条件和工程造价等因素。

(3)应根据行人流量、公路技术等级和交通管理方式等设置人行横道、人行天桥或人行通道等行人穿越平交口的设施。

(4)应满足相交公路对应设计车辆通行要求。有特殊通行需求时,应根据实际通行车型,对平交口的通行条件进行检验。

6.1.3 平交口安全原则

(1)设计应以安全、快捷的交通流转换为主旨,确保主要公路或主要交通流畅通、冲突点少、冲突区小。

(2)交叉范围内主要公路的设计速度宜与路段设计速度一致。两相交公路功能、等级相同或交通量相近时,平交口内直行车道的设计速度可适当降低,但不应低于路段的70%;相差悬殊时,次要公路为保证交叉角度或受条件限制采用较低线形指标时,可适当降速50% ~ 70%;转弯车道的设计速度应根据交通条件和建设条件等因素综合确定,一般左右转弯设计速度宜采用 5 ~ 15km/h。

(3)几何设计应结合交通管理方式并考虑相关设施的布置。交叉范围内相交公路平面宜采用直线;当采用曲线时,其半径宜大于布设超高的圆曲线半径。纵断面应力求平缓,竖向设计应保证行车舒顺和排水通畅。平、纵面线形的技术指标应能满足视距的要求;几何设计应与标志、标线和信号设施一并考虑,统筹布设。视距不良的小型平交口,可根据具体情况设置反光镜。

（4）平交口交角宜为直角。斜交时，其锐角应不小于70°；受地形条件或其他特殊情况限制时，应大于45°。交叉肢数不应多于四肢，否则应采用环形交叉；环形交叉肢数不宜多于五肢；新建公路不应与已建的四肢及以上的平交口相连接。

（5）平交口内，应根据交通管理方式、交通量、设计速度、交叉类型等因素进行渠化设计，设置必要的导流岛、分隔岛、安全岛、中心岛等。

（6）平交口改建时，除应收集交通量以外，还应调查交通延误以及交通事故的数量、程度、原因等现有交叉口的使用状况，合理确定改建规模。

6.2 平面交叉设计交通量与通行能力

在平交口设计中，交通量是最重要的设计根据之一。平交口的交通量（包括转向交通量）是由相交道路交通量、相邻或相关平交口交通量以及附近潜在交通源共同决定的。通行能力是评价平交口服务水平的重要依据。平交口的通行能力由交通组织管理方式、平交口类型、交通流组成、转向及路侧干扰等因素共同影响决定。

6.2.1 设计交通量

一般收集7:00—19:00的小时交通量，根据12h或24h的总交通量、相关路网节点影响以及调整系数估算出年平均日交通量和设计小时交通量，并预测交通量增长率，确定设计年的交通量。

设计采用的交通量应为设计小时交通量，当缺乏交通量预测资料（特别是与次要公路有关的部分）时，其交通量参考附近类似功能交叉的交通量进行推算。计算公式与互通式立交转向交通量计算公式一致，见式（1-6-1）。

$$DDHV = AADT \cdot D \cdot K \quad (1\text{-}6\text{-}1)$$

式中：$DDHV$——定向设计小时交通量（veh/h）；

　　　$AADT$——预测年度的年平均日交通量（veh/d）；

　　　D——方向不均匀系数，应根据当地交通量观测资料确定，当资料缺乏时，可根据经验在0.5~0.6范围内选取；

　　　K——设计小时交通量系数（%），新建公路的设计小时交通量系数可按照公路功能、交通量、气候、地形等条件相似的公路调查分析确定，无调查数据时，可参照表1-6-3选取。

地区设计小时交通量系数（%）　　　　表1-6-3

公路环境及分类		华北 京、津、冀、晋、内蒙古	东北 辽、吉、黑	华东 沪、苏、浙、皖、闽、赣、鲁	中南 豫、湘、鄂、粤、桂、琼	西南 川、滇、黔、藏	西北 陕、甘、青、宁、新
近郊	高速公路	8.0	9.5	8.5	8.5	9.0	9.5
	一级公路	9.5	11.0	10.0	10.0	10.5	11.0
	双车道公路	11.5	13.5	12.0	12.5	13.0	13.5

续上表

公路环境及分类		华北 京、津、冀、晋、内蒙古	东北 辽、吉、黑	华东 沪、苏、浙、皖、闽、赣、鲁	中南 豫、湘、鄂、粤、桂、琼	西南 川、滇、黔、藏	西北 陕、甘、青、宁、新
城间	高速公路	12.0	13.5	12.5	12.5	13.0	13.5
	一级公路	13.5	15.0	14.0	14.0	14.5	15.0
	双车道公路	15.5	17.5	16.0	16.5	17.0	17.5

6.2.2 设计通行能力

根据不同的交通管理控制方式,平交口可分为无信号(色灯或交警)控制平交口、有信号控制平交口和中央设置中心岛的环形平交口三类。

1)无信号控制平交口

无信号交叉口通行能力分析的车型分类和车辆折算系数应符合表1-6-4的规定;十字交叉、T形交叉口的设计通行能力宜符合表1-6-5的规定。

无信号交叉口车辆折算系数　　　　　表1-6-4

坡度$i(\%)$		-4	-2	0	2	4
车型	小型车	1.0	1.0	1.0	1.0	1.0
	中型车、大型车	2.5	2.3	2.0	3.0	3.5
	拖挂车	3.5	3.0	3.0	4.0	5.0
	拖拉机	4.5	4.5	4.5	5.0	6.0

不同类型交叉口设计通行能力　　　　　表1-6-5

交叉口类型	两车道与两车道 十字交叉	两车道与四车道 十字交叉	两车道与两车道 T形交叉	两与四车道 T形交叉
基本通行能力 (pcu/h)	1600	2300	1300	1800

受主次相交道路流量比、大型车混入率、转弯车辆比例以及横向干扰等因素影响,实际通行能力可按下式计算:

$$C = C_0 \cdot f \tag{1-6-2}$$

式中:C——实际通行能力;

C_0——基本通行能力;

f——考虑各种干扰因素的折减系数,可取 0.6~1.0。

2)有信号控制平交口

对信号控制的交叉口,车辆折算系数是以停车起动时连续车流中各型车辆通过停止线的时间间隔之比作为折算依据,见表1-6-6。

有信号控制交叉口车辆折算系数　　　　　　　　　　表1-6-6

道路类型	车型	小汽车	中型货车	拖挂车
道路类型	汽车专用公路、城市道路	1.00	1.60	2.50
	一般公路、中小城镇道路	0.65	1.00	1.60

设计通行能力为各进口道设计通行能力之和,可按下式计算:

$$CAP = \sum_i CAP_i = \sum_i S_i \lambda_i \tag{1-6-3}$$

式中:CAP——有信号控制交叉口进口车道通行能力(pcu/h);

CAP_i——第i条进口车道的通行能力(pcu/h);

S_i——第i条进口车道的规划饱和流量(pcu/h);

λ_i——第i条进口车道所属信号相位的绿信比。

规划饱和流量及绿信比计算过程参考《城市道路交叉口规划规范》(GB 50647—2011)中的相关要求。

3)环形平交口

环形交叉口通行能力分析的车型分类和车辆折算系数应符合表1-6-7的规定,设计通行能力应符合表1-6-8的规定。

环形交叉口车辆折算系数　　　　　　　　　　表1-6-7

坡度i(%)		-4	-2	0	2	4
车型	小型车	1.0	1.0	1.0	1.0	1.0
	中型车、大型车	2.5	1.5	2.0	2.5	3.0
	拖挂车	3.0	2.5	3.0	4.5	5.5
	拖拉机	4.0	3.5	3.5	5.0	6.0

环形交叉口设计通行能力　　　　　　　　　　表1-6-8

交叉口形式	两车道与两车道	两车道与四车道	四车道与四车道
基本通行能力(pcu/h)	1600	2400	2700

环形平交口的实际通行能力受车型、横向干扰、左右转车流比例、各连接道路流量比等因素的影响,计算较为复杂,需要根据实测数据对基本通行能力进行修正。

受进入环岛车辆互相作用以及驾驶人驾驶行为影响,环形平交口的通行能力研究较为复杂。我国规范采用交织理论进行通行能力分析,规避了驾驶人行为、周围环境、行人等因素,模型相对较为简单。

当前普遍接受的理论基础是间隙接受理论,结合交通仿真对通行能力影响参数进行修正。美国 NCHRP REPORT 572 提出了一个基于间隙接受理论的经验回归模型,并被美国联邦公路管理局 FHWA-RD-00-067《环形交叉口信息指南》采用,给出了双车道环形交叉口入口通行能力,结果表明:环行流量不能超过3400veh/h,环形平交口不适宜设置在主干路等交通流量较大的路口。

6.2.3　设计服务水平

一级公路、二级干线公路的平面交叉,应进行通行能力和服务水平的分析与评价;二级集散公路、三级公路的平面交叉,宜进行通行能力和服务水平的分析与评价。

平交口服务水平划分标准采用车辆的平均延误作为判别依据,其服务水平应符合表1-6-9的规定。

公路平交口服务水平　　　　　　　表1-6-9

服务水平	平均延误(s)	饱和度 V/C	交通状况
一级	≤15.0	0.75	车流畅行,略有阻力
二级	15.1~30.0	0.85	车流运行正常,有一定延误
三级	30.1~40.0	0.90	车流能正常运行,但延误较大
四级	40.1~50.0	0.9~1.0	车流处于拥挤状态,延误很大
	>50.0	1.0	

6.3 平面交叉类型及其适用条件

6.3.1 平交口类型

平交口按照不同的划分标准(肢数、几何形状、渠化程度、控制管理方式),存在多种类型,通常按几何形状将平交口划分为T形、Y形、十字形、X形、错位交叉、环形等(图1-6-1)。

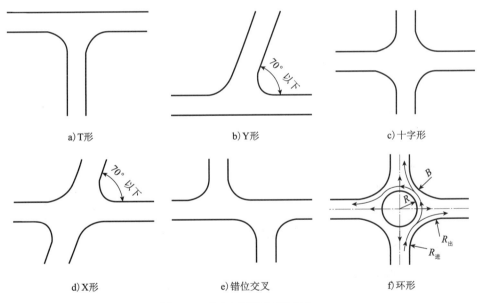

图1-6-1　按几何图形分类的平交口

6.3.2 适用条件

1) T形平交口

适用于车速较低、交通量较小,一条主要道路直行,另一条次要道路T形接入的三路交叉。根据设计交通量情况,对平交口进行加铺转角、扩宽路口或增设导流岛、分隔岛等不同程度的渠化处理(图1-6-2)。

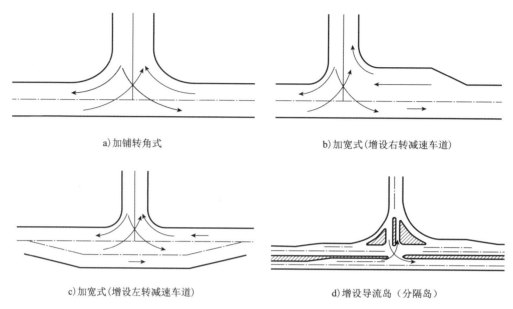

图1-6-2 不同渠化程度的T形平交口

2) 十字形平交口

适用于两条道路十字交叉,交角接近正交或者斜交锐角不小于70°,车辆可直行穿越被交叉道路(图1-6-3)。按照渠化程度的差别,加铺转角式十字形平交口适用于三、四级公路和转弯交通量较小的地方公路交叉;加宽式十字形平交口适用于交通量略大、转弯车辆较多的二级公路;渠化十字形平交口适用于等级较高、车速较快、转弯车辆较多的干线公路,主要公路为四车道公路以及设计速度为80km/h的双车道公路,或虽然设计速度为60km/h,但属区域干线的双车道公路。

3) X形平交口

当斜交锐角小于70°时称为X形平交口(图1-6-3),由于锐角区域通视条件差,因此只在特殊地形条件下采用。

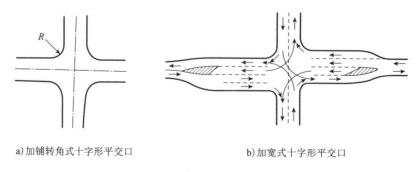

图 1-6-3

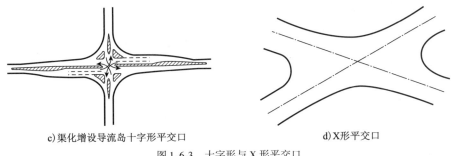

c) 渠化增设导流岛十字形平交口　　　　　　d) X 形平交口

图 1-6-3　十字形与 X 形平交口

4) Y 形平交口

适用于三条道路汇聚于一点、互成犄角的情况(图 1-6-4)。当彼此成锐角时两条路通视条件较差,仅在特殊地形条件下采用。加铺转角式 Y 形平交口适用于相交公路交通量不大、车速不高、转弯车辆少的三、四级公路,也适用于斜交锐角小于 70°的次要公路和比较重要的公路连接。设计时通过在交叉口内设置导流岛、在车行道上划线等措施组织交通,形成分道转弯式三路交叉。

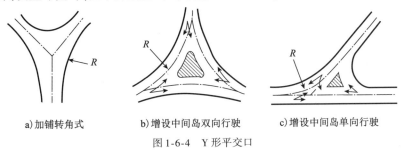

a) 加铺转角式　　　b) 增设中间岛双向行驶　　c) 增设中间岛单向行驶

图 1-6-4　Y 形平交口

5) 环形平交口

当平交口的肢数大于或等于四肢,各相交公路的车流量比较均匀,流向比较稳定,转弯车辆较多,建设场地不受限制时,可选用环形交叉(图 1-6-5)。

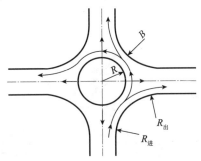

图 1-6-5　常规环形平交口

6.3.3　平交口优化设计

来自各岔口的交通流向平交口区域汇聚,实现穿越、转向等不同方向的交通流转换。在平交口范围内,同一方向行驶的车辆,向不同方向分开行驶形成分流点;不同方向的车辆以较小的角度向同一方向汇合形成合流点;不同方向的车辆以较大的角度相互交叉形成冲突点;各点合围,不同方向车辆存在相互运行干扰的区域称为冲突区。平交口内冲突点的多少、冲突区的大小、驾驶人的驾驶习惯差异、车辆性能差异以及交通安全标志、信号控制设置等因素是影响平交口通行能力及安全的主要因素。

平交口优化设计的主要目的是减少冲突点,缩小冲突区,提供良好的视距条件,使驾驶人有充分的驾驶操作预备时间,为各流向车辆提供足够的行驶区域,互不干扰。

1) 几何线形优化

(1) 新建或改建平交口,交叉范围内相交道路均具有较高的几何线形条件。平面宜为直线或大半径圆曲线;纵面宜平缓,纵坡应在0.15%~3%范围内,且满足视距要求。

(2) 交叉角度宜为正交,当交叉角小于70°(特殊情况限制时应大于45°)时,应根据建设条件,对次要道路线形进行局部改建,或采用渠化岛的方式对各方向交通流线予以纠正(图1-6-6)。

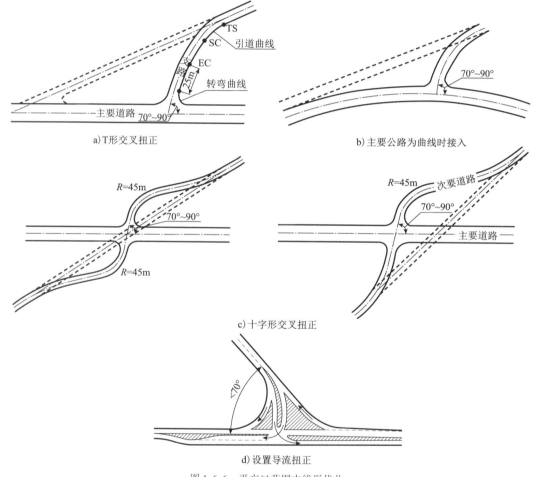

图 1-6-6 平交口范围内线形优化

2) 渠化优化

渠化设计是通过拓宽入口车道、增加入口车道数量、设置交通岛、施划交通标线等措施,按照交通流向对平交口路面进行合理划分,引导各方向车辆在规定区域各行其道,分隔行驶,减少冲突,从而确保交通的畅行。根据交叉道路等级、设计速度、路幅宽度、转向交通量等因素,渠化设计主要分为加铺转角式、扩宽路口式、分道转弯式等形式。

(1)加铺转角式。

在平交口区域,根据右转弯车辆行驶轨迹,改移路缘带曲线位置,增铺路肩。右转弯车辆轨迹一般以 16m 总长的鞍式列车转弯轨迹进行设计,根据转弯速度的不同,路面内缘的最小半径见表 1-6-10。

路面内缘的最小半径 表 1-6-10

转弯速度(km/h)	≤15	20	25	30	40	50	60	70
最小半径(m)	15	20(15)	25(20)	30	45	60	75	90
最小超高(%)	2	2	2	2	3	4	5	6
最大超高(%)	一般值:6,极限值:8							

注:条件受限制时可采用括号内的值。

(2)扩宽路口式。

扩展路口式,是在平交口范围内增加入口、出口车道条数,以满足车辆转向需要(图 1-6-7、图 1-6-8)。

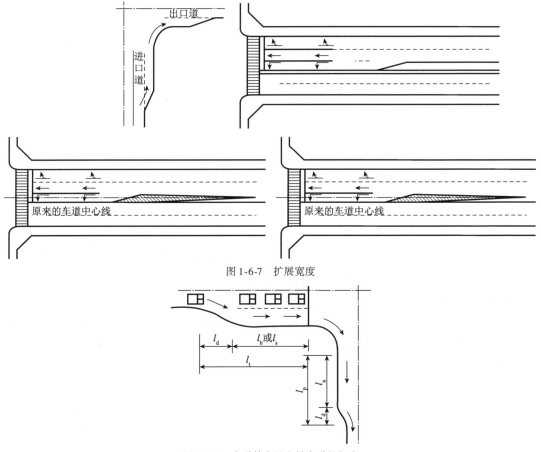

图 1-6-7 扩展宽度

图 1-6-8 车道等宽的右转车道的长度

一般右转扩展车道在行车道右侧增加车道即可,左转扩展车道需要根据平交口条件设置,可以增加进口道路幅宽度增设、中间带较宽时占用中间带增设、有信号控制时占用相邻对向车道设置等。

扩展车道的长度应包括渐变段长度、加减速所需的长度及等候车队的长度三部分（表1-6-11、表1-6-12）。

最小渐变段长度　　　　　　　　　　　　　　　表1-6-11

公路设计速度(km/h)	100	80	60	40
渐变段长度(m)	60	50	40	30

变速车道长度　　　　　　　　　　　　　　　表1-6-12

公路类别	公路设计速度(km/h)	减速车道长度(m)			加速车道长度(m)		
		末速(km/h)			始速(km/h)		
		至0	至20	至40	从0	从20	从40
主要公路	100	100	95	70	250	230	190
	80	60	50	32	140	120	80
	60	40	30	20	100	80	40
	40	20	10	—	40	20	—
次要公路	80	45	40	25	90	80	50
	60	30	20	10	65	55	25
	40	15	10	—	25	15	—
	30	10	—	—	10	—	—

等宽的右转车道，宽度尽量与路段车道宽度相同，最窄不得小于3m，一般在3~3.5m之间。左转车道宽度应符合表1-6-13的规定。

左转变速车道宽度　　　　　　　　　　　　　　　表1-6-13

剩余分隔带类型	车道分划线	宽度大于0.5m的标线带	实体岛	
左转变速车道宽度(m)	3.5	3.25	3.0	3.25
左路缘带宽度(m)	0	0	0.5	0.3

既有公路增辟左转车道时，若直行车道右侧有非分隔的且宽度不小于2.5m的非机动车道，则可采用3.25m或3.0m(公路设计速度≤60km/h时)，并同时将其右侧直行车道的宽度减为3.5m。

（3）分道转弯式。

在平交口内增设交通岛，规范各股车流行驶轨迹，以分隔冲突点、控制冲突区域，为行人提供安全暂停区域。交通岛按功能可分为分隔岛、安全岛、中心岛和导流岛等形式（图1-6-9）；按构造可分为实体岛、隐形岛(标线)、无缘石的浅碟形岛。

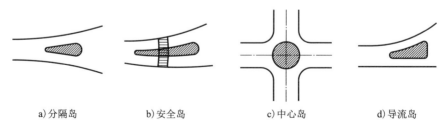

a) 分隔岛　　　　b) 安全岛　　　　c) 中心岛　　　　d) 导流岛

图1-6-9　交通岛

3) 视距优化

驾驶人进入平交口引道一定长度内,应能看到交叉口的行车状况,以便能及时采取措施,避免冲突,安全通过或停车,这段引道长度称为引道视距,一般按不小于停车视距控制(图1-6-10)。引道视距及引道视距范围内凸形竖曲线的最小半径,应符合表1-6-14的规定。

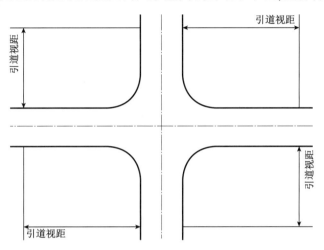

图 1-6-10　引道视距

引道视距及相应的凸形竖曲线半径　　　　表 1-6-14

设计速度(km/h)	100	80	60	40	30	20
引道视距(m)	160	110	75	40	30	20
引道凸形竖曲线最小半径(m)	10700	5100	2400	700	400	200

相邻各肢引导视距所构成的三角区域称为视距三角区。视距三角区应以最不利的情况进行绘制,区域范围内不得存在任何有碍通视的物体。

十字形平交口最靠右侧第一条直行机动车道的轴线与被交路最靠近中心线的第一条直行车道轴线的交叉点为最危险冲突点;T形或者Y形平交口,直行道路最靠右侧第一条直行车道轴线与被交路最靠中心的一条左转车道轴线的交叉点为最不利冲突点。从最不利冲突点向后量取引道视距,连接视距末端后即构成视距三角区(图1-6-11)。

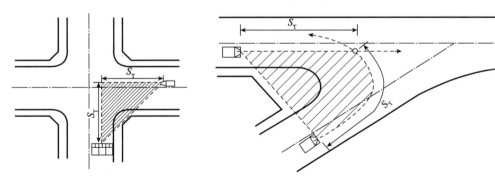

图 1-6-11　视距三角区

4）信号控制

信号控制即通过设置交通标志、信号、交警等管制措施,协调进入平交口范围的所有交通参与者的交通行为,确保机动车、非机动车、行人等交通参与者都能安全、有序通行,以提升平交口安全通行效率。

● 本章参考文献

[1] 中华人民共和国交通运输部.公路工程技术标准:JTG B01—2014[S].北京:人民交通出版社股份有限公司,2015.
[2] 中华人民共和国交通运输部.公路路线设计规范:JTG D20—2017[S].北京:人民交通出版社股份有限公司,2017.
[3] 潘兵宏.道路交叉设计理论与方法[M].北京:人民交通出版社股份有限公司,2022.
[4] 许金良.道路勘测设计[M].5版.北京:人民交通出版社,2009.
[5] 张维全.道路勘测设计[M].重庆:重庆大学出版社,2002.

第 2 篇
PART 2

高速公路路线设计关键技术难点优化原理与方法

第 1 章
CHAPTER 1 》

高速公路平纵线形与交通事故风险概率

> **本章导读**
>
> 本章通过对已经运营多年的高速公路交通事故数据进行统计与分析,得到高速公路交通事故类型、特征,对诱发交通事故的"人、车、路"及环境等因素进行了统计分析,定义了事故风险概率。根据统计的高速公路各种平纵线形组合的事故风险概率变化趋势,提出以下高速公路平纵线形设计结论和建议:
>
> (1)发生交通事故的致因非常多,主因是"人、车",但不良的线形组合会增加事故风险概率,成为交通事故多发的诱因。
>
> (2)平面圆曲线半径大于2017年版《路线规范》规定的最小半径一般值时,事故风险概率较低,规范规定值较合理。
>
> (3)随着纵坡度的增大,事故风险概率相应增大,当纵坡度大于4%之后增大较明显。
>
> (4)平面直线路段的平均事故风险概率比曲线路段低;平面采用直线,纵断面为直曲组合时,纵断面曲线部分和直线部分事故风险概率无明显差异;平面采用曲线,纵断面为直曲组合时,其曲线部分的事故风险概率要大于直线部分的事故风险概率;平面采用曲线,纵断面采用直线时,事故风险概率要比纵断面为曲线的事故风险概率高。
>
> (5)一个平曲线内可根据地形、地物情况设置多于一个竖曲线,但竖曲线的个数不应大于3个。平竖曲线组合指标的选取应适宜,对于平曲线与凸曲线的组合,竖曲线半径与平曲线半径的比值应控制在10~40之内;对于平曲线与凹曲线的组合,竖曲线半径与平曲线半径的比值应控制在40之内。一般情况下平竖曲线半径比值控制在10~20之间为宜。

1.1 概述

随着社会的发展,汽车保有量持续增加,城市道路交通事故、交通拥堵问题日趋严重。交通事故对当代人类社会进步产生的影响已经与战争、疾病以及自然灾害齐名,成为又一大"公害"。国家安全监管总局、交通运输部发布的研究报告显示,2021年,全国发生交通事故211074起,同比下降1.8%,导致61703人死亡,同比下降1.7%,250723人受伤,同比下降2.1%,直接财产损失达到12.1亿元。我国道路安全形势仍然严峻,而汽车保有量和机动车驾驶人快速增长的态势使得我国道路交通事故多年来一直保持高基数、高事故率状态,并且我国道路交通事故数量、死亡人数和道路交通事故致死率也在世界范围内位居第一。

在道路交通发展过程中,许多国家都有自己的高速发展时期,在这个时期,道路交通会面临许多问题,一个较明显的标志就是交通事故发生次数明显上升。诸如美国、英国、日本等工业发达国家,自第二次世界大战之后,国民经济高速发展,道路建设也进入高速发展时期,由于道路交通条件、管理水平乃至国民的交通素质与高速增长的机动车数量不相适应,交通事故特别是交通事故死亡人数也呈大幅增加的趋势。从 1945 年到 1970 年,美国交通事故年死亡人数从 2.5 万人上升到 5.6 万人,日本交通事故年死亡人数也从不足 5000 人上升到 1.6 万人。西方发达国家在 20 世纪 70 年代认识到道路交通事故是影响国民经济和社会生活的重大问题,从人、车、路、环境等多方面着手,综合运用管理技术和科学技术研究治理道路交通安全问题,取得了显著成效,使道路交通事故处于逐渐下降趋势并保持较低的水平,其车辆数占全球总数的 2/3 左右,交通事故死亡人数仅占全球总数的 1/4。

根据我国 1990—2019 年交通事故发生总数及死亡人数统计(图 2-1-1)可知,全国统计交通事故发生总数及死伤人数自 1993 年开始逐年增加,2002 年达到高峰值,然后逐年减少,至 2009 年后趋于平稳。

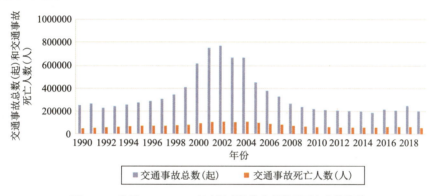

图 2-1-1　我国 1990—2019 年交通事故发生总数及死亡人数统计

综上所述,随着社会、经济的快速发展,我国高速公路网日益完善,交通运输系统结构进一步优化,极大地提升了居民出行率和出行便捷率。高速公路里程迅猛增加,伴随着汽车保有量的激增,交通事故伤亡人数也依然较高。相关研究表明,虽然人、车是交通事故的主要因素,但部分交通事故高发路段与公路线形条件间接相关。因此,有必要调查我国通车运营时间较长的高速公路上的交通事故情况,并收集其几何设计资料,统计分析不同平面几何线形要素路段的交通事故,采用合理的方式分析和评价不同线形及其组合的事故风险,探究公路平面几何线形要素指标与事故风险之间的规律,这对于今后高速公路选择低事故风险的线形设计指标及其组合方式具有借鉴意义。

1.2　国内外相关研究简介及分析

1.2.1　交通事故耦合机理系统及理论基础的研究

国外对于道路交通事故发生机理的研究开展得较为深入。Hossain 等运用随机多项式模型和聚类分析对碰撞事故的发生机理进行了分析,发现不同路段上事故发生机理并不相同。Davis Gary A. 等分析了道路交通事故发生机理,并在此基础上研究了减少事故发生的因素,提出了道路交通安全的保障措施。Olutayo V. A. 等采用人工神经网络和决策树数据分析事故数据,消除了无关输入,结果表明造成事故的三个最重要原因是爆胎、失控和超速。Kurtaran H.、Eskandarian Azim 等应用有限元分析方法,研究了车辆侧滑事故的发生机理,并应用有限元方法准确地模拟了各种情况下的侧滑事故。

国内,刘强、陆化普等从交通冲突发生的过程分析开始,提出了冲突值和避险能力的概念,并在此基础上阐述了交通事故的生成机理。魏朗等应用动力学理论,提出了用于道路交通事故模拟再现分析的车辆动力学三维模型,并引用日本汽车研究所的 16 例车对车实车碰撞试验数据,对该三维模拟模型的计算误差进行了界定。裴玉龙等以黑龙江省、辽宁省 1992—1995 年发生的 39741 起道路交通事故案例为研究对象,针对寒冷地区道路交通事故成因、月份分布、事故形态和事故与道路类型、等级等内容进行了分析和研究,进而得到寒冷地区道路交通事故的统计规律及相应分析结论。陆化普等探讨了冲突数和避免危险能力这两个重要概念,并在此基础上从驾驶人反应时间、车头时距、主路行驶车速、道路附着系数以及加速度等角度,研究了道路交通事故的发生机理。唐国利等结合山区公路的特点以及山区公路交通事故的原因及事故形态,分别从山区公路的线形、交通安全设施、道路环境等方面对影响行车安全的道路条件进行了分析。指出山区道路条件中存在的安全隐患以及这些隐患引发交通事故的机理。马艳丽等从心理与生理角度分析了驾驶人驾驶特性,借助层次分析法建立驾驶人自身差错交通事故模型,利用模型可以确定交通事故发生时主要影响因素所占的权重,得出交通事故与驾驶特性的相关关系;杨亚东等为分析导致道路交通事故发生的机理,分析人、车、路与环境整个系统在运行时其安全状态的变化过程,引入突变理论,分析导致事故发生的因素,确定恰当的控制变量与状态变量,构建燕尾突变模型,通过分析该模型,发现一些控制变量的变化使该控制变量越过分歧点,是道路交通系统发生突变引发事故的直接原因。刘兴旺等定义了道路交通事故发生机理,提出了分析道路交通事故发生机理的轴线-状态分析法,并用该方法对哈尔滨市 43 起现场调查的事故进行了事故发生机理分析。李淑庆等人综述了 5 种国内外典型的道路交通事故发生机理,包括"感知-判断-操作"机理、"流量分布、超速与速度差"机理、"驾驶能力与行车需求"机理、"差错性与突变性"耦合机理、"事件树"机理,并对其进行了评价,基于现状分析,提出了未来道路交通事故发生机理研究的趋势,即探寻道路交通事故影响因素的新颖分类方法,透析道路交通事故影响因素间的耦合关联。

虽然国内外对交通事故耦合机理的研究已经有很多,但是多数研究没有基于道路的几何线形进行深入的探究和分析,部分模型甚至只是建立在少数交通事故资料统计的基础上,缺乏适用性,因此有必要在大量交通事故统计的基础上分析平纵几何线形与交通事故之间的关系,以指导优化高速公路的平面线形设计。

1.2.2 平面线形与交通事故之间的关系研究

国外,Carsten 等研究发现,平曲线偏角、直线段长度等线形因素对交通事故有显著影响。Aram 等通过对马来西亚平曲线半径与交通事故的关系进行研究,发现曲线路段比直线路段事故率明显偏高,特别是在平曲线半径小于 1000m 时,事故率明显增高。Ciro Caliendo 等以多车道高速公路为研究对象,分析了事故率与道路几何线形指标的关系,研究结果表明对事故率有显著影响的指标有平曲线半径和交通量等。Elvik 等研究了平面线形指标与事故率之间的关系,构建了可修正的高速公路交通事故预测模型,以适应不同国家和地区的道路通环境。

Robin Haynes 等研究了高速公路平面几何线形指标和事故率之间的关系,研究结果表明直线段长度和平曲线偏角对高速公路事故率具有显著性影响。Ben-Bassat 等的研究表明,路肩宽度和路侧护栏对行车安全有显著的影响作用,特别是在平曲线路段处影响尤为显著。

国内,付锐等研究了平面线形和纵断面线形与事故的关系,结果表明平曲线半径和纵坡坡度等与交通事故存在相关关系。路宁等研究了道路线形与事故的相关关系,并证明了改善线形能很大程度上减少事故。潘晓东等以小半径平曲线路段为研究对象,分析了小半径曲线对交通事故的影响规律。黄进等基于交互式公路安全设计模型(IHSDM),从平曲线半径、缓和曲线、转角和行车道宽度等方面分析与事故数之间的关系,并得到平曲线要素与事故数之间的函数关系。郭应时等研究了山岭区双车道公路角度变化率对事故分布规律的影响,发现了事故率最低点对应的角度变化率。王浩等研究了山岭区高速公路单一线形指标和组合线形指标与事故的关系,为线形优化提供建议。张捷等采集了驾驶人在 6 段长度不同的相邻直线段上的心电数据,通过 Kubios HRV 软件分析逐次心跳间 RR 间期的标准差(SDNN)和心率变异性的低频成分/高频成分(LF/HF),结果表明随着直线段长度的增大,驾驶人的警惕性会逐渐降低,适合草原公路驾驶人心生理情况的直线段长度应该控制在极大直线段长度左右。于德政等针对高等级公路平面线形设计中遇到的小转角问题,根据规范要求进行技术处理上的探讨,结合工程实例提出了改善个别平面线形的对策。田林等分析了驾驶人心率变化与反向曲线间直线长度及汽车运行速度的关系,利用 SPSS 软件建立了高海拔地区驾驶人心率与反向曲线间直线长度和汽车运行速度的回归模型。武士钥等通过在内蒙古草原公路进行实驾试验,分析在草原公路不同长度直线道路交通环境中驾驶人的瞳孔面积变化,以及驾驶人在不同长度直线路段上眨眼持续时间变化,结果表明在草原道路上,直线路段设计过长会使得驾驶人更容易呈现疲劳状态。张荣洁等考虑车辆运行时超高过渡、加减速及驾驶人操作的需要,采用力学、运动学的方法,从理论上推导出满足以上要求的最小直线长度模型。杨宏志等从几何设计标准以及双车道公路平面线形指标与交通安全的关系出发,提出以平曲线半径和曲率变化率作为平面线形安全评价的几何指标。马文敏等从行车安全、离心力对乘客产生的不适感、路面超高横坡过渡的需求及线形平顺的美感等方面对缓和曲线进行了综合分析,并就如何确定缓和曲线的长度和参数进行了说明并提出了一些方法,以便合理确定其长度和参数,满足行车的需求。

国内外目前对公路平面线形与交通安全之间的关系研究较多,采用的分析方法也有所差异,但大多是基于多因素的耦合因素分析。针对高速公路平面线形要素及其组合与交通事故风险(交通事故率以及事故严重程度)的关系仍比较模糊,尚未单纯从道路平面几何角度出发提出高速公路平面几何线形要素指标与事故风险高低之间的规律。本书将基于收集的运营多年的高速公路事故资料和设计资料,研究平面线形的不同直线长度、圆曲线半径以及平曲线转角分类与事故风险概率之间的关系,进而提出高速公路降低事故风险概率的平面线形设计指标取值范围的建议。

1.2.3 纵断面线形与交通事故之间的关系研究

国外,AASHTO 研究结果表明在大长纵坡路段,上坡路段会导致大型货车与小汽车的车速离散度的增加,导致该路段事故率较高。德国在关于事故与纵坡长度关系的调查研究表明:在单向行车的公路上,下坡方向的事故数要比上坡多,而且当纵坡坡度大于 6% 时,行车事故数明显超出平均事故数。日本国土交通省道路局修订的《道路构造令》对普通道路和小型道路的纵坡坡度分别作了规定，根据不同设计速度采用不同的公路纵坡坡度。日本《道路构造令的解说与运用》中规定，采用标准最大纵坡值以上的坡度时，其区间长度应限制在不致使交通受到显著妨碍的长度范围内。当纵坡坡度小于或等于规定的标准最大纵坡时，不对坡长进行限制；当坡度大于标准最大纵坡时，采用功重比为 7.4kW/t 的大型车的行驶速度不低于 1/2 设计车速的行驶长度，对其坡长进行限制。

国内，王华荣等通过研究双车道公路追尾事故分布规律，发现坡长对追尾事故影响显著；陈永胜等从纵断面线形、纵坡坡度和坡长相关组合方式方面建立了纵断面线形与事故数之间关系的预测模型；陈建新等分析了风景区道路最大纵坡取值的方法，并运用汽车动力学知识计算出以大客车为代表车型的景区道路最大纵坡的合理取值；裴玉龙等利用汽车行驶理论，依据车辆在公路上的理想行车速度、最低容许速度，得出高等级公路理想的纵坡、不限坡长的最大纵坡和车辆在各种坡度坡道上行驶的减速距离；赵建衡等通过分析小半径平曲线对最大纵坡的影响，从理论上推导出小半径圆曲线上最大纵坡的折减值；周荣贵等根据实车装载上坡试验，研究车辆在上坡行驶时纵坡坡度与车辆行驶速度以及速度随坡长的变化规律，确定典型货车在不同坡度下的上坡性能曲线，通过速度折减量与坡长之间的关系曲线，提出基于运行速度差和满足公路服务水平要求的各级公路最大纵坡坡度与坡长限制值；许金良等以典型车型实地行车试验数据为基础，建立了载重汽车在不同海拔、坡度下的运行速度-距离曲线，结果表明，高海拔地区设计速度为 100km/h、80km/h 和 60km/h 公路的最大纵坡与现行标准中规定的相同设计速度下一般地区的公路最大纵坡相比降低了 1% ~ 2%。

综上所述，国内外对公路纵断面线形指标与交通安全的研究，大多集中在考虑汽车性能时公路纵断面线形指标的选取以及公路纵断面指标对交通安全的影响上。但由于汽车行业的发展进步，早期车辆性能指标早已不适用，且公路纵断面指标对交通安全的影响程度仍比较模糊，故有必要进一步系统地研究公路纵断面线形的具体指标与交通事故的关系。本章以事故统计数据为基础，通过分析交通事故风险概率研究高速公路纵断面线形指标的合理性。通过对不同分类竖曲线段和纵坡度、坡长不同组合段事故风险概率的分类统计，对各类线形事故风险概率变化趋势和组合关联规则进行分析，更加直观地表达道路纵面线形与交通事故之间的关系，并基于行车安全提出了推荐指标范围。

1.2.4 平纵面组合与交通事故之间的关系研究

日本早期利用线形图检查评价法将路线平面线形图用曲率图表示，将纵断面线形图用坡度图表示，通过比较两图的零点位置就可以简单地检查出平、纵线形组合设计的好坏。在线形图上如果零点位置一致或接近，则平、纵线形配合不好，反之，若零点相互交错，则立体线形良好。该法简单、有效，但经验丰富的设计者不用该法也可判断出平、纵线形设计质量的高低。

美国联邦公路局研究出"交互式公路安全设计模型(Interactive Highway Safety Design Model，IHSDM)"。该模型是建立在大量观测数据基础上的统计模型，综合考虑了人、车、路之间的相互影响，目的是建立一个与计算机辅助设计(CAD)集成在一起的公路安全设计和评价系统，帮助设计人员从公路安全的角度评价设计方案，IHSDM模型中针对小客车和载重汽车在平纵组合路段的运行车速研发了测算模型，并对其进行可靠性分析以及模型验证。

国外常用的平纵曲线组合设计的规范较多,其中比较流行的是美国 AASHTO 以及加拿大交通运输协会(TAC)提出的汽车驶入曲线前必需的视距(Preview Sight Distance,PVSD)设计法。AASHTO 较为熟悉,而 PVSD 法的应用是一个全新的概念。PVSD 法是为全面衡量圆曲线半径、缓和曲线参数、竖曲线半径等线形要素以及车辆行驶的实际情况而提出的,并据此来确定竖曲线上不宜作为圆曲线起点的区域,即视觉盲区。该方法的优点是贴近实际行驶状况,充分考虑驾驶人生理和心理的需要,但是模型对竖曲线的考虑因素较为单一,使得 PVSD 法对凸形竖曲线上的视距计算有所偏差。因此,1998 年 Ioannis Taiganidis 针对 PVSD 法中对于竖曲线考虑不充分的弊端提出了较为全面的计算模型。

国内潘晓东等主要研究在山区公路的行驶中驾驶人的生理反应信息,并对其进行统计与分析研究,建立起驾驶人心理生理反应与路线平曲线长度、圆曲线半径、平曲线转角和行车视距等要素的关系模型,从而针对公路线形安全性进行指导评价;郑柯等深入研究了驾驶人行驶时心理生理的反应特性,对高速公路平纵线形的部分主要指标进行了适当的修正;荆林朋等分析了单一线形指标与亿车公里事故率的关系,并在此基础上分析了组合线形指标(弯坡组合路段、平竖曲线组合路段、长大坡路段等)与事故率的关系;杨挺等从道路线形的分类入手,分析了道路线形平纵组合对交通安全的影响;邹健从道路线形与交通安全的关系出发,提出了道路平纵线形指标与交通安全的模型,并且针对山岭重丘区各级公路直、弯坡路段提出了极限技术指标。同鑫等在总结国内外山区高速公路平纵组合路段交通安全研究的基础上,重点分析论述了山区高速公路平纵组合的基本形式与不良组合路段存在的交通安全缺陷,这种不良线形组合路段易发生交通事故。

目前,国外主要从道路设计指标和一致性方面对平纵组合进行研究,国内是基于车辆状况、驾驶人驾驶行为以及交通事故与道路设计的关系,通过实际采集的事故数据和设计文件对道路设计指标与行车安全性的关系进行研究。由于对公路平纵面组合与交通事故的关系缺乏系统性,因此需进一步深入分析。本章主要通过对不同平纵组合中的曲线与直线相互组合的方式与事故风险概率的关系进行研究,给出了设计线形时的适宜竖曲线个数、竖曲线半径大小、平面直线长度的建议,并且强调了平曲线与竖曲线的配合原则。

1.3 高速公路交通事故影响因素分析

研究过程中除了收集相关研究中的事故资料外,还通过现场调研的方式收集了多条高速公路的设计资料、事故资料与现场里程对应表,并与相关管理公司的路政、交警、养护等部门就交通现状和存在的运营安全问题等进行了深入的座谈和交流,为高速公路交通事故影响因素、事故风险概率研究等奠定了基础。

1.3.1 高速公路交通事故类型

根据高速公路交通事故发生后的形态调查分析,高速公路交通事故可分为以下几种类型:

碰撞型——两辆或多辆行驶车辆之间发生追尾碰撞或侧面碰撞,行驶车辆与高速公路中间隔离物、路侧防护栏、停放车辆等固定物相撞的事故现象,以及车辆违章逆向和违章掉头发生的正面碰撞等事故现象。

刮擦型——两辆或多辆行驶车辆之间发生刮擦的事故现象。

翻坠型——行驶车辆倾翻于行驶高速公路上或坠入高速公路路侧的田野、河沟、水塘的事故现象。

火灾型——行驶车辆行驶过程中起火燃烧的事故现象。

碾压型——行驶车辆碾压人、动物及其他物体的事故现象。

其他型——未列入上述类型的事故现象,如高速行驶的车辆所装货物因捆绑不结实而落下,引起跟随车辆受损形成的事故现象等。

根据某高速公路某段 2014—2018 年的交通事故调查资料,各种类型交通事故分布见图 2-1-2。

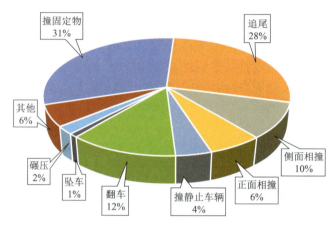

图 2-1-2　交通事故类型分布

由图 2-1-2 可以看出,碰撞型事故占 79%,是事故的主要类型;翻坠型占 13%,居事故类型的第二位;侧面相撞导致的刮擦型占 10%,居事故类型的第三位;违章掉头和逆向行驶导致出现了 6% 的正面相撞的交通事故,但是随着交通规则的完善,此类现象正在逐年减少。

1.3.2　高速公路交通事故特征

高速公路排除了行人、非机动车辆对交通运行的干扰,具有行车速度快、交通流量大的特点。这些特点使高速公路交通事故不同于普通公路交通事故,其事故具有以下特征:

(1)恶性事故多。

高速公路上车辆行驶速度高,运动能量大,冲击力强,一旦发生交通事故,后果严重,一般为多人伤亡。这种交通事故的危害性和经济损失通常是普通公路同类交通事故的几倍乃至十几倍。

(2)追尾碰撞多。

高速行驶的车辆因超车、加塞、紧急制动等因素造成尾随车辆避让不及导致追尾碰撞。由图 2-1-2 可知,追尾碰撞事故占比达 28%。

(3)单车事故多。

由于行驶车辆的制动性、操纵稳定性等技术性能不满足高速公路安全行驶要求,或驾驶人违反高速公路安全行车规定违章操作,易导致单车发生事故。分析图 2-1-2 中事故形态可知,撞固定物、翻坠等单车事故占比达到 50%。

(4) 驾驶人观察失误、判断失误事故多。

驾驶人的识别辨认距离随车速提高而降低。当车速为 60km/h 时,驾驶人能看清行车前方标志的距离约为 240m;当车速为 80km/h 时,驾驶人在同样条件下看清行车前方标志的距离为 160m。在高速公路长时间的单调行车,易使驾驶人注意力分散,对紧急情况下的感知迟缓,判断准确率降低。

(5) 行驶过程中灯光(尾灯)不全及灯光使用不当事故较多。

行驶车辆灯光的重要功能之一是向其他驾驶人传递行驶信息,如果行驶车辆的灯光不全,势必影响行驶车辆行驶信息的传递。特别是夜间在高速公路行驶,当两车均使用远光灯会车时,因对面驶来车辆的灯光刺眼,两车驾驶人难以看清各自前方的高速公路状况,易导致操作失误。

(6) 异常天气易事故多。

天气因素对高速公路行车安全的影响较大,异常天气是重大、恶性交通事故发生的诱因。雾天,由于能见度大大降低,对安全行驶最不利,当高速行驶车辆的前方突然出现异常目标时,驾驶人常因措手不及而酿成交通事故。雨天,因路面潮湿,附着系数降低,高速行驶车辆紧急制动时极易发生侧滑甩尾等事故。

1.3.3 高速公路交通事故产生原因的聚类分析

1) 高速公路交通事故产生的主要原因分类分析

对高速公路交通事故产生原因进行聚类分析,结果见图 2-1-3。

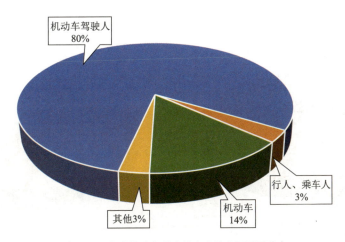

图 2-1-3 高速公路交通事故产生的主要原因分布

由图 2-1-3 可知,在影响高速公路交通事故的人、车辆、高速公路、交通环境因素中,机动车驾驶人影响因素最大,其次是车辆。公路线形因素在交通事故统计中不能直接反映出来,但可间接通过驾驶人、车辆反映。因此,研究高速公路交通事故与高速公路线形间的关系,应重点研究在高速公路上行驶的车辆和驾驶车辆的驾驶人。

2) 高速公路交通事故与驾驶人因素关系分析

对高速公路交通事故中驾驶人操作因素进行分析,结果见图2-1-4。

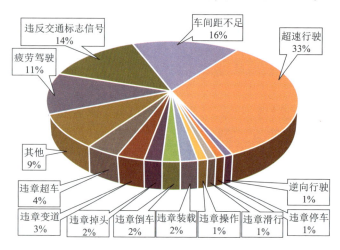

图 2-1-4　机动车驾驶人发生交通事故的原因分布

由图2-1-4可以看出,在驾驶人因素中,从单一原因分析,超速行驶占比第一,之后依次为车辆行驶纵向间距不够、违反交通标志及信号、疲劳驾驶等。如果从驾驶人因素分析,违法违章驾驶因素占到了事故致因中的绝大多数。

3) 高速公路交通事故与车辆因素关系分析

(1) 对高速公路交通事故中车型分布进行分析,结果见图2-1-5。

由图2-1-5可以看出,小客车的事故占比最高,其次为中型货车,两者合计事故数占总事故数的66%。小客车事故主要是超速行车引起的,货车事故主要是违章行车和机械故障引起的。

(2) 对高速公路交通事故中机动车导致事故的原因分布进行分析,结果见图2-1-6。

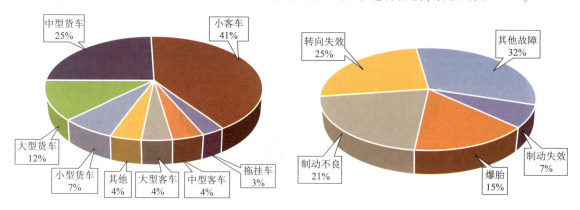

图 2-1-5　交通事故车型分布　　　　图 2-1-6　机动车导致交通事故原因分布

由图2-1-6可以看出,车辆的其他机械故障是导致交通事故的主要原因,其次是转向失效、制动不良、爆胎、制动失效。汽车在高速行驶时,由于车辆动力性能、制动性能、操作稳定性不良,易失灵、失效、跑偏和甩尾,高速行驶时方向易发飘,使车辆的方向和制动性能较差,尚不能很好地适应高速公路行驶。

4) 高速公路交通事故与高速公路影响因素关系分析

驾驶人、车辆对交通安全的影响具有随机性,而高速公路影响因素对交通安全的影响却具有系统性,常见的高速公路不良设计有:

(1)高速公路几何线形组成不合理或者线形不协调,使驾驶人产生错觉、视线不连续、视野变小、视距变短,导致驾驶人来不及操作或者操作失误,酿成交通事故。如长直线小半径曲线、坡道上连续反弯、坡顶急弯、断背曲线、凹形竖曲线设计过短或凹形竖曲线底部插入小半径平曲线等。

(2)高速公路线形与环境的组合设计不协调,如空阔的地形设置长直线,造成景观单调,不能有效地诱导视线,极易发生事故。

(3)硬路肩宽度不满足故障车停修要求。一有故障车停修,都或多或少地侵占行车道,从而造成交通隐患。

(4)路面的粗糙度不满足标准要求,使车辆产生溜滑或者不能有效制动和加速,造成事故。

(5)路面排水设施位置、尺寸不当,使得个别路段积水,造成路面过滑。

(6)路基施工时压实度不足,致使局部路基下沉,造成跳车,导致交通事故。

(7)警示标志设置不全、不明显,弯道处防眩设施不足,造成交通事故。

(8)互通式立交出入口处,匝道的设计速度和主线的设计速度相差太大,出入口处加速段和减速段长度太短,立交设计不满足安全视距要求等,都有可能造成交通事故发生。

5) 高速公路交通事故与交通环境因素关系分析

(1)高速公路行驶车辆车型分布(图 2-1-7)。

由图 2-1-7 可知,高速公路上行驶的车辆组成比例中小客车所占比例最大,中型货车次之。不同性能的车辆混入率大,车辆动力性能相差较大,交通流不均匀,发生交织、超车的现象较多,使交通事故发生的可能性增大。

(2)高速公路交通事故中天气因素分布(图 2-1-8)。

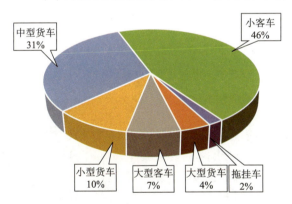

图 2-1-7 高速公路行驶车辆车型分布

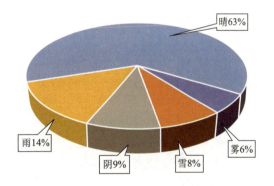

图 2-1-8 天气因素导致交通事故原因分布

由图 2-1-8 可以看出,在发生交通事故天气因素中,晴天事故占比最高,事故死亡人数占总死亡人数的 62%,直接经济损失占总经济损失的 57.9%。不良天气(雨、雪、雾)的事故占比反而较低,事故死亡人数占总死亡人数的 29.03%,直接经济损失占总经济损失的 27.66%。这主要是由于晴天时间在一年内所占比例较高,驾驶人在天气条件良好时,思想上易麻痹大意;而天气条件较差时,注意力会非常集中。若按不同天气持续时间占全年时间比例计算,则雨、雪、雾天的事故占比高于晴天,由于雨、雪、雾天能见度低,易造成路面积水、积雪、结冰,路面光滑,摩擦系数较小,在视距条件不良情况下,制动不及时易造成追尾、车辆溜滑,从而导致交通事故发生,甚至可能发生二次事故。

(3)高速公路交通事故中路面状况因素分布(图2-1-9)。

由图2-1-9可以看出,平坦干燥的路面事故占比高于路面有问题的路段,潮湿路面的事故占比高于冰雪、积水路面。这主要是由于驾驶人在冰雪、积水路面行驶时易发现路面条件不良,而潮湿路面不易发现,平坦干燥路面思想上易麻痹大意。

(4)高速公路交通事故中照明条件因素分布(图2-1-10)。

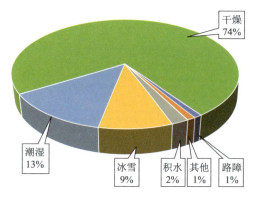

图2-1-9 路面状况因素导致交通事故原因分布

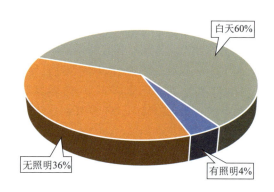

图2-1-10 照明条件因素导致交通事故原因分布

由图2-1-10可以看出,白天的事故占比高于夜间,无路灯照明的事故占比高于有路灯照明。白天事故的死亡人数占总死亡人数的48.39%,直接经济损失占总经济损失的59.21%;夜间事故的死亡人数占总死亡人数的51.61%,直接经济损失占总经济损失的40.79%。虽然夜间车辆较少,但由于车辆的灯光信息和防眩设施不完备、视线不清、能见度低,驾驶人容易放松警惕而超速行驶,遇有紧急情况,采取措施不及时而导致恶性事故较多。

1.4 事故风险概率分析模型

事故率是常用的计算事故发生频率的参数,表示为某一定路段长度上的事故数。事故率可以理解为路段的平均事故密度,可以在一定程度上反映道路的交通安全水平。但是事故率只能反映某条道路或者某个路段上的宏观和中观事故特征,难以用来针对道路线形进行微观事故特征的研究。

$$p_s = \frac{N}{L} \tag{2-1-1}$$

式中:p_s——事故率;

N——事故数;

L——路段长度。

线形单元事故概率是指同一类型线形单元分类上发生事故的单元个数与该类单元个数之

比。单元分类是将具有某种类似特点的线形单元划分为一类。采用线形单元事故概率概念便于分析同类平面线形单元上发生事故和未发生事故的情况,但又失去了道路事故的宏观特性。

$$p_{kg} = \frac{n_k}{\sum n_k} \quad (2-1-2)$$

式中:p_{kg}——第 k 个线形单元分类的事故概率;

n_k——第 k 个线形单元分类发生事故的单元个数;

$\sum n_k$——第 k 个线形单元分类的总个数。

为了更好地从微观上分析某类线形单元与交通事故之间的关系,从宏观上了解某类线形单元的事故风险高低,本章提出了事故风险概率的概念。事故风险概率定义为该线形单元分类的事故率与事故概率的积。

$$p = p_s \times p_{kg} \quad (2-1-3)$$

1.5 基于事故风险概率的单因素分析

本章依据西安至宝鸡高速公路、西安至潼关高速公路、西安至阎良高速公路、西安咸阳国际机场高速公路近 3 年的交通事故调查资料进行统计分析,对事故风险概率进行研究,并筛选出与事故原因相关的关键词,剔除掉与纵面线形无关的数据,如由于不良气象条件或者由于驾驶人疲劳驾驶等引发的交通事故。

为了分析不同圆曲线半径与事故风险概率之间的变化趋势,将得到的事故风险概率作为纵坐标,圆曲线半径范围作为横坐标,得到了平纵线形与事故风险概率变化趋势图。以下所有的图中红色直线代表事故风险概率随直线长度变化的趋势。

1.5.1 直线长度与事故风险概率的关系

不同设计速度的同向曲线与反向曲线之间的直线长度,分别按照设计速度和直线长度两个因素进行统计,事故风险概率变化趋势如图 2-1-11 ~ 图 2-1-13 所示。

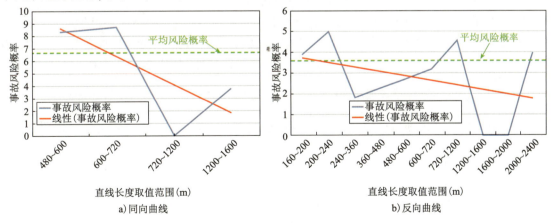

图 2-1-11　$v = 80 \text{km/h}$ 时直线段事故风险概率变化趋势

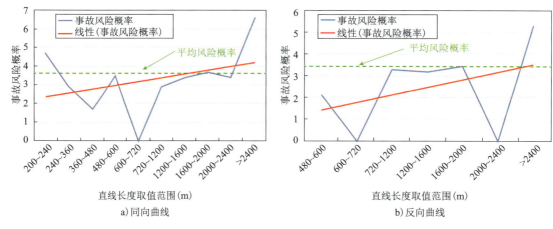

图 2-1-12　$v=100$km/h 时直线段事故风险概率变化趋势

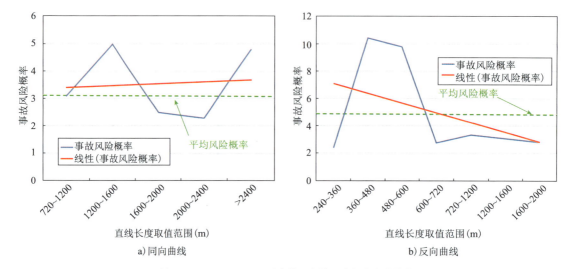

图 2-1-13　$v=120$km/h 时直线段事故风险概率变化趋势

由图 2-1-11～图 2-1-13 可知：设计速度为 80km/h 时，随着直线长度的增加，事故风险概率逐渐减小；设计速度为 100km/h 时，随着直线长度的增加，事故风险概率逐渐增加；设计速度为 120km/h 时，同向曲线间直线段事故风险概率随直线长度的增加而慢慢增加，反向曲线则正好大幅度降低。但基本上都低于或在平均风险概率线附近，总体而言事故风险概率均较低。

1.5.2　圆曲线半径与事故风险概率的关系

分别按照设计速度和圆曲线半径两个因素进行统计，事故风险概率变化趋势如图 2-1-14 所示。

从图 2-1-14 得出：设计速度为 120km/h 时的事故风险概率随着圆曲线半径的增大而增大，但风险概率较低；其余两种设计速度条件下，随着圆曲线半径的增大，事故风险概率都有降低的趋势，且事故风险概率较低。从事故风险概率低于平均风险概率的相对较安全分析，设计速度为 80km/h，圆曲线半径大于 400m 时，事故风险概率小；设计速度为 100km/h 和 120km/h

时,事故风险概率起伏较大,但设计速度为100km/h、圆曲线半径大于700m,设计速度为120km/h、圆曲线半径大于1000m时,事故风险概率总体较低小;从不分设计速度事故风险概率看,圆曲线半径大于400m,事故风险概率低于平均事故风险概率。本章认为2017年版《路线规范》中对圆曲线最小半径一般值的规定较为合理。

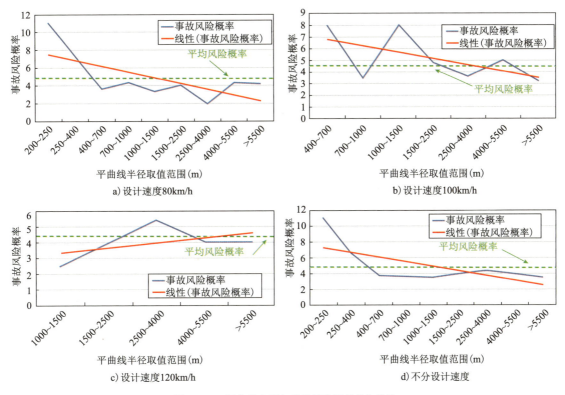

图 2-1-14 圆曲线半径与事故风险概率变化趋势

1.5.3 纵坡与事故风险概率的关系

分别按照纵坡度和坡段长度对事故风险概率进行统计分析,结果如图2-1-15所示。

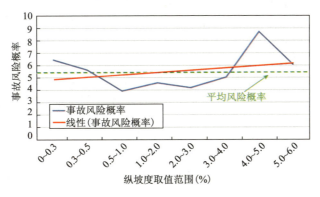

图 2-1-15 纵坡度事故风险概率变化趋势

由图 2-1-15 可以看出，随着纵坡度的增大，事故风险概率先减小后增大。当纵坡度大于 4% 之后增大较明显。当纵坡度小于 0.5% 时，事故风险概率也较高。

1.5.4　不同平纵组合与事故风险概率的关系

根据交通事故调查资料和路线设计资料，平纵组合事故风险概率见表 2-1-1。

不同平纵组合的事故风险概率　　　　　　　　　　　表 2-1-1

平面	纵断面		事故风险概率	平均值
曲线	直曲组合	竖曲线部分	4.4	4.3
		直线部分	3.7	
	直线		4.8	
直线	直曲组合	竖曲线部分	4.1	3.6
		直线部分	4.1	
	直线		2.7	

由表 2-1-1 可知，平面直线路段的平均事故风险概率比曲线路段低，即直线段行车更安全。平面采用直线，纵断面为直曲组合时，纵断面曲线部分和直线部分事故风险概率无明显差异；平面采用直线，纵断面也采用直线时，事故风险概率最小，在平纵组合中最为安全。平面采用曲线，纵断面为直曲组合时，其曲线部分的事故风险概率要大于直线部分的事故风险概率；平面采用曲线，纵断面采用直线时，事故风险概率要比纵断面是曲线的事故风险概率平均值大。

1.5.5　平面曲线内的竖曲线个数与事故风险概率的关系

根据交通事故调查资料和路线设计资料，同一平曲线内竖曲线个数与事故风险概率的关系见图 2-1-16。

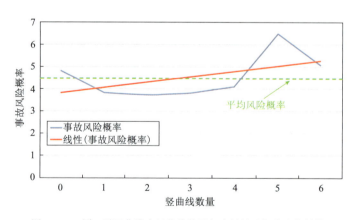

图 2-1-16　同一平面曲线内竖曲线数量与事故风险概率变化趋势

由图 2-1-16 可知，事故风险概率随着竖曲线个数的增加呈整体上升趋势。平纵曲线组合中，同一平曲线与 4 个以上的竖曲线组合时，其事故风险概率明显升高。

1.5.6 平面直线内的竖曲线个数与事故风险概率的关系

基于交通事故数据和道路平纵面设计资料,平纵面直线与曲线组合时,竖曲线数量与事故风险概率的关系见图 2-1-17。

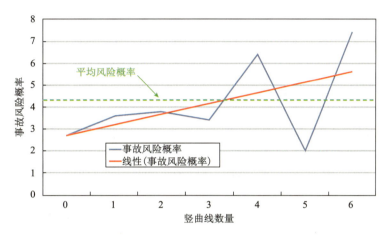

图 2-1-17 同一平面直线内竖曲线数量与事故风险概率变化趋势

根据图 2-1-17 可以看出,事故风险概率随着竖曲线个数的增加呈整体上升趋势;同一平面直线内的竖曲线个数小于或等于 3 时,其事故风险概率较低;③同一平面直线内的竖曲线个数大于 3 个时,其事故风险概率较高。

1.5.7 竖曲线半径与平曲线半径之比与事故风险概率的关系

以竖曲线半径与平曲线半径之比为横坐标,事故风险概率为纵坐标,建立事故风险概率变化趋势图,如图 2-1-18 所示。

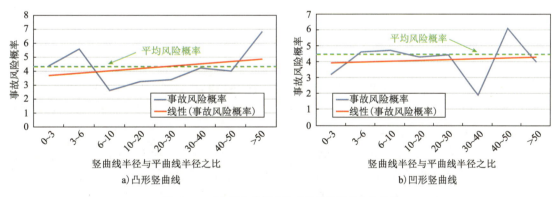

a) 凸形竖曲线　　b) 凹形竖曲线

图 2-1-18 平、竖曲线组合的事故风险概率变化趋势

从图 2-1-18 可以看出,平纵组合的构成要素为平曲线和凸形竖曲线时,事故风险概率最敏感的指标是半径比,当竖曲线半径与平曲线半径的比值控制在 10~50 之间时,事故风险概率较小;平曲线与凹形竖曲线的组合中,当比值控制在 40 之内时,竖曲线与平曲线半径的比值对事故风险概率的影响较小。

本章参考文献

[1] HOSSAIN M, MUROMACHI Y. Understanding Crash Mechanism on Urban Expressways Using High-resolution Traffic Data[J]. Accident Analysis and Prevention, 2013, 45(3):17-19.

[2] DAVIS Gary A. Accident Reduction Factors and Causal Inference in Traffic Safety Studies: A Review[J]. Accident Analysis and Prevention, 2000(32):95-109.

[3] LIU Chong, LU Huapu, CHEN Ming. Study of Traffic Safety Based on Traffic Mechanism[C]// Proceedings of the Conference on Traffic and Transportation Studies, ICTTS, 2004.

[4] OLUTAYO V A, ELUDIRE A A. Traffic accident analysis using decision trees and neural networks[J]. I. J. Information Technology and Computer Science, 2014(2):22-28.

[5] KURTARAN H, ESKANDARIAN A, MARZOUGUI D. Crash worthiness design optimization using successive response surface approximations[J]. Computational Mechanics, 2002, 29(4-5):409-421.

[6] 刘强,陆化普,张永波,等.我国道路交通事故特征分析与对策研究[J].中国安全科学学报,2006(06):123-128,145.

[7] 魏朗,陈涛,余强.道路交通事故模拟再现的车辆动力学三维模型[J].交通运输工程学报,2003(03):88-92.

[8] 裴玉龙,马骥.道路交通事故道路条件成因分析及预防对策研究[J].中国公路学报,2003,16(4):77-82.

[9] 唐国利.山区公路道路条件与事故作用机理及事故对策研究[D].成都:西南交通大学,2004.

[10] 马艳丽.驾驶人驾驶特性与道路交通安全对策研究[D].哈尔滨:哈尔滨工业大学,2007.

[11] 杨亚东.基于突变理论的道路交通事故致因机理研究[J].交通工程,2018,18(03):40-45.

[12] 刘兴旺.道路交通事故发生机理与成因分析[D].哈尔滨:哈尔滨工业大学,2005.

[13] 李淑庆,彭囿朗,肖莉英,等.道路交通事故发生机理研究现状与趋势分析[J].安全与环境学报,2014,14(03):14-19.

[14] FU Rui, GUO Yingshi, YUAN Wei, et al. The correlation between gradients of descending roads and accident rates[J]. Safety Science, 2011, 49(3):416-423.

[15] CARSTEN O M J, TATE F N. Intelligent speed adaptation: accident savings and cost-benefit analysis[J]. Accident Analysis and Prevention, 2005, 37(3):407-416.

[16] ARAM A. Effective safety factors on horizontal curves of two-lane highways[J]. Journal of Applied Sciences, 2010, 10(22):2814-2822.

[17] CALIENDO C, GUIDA M, PARISI A. A crash-prediction model for multilane roads[J]. Accident Analysis and Prevention, 2007, 39:657-670.

[18] ELVIK R. The safety value of guardrails and crash cushions:a meta-analysis of evidence from evaluation studies[J]. Accident Analysis and Prevention,1995,27(4):523-549.

[19] BEN-BASSAT T,SHINAR D. Effect of shoulder width,guardrail and roadway geometry on driver perception and behavior[J]. Accident Analysis and Prevention,2011,43(6):2142.

[20] 路宁.道路线形与交通事故关系分析[J].交通标准化,2012,4:120-122.

[21] 潘晓东,蒋宏,杨轸.山区公路小半径曲线事故黑点案例分析[J].同济大学学报(自然科学版),2007,35(12):1642-1645.

[22] 黄进,方守恩.平曲线路段事故数目与线形元素的关系[J].公路,2002(12):76-80.

[23] 郭应时,付锐,袁伟,等.开阳公路事故率与平面线形的关系[J].交通运输工程学报,2012,12(1):63-71.

[24] 王浩,孟祥海,关志强.开阳高速公路几何线形与事故率关系研究[J].公路工程,2011,36(4):89-92.

[25] 张捷,任作武,朱守林.草原公路直线段长度对驾驶人心率变异性的影响研究[J].科学技术与工程,2014,14(18):135-139.

[26] 于德政.对高等级公路平面线形设计中小转角问题的探讨[J].黑龙江交通科技,2007,31(1):38-38.

[27] 田林,许金良,贾兴利.高海拔地区驾驶人心率-反向曲线间直线长度-车速关系分析[J].公路交通科技,2015,32(11):138-142.

[28] 武士钥,朱守林,戚春华,等.基于驾驶人视觉特性的草原公路直线长度研究[J].内蒙古农业大学学报(自然科学版),2013,34(06):142-147.

[29] 张荣洁.公路最小直线长度计算[J].公路交通科技,2012,29(3):39-44.

[30] 杨宏志,张景涛,许金良.基于运行速度的双车道公路平面线形安全评价[J].公路交通科技,2010,27(9):127-131.

[31] 马文敏,刘孝康.缓和曲线长度和参数的确定[J].交通科技,2008(s1):59-60.

[32] AASHTO. A Policy on Geometric Design of Highways and Streets [M]. Washington, D.C.,2003.

[33] 万国朝,林正清.德意志联邦共和国的公路线形设计规范[J].中外公路,1988(6):4-13.

[34] 孙瑜,程建川.德国公路设计标准中的新理念[J].中外公路,2007,27(1):1-4.

[35] 王华荣,孙小端,贺玉龙,等.开阳双车道公路尾随相撞事故与道路线形的关系[J].北京工业大学学报,2010,36(9):1236-1241.

[36] 陈永胜,高耀华.高速公路纵面设计微观事故预测模型研究[J].公路交通科技,2001,18(2):5-8.

[37] 苏晓智,刘维维,张江洪,等.基于关联规则的高速公路纵面线形事故风险概率研究[J].公路交通科技,2021,38(9):1-8.

[38] 陈建新,吴志欢,陈飞.风景区道路最大纵坡的合理取值探讨[J].公路交通科技:应用技术版,2010(6):69-71,83.

[39] 裴玉龙,邢恩辉.高等级公路纵坡的坡度、坡长限制分析[J].哈尔滨工业大学学报,2005,37(5):629-632.

[40] 赵建衡.公路技术标准中小半径曲线上最大纵坡折减问题的商讨[J].公路,1965(1):18-22.

[41] 周荣贵,江立生,孙家凤.公路纵坡坡度和坡长限制指标的确定[J].公路交通科技,2004,21(7):1-4.

[42] 许金良,雷天,贾兴利,等.基于典型汽车爬坡的高海拔地区公路最大纵坡[J].同济大学学报(自然科学版),2017,45(6):854-860.

[43] 大塚胜美,木仓正美.公路线形设计[M].沈华春,译.北京:人民交通出版社,1981.

[44] 魏连雨,杨春风,崔洪军,等.竖凸曲线与平曲线组合设计的新方法[J].中国公路学报,2002,15(1):15-18.

[45] TAIGANIDIS I. Aspects of Stopping-Sight Distance on Crest Vertical Curves[J]. Journal of Transportation Engineering,1998,124(4):335-342.

[46] 中华人民共和国交通运输部.公路工程技术标准:JTG B01—2014[S].北京:人民交通出版社股份有限公司,2015.

[47] 中华人民共和国交通运输部.公路路线设计规范:JTG D20—2017[S].北京:人民交通出版社股份有限公司,2017.

[48] 潘晓东,杨轸,朱照宏.驾驶人心率和血压变动与山区公路曲线半径关系[J].同济大学学报(自然科学版),2005,33(7):900-903.

[49] 郑柯.基于驾驶人心理生理反应的高速公路线形研究[D].北京:北京工业大学,2003.

[50] 荆林朋.基于几何线形和车速的高速公路事故预测及应用研究[D].哈尔滨:哈尔滨工业大学,2015.

[51] 杨挺.道路线形因素对交通安全的影响分析[D].西安:长安大学,2017.

[52] 邹健.浅论道路线形设计对交通安全的影响及改善措施[J].公路,2002(6):42-47.

[53] 同鑫.山区高速公路平纵组合安全性评价研究[D].西安:长安大学,2012.

第 2 章
CHAPTER 2

基于悬挂模型的高速公路圆曲线极限最小半径

> **本章导读**
>
> 本章在考虑车辆悬挂系统的基础上,采用仿真软件,在修正了横向力系数的情况下,提出了客货车在考虑悬挂系统条件下的最小圆曲线半径推荐值。另外,基于动力学仿真平台,对刚体模型与悬挂模型在极限最小半径下的稳定性参数进行分析,提出了两类模型的差异性。主要研究结果如下:
>
> (1)通过建立超高悬挂模型计算得到的客车公路与货车公路的圆曲线极限最小半径稍小于2017年版《路线规范》的规定,表明目前规范规定值较合理。
>
> (2)侧倾角变化曲线误差在小半径曲线段浮动强烈,稳定性低。在仿真试验中,装有悬挂的车辆稳定性更好。
>
> (3)刚性模型交互输出侧倾角的变化参数要略微低于独立悬挂的车体;车辆在进行减速时降低不利影响,安全呈正向改善,适应性也更优。

2.1 概述

曲线路段的事故比其他路段多,研究表明在2012年和之后的6年里,弯道路段事故次数与死亡人数越来越多,数据中6.30%原因是两货车相撞,货车事故占比是67.72%,高速公路事故占34.62%。弯道上发生的事故原因较为复杂,既可能是驾驶人超速行驶,也可能是弯道路段的超高设置不合理,影响车辆行车稳定性,导致过弯转向失控,发生侧滑甚至侧翻。2017年版《路线规范》中列出的圆曲线极限最小半径(以下简称极限半径)计算模型中假设车辆为刚体(以下简称该计算模型为刚体模型),简化的刚体模型与装有悬挂系统的实际车辆之间存在差异。2017年版《路线规范》中采用刚体模型得到的极限半径是否满足具有悬挂系统车辆的行驶安全?若满足安全,安全余量如何?这些疑问需要解决。

目前,国内外相关学者研究了刚柔耦合下的曲线路段圆曲线最小半径计算模型。美国《绿皮书》提出了简化模型,并在此基础上分析了路面摩擦系数与超高的界定标准。Kordani A. A. 等采用仿真软件利用多重回归分析方法,研究得出不同车型的侧向摩擦系数公式。Haywood J. C. 等研究曲线路段车辆受力模型准确性,认为多个曲线设计速度受到最大允许超高限制。Craus J. 等从车辆悬架特性出发,研究得出基于悬架特性的曲线半径模型更合理。

张玥等研究了横向力系数和半径的耦合,提供了平曲线半径以及相应超高横坡的推荐值,研究中忽略了悬挂装置的影响。范李等研究涉及车辆悬挂效应的平曲线横向力系数,并给出了危险阈值和车速之间的对应。罗京等考虑悬挂系统情况下的半径计算方法,得出极限半径,但该研究缺少车辆稳定性仿真研究。范李等考虑车辆过弯侧翻研究急转时车体的受力特性,改进横向力系数公式。张肖磊在超高计算中引入可靠度理论,以车辆产生侧滑、倾覆等现象的极限状态为条件,建立安全超高计算模型。范爽在事故资料调查和分析公路平面设计元素组合安全性的基础上,提出了基于交通安全的高速公路平面设计指标及其组合。涂文靖提出速度结合计算曲线超高。王磊分析 S 路段中高危段的事故发生原因,研究超高渐变和零坡断面等。

目前国内外的部分研究立足于刚体模型对圆曲线最小半径的安全性分析,也有基于悬挂系统下圆曲线最小半径的分析,但大部分都没有针对车辆在弯道上行驶时的稳定性指标进行分析评价,没有专门针对极限最小半径工况下的车辆稳定性分析。因此,本章将首先构建基于车辆悬挂系统的公路极限半径计算模型(以下简称悬挂模型),然后根据 2017 年版《路线规范》中极限半径计算参数,计算出基于悬挂模型的极限半径,最后分别基于 CarSim/TruckSim 构建两种模型,研究两类模型的参数差异,分析其特点,进而分析 2017 年版《路线规范》中的极限半径能否满足具有悬挂系统车辆的行驶稳定性要求。

2.2 悬挂模型的构建

2.2.1 代表车型的选择

考虑到当前研究常为简单地进行客货分类研究,本章对国内各级公路上的车辆运营状况进行调查分析,提出适宜我国公路车辆的分类。表 2-2-1、表 2-2-2 为 2018 年调研的高速公路车型分布比例,表 2-2-3 为 2012—2018 年我国高速公路不同类型货车占比的变化情况。由表 2-2-1 可以看出,小客车占客车比例的 96.08%,应将小客车作为客车的代表车型。由表 2-2-3 可以看出,铰接车占比逐年上升,其逐渐占据货车的主要市场。相比较而言,2、3、4 轴货车占比变少。2018 年铰接车占 43.42%,其中,49t 的 6 轴铰接车成为高速公路货运的主要车型,故将 6 轴铰接车作为货车的代表车型。代表车型外部轮廓尺寸如表 2-2-4 所示。

2018 年国内高速公路客车占比　　　　表 2-2-1

客座数量	≤7 座	≥8 座
客流转乘占比(%)	63.52	36.48
车型占比(%)	96.08	3.92
客流数占比(%)	69.05	31.95

2018 年国内高速公路货车占比　　　　表 2-2-2

轴数	2 轴	3 轴、4 轴	5 轴、6 轴铰接车
货运转运占比(%)	7.32	8.86	83.82
轴类占比(%)	40.75	14.54	44.71
车流量占比(%)	34.23	16.52	49.25

2012—2018 年我国高速公路不同类型货车占比　　　　　　　　　　　表 2-2-3

年份	2012	2013	2014	2015	2016	2017	2018
2 轴 4 胎	11.32	12.68	13.05	13.16	12.03	11.57	12.54
2 轴 6 胎	31.08	30.51	32.03	28.96	33.46	30.51	28.98
3 轴、4 轴货车	14.84	14.55	14.89	15.44	14.38	13.12	13.87
铰接车	41.75	41.83	41.21	42.13	38.95	43.67	43.42

代表车型特征参数　　　　　　　　　　　表 2-2-4

代表车型	车长（m）	车宽（m）	后悬（m）	前悬（m）	轴距（m）	车高（m）
小客车	6	1.8	1.4	0.8	3.8	2
铰接车	18.1	2.55	2.3	1.5	3.3 + 11	4

2.2.2　悬挂模型的构建

如图 2-2-1 所示，悬挂系统下车辆离心力 F 使车向外微倾，悬挂装置变成内拉外伸，车体呈现绕 P 处旋转，载荷质心 O 点横向出现了偏移。内外车轮负载不平衡，导致抗侧翻能力下降。但悬挂系统的重心却比刚体更低。货车的载重大，悬架弹簧压缩更加严重，因此质心位置变低，悬挂系统对货车更佳。本章考虑多自由度建立悬挂系统曲线最小半径模型。

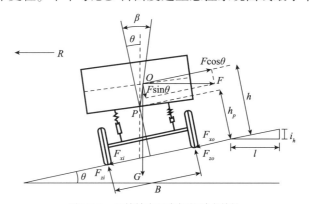

图 2-2-1　悬挂效应下车辆的受力特性

（1）悬挂模型。

$$F_{zi}B + Fh\cos\theta - G\cos\theta\left[\frac{B}{2} - (h - h_p)\tan\beta\right] - Gh\sin\theta - F\sin\theta\left[\frac{B}{2} - (h - h_p)\tan\beta\right] = 0$$

(2-2-1)

式中：h_p——车辆倾侧中心 O 距地面的高度；

h——重心高度；

F_{zi}——地面对车辆作用反力；

B——轮距；

θ——路面超高下的横坡倾角，因 θ 较小，认为 $\theta \approx \sin\theta \approx \tan\theta \approx i_h$，$\cos\theta \approx 1$；

β——车辆荷载质心的倾斜角；

G——车辆自重。

将式(2-2-1)转化可得：

$$\frac{v^2}{gR} = \frac{\mu + \theta - \left(1 - \frac{h_p}{h}\right)\beta}{1 - \theta\left[\frac{B}{2h} - \left(1 - \frac{h_p}{h}\right)\beta\right]} \tag{2-2-2}$$

式中：v——车辆速度；

μ——路面摩擦系数；

R——圆曲线半径；

g——重力加速度。

车辆横摆角 φ 用式(2-2-3)来描述：

$$\varphi \approx r_\beta \cdot a_y = r_\beta \cdot \frac{v^2}{gR} \tag{2-2-3}$$

式中：r_β——车辆的侧倾率；

a_y——车辆侧向加速度(m/s^2)。

联立式(2-2-1)~式(2-2-3)得：

$$R = \frac{2v^2 i_h r_\beta \left(1 - \frac{h_p}{h}\right)}{127\left\{\frac{i_h B}{2h} - 1 - r_\beta\left(1 - \frac{h_p}{h}\right) + \sqrt{\left[1 - \frac{i_h B}{2h} + r_\varphi\left(1 - \frac{h_p}{h}\right)\right]^2 + 4i_h r_\beta\left(1 - \frac{h_p}{h}\right)(\mu + i_h)}\right\}} \tag{2-2-4}$$

式中：i_h——道路超高。

客车、货车的重心比分别为 $h_p/h \approx 0.5$、0.25，侧倾率分别为 $r_\beta \approx 0.12\text{rad}/(\text{m/s}^2)$、$0.14\text{rad}/(\text{m/s}^2)$。一般汽车设计 $B/2h \approx 1$，悬挂模型如式(2-2-5)所示。

$$\begin{cases} R = \dfrac{v^2\left[\sqrt{(\delta - i_h)^2 + 0.24 i_h(\mu + i_h)} + \delta - i_h\right]}{254(\mu + i_h)} & (客车) \\ R = \dfrac{v^2\left[\sqrt{(\delta - i_h)^2 + 0.42 i_h(\mu + i_h)} + \delta - i_h\right]}{254(\mu + i_h)} & (货车) \end{cases} \tag{2-2-5}$$

考虑到 $i_h(\mu + i_h)$ 值较小，在式(2-2-5)中几乎不影响曲线半径计算，故式(2-2-5)可简化为式(2-2-6)：

$$R = \frac{v^2(\delta - i_h)}{127(\mu + i_h)} \tag{2-2-6}$$

式中：δ——车型系数，客车 $\delta = 1.06$，货车 $\delta = 1.105$。

(2) 刚体模型。

相对于悬挂模型，传统曲线最小半径计算方法的刚体模型如图 2-2-2 所示。

刚体模型下圆曲线最小半径用式(2-2-7)计算。

$$R = \frac{v^2}{127(\mu + i_h)} \tag{2-2-7}$$

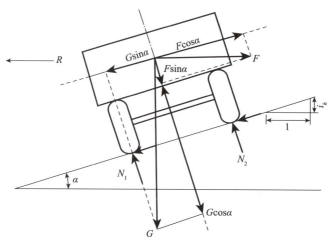

图 2-2-2　无悬挂效应下车辆的受力特性(刚体模型)

2.2.3　横向力系数取值分析

行驶于圆曲线路段上的车辆横向力系数最大值,应小于或等于横向摩阻系数 μ。μ 值直接影响乘车的生理心理感觉。

C 级舒适度情况下回归横向力系数阈值 μ 与行驶速度 v 的相关情况,见图 2-2-3。

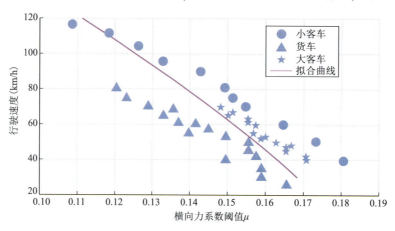

图 2-2-3　C 级舒适度对应的横向力系数阈值

利用式(2-2-8)可由速度 v 得到 C 级舒适度对应的横向力系数 μ 的阈值。

$$\mu = -0.00015v^{1.28} + 0.18 \tag{2-2-8}$$

2.3　基于悬挂模型的圆曲线极限半径

通过给定设计速度并计算相应下的 C 级舒适度对应的横向力系数,并选取 10% 和 8% 两种最大超高值,计算出圆曲线最小半径极限值。圆曲线最小半径极限值的计算值、推荐值和

2017 年版《路线规范》规定值汇总如表 2-2-5、表 2-2-6 所示。

客车高速公路圆曲线最小半径极限值计算结果　　　　　　　　表 2-2-5

设计速度 （km/h）	横向力系数	最大超高 （%）	最小半径计算值 （m）	最小半径推荐值 （m）	2017 年版《路线规范》 最小半径极限值(m)
120	0.111	10	516	520	570
		8	585	585	650
100	0.126	10	336	340	360
		8	376	380	400
80	0.139	10	203	205	220
		8	226	230	250
60	0.151	10	109	110	115
		8	120	120	125

铰接车高速公路圆曲线最小半径极限值计算结果　　　　　　　　表 2-2-6

设计速度 （km/h）	横向力系数	最大超高 （%）	最小半径计算值 （m）	最小半径推荐值 （m）	2017 年版《路线规范》 最小半径极限值(m)
80	0.139	10	212	215	220
		8	236	240	250
60	0.151	10	113	115	115
		8	126	130	125

表 2-2-5、表 2-2-6 中圆曲线最小半径极限值计算结果和 2017 年版《路线规范》规定值相比较，可以看出计算结果略小于 2017 年版《路线规范》的规定值。说明计算结果是可靠的，也表明 2014 年版《标准》与 2017 年版《路线规范》对设计指标预留了安全余量。

2.4 极限半径下车辆稳定性分析

由于表 2-2-5、表 2-2-6 中的极限最小半径稍小于 2017 年版《路线规范》，需对该半径下车辆的稳定性进行分析。本节基于 CarSim 软件构建车辆动力学仿真平台，在刚体模型与悬挂模型两者得出的半径下比较分析车辆的稳定性，表 2-2-7 列出了半径的比较值。

极限最小半径的比较值　　　　　　　　表 2-2-7

设计速度（km/h）		120		80		
圆曲线半径		刚体	悬挂	刚体	悬挂（客车）	悬挂（货车）
最小半径	$i_{h\max}=10\%$	570	520	220	205	215
	$i_{h\max}=8\%$	650	585	250	230	240

2.4.1 构建车辆动力学仿真模型

利用 CarSim/TruckSim 仿真软件，可评估输出得到的车辆动力学效应参数，以实现车辆的稳定、舒适行驶。利用仿真软件对两种模型进行仿真来研究车辆稳定性。

1）车辆模型构建

如图 2-2-4 所示，设定车辆模型是仿真的第一步，依据表 2-2-4 进行拟定。在 TruckSim 平台上拟定如图 2-2-4b）所示 6 轴货车。《系列 1 集装箱　分类、尺寸和额定质量》（GB/T 1413—2023）、《汽车、挂车及汽车列车外轮廓尺寸、轴荷及质量限值》（GB 1589—2016）给出长、宽、高为 20m、2.5m、4m，满载 49t，同时利用荷载箱体模型来实现挂车的满载效应。

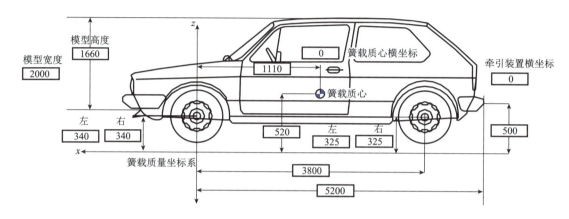

a) 客车基本参数

b) 货车模型

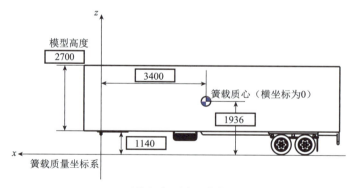

c) 牵引车质心坐标及基本参数

d) 挂车质心坐标及基本参数

图 2-2-4　客货车质心坐标及基本参数

注：图中所有数字的单位均为毫米。

2)构建道路模型

2017年版《路线规范》中规定回旋线-圆曲线-回旋线长度比宜设计成1∶1∶1或1∶2∶1。本章在不小于极限值的条件下定出的圆曲线长度、回旋线长度如表2-2-8所示。

各路线单元长度　　　　　　　　　　　表2-2-8

设计速度 （km/h）	超高 （%）	圆曲线长度 （m）	缓和曲线长度 （m）	直线长度 （m）
120	10	100	100	100
	8	100	100	100
80	10	70	70	70
	8	70	70	70

在仿真软件中利用断面渐变给出道路超高,设置示意如图2-2-5所示。

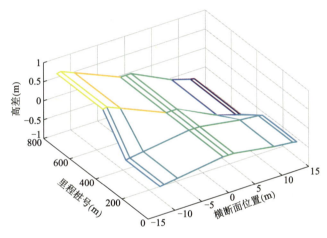

图2-2-5　超高三维示意

3)驾驶控制模型

仿真与超高相关,采用Target speed from path preview子模块控速,制动控制中,采用No Open-loop Braking Pressure模式自动换挡。预设驾驶策略转向控制,运行轨迹采用行车道中线。主传动器速度比设为25∶1,其他采用默认值。

2.4.2　悬挂模型准确性及与刚体模型差异性分析

给定两模型的半径,依次输出得到衡量车辆稳定性的参数,如横向偏移值、横向加速度、横摆角速度以及侧倾角等,如图2-2-6～图2-2-9所示。

如图2-2-6～图2-2-9所示,在高、低速情况下,基于刚体模型与悬挂模型输出得到的四项稳定性参数走势无差别。

（1）轨迹误差。

相比刚体模型,悬挂模型的客、货车轨迹误差峰值稍大。而曲线段,刚体模型客、货车偏移距离并不稳定。

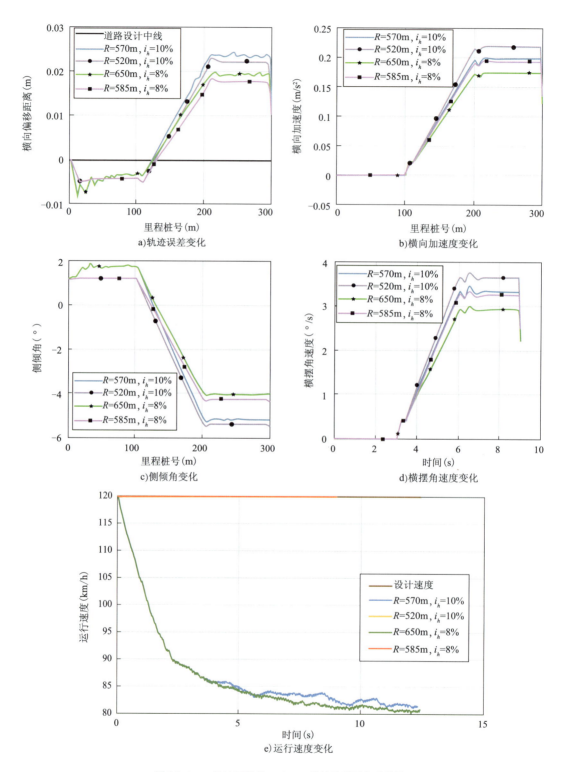

图 2-2-6 一般地区客车 120km/h 设计速度下仿真结果

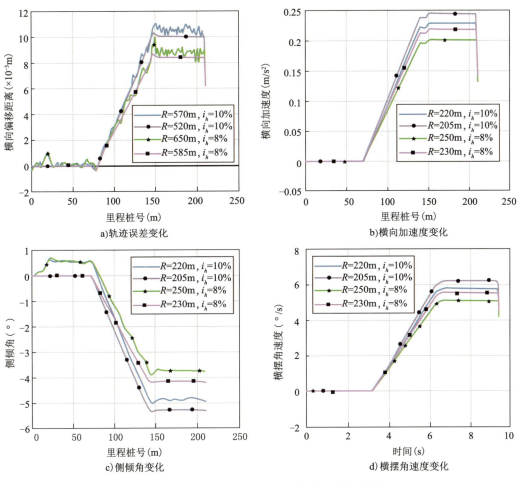

图 2-2-7　一般地区客车 80km/h 设计速度下仿真结果

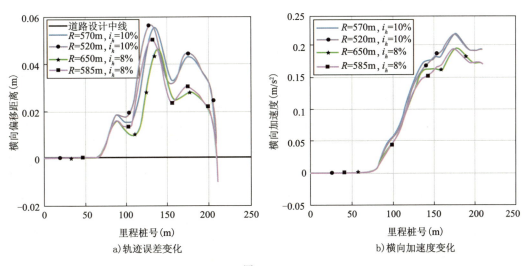

图 2-2-8

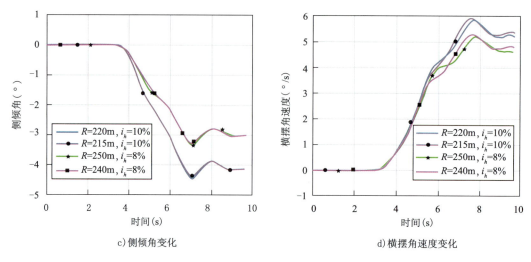

c) 侧倾角变化   d) 横摆角速度变化

图 2-2-8　一般地区货车 80km/h 设计速度下仿真结果

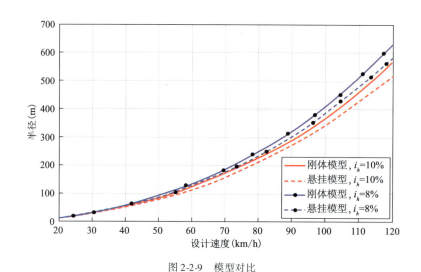

图 2-2-9　模型对比

（2）横向加速度变化。

两种模型客车横向加速度走向相同，刚体模型车辆转弯半径增长时对应的横向加速度降低，稳定性更优。而货车的两种模型无明显差别。

（3）侧倾角变化。

刚体模型两种情况下的侧倾角幅值浮动大，两模型浮动范围为 $-2°\pm4°$。相对于刚体模型而言，悬挂模型车辆侧倾角峰值略小。货车的两模型侧倾角变化曲线大致相同。

（4）横摆角速度变化。

当半径降低时，悬挂模型客车横摆角速度会增大，比较刚体模型情况下，差距减小。速度较低时最大值比刚体模型稍高。

由以上分析可知，基于悬挂模型所计算出的圆曲线极限最小半径值具有合理性。

本章参考文献

[1] 李方媛. 重特大道路交通事故致因机理及其风险行为研究[D]. 西安:长安大学,2014.

[2] AASHTO. A Policy on Geometric Design of Highways and Streets[M]. Washington, D.C.,2011.

[3] KORDANI A A,MOLAN A M. The Effect of Combined Horizontal Curve and Longitudinal Grade on Side Friction Factors[J]. KSCE Journal of Civil Engineering,2015,19(1):303-310.

[4] HAYWOOD J C. Highway Alignment and Superelevation:Some Design-speed Misconceptions [J]. Transportation Research Record,1980,757:22-25.

[5] CRAUS J,LIVNEH M. Superelevation and Curvature of Horizontal Curves[J]. Transportation Research Record,1978,685:7-13.

[6] 张玥. 基于横向力系数的公路平曲线半径及超高取值方法研究[J]. 中外公路,2015,35(2):5-9.

[7] 范李,李刚炎,陈冉,等. 客车急转工况下转向稳定的横向力系数与转弯半径计算[J]. 华南理工大学学报:自然科学版,2017,45(2):39-45,51.

[8] 罗京,张冬冬,郭腾峰. 大型车辆横向稳定性对公路设计极限平曲线半径取值的影响分析[J]. 中国公路学报,2010,23(增1):42-46.

[9] 范李,李刚炎,陈冉,等. 基于横向力系数的汽车急转防侧翻车速计算模型与仿真[J]. 农业工程学报,2016,32(3):41-47.

[10] 张肖磊. 基于可靠度理论的高速公路平曲线超高设计研究[D]. 武汉:武汉理工大学,2019.

[11] 范爽. 高速公路平面线形指标及其组合安全性研究[D]. 西安:长安大学,2019.

[12] 涂文靖. 曲线超高计算的优化方法及应用[J]. 铁道建筑,2019,59(2):120-125.

[13] 王磊. 高危路段S形曲线超高计算分析[J]. 兰州工业学院学报,2016,23(3):40-43.

[14] 交通运输部综合规划司. 中国高速公路运输量统计调查分析报告[M]. 北京:人民交通出版社股份有限公司,2018.

[15] GILLESPIE T D. Fundamentals of Vehicle Dynamics[M]. New York:Society of Automotive Engineers,Inc,1992.

[16] AWADALLAH F. Theoretical Analysis for Horizontal Curves Based on Actual Discomfort Speed[J]. Journal of Transportation Engineering,2005,131(11):843-850.

[17] 中华人民共和国交通运输部. 公路路线设计规范:JTG D20—2017[S]. 北京:人民交通出版社股份有限公司,2017.

[18] 中华人民共和国交通运输部. 公路立体交叉设计细则:JTG/T D21—2014[S]. 北京:人民交通出版社股份有限公司,2014.

[19] 交通运输部公路科学研究院. 公路横向力系数[R].《公路工程技术标准》修订专题项目(NO.03),2002.

第 3 章
CHAPTER 3

高速公路圆曲线最小半径路段限制速度取值分析

> **本章导读**

公路限制速度是限制全路段的最高行驶速度,基于设计速度的公路平面设计指标是控制全路段的最低技术指标。因此,公路限制速度设计时,不能简单套用2017年版《路线规范》中的平面设计指标,但我国又缺少高速公路限制速度相对应的平面设计指标,带来的典型焦点问题是我国高速公路限速调整论证时依据不够充分。高速公路限制速度设计是否合理对高速公路交通安全与运行效率影响非常大,长期以来一直受到社会各界普遍关注。2020年版《限速规范》中明确提出影响高速公路圆曲线路段交通安全的关键性因素是路面横向力系数和停车视距,本章依此展开研究,并根据路面横向力系数的稳定性判别标准、停车视距取值合理性等角度综合分析研究,提出了小客车限制速度的圆曲线最小半径设计指标。主要结论与建议如下:

(1)高速公路限制速度是法定的最高行驶速度,横向力系数 $\mu \leq 0.15$ 可作为高速公路限速标志的设计依据。当 $\mu = 0.15$ 时,对应的最小圆曲线半径计算值较规范极限值更小。研究认为:①高速公路限制速度在设计速度基础上具备提高一个设计等级的条件。②当圆曲线半径大于500m时,限制速度具备采用120km/h的基本条件。③为了合理控制工程投资,山区高速公路设计速度宜采用80km/h的标准;限制速度应论证确定,一般路段可达到或超过100km/h。

(2)由于2017年版《路线规范》中圆曲线最小半径规定与停车视距的规定要求不一致,高速公路内侧车道视距往往难以满足停车视距规定值要求。但是,我国从2012年开始对已建高速公路限制速度进行了调整,以设计速度为基准的调整,不但没有降速,基本上都是"提速"的。因此,2017年版《路线规范》中的停车视距规定值,不宜直接作为确定高速公路限制速度的设计指标,应结合公路限制速度是限制最高速度的特点,建立适用于高速公路限制速度的停车视距设计指标。

(3)相关研究表明:紧急制动反应时间的变化区间为1.5~2.5s,驾驶人处于有相当警惕性的驾驶状态时反应时间可取1.5s;紧急制动减速度的变化区间为4.5~7.5m/s²,在紧急情况下小客车的最大减速度一般能达到7.5m/s²。高速公路限制速度是限制车辆最高行驶速度,限制速度的停车视距计算参数取值可为:紧急制动反应时间取1.5s,紧急制动减速度取7.5m/s²。

(4)根据适用于车道限制速度的推荐的停车视距推荐值验算,圆曲线最小半径大于750m时限制速度具备采用120km/h的条件;圆曲线最小半径大于430m时限制速度具备采用100km/h的条件;圆曲线最小半径大于240m时具有限制速度采用80km/h的条件;研究结论与基于横向力系数的最小圆曲线半径限制速度相比较较为接近,与已通车高速公路的限制速度基本相符,可作为高速公路限制速度设计的核查依据,也可作为高速公路改扩建提速设计中为充分利用既有工程路段的参考依据。

(5)停车视距计算参数的取值有待在高速公路现场实测验证。

3.1 概述

到 2022 年底,我国高速公路里程达 17.73 万 km,居世界第一,但我国高速公路管理特别是在车道限速管理方面经验不足。2008 年前,高速公路限速值基本上都是依据设计速度确定,当时几乎没有处罚,超速现象较普遍,超速执法不严,导致道路使用者遵守法规的自觉性降低,造成交通事故频发,危及公共交通安全。2008 年之后交通管理逐年趋严,但仍以设计速度作为公路限速值,因设计速度所对应的公路几何线形指标是最小值,而多数路段实际采用的远高于设计速度所对应的最低技术指标,造成多数路段高速公路限速值明显偏低。执法趋严后较多驾驶人被过于频繁的处罚引起了对限速合理性、合规性的争议,并导致社会上普遍存在不满情绪,影响对政府管理能力的信任。同时,限速过低容易使驾驶人在驾驶过程中放松警惕或麻痹思想,导致交通事故发生。高速公路合理限制速度对高速公路交通安全与运行效率影响很大,长期以来一直受到社会各界普遍关注。2012 年之后,全国各省(区、市)相继出台了公路限速调整的相关规定,对高速公路限制速度进行提速尝试。调查表明,提速后高速公路"高速高效"特点得到明显提高,也得到了社会公众的认可;但高速公路"提速"方案论证时存在依据不足或论证不充分的情况,具体体现在缺少限制速度相配套的设计指标,造成已提速高速公路的合理性和合法性有待评估。

国内专家与学者针对高速公路合理限速相关问题有较多研究,早期研究成果主要基于运行速度、设计速度为主的限速方法。许金良等基于运行速度、设计速度等因素,提出综合考虑新建高速公路限制速度。覃周等提出由道路平曲线指标反算运行速度指标,建立运行速度与单圆曲率变化率关系模型。杨杰等分析高速公路实地交通流速度数据,建立了限制速度与高速公路交通流特征速度参数线性关系模型。王金丽等提出高速公路限制值为运行速度的一个影响因素。文浩雄等对高速公路中央分隔带弯道路段横净距进行验算,发现不能满足停车视距要求,针对性地提出增大中央分隔带横净距、设置限速标志及减速标线等措施。林宣财等对高速公路内侧车道小客车停车视距合理取值进行了研究,提出紧急制动停车视距,并对高速公路内侧车道采用紧急制动停车视距进行了安全风险综合分析,认为采用紧急制动停车视距较为合理。

综上所述,与高速公路限制速度相关的研究成果较多,但限制速度与圆曲线最小半径、停车视距等关键指标直接关联的成果较少。2017 年 7 月 31 日发布的《道路交通标志和标线 第 5 部分:限制速度》(GB 5768.5—2017)中规定限制速度值以道路的设计速度值为基础,可以取设计速度值或低于设计速度值;在符合法律规定的前提下,限制速度值可以提高 10 ~ 20km/h,但不高于 120km/h;限制速度值比设计速度值高 10 ~ 20km/h 时,应进行交通工程论证。2020 年 11 月 1 日起实施的《公路限速标志设计规范》(JTG/T 3381-02—2020)填补了公路限速设计规范的空白,为公路运营期车道限速管理提供了规范性的设计依据。但由于 2020 年版《限速规范》没有提供配套的限制速度几何线形设计指标,设计者在执行时只能参照 2017 年版《路线规范》。2017 年版《路线规范》中的设计指标是控制全线的最低指标,而公路限制速度是限制全线的最高速度,显然二者设计指标相关设计参数的取值应有所不同,即应采用不同的设计指标,也只有这样,才能解释已建高速公路"提速"特别是平面指标采用圆曲线最小半径的一些高速公路也提速的合理性。2020 年版《限速规范》第 5.4.2 条规定:与高速公路车辆运行速度直接相关并影响交通安全的技术指标(不含隧道)主要有圆曲线半径、长大陡坡路段的平均纵坡、停车视距、互通式立交出入口识别视距。平面技术指标中与运行安全性最直接相关的是圆曲线半径,因为圆曲线半径与路面横向力系数和停车视距紧密相关。本章基于横向力系数的安全性判别标准和停车视距计算参数取值合理性,开展高速公路限制速度设计指标(圆曲线最小半径)的研究。

3.2 基于横向力系数的圆曲线最小半径限制速度取值分析

3.2.1 横向力系数计算公式

圆曲线路段路面横向力系数计算模型见式(2-3-1)。

$$\mu = \frac{v^2}{127R} - i \tag{2-3-1}$$

式中:μ——横向力系数;

v——运行速度或限制速度(km/h);

R——圆曲线半径(m);

i——超高横坡值。

横向力系数是反映车辆圆曲线上行驶的力学指标,与道路平面圆曲线半径成反比,与运行速度成正比。当将路面与轮胎之间的摩阻系数作为横向力系数时,即可分析计算速度与圆曲线半径之间的关系;当道路圆曲线半径和超高确定时,即可分析运行车速与横向力系数的关系。

3.2.2 基于横向力系数的圆曲线最小半径安全性判别标准

2017 年版《路线规范》第 7.3.2 条条文说明:"从人的承受能力与舒适感考虑,当 $\mu<0.10$ 时,转弯不感到有曲线的存在,很平稳;当 $\mu=0.15$ 时,转弯感到有曲线的存在,但尚平稳;当 $\mu=0.20$ 时,已感到有曲线的存在,并感到不平稳;当 $\mu=0.35$ 时,感到有曲线的存在,并感到不稳定;当 $\mu>0.40$ 时,转弯非常不稳定,有倾覆的危险。"2020 年版《限速规范》第 5.4.2 条条文说明:"随着车辆性能大幅提升,μ 值的冗余性非常充足""在圆曲线上的安全稳定性评价,以 μ 值不大于 0.15 为限制值较为合适"。根据 2017 年版《路线规范》和 2020 年版《限速规范》条文说明对横向力系数安全性的说明,本章以横向力系数 $\mu \leq 0.15$ 作为高速公路限制速度安全性判别标准。

3.2.3 基于横向力系数的圆曲线最小半径限制速度取值分析

2017 年版《路线规范》规定:圆曲线最小半径极限值的超高取值为 10%、8% 和 6% 三种情况。对应圆曲线最小半径一般值的超高取值为:设计速度为 120km/h 或 100km/h 时,分别为 7%、6% 和 5%;设计速度为 80km/h 时,分别为 8%、7% 和 6%。根据式(2-3-1),横向力系数取 $\mu=0.15$,计算得出规范中不同设计速度、不同超高取值的最小圆曲线半径限制速度值,详见表 2-3-1。

规范中圆曲线最小半径限制速度计算值　　　　表 2-3-1

	设计速度(km/h)	120			100			80		
一般值	圆曲线最小半径(m)	1000			700			400		
	超高值 i(%)	7	6	5	7	6	5	8	7	6
	设计速度对应的横向力系数 μ	0.04	0.05	0.06	0.04	0.05	0.06	0.05	0.06	0.07
	限制速度计算值(km/h)	167	163	159	140	137	133	108	106	103
极限值	圆曲线最小半径(m)	570	650	710	360	400	440	220	250	270
	规范规定的最大超高值 i(%)	10	8	6	10	8	6	10	8	6
	设计速度对应的横向力系数 μ	0.10	0.09	0.10	0.12	0.12	0.12	0.13	0.12	0.13
	限制速度计算值(km/h)	135	138	138	107	108	108	84	85	85

从表中可知,设计速度对应的横向力系数取值范围为:圆曲线最小半径极限值为 0.09 ~ 0.13,一般值为 0.04 ~ 0.07。以横向力系数 $\mu = 0.15$ 为基准进行比较,圆曲线最小半径一般值安全冗余度较大,在高速公路限制速度设计时,具有较大的"提速"空间;极限值安全冗余度相对较小,"提速"空间不到 10%。高速公路限制速度计算分析结果如下:

(1)圆曲线最小半径为一般值:当设计速度为 120km/h、圆曲线半径为 1000m、超高取值为 6% 时,限制速度计算值达 163km/h;当设计速度为 100km/h、圆曲线半径为 700m、超高取值为 6% 时,限制速度计算值为 137km/h;当设计速度为 80km/h、圆曲线半径为 400m、超高取值为 7% 时,限制速度计算值为 106km/h。

(2)圆曲线最小半径为极限值:当设计速度为 120km/h、圆曲线半径为 650m、超高取值为 8% 时,限制速度计算值为 138km/h;当设计速度为 100km/h、圆曲线半径为 400m、超高取值为 8% 时,限制速度计算值为 108km/h;当设计速度为 80km/h、圆曲线半径为 250m、超高取值为 8% 时,限制速度计算值为 85km/h。

计算分析表明,圆曲线最小半径采用极限值时,高速公路限制速度调整余地较小,原则上应采用设计速度作为公路限制速度;最小圆曲线半径大于一般值时,高速公路限制速度调整余地较大,应根据各路段圆曲线半径及超高设计值,以横向力系数 $\mu \leq 0.15$ 为安全性判别标准,确定高速公路限制速度。

3.2.4　基于限制速度的高速公路圆曲线最小半径设计指标

不同的限制速度所需要的圆曲线最小半径与超高设计值有关,如表 2-3-2 所示。根据 2017 年版《路线规范》高速公路最大超高值为 10%,最小超高值为 2%;不同的设计速度与圆曲线半径对应的超高取值不同,其中设计速度 100km/h、圆曲线半径小于或等于 1000m,设计速度 80km/h、圆曲线半径小于或等于 700m,设计速度 60km/h、圆曲线半径小于或等于 400m,超高取值均大于或等于 5%;当超高值大于或等于 5% 时,对交通安全性影响较大,考虑一般地区在超高取值时通常最大超高值并没有采用 10%,而是采用 8%,对应的圆曲线最小半径一般值的超高取值为 6%,本章相应的推荐超高值 8% 和 6% 所对应的圆曲线半径计算值(取整),分别作为高速公路限制速度的圆曲线最小半径极限值与一般值,如表 2-3-2 所示,仅供限制速度设计时参考。

高速公路限制速度对应的圆曲线最小半径计算值及推荐值   表 2-3-2

设计速度(km/h)			100、80				60	
限制速度(km/h)			120	110	100	90	80	70
横向力系数 $\mu=0.15$ 时的圆曲线最小半径 R(m)	计算值(m)	$i=2\%$	667	560	463	375	296	227
		$i=3\%$	630	529	437	354	280	214
		$i=4\%$	597	501	414	336	265	203
		$i=5\%$	567	476	394	319	252	193
		$i=6\%$	540	454	375	304	240	184
		$i=7\%$	515	433	358	290	229	175
		$i=8\%$	493	414	342	277	219	168
		$i=9\%$	472	397	328	265	210	161
		$i=10\%$	453	381	315	255	202	154
	推荐值(m)	一般值	540	460	380	310	240	190
		极限值	500	420	350	280	220	170

3.2.5 基于横向力系数的高速公路限制速度圆曲线最小半径设计指标

(1)根据圆曲线横向力系数安全性分析,从公路限速标志是公路最高限制速度考虑,建议:①高速公路限制速度设计横向力系数取 $\mu \leqslant 0.15$;②当全路段圆曲线半径大于 500m 时,高速公路限制速度具有采用 120km/h 的条件;③当全路段圆曲线半径大于 2017 年版《路线规范》规定的一般值时(不含设计速度 120km/h),高速公路限制速度具备提高一个设计等级(20km/h)的条件;④不同设计速度下限制速度的圆曲线最小半径设计指标见表 2-3-2 中的推荐值。

(2)2017 年版《路线规范》中圆曲线最小半径一般值对应的横向力系数仅为 0.05～0.06,安全冗余度取值较大。验算表明:圆曲线路段超高设置及超高过渡段设计基本满足"提速"要求;对缓和曲线比较长的路段,可能存在局部路段超高值难以满足"提速"要求的情况,应进行核查。

(3)高速公路小半径圆曲线路段交通事故率高的主因在于圆曲线路段路面横向力与车辆离心力不平衡,与超高设置不当有一定关系,与超速行驶关系更大;下坡路段事故率高于上坡路段,往往是下坡容易导致行驶速度偏高造成的。由于横向力系数大小与行驶速度有关,当驾驶人感受到车辆在圆曲线上不平稳时会潜意识采取制动措施,如果伴有转动转向盘的行为,则容易造成交通事故的发生,事故以侧滑、侧翻及多车碰撞为主。因此,具体路段的限制速度应结合纵断面与横断面设计,经综合论证确定。

3.2.6 基于高速公路限制速度设计指标的项目设计建议

项目设计阶段应考虑限制速度设计,在项目标准掌握及路线线形设计时,建议:

(1)为了合理控制工程规模,应依据地形、地质等建设条件确定建设标准,不应追求高标准,山区高速公路设计速度宜采用 80km/h 的标准。

(2)在具体设计时,平面指标应与地形地势相协调,有条件时应尽量采用高指标,然后通过交通工程论证法论证后采用较高的限制速度,提高运行效益。

(3)从横向力系数取值偏于安全考虑,对限制速度"提速"路段的圆曲线超高设置原则上宜按设计速度执行,必要时根据限制速度设计进行验算。

3.3 基于停车视距的圆曲线最小半径限制速度取值分析

3.3.1 停车视距与高速公路限制速度取值合理性分析

1) 基于停车视距的圆曲线最小半径计算模型

车辆在圆曲线上行驶时,驾驶人的视线主要受道路侧向横净距的影响,高速公路不同车道左偏曲线和右偏曲线所能提供的横净距差异不同。根据几何关系,横净距与圆曲线半径关系的计算式见式(2-3-2)。

$$m = R\left[1 - \cos\left(\frac{S_t}{2R}\right)\right] \tag{2-3-2}$$

式中:m——横净距(m);
R——计算行车道中心圆曲线半径(m);
S_t——停车视距(m)。

由 $\cos\alpha = 1 - \alpha^2/2! + \alpha^4/4! - \cdots + (-1)^n \alpha^{2n}/2n!$,取 $n = 2$ 对式(2-3-2)近似取代简化,得出基于停车视距的圆曲线半径计算简化公式,见式(2-3-3)。

$$R = \frac{S_t^2}{8m} \tag{2-3-3}$$

2) 2017年版《路线规范》规定的停车视距对应的圆曲线最小半径

根据基于停车视距的高速公路圆曲线最小半径研究,左偏圆曲线最内侧车道为停车视距的最不利组合位置,故以左偏圆曲线作为本章研究对象。根据多车道高速公路不同车道驾驶人视点位置研究,内侧车道小客车驾驶人视点位置取距行车道内侧边缘1.5m;结合多车道高速公路车道管理方式调查,最内侧车道主要行驶小客车(小客车专用道),因此,本章以小客车为研究对象。根据圆曲线最小半径计算式(2-3-3)计算得出,满足2017年版《路线规范》规定的停车视距所需的圆曲线最小半径,计算结果如表2-3-3所示,与2017年版《路线规范》规定的圆曲线最小半径相比较明显大得多。

满足停车视距所需的圆曲线最小半径　　　　表 2-3-3

设计速度 (km/h)	圆曲线最小半径 (m)		停车视距 (m)	停车视距所需的圆曲线最小半径(m)			
				4-1	4-2	4-3	4-4
120	一般值	1000	210	2005	858	534	383
	极限值	650					
100	一般值	700	160	1280	496	306	217
	极限值	400					
80	一般值	400	110	670	232	140	95
	极限值	250					

注:表中"4-1"等的"4"表示以八车道高速公路为计算基准,"4-1"表示最靠近中央带的最内侧车道。

3) 基于已建高速公路限制速度的停车视距合理性分析

(1) 与已建高速公路全面"提速"的现状不相符。

从表 2-3-3 可知，左偏圆曲线路段受中央分隔带护栏遮挡，2017 年版《路线规范》圆曲线最小半径一般值远小于最内侧车道停车视距所需要的圆曲线最小半径值，特别是极限值。最内侧车道圆曲线最小半径一般值不满足停车视距要求，设计速度为 120km/h 时相差最大；除了设计速度为 80km/h 外，第二车道圆曲线最小半径极限值也不满足停车视距要求。由于 2017 年版《路线规范》中规定的圆曲线最小半径一般值和极限值与停车视距的规定要求存在不一致，如果以停车视距的规定要求核查已建高速公路，满足圆曲线最小半径一般值的路段，最内侧车道不仅不具备基于设计速度的限速，还要限制比设计速度更低的速度；以第二车道为基准，也只能以设计速度作为高速公路限制速度。我国从 2012 年开始对已建高速公路限制速度进行了调整，以设计速度为基准的调整，不但没有降速，基本上都是"提速"。从已提速的高速公路近几年平稳运行现状分析，认为 2017 年版《路线规范》中的停车视距规定值至今仍然采用 30 年前的成果，显然与汽车整体性能及路面摩阻力系数的现状不相符，即安全冗余度取值过大。因此，停车视距计算参数的取值有待在高速公路现场实测验证，以便合理确定不同车道的停车视距规定值。

(2) 与以圆曲线横向力系数为标准的限制速度取值结论不一致。

根据本章前述分析结果，当以横向力系数 $\mu \leqslant 0.15$ 为安全性判别标准时，只要圆曲线半径大于 2017 年版《路线规范》规定的一般值时，高速公路限制速度具备提高一个设计等级的条件，大于极限值时满足设计速度作为限制速度的安全性规定要求。该结论与我国已"提速"高速公路平稳运行现状相符，也说明 2017 年版《路线规范》中圆曲线最小半径规定值基本合理。

(3) 与限制速度是限制最高速度的特点不协调。

从设计速度是保障全路段高速公路最低指标角度考虑，在停车视距计算时，计算参数取值应充分考虑留有足够的安全冗余度；从限制速度是全路段最高限速角度考虑，停车视距计算参数取值在安全冗余度方面留有余地即可；根据不同车道运行速度的特点研究结论，仅有不到 15% 的车辆行驶速度达到或超过限制速度，如果限制速度取值过低，必然影响高速公路"高速高效"功能与作用。因此，不能简单地把 2017 年版《路线规范》中规定的停车视距作为高速公路限制速度的取值依据。

(4) 停车视距是影响运行速度的关键因素。

停车视距是最重要的设计指标之一，停车视距大小决定了公路在确保安全前提下能达到的运行速度，是评价公路交通安全性与行车舒适性的重要指标。对平面交叉口、高速公路出入口等三角通视区，如果停车视距不足会对交通安全造成直接的影响；对其他路段，如果停车视距不足，会对驾驶人的期望速度与行车舒适性造成直接的影响，对行车安全性影响较小；因为驾驶人是根据交通环境掌握行驶速度掌握，而不是依据固定的限制速度；行驶速度高低取决于驾驶人对公路停车视距、路面状态、前后车辆实时变化情况等因素的综合判断，不同驾驶人掌握尺度差异较大，在交通量较小、天气较好时，停车视距为主要影响因素。从停车视距规定值的安全冗余度取值较大因素分析，已建高速公路具备"提速"条件；2020 年版《限速规范》已提出高速公路限制速度设计的要求，但缺少高速公路限制速度的设计指标（包括停车视距、圆曲线最小半径等),建议规范修订时补充完善。

综上所述,2017年版《路线规范》中的停车视距规定值,不宜直接作为确定高速公路限制速度的设计指标,应结合公路限制速度是限制最高速度的特点,建立适用于高速公路限制速度的停车视距设计指标。

3.3.2 适用于高速公路限制速度的停车视距取值分析

1)停车视距计算方法

基于汽车制动减速度的停车视距计算模型见式(2-3-4)。

$$S_t = \frac{v}{3.6}t_r + \frac{v^2}{25.92a} \tag{2-3-4}$$

式中:S_t——停车视距(m);
v——设计速度或行驶速度(m);
t_r——驾驶人紧急制动反应时间(s);
a——制动减速度(m/s^2)。

2)停车视距计算参数取值分析

在设计速度或行驶速度为确定值时,停车视距计算参数主要为制动减速度和驾驶人紧急制动反应时间,计算参数的取值对停车视距影响较大。

(1)紧急制动反应时间取值分析。

国内相关研究较多,陈胜营等提出反应时间设计值如表2-3-4所示,紧急制动反应时间的变化区间为1.5~2.5s。表中理想反应时间应用于高速公路主车道上,极限最短反应时间只能用于驾驶人可望有相当警惕性的区域。根据调查发现,在高速公路圆曲线半径较小路段,特别是在最内侧车道上保持限制速度行驶时,驾驶人处于有相当警惕性的驾驶状态;根据表2-3-4可知,设计速度为80km/h时紧急制动反应时间可取1.5s,设计速度为120km/h和100km/h时可取2.0s。理想反应时间除了欧洲七国取2.0s外,其余国家反应时间大多取2.5s。根据AASHTO规定,驾驶人识别判断时间1.5s,作用时间为1.0s,合计反应时间取2.5s;我国规范规定的停车视距反应时间取值为2.5s,即理想值。

紧急制动反应时间 表2-3-4

设计速度(km/h)	110	100	90	80	70	60	50
理想值(s)	2.5	2.5	2.5	2.4	2.3	2.2	2.1
最小值(s)	2.0	2.0	2.0	1.9	1.8	1.7	1.6
极限最小值(s)	—	—	1.5	1.5	1.5	1.5	1.5

(2)汽车紧急制动减速度取值分析。

同济大学吴斌等根据中国自然驾驶数据统计,在紧急制动工况下未发生碰撞,驾驶人的制动过程在其操控能力范围内,制动减速度平均值为6.1m/s^2,最大减速度超过7.5m/s^2,且大部分最大制动减速度都未达到车辆或路面的极限情况。

美国 AASHTO 对 45 名驾驶人进行 3000 次制动试验,指出大多数驾驶人在意外发现前方道路有障碍物需停车时所采用的减速度大于 4.5m/s^2,约 90% 的驾驶人采用的减速度大于 3.4m/s^2。德国对制动减速度的取值为 3.7m/s^2,欧盟法律条例规定的制动减速度为 5m/s^2,澳大利亚紧急制动减速度取值 4.5m/s^2。

(3)基于制动减速度的紧急制动停车视距计算参数取值。

研究表明:紧急制动反应时间的变化区间为 1.5~2.5s,驾驶人处于有相当警惕性的驾驶状态时反应时间可取 1.5s;紧急制动减速度的变化区间为 $4.5\sim7.5\text{m/s}^2$,在紧急情况下小客车的最大减速度一般能达到 7.5m/s^2。高速公路限制速度是限制车辆最高行驶速度,限制速度的停车视距计算参数取值建议:紧急制动反应时间取 1.5s,紧急制动减速度取 7.5m/s^2,计算得出停车视距(取整)作为高速公路限制速度的核查指标。

3)适用于高速公路限制速度的停车视距计算值及推荐值

驾驶人紧急制动反应时间和紧急制动减速度的取值对停车视距的计算结果影响较大;采用不同的反应时间和减速度,停车视距计算结果差别较大,当反应时间取 2.5s,减速度取 4.5m/s^2 时,停车视距计算值与 2017 年版《路线规范》规定值较为一致,说明计算模型较为合理;当反应时间取 1.5s,减速度取 7.5m/s^2 时,可作为适用于高速公路限制速度的停车视距推荐值,详见表 2-3-5。

适用于高速公路限制速度的停车视距计算值及推荐值 表 2-3-5

设计速度(km/h)		120	100	80
停车视距 2017 年版《路线规范》规定值(m)		210	160	110
停车视距计算值(m)	反应时间 2.5s 减速度 4.5m/s^2	206.5	155.1	110.3
	反应时间 1.5s 减速度 7.5m/s^2	124.1	93.1	66.3
适用于高速公路限制速度的停车视距推荐值(m)		125	95	70

4)适用于高速公路限制速度的停车视距所需要的最小圆曲线半径

适用于高速公路限制速度推荐的停车视距所需要的最小圆曲线半径计算结果见表 2-3-6。

停车视距所需的圆曲线最小半径 表 2-3-6

设计速度(km/h)	限制速度停车视距(m)	左偏曲线满足停车视距所需的圆曲线最小半径(m)			规范规定值(m)		
		车道位置	3-1	3-2	3-3	停车视距	最小圆曲线半径
120	125	计算值	741	300	183	210	一般值	1000
		推荐值	750				极限值	650
100	95	计算值	427	171	101	160	一般值	700
		推荐值	430				极限值	400
80	70	计算值	233	90	51	110	一般值	400
		推荐值	240				极限值	250

注:表中"3-1"等的"3"表示以六车道高速公路为例,"3-1"表示最靠近中央带的内侧车道,"3-2"表示中间车道,"3-3"表示最外侧车道。

3.3.3 基于停车视距的高速公路限制速度圆曲线设计指标

从表 2-3-6 可知,采用本书推荐的适用于高速公路限制速度的停车视距,相应的最内侧车道所需要的圆曲线最小半径(左偏曲线)介于 2017 年版《路线规范》规定的圆曲线最小半径极限值与一般值之间。当设计速度为 100km/h 和 80km/h,且圆曲线半径较接近极限值时,"提速"空间较小,但大于一般值时"提速"空间较大。第二车道所需要的圆曲线最小半径均小于 2017 年版《路线规范》规定的圆曲线最小半径极限值,即圆曲线半径只要大于极限值都具有"提速"空间。根据最内侧车道限制速度推荐的停车视距,圆曲线最小半径大于 750m 时具有限制速度采用 120km/h 的条件,圆曲线最小半径大于 430m 时具有限制速度采用 100km/h 的条件;圆曲线最小半径大于 240m 时具有限制速度采用 80km/h 的条件。上述结论与基于横向力系数的圆曲线最小半径限制速度相比较为接近。研究表明,本章适用于高速公路限制速度推荐的停车视距与已通车高速公路的限制速度基本相符,可作为高速公路限制速度设计的核查参考依据(需进一步通过现场车辆行驶速度实测验证)。

本章参考文献

[1] 李峰,桑套刚,刘清君.高速公路合理限速对策研究[J].道路交通与安全,2008,8(1):45-48.

[2] 李长城,张高强,刘兴旺.南友高速公路限速方法研究[J].公路,2009(10):141-146.

[3] 邬洪波,王璇.高速公路合理限速综合确定方法研究[J].公路,2016,61(12):170-175.

[4] 汪双杰,周荣贵,孙小瑞,等.公路运行速度设计理论与方法[M].北京:人民交通出版社,2010.

[5] 许金良,白国华,张晓冬,等.新建高速公路限速方案制定原则研究[J].公路,2019,64(10):181-186.

[6] 覃周.高速公路速度限制方法研究[D].长沙:湖南大学,2010.

[7] 杨杰.限制速度对高速公路交通流特征速度及安全的影响研究[D].西安:长安大学,2020.

[8] 王金丽.高速公路限速与运行速度的关系研究[D].北京:北京工业大学,2011.

[9] 文浩雄,钟琨,刘卓,等.高速公路中央分隔带横净距问题及对策[J].公路工程,2013,38(6):20-23.

[10] 林宣财,王科,李涛,等.高速公路内侧车道小客车停车视距合理取值的研究[J].公路交通科技,2021,38(09):68-77.

[11] 李星,王科,林宣财,等.高速公路内侧车道采用紧急制动停车视距安全风险分析[J].公路交通科技,2021,38(09):78-84.

[12] 中华人民共和国交通运输部.公路限速标志设计规范:JTG/T 3381-02—2020[S].北京:人民交通出版社股份有限公司,2020.

[13] 中华人民共和国交通运输部.公路路线设计规范:JTG D20—2017[S].北京:人民交通出版社股份有限公司,2017.

[14] 杨少伟,等.道路勘测设计[M].4版.北京:人民交通出版社股份有限公司,2016.

[15] 白浩晨,潘兵宏,张江洪,等.基于停车视距的高速公路最小圆曲线半径研究[J].公路交通科技,2021,38(09):60-67,77.

[16] 苏晓智,柳银芳,潘兵宏,等.多车道高速公路不同车道驾驶人视点位置研究[J].公路交通科技,2021,38(09):45-50.

[17] 吴明先,曹骏驹,林宣财,等.多车道高速公路不同车道运行速度的特点[J].公路交通科技,2021,38(09):33-44,59.

[18] 许斌,杨志浩,石鑫,等.基于汽车刹车试验的排水沥青路面抗滑性能分析[J].公路,2019,04:34-41.

[19] 陈胜营,汪亚干,张剑飞.公路设计指南[M].北京:人民交通出版社,2000.

[20] 吴斌,朱西产,沈剑平.基于自然驾驶数据的驾驶人紧急制动行为特征[J].同济大学学报(自然科学版),2018,46(11):1514-1519.

第 4 章
CHAPTER 4 》》

高速公路缓和曲线长度与超高过渡优化设计

本章导读

由于规范对缓和曲线取值规定的要求趋于理想化,且缺少缓和曲线最大长度的规定,使高速公路缓和曲线取值存在普遍偏长的现象,带来可能超高过渡出现不合理情况,造成路面积水而影响交通安全的典型焦点问题。本章从缓和曲线取值规定的合理性、汽车转弯行驶轨迹、缓和曲线偏移值特征、路面超高过渡等四方面研究缓和曲线长度的合理取值,以及优化设计原理,为设计人员提供参考依据,为规范修订提供基本依据。主要结论与建议如下:

(1)通过对 2017 年版《路线规范》中缓和曲线参数取值规定的合理性分析,提出相关规定容易误导设计者采用过长的缓和曲线,并提出采用过长的缓和曲线可能存在行车舒适性、交通安全性的问题;根据调查,缓和曲线过长可能带来超高过渡设置不当,并造成交通事故多发,同时分析了美国《绿皮书》以回旋线偏移值 1.0m 作为缓和曲线最大长度取值依据与参考价值。

(2)根据汽车由直线进入圆曲线的转弯行驶轨迹分析,随着设计速度的增大,所需要的缓和曲线长度应随之增加。如果速度差在 20km/h 内,缓和曲线所需要的长度(计算值)增加有限,圆曲线半径较小时,不超过 10m;圆曲线半径大于 1000m 时,差值不到 5m,对缓和曲线长度取值的影响可忽略不计。但是缓和曲线长度取值过长,驾驶人对前方平曲线的曲率半径判断偏小,转动方向盘的角速度偏大,则易驶入邻近车道,带来安全隐患,缓和曲线合理取值对引导驾驶人安全驶入或驶出圆曲线至关重要。

(3)根据圆曲线半径增加值的变化分析,当缓和曲线长度小于 200m 时,以基本稳定的速度不断变化;当缓和曲线长度大于 200m 时,随着缓和曲线长度的增加,圆曲线半径增加值速度起伏变化较大;因此,建议缓和曲线长度应控制在 200m 范围之内,同时回旋线偏移值 $p=1m$ 时,对应的圆曲半径为 1666m,即当圆曲线半径大于 1666 时,宜随着圆曲线半径的增加,减小缓和曲线长度。

(4)通过不同圆曲线半径对应的超高值及过渡段长度分析,缓和曲线长度以回旋线最大偏移值 1.0m 控制,基本满足超高过渡段所需要的长度要求。

(5)提出了回旋线参数与圆曲线半径相协调的规范修订建议。

(6)对缓和曲线长度取值过长的路段,提出了超高过渡段优化设计方法,并列举了典型示例供设计时参考。

4.1 概述

随着我国高速公路路网建设进程的发展,山区高速公路的建设和高度城镇化地区高速公路的改扩建已稳步进入轨道,受地形及城镇控制因素的影响,高速公路设计要素技术指标取值对工程规模、社会环境等都具有较大影响,车辆在高速公路上的运行特性也逐渐受到关注。缓和曲线作为构成公路平面线形基本要素的重要组成部分,一方面有效的模拟了车辆转弯时的行驶轨迹,使车辆从直线向圆曲线或圆曲线向直线过渡时离心力逐渐变化有助于车辆匀速行驶,另一方面缓和曲线的设置提供了曲线加宽及超高过渡的有利条件,对改善路容、避免圆曲线起终点处线形明显的转折具有显著效果。

根据国内外规范对缓和曲线的相关规定,目前各国普遍采用回旋线作为缓和曲线,而且相应规定相差不大。美国《绿皮书》对缓和曲线最小长度虽然没有给出明确的值,但从缓和曲线对驾驶的影响角度,提出了期望的缓和曲线长度值,即运行2s时相应的曲线长度;同时《绿皮书》从缓和曲线偏移量与驾驶人自然操作车辆产生的最大侧移量宜保持一致的角度,指出应对缓和曲线的最大长度进行限制,即从直线与圆曲线之间的最大偏移量为1.0m时缓和曲线长度为最大值;另外《绿皮书》规定了使用缓和曲线的最大半径,即圆曲线半径较大时设置缓和曲线所得的行车安全和便利非常有限。日本《高速公路设计要领》(以下简称《设计要领》)规定了缓和曲线的最小长度,但在实际中,由于回旋线不单纯作为缓和曲线,而是作为视觉方面能得到圆顺线形条件(在圆曲线的1/3~1范围内选用回旋线参数),所以取值往往比规定最小长度值大得多;同时《设计要领》对圆曲线长度达到一定值时,缓和曲线长度省略给出了明确的规定。法国 Instruction sur les Conditions techniques d'Aménagement des Autoroutes de Liaison(ICTAAL)对缓和曲线的长度取值主要根据曲线的弯曲状况(14倍的超高差值)和平曲线直观的舒适状况(圆曲线半径的1/9)二者的最大值来确定,至少应等于最低的两个数值。我国2017年版《路线规范》中相关规定与日本规定基本一致,规定了缓和曲线最小长度,以及不设缓和曲线的圆曲线半径值,同时对缓和参数值根据圆曲线半径取值区间,给予不同的规定。

国内外学者对缓和曲线长度取值的研究较少。徐进等人用公路-驾驶人-车辆-环境仿真系统模拟了切弯和跟弯模式下车辆在弯道上的行驶过程,指出回旋线会改变转弯行驶时车辆轨迹与弯道线形之间的拓扑关系,并且回旋线越长这种影响越显著。杨轸等通过对缓和曲线的理论分析和应用,将隧道出入口方向盘冻结3s导致的行车轨迹同原有路线的偏移作为判别隧道出入口线形一致性的标准。杨少伟等建立了隧道洞口附近缓和曲线的计算模型,根据几何关系并结合车辆偏移阈值,确定了隧道最小缓和曲线参数。曹友露、范爽、路宁、涂圣文、王浩等人分别基于交通事故资料,采用相关性分析研究交通事故与缓和曲线之间的关系、各曲线要素之间的组合关系,指出缓和曲线长度的取值与交通安全运行有着非常密切的关系。程国柱等人基于仿真试验,针对道路几何指标,根据影响路侧安全程度进行排序,并分析了不同车型在平曲线路段的速度特性。郭应时等研究了山岭区双车道公路角度变化率对事故分布规律的影响,提出了事故率最低点对应的角度变化率。

综上所述,国内外对缓和曲线长度取值研究偏少,仅对缓和曲线涉及的运行速度特性、平曲线组合、行车安全等进行了相应的分析研究,未在量化指标方面有相关结论,对实际运用指导不足。本章从汽车转弯行驶轨迹、缓和曲线上行车行驶偏移特征及超高过渡对缓和曲线长度取值进行量化分析研究,并提出缓和曲线的合理取值。

4.2 缓和曲线长度取值规定及存在的问题

4.2.1 缓和曲线设置的必要性

首先,缓和曲线的设置是为了拟合车辆转弯时的自然轨迹,使车辆在驶入或驶出圆曲线时离心力呈一个逐步增加或减少的趋势,使车辆在转弯时保持平稳、匀速行驶。其次,缓和曲线的设置是为超高过渡提供渐变过渡相适应的条件。横断面从直线段上的正常路拱过渡到圆曲线上的全超高,如果不设缓和曲线,超高过渡一部分设置在圆曲线上,另一部分设置在直线上,驾驶人驾驶车辆行驶在设置超高的直线路段进入圆曲线时,需要向前方曲线相反方向适当转动方向盘,才能使车辆保持在直线上。再次,缓和曲线的设置为小半径圆曲线的加宽过渡提供了渐变过渡相适应的条件。最后,合理运用缓和曲线使路线能更好地顺应地形,起到改善路容与保护自然环境的重要作用。因此设置缓和曲线显然有必要。

4.2.2 缓和曲线长度取值规定

我国 2017 年版《路线规范》对最小缓和曲线长度以 3s 行程距离为基数给出了明确的规定(表 2-4-1),但对缓和曲线(回旋线)最大长度没有进行规定。2017 年版《路线规范》中回旋线长度取值基本规定:①回旋线长度应随圆曲线半径的增大而增长;②回旋线长度应不小于超高过渡段长度;③回旋线最小长度应符合表 2-4-1 的规定。同时,在回旋线的运用中提出与圆曲线半径相协调的规定,即规定回旋线的参数 A 宜为圆曲线半径的 $1/3 \sim 1$,具体规定为:①当 $R<100\mathrm{m}$ 时,A 宜大于或等于 R;②当 R 接近 $100\mathrm{m}$ 时,A 宜等于 R;③当 R 较大或接近于 $3000\mathrm{m}$ 时,A 宜等于 $R/3$;④当 $R>3000\mathrm{m}$ 时,A 宜小于 $R/3$;⑤回旋线、圆曲线、回旋线之间的长度以大致接近为宜,即"三三分"。

回旋线最小长度　　　　　　　　　　　　　　　　表 2-4-1

设计速度(km/h)	120	100	80	60	40	30	20
回旋线最小长度(m)	100	85	70	50	35	25	20

4.2.3 缓和曲线参数取值规定合理性分析

调查表明,我国 2017 年版《路线规范》中回旋线长度应随圆曲线半径的增大而增大、回旋线的参数 A 宜为 $R/3 \leq A \leq R$ 的规定,对缓和曲线长度的取值影响非常大。在实际运用中,多数设计者出现忽视回旋线长度取值的基本规定,而被回旋线与圆曲线半径相协调的规定所牵制,出现了不合理的设计。经综合分析研究,认为回旋线长度取值的基本规定较为合理,但回旋线参数取值的规定存在较多问题,主要问题如下:

(1)根据 $R<100$m 时 A 宜大于或等于 R 计算缓和曲线长度,缓和曲线长度必然大于或等于圆曲线。当 $R<100$m 时,圆曲线长度往往比较短,按规定设置缓和曲线后,很容易出现缓和曲线长度较圆曲线长度长的多,平面线形组合出现接近于凸形线形,如图 2-4-1a)所示。即使取 $A=R$,如果平曲线偏角较小,仍然会出现这种类似凸形组合线形,如图 2-4-1b)所示。

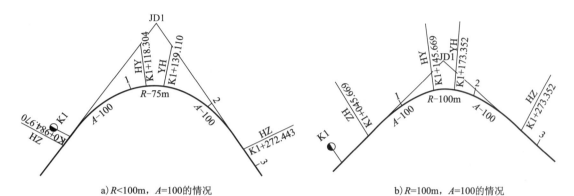

a) $R<100$m,$A=100$的情况 b) $R=100$m,$A=100$的情况

图 2-4-1 当 $R\leqslant 100$m 时回旋线参数的运用

(2)由于 2017 年版《路线规范》对回旋线参数运用的规定中没有考虑平面转角的影响,对回旋线、圆曲线、回旋线之间的长度以"三三分"为宜的规定较难掌握,而且该规定与其他规定容易出现矛盾。如圆曲线半径小于 100m 时,与 A 宜大于或等于 R 的规定不一致(图 2-4-1);圆曲线半径较大时,平曲线长度比较长,也难以按"三三分"掌握。

(3)根据 R 较大或接近于 3000m 时,A 宜等于 $R/3$ 的规定,计算回旋线参数、缓和曲线长度,其结果如表 2-4-2 所示。从表中可知,圆曲线半径≤1000m,缓和曲线长度不满足超高过渡段设置长度的要求;当设计速度为 100km/h、圆曲线半径≤700m 和设计速度为 80km/h、圆曲线半径≤400m 时,缓和曲线长度均不满足最小长度要求;当圆曲线半径≥2000m 时,随着圆曲线半径的增大,超高过渡所需要的长度越来越短,但 A 值按 $R/3$ 计算得到的缓和曲线长度增加较多,与超高过渡需求相悖。

不同圆曲线半径对应的回旋线参数、缓和曲线长度及超高值　　　　表 2-4-2

圆曲线半径(m)		400	700	1000	2000	3000	4000	5000
回旋线参数 A		133	233	333	667	1000	1333	1667
缓和曲线长度(m)		44	77	111	222	333	444	556
超高值(%)	设计速度(km/h) 80	7	5	3	2	—	—	—
	100	8	6	5	3	2	2	2
	120	—	8	6	3	2	2	2

注:1. 表中 $A=R/3$。
　2. 超高值以最大超高 8% 为取值依据。

(4)根据 $R>3000$m 时,A 宜小于 $R/3$ 的规定,A 可取 $R/3$,也可取 $R/6$,取值范围非常大,造成缓和曲线取值随意性大。如表 2-4-2 所示,当 $R=5000$m 时,$A=R/3$,$L_s=556$m,而超高值仅为 2%,超高过渡段所需要的长度:四车道高速公路短于 90m,六车道短于 120m,八车道短于 150m,缓和曲线取值与超高过渡段需求不相称,而且缓和曲线偏移值达 2.58m,远大于美国

《绿皮书》的规定值。

(5)A 值随着圆曲线半径的增大而增大的规定,造成较多设计者误以为缓和曲线长度取值越长越好,在依据回旋线参数规定设计时,总是采用较长甚至过长的缓和曲线,出现较多与设置缓和曲线的目的与意义不相符的现状问题。

(6)当圆曲线半径较小时,缓和曲线取值受缓和曲线最小长度和超高过渡段长度的规定值限制,最小值有低限;当圆曲线半径较大时,规范对最大长度没有限制,因此,经常发现有些项目缓和曲线长度取值超过 300m,甚至更长的情况;高速公路圆曲线半径一般在 400~5000m 之间,但缓和曲线长度取值大于 200m 现象非常普遍。有经验的专家认为,当设计速度在 20~60km/h 时,缓和曲线长度的取值宜在 2017 年版《路线规范》规定的最小长度基础上小幅上浮,取最小值的 1.0~2.0 倍;当设计速度在 80~120km/h 时,取最小值的 1.5~2.5 倍,但缺乏理论依据,同时按此上限取值最大长度仍然偏长。

4.2.4 缓和曲线长度过长导致的问题

(1)容易引发车辆行驶轨迹偏离行车道,诱发交通事故。

缓和曲线的设置有助于车辆由直线平稳过渡到圆曲线路段,缓和曲线基本拟合车辆转弯时的行驶轨迹,与车辆逐渐受离心力作用的渐变过渡相符,但随着缓和曲线长度的增长,如果长度过长,易造成驾驶人对前方圆曲线曲率半径的误判,在缓和曲线末端车辆行驶轨迹的曲率出现大于圆曲线曲率,易引发车辆驶入其相邻的车道,不利于交通安全。

(2)容易造成超高过渡设置不当,造成交通事故多发。

缓和曲线长度应考虑缓和曲线上设置超高过渡段的长度,而缓和曲线长度较长,如果在缓和曲线全段过渡,则容易出现超高过渡渐变率较小,当超高渐变率小于 1/330 时,则易出现排水不畅的现象;当超高渐变率虽大于 1/330,但接近该值时,由正常路拱过渡到反向路拱的路段长度则较长,排水困难路段加长,在阴雨天气路面摩阻力系数明显变小,对行车安全不利。如果在缓圆点或圆缓点开始按规范规定的超高渐变率过渡,则容易出现一段坡差较大的反超高,对行车舒适性、交通安全性影响较大。

我国高速公路缓和曲线长度取值普遍偏长,而且在交通事故诱因分析时往往被忽视,因此,缓和曲线长度过长路段超高过渡设置不当而诱发交通事故的问题,至今没有引起足够的重视。调查发现,超高设置不当对交通安全性的影响非常大,设计者应引起足够的重视,以下两个典型示例均为因缓和曲线长度取值过长带来超高过渡设置不当,造成该路段交通事故多发的问题。

典型示例一:某高速公路设计速度为 120km/h,双向四车道,路基宽度 28.0m,1999 年建成通车,2016 年开始改扩建勘察设计(图 2-4-2)。根据交通事故调查,K544~K546 段发生交通事故 28 起,有 3 处为交通事故黑点(同一位置发生 3 起以上事故),其中 K545+654 莱河大桥附近发生交通事故次数最多(下坡方向),事故主要发生在夜间,多为追尾及侧翻。该段设置 2 个平曲线,第一个平曲线的圆曲线半径 $R=2180$m、回旋线参数 $A=1200$、缓和曲线 $L_s=659.2$m、超高值 3%;第二个平曲线的圆曲线半径 $R=1778$m、回旋线参数 $A=750$、缓和曲线 $L_s=316.4$m、超高值 4%;过渡段渐变率取 1/200,渐变长度分别为 113m、135m,但该段超高过渡基本上在缓和曲线全长上过渡,渐变率分别为 1/1177、1/469。纵面由 2.74%/875m、1.47%/600m 和 2.8%/750m 组成的连续下坡路段,平均纵坡为 2.44%/2225m,见图 2-4-2。

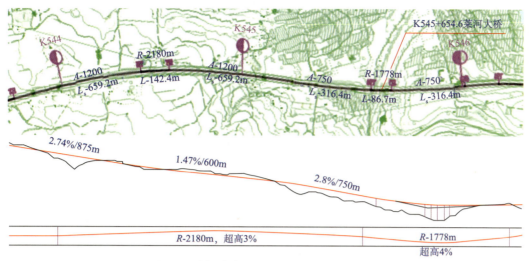

图 2-4-2　缓和曲线长度过长路段平纵面缩图(一)

经反算不设超高点($R=5500m$)距圆缓点或缓圆点距离为 214.1m(338.2m),而该点超高值为 1.94%(2.43%),即该点前后一定距离超高值偏大,超高过渡与缓和曲线曲率变化不一致,在阴雨天或夜间,由于车辆行驶速度偏低,出现行车舒适性差,在其他不利因素诱发下容易发生追尾或侧翻等交通事故;莱河大桥附近由于纵坡较小,路面存在积水现象(图 2-4-3),且处在连续坡长 2.225km、平均纵坡达 2.44% 的坡底位置,夜间看不清路面是否积水,造成交通事故多发。

图 2-4-3　莱河大桥附近现场照片

该段公路几何线形的不利组合是交通事故多发的主要诱因之一,在改扩建设计时对过长的缓和曲线路段超高过渡进行了优化设计。

典型示例二:某路段设计速度 120km/h,路基宽度 29m(准六车道),自互通式立交开始连续下坡(图 2-4-4),路线长度 3.735km,平均纵坡 2.66%,最大纵坡 2.95%;纵坡构成为 2.45%/1540m、2.95%/820m、2.375%/480m、2.92%/895m,连续下坡坡底附近对应的平曲线半径为 1400m,圆曲线长度为 1307m,回旋线参数 $A=916.5$,缓和曲线长度为 600m,超高值 5%,超高过渡段长度为 200m。曲线外侧超高从正常路拱 -2% 过渡到超高值 5%,坡差为 7%,从缓圆点开始过渡至正常路拱 -2% 位置的曲率半径为 2100m,对应的超高值应为 3%,即出现 3% 的反超高,坡差达 5%;经反算不设超高点($R=5500m$)距缓圆点距离为 447.3m,从超高值 5% 的取值范围为 1190~1500m 分析,存在长度 407.3m 反超路段,超高过渡设置不合理,即行车舒适性、交通安全性存在不足。根据交警部门提供的交通事故资料,该路段下坡方向共发生 24 起交通事故,相对集中分布在靠坡底的曲线中部及曲线后半段(曲线外侧超高过渡段)。

该段公路几何线形的不利组合是交通事故多发的主要诱因之一,改扩建方案下坡方向采用新建半幅,上坡方向利用既有高速公路,并对过长的缓和曲线路段超高过渡进行优化设计。

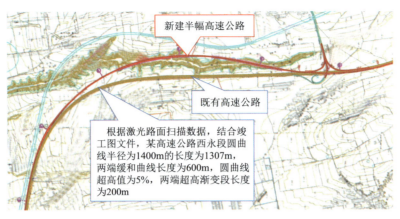

图 2-4-4　缓和曲线长度过长路段平面缩图(二)

（3）容易造成平曲线曲率半径减小,降低行车舒适度。

当平面转角一定时,随着缓和曲线长度的增长,平面圆曲线的半径和长度将减小,车辆在圆曲线路段的向心力将增加,驾驶人和乘客的舒适度将会随之下降;对重心较高的大型车而言,车辆发生侧移甚至侧翻的风险增大。

而且在山岭地区,因地形条件限制,曲线转角往往偏大,缓和曲线长度对平曲线走向影响较为显著,缓和曲线长度较长易使得路线与地形适应性差,进而导致工程规模显著增加。

缓和曲线长度过长对平曲线设计影响非常明显,如以下两个典型示例:

典型示例一:某设计速度为 100km/h 的双向四车道高速公路,半径 2000m,满足超高过渡的缓和曲线长仅需 110m,满足缓和曲线参数 $R/3$ 规定时为 222m,缓和曲线偏长;如果缓和曲线采用 110m,圆曲线半径将由 2000m 增大至 2330m,超高由 3% 降低至 2%,线形组合舒适性、安全性更优（图 2-4-5、图 2-4-6）。

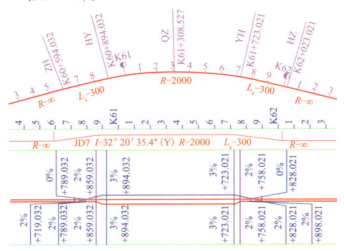

图 2-4-5　缓和曲线长度过长的平面线形组合(一)

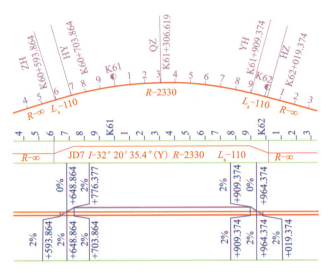

图 2-4-6 缓和曲线长度取值较合理的平面线形组合(一)

典型示例二:某设计速度为 120km/h 的双向六车道高速公路,半径 2800m,满足超高过渡的缓和曲线长仅需 120m。设计时为满足缓和曲线参数规定,缓和曲线长取 330m,缓和曲线过长,导致圆曲线长度仅为 122.084m,线形的协调性较差,且圆曲线过短不利于行车安全。若缓和曲线采用 120m,圆曲线半径将由 2800m 增大至 4100m,圆曲线长度增长为 541.998m,线形更为合理(图 2-4-7、图 2-4-8)。

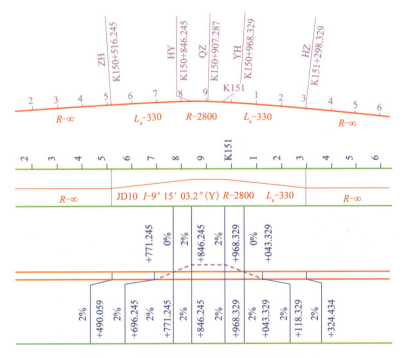

图 2-4-7 缓和曲线长度过长的平面线形组合(二)

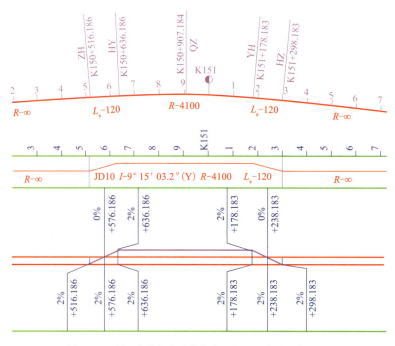

图 2-4-8　缓和曲线长度取值较合理的平面线形组合（二）

(4) 容易造成与地形、地物不协调。

山岭地区因地形条件复杂,当曲线转角偏大时,缓和曲线长度取值过长对平曲线走向影响较为显著,片面地采用过长缓和曲线可能带来与地形、地物的不协调。

4.2.5　美国相关规定及参考价值

1）美国相关规定

美国《绿皮书》对缓和曲线最小长度、最大值和期望值均给出明确的建议值。缓和曲线期望值采用2s行程距离,见表2-4-3;缓和曲线最小长度是以最小偏移值0.20m为基准计算得出,最大长度是以最大偏移值1.0m为基准计算得出;其中,缓和曲线最大长度的最大偏移量是与驾驶人自然操作时车辆产生的最大侧移量保持一致考虑的。

期望的缓和曲线长度　　　　　　　　　　　表 2-4-3

设计速度(km/h)	20	30	40	50	60	70	80	90	100	110	120	130
缓和曲线期望长度(m)	11	17	22	28	33	39	44	50	56	61	67	72

2）美国相关规定的参考价值

参照美国对缓和曲线最小长度与最大长度的取值规定,经计算,我国 2017 年版《路线规范》规定的圆曲线最小半径一般值对应的缓和曲线最小长度与最大长度,见表 2-4-4;缓和曲线最大长度计算值也与我国超高过渡段长度较为接近,因此,美国规定缓和曲线最大长度以偏移值 1.0m 控制具有参考价值。

我国圆曲线最小半径一般值对应缓和曲线最小长度和最大长度　　表 2-4-4

设计速度(km/h)		20	30	40	60	80	100	120
圆曲线最小半径一般值(m)		30	65	100	200	400	700	1000
缓和曲线	最小长度(m)	12	18	22	31	44	58	69
	最大长度(m)	27	39	49	69	98	130	155

4.3 高速公路缓和曲线长度合理取值分析

4.3.1 基于汽车转弯行驶轨迹的缓和曲线长度取值

根据相关研究对汽车由直线进入圆曲线的行驶轨迹分析,假定汽车前后轮轴距为 $d(\mathrm{m})$,车辆以速度 $v(\mathrm{m/s})$ 等速行驶,驾驶人以角速度 $w(\mathrm{rad/s})$ 匀速转动方向盘,行驶间 $t(\mathrm{s})$ 后,则前轮转动 $\phi(\mathrm{rad})$,汽车的行驶轨迹曲线半径为 $r(\mathrm{m})$,如图 2-4-9 所示。

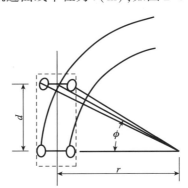

图 2-4-9　汽车转弯行驶轨迹

$$r = \frac{d}{\tan\phi} = \frac{d}{\tan(kwt)} \tag{2-4-1}$$

式中:d——车辆轴距(m);

　　　k——与车辆性能参数相关的系数,根据车辆性能参数,不同车辆的转向比等于方向盘转动角度与前轮转动角度的比值,其取值与车辆本身的特征有关。

针对特定车辆转向比参数为大于 1 的常数,故 $\phi = \dfrac{wt}{\text{转向比}} = kwt$,则 k 为小于 1 的系数。因 ϕ 值很小,可近似地认为 $r \approx \dfrac{d}{kwt}$。故行驶间 $t(\mathrm{s})$ 后,其行驶的距离(弧长) l 为:

$$l = vt \approx v\frac{d}{kwr} = \frac{d}{k} \times \frac{v}{w} \times \frac{1}{r} \tag{2-4-2}$$

即式(2-4-2)为汽车等速行驶,以不变角速度转动方向盘所产生的轨迹,其行驶的距离(弧长) l 即为平曲线路段宜设置的缓和曲线长度。

由式(2-4-2)可知缓和曲线长度的取值除了与车辆本身的特征和性能有关外,其余主要与车辆的行驶速度、方向盘转动角速度及前方圆曲线曲率半径有关,其相关关系如下:

(1)在设计速度一定,驾驶人以舒适自然的不变角速度转动方向盘时,随着前方圆曲线曲率半径的增加,缓和曲线的长度取值应随之减小。

(2)在同一圆曲线曲率半径下,驾驶人以舒适自然的不变角速度转动方向盘时,随着设计速度的增加,缓和曲线的长度取值也随之增加,反之则应减小。而缓和曲线长度增加值 Δl 为:

$$\Delta l = l_{v_2} - l_{v_1} = \frac{d}{kwr}(v_2 - v_1) \qquad (2\text{-}4\text{-}3)$$

式中: v_1——初始设计速度(m/s);

v_2——最终设计速度(m/s)。

根据我国 2014 年版《标准》规定,高等级公路设计速度取值差为 20km/h(5.6m/s),低等级道路为 10km/h(2.8m/s);车辆轴间距根据车型不同,在 3.8~14.3m 之间浮动;而经 $t(s)$ 后车辆前轮转过的角度 ϕ,根据回旋线图式(图 2-4-10)、道路线形组合及路容景观要求,最大为 45°(0.76rad);圆曲线曲率半径则为 15~5500m。在一定的设计速度下,随着运行速度的增大,所需要的缓和曲线长度应随之增加,如果速度差在 20km/h 内,缓和曲线所需要的长度(均在最不利因素下的计算值)增加有限:圆曲线半径较小时,不超过 10m,圆曲线半径大于 1000m,其差值不到 5m。故从缓和曲线设置本身的性质来看,在一定的设计速度下运行速度差在 20km/h(高速公路)内对缓和曲线长度的取值影响可忽略不计。

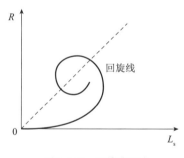

图 2-4-10 回旋线图式

(3)在设计速度和圆曲线曲率半径不变的情况下,随着缓和曲线长度的增加,驾驶人转动方向盘的角速度应随之较小,反之则应增加。驾驶人转动方向盘的角速度则间接反映了驾驶人对前方曲线的判断,当缓和曲线长度取值较大,驾驶人对前方平曲线的曲率半径判断偏小,则其转动方向盘的角速度则大,反之则小。倘若在缓和曲线末端驾驶人对前方平曲线曲率半径判断偏差较大,则易驶入邻近车道,进而造成安全隐患,故合理的缓和曲线设置,对引导驾驶人安全驶入或驶出圆曲线具有重要意义。

4.3.2 基于缓和曲线偏移值特征的缓和曲线长度取值

根据缓和曲线设置功能分析,合适的缓和曲线长度基本拟合了车辆由直线驶入或驶出圆曲线时的偏移值;反之,缓和曲线偏移值的大小也对车辆由直线与圆曲线之间的过渡产生一定的影响。根据回旋线敷设缓和曲线的基本图式(图2-4-11),缓和曲线的设置较平曲线以单圆曲线敷设的偏移值p,其计算方法见式(2-4-4)。

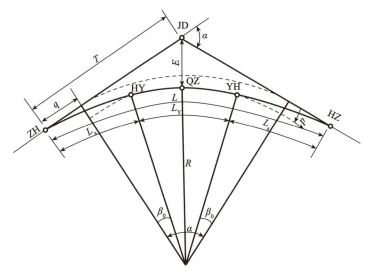

图2-4-11　回旋线敷设缓和曲线计算图式

$$p = \frac{L_s^2}{24R} - \frac{L_s^4}{2688R^3} \tag{2-4-4}$$

式中:L_s——缓和曲线长度(m);

R——缓和曲线所连接的圆曲线半径(m)。

由式(2-4-4)可知平曲线设置缓和曲线的偏移值,受制于缓和曲线长度和平曲线曲率半径的大小,为了充分研究平曲线偏移值与缓和曲线长度及圆曲线半径之间的关系,本章对圆曲半径取700~4000m,缓和曲线长度取100~300m,利用式(2-4-4)分别计算其偏移值,如图2-4-12所示。

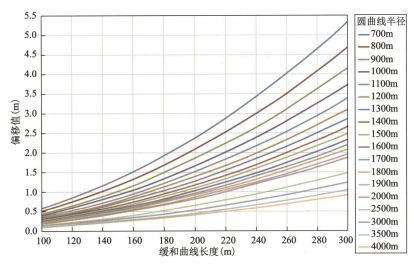

图2-4-12　偏移值与缓和曲线长度及圆曲线半径的关系

由图 2-4-12 可知：

（1）随着缓和曲线长度增加，曲线偏移值呈增加的趋势，但随着圆曲线半径的增加，曲线偏移增加值不断减小，如缓和曲线长度 L_s 由 100m 增加到 300m，当圆曲线半径 $R=700$m 时，平曲线偏移值由 0.6m 增加到 5.3m，增加值为 4.7m；圆曲线半径 $R=4000$m 时，平曲线偏移值由 0.1m 增加到 0.9m，增加值为 0.8m。

（2）当缓和曲线长度一定时，随着圆曲线半径的减小，平曲线的偏移值则越大，且随着缓和曲线长度的增长，偏移值变化幅度范围则越大。如缓和曲线长度取 300m 时，圆曲线半径由 4000m 过渡到 700m 时，平曲线偏移值则由 0.9m 过渡到 5.3m；缓和曲线长度取 200m 时，圆曲线半径由 4000m 过渡到 700m 时，平曲线偏移值则由 0.4m 过渡到 2.4m。

参考美国《绿皮书》对缓和曲线最大偏移值 1.0m 的相关研究结论，利用式（2-4-4）对偏移值 $p=1$m 时，平曲线的圆曲半径和缓和曲线之间的关系进行分析，如图 2-4-13 所示。

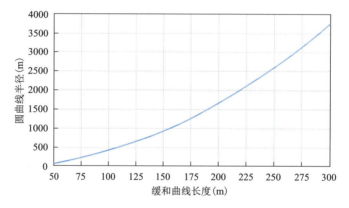

图 2-4-13　$p=1$m 时缓和曲线长度与圆曲线半径的关系

图 2-4-13 表明，当偏移值一定时，随着缓和曲线长度的增长，其对应的圆曲线半径也随之增加。这与前文基于缓和曲线性质研究随着缓和曲线长度的增加，圆曲线半径应随之减小的结论不一致。对此，基于偏移值 $p=1$m 时，假定缓和曲线长度以每 10m 为梯度增加，随着缓和曲线长度的增加，对圆曲线半径的增加值速率进行分析，如图 2-4-14 所示。

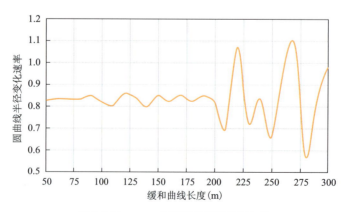

图 2-4-14　$p=1$m 时圆曲线半径变化速率

由图 2-4-14 可知,当缓和曲线长度不大于 200m 时,随着缓和曲线长度的增加,圆曲线半径增加值以基本稳定的速度不断变化;当缓和曲线长度大于 200m 时,随着缓和曲线长度的增加,圆曲线半径增加值速度起伏变化较大。基于缓和曲线性质的缓和曲线长度研究结论,受缓和曲线长度和圆曲线半径数量级别的差异,圆曲线半径增加值以基本稳定的速度变化是符合行车轨迹的。

故从基于偏移值的缓和曲线长度取值角度,建议缓和曲线长度控制在 200m 范围之内,此时 $p=1m$ 对应的圆曲半径为 1666m,即当圆曲线半径大于 1666m 时,宜随着圆曲半径的增加,缩短缓和曲线长度,这与车辆从直线过渡到圆曲线,前方圆曲线半径较大时,其行驶时间相应缩短的事实是相吻合的。

4.3.3 基于超高过渡的缓和曲线长度取值

缓和曲线设置的功能之一便是为超高过渡段的设置提供了方便。我国 2017 年版《路线规范》规定了不同设计速度对应旋转轴的超高渐变率,见表 2-4-5。由此导出超高过渡段长度 L_c 的计算式为:

$$L_c = \frac{B\Delta i}{P} \quad (2-4-5)$$

式中:B——旋转轴至行车道(设硬路肩时为硬路肩)外侧边缘的宽度(m);
Δi——超高坡度与路拱坡度代数差(%);
P——超高渐变率。

不同设计速度对应旋转轴的超高渐变率 表 2-4-5

设计速度(km/h)		120	100	80	60	40	30	20
超高旋转轴位置	中线	1/250	1/225	1/200	1/175	1/150	1/125	1/100
	边线	1/200	1/175	1/150	1/125	1/100	1/75	1/50

由式(2-4-5)可知,超高过渡段长度的大小与旋转轴至行车道外侧边缘的宽度及圆曲线路段的超高坡度均呈正比例增长的关系。根据我国高速公路路基断面设置现状,其超高过渡基本上均为绕中央分隔带边缘旋转的方式,对此本章以设计速度 120km/h、100km/h 和 80km/h,路基宽度采用双向八车道、双向六车道、双向四车道为例,利用式(2-4-5)分别计算由直线段路拱横坡过渡到圆曲线超高段(外侧)的过渡段长度,如表 2-4-6 所示。

不同设计速度以边线为旋转轴的超高过渡段长度(m) 表 2-4-6

设计速度(km/h)	车道数	B 值(m)	圆曲线超高值(%)						
			2	3	4	5	6	7	8
120	双向八车道	18.75	150	188	225	263	300	338	375
100			131	164	197	230	263	295	328
80			113	141	169	197	225	253	282

续上表

设计速度（km/h）	车道数	B值（m）	圆曲线超高值（%）						
			2	3	4	5	6	7	8
120	双向六车道	15	120	150	180	210	240	270	300
100			105	131	158	184	210	236	263
80			90	113	135	158	180	203	225
120	双向四车道	11.25	90	113	135	158	180	203	225
100			79	98	118	138	158	177	197
80			68	84	101	118	135	152	169

2017年版《路线规范》规定,圆曲线最小半径一般值所对应超高值为5%。由表2-4-6可知,设计速度为80km/h时,超高值≤5%的超高过渡段长度短于200m;设计速度为100km/h时,超高值≤4%的超高过渡段长度短于200m;设计速度为120km/h时,超高值≤3%的超高过渡段长度短于200m;对于双向四车道,超高值≤6%时,超高过渡段长度均短于200m;对于双向六车道,超高值≤4%,超高过渡段长度短于200m。

根据以上分析研究,高速公路缓和曲线最大长度宜以200m为控制值,并结合圆曲线路段超高过渡段长度相关规定的要求计算确定。

4.4 缓和曲线最大长度取值规定与参数取值规定的修订建议

4.4.1 缓和曲线最大长度取值规定

综合以上分析研究,规范中的缓和曲线取值规定的理论依据如下:

(1)根据汽车由直线进入圆曲线的转弯行驶轨迹分析,在设计速度相同时,驾驶人以舒适自然的不变角速度转动转向盘时,随着前方圆曲线曲率半径的增加,缓和曲线的长度取值应随之减小,圆曲线半径为1000m、2000m、3000m、4000m时,对应缓和曲线长度取值应为150m、75m、50m、37.5m。

(2)随着设计速度的增加,缓和曲线的长度取值也随之增加。在一定的设计速度下,运行速度差在20km/h(高速公路)内,当圆曲线半径较小时,所需的缓和曲线长度差值不到10m;当圆曲线半径大于1000m,其差值不到5m。因此,速度差较小时对缓和曲线长度取值的影响可忽略不计。

(3)根据美国《绿皮书》对缓和曲线最大偏移值控制1.0m的规定,则取最大偏移值为1.0m时,研究表明:当缓和曲线长度小于200m时,随着缓和曲线长度的增加,圆曲线半径增加值以基本稳定的速度不断变化;当缓和曲线长度大于200m时,随着缓和曲线长度的增加,圆曲线半径增加值速度起伏变化较大;因此,缓和曲线长度控制宜在200m范围之内,此时$p=$

1m 对应的圆曲半径为 1666m；当圆曲线半径大于 1666m 时，宜随着圆曲半径的增加，减短缓和曲线长度，这与车辆从直线过渡到圆曲线的行驶轨迹相符。

(4) 在设计速度和圆曲线半径相同情况下，随着缓和曲线长度的增加，驾驶人转动方向盘的角速度随之减小；驾驶人转动方向盘的角速度则间接反映了对前方曲线的判断，当缓和曲线长度取值过长，驾驶人对前方平曲线的曲率半径判断偏小，转动方向盘的角速度偏大，则易驶入邻近车道，带来安全隐患，缓和曲线合理取值对引导驾驶人安全驶入或驶出圆曲线至关重要。因此，缓和曲线最大长度宜以最大偏移值 1.0m 控制。

(5) 根据高速公路不同圆曲线半径对应的超高值及超高过渡渐变率的规定，通过计算超高过渡段所需要的长度。结果表明：双向四车道高速公路，超高值≤6% 时，超高过渡段长度均短于 200m；双向六车道，超高值≤4%，超高过渡段长度短于 200m。设计速度为 80km/h 时，超高值≤5% 的超高过渡段长度短于 200m；设计速度为 100km/h 时，超高值≤4% 的超高过渡段长度短于 200m；设计速度为 120km/h 时，超高值≤3% 的超高过渡段长度短于 200m；设计速度采用 100km/h 和 120km/h 的双向六车道或八车道高速公路，其平面指标往往较大，圆曲线超高值基本控制在 4% 范围内。

综上所述，缓和曲线最大长度原则上宜控制在 200m 内，缓和曲线长度以最大偏移值 1.0m 控制基本满足超高过渡所需要的长度要求。

4.4.2 缓和曲线参数取值规定的修订建议

综合以上研究成果，回旋线与圆曲线半径相协调的规定建议修订为：

(1) 当圆曲线半径小于或等于 1600m 时，回旋线长度应随圆曲线半径的增大而增长；当圆曲线半径大于 1600m 时，回旋线长度宜随着圆曲线半径的增大而减短。

(2) 当圆曲线半径大于 1000m 以上时，回旋线长度宜采用超高过渡段长度；当圆曲线半径小于 1000m 时，回旋线长度应不小于超高过渡段长度。

(3) 当圆曲线半径小于 1000m 时，回旋线参数宜依据地形条件与平曲线长度，在 $R/3 \leqslant A \leqslant R$ 范围内选定，具体设计时可参照以下建议取值（适合低等级公路，高速公路可灵活掌握）：

①当 $R < 100$m 时，A 宜小于或等于 R；
②当 R 在 $100 \sim 400$m 时，A 宜大于或等于 $R/2$；
③当 R 在 $400 \sim 1000$m 时，A 宜大于或等于 $R/3$。

(4) 当圆曲线长度出现短于缓和曲线长度时，应根据第(3)条规定调整缓和曲线参数，使缓和曲线、圆曲线和缓和曲线之间的长度保持"三三分"为宜，避免出现类似凸形组合线形。

(5) 为了更好地与地形、地物相协调，有必要时可采用较长的缓和曲线，但应避免出现过小的圆曲线半径和过短的圆曲线长度，并应做好超高过渡设计，避免路面积水。

以上规定将避免出现凸形组合线形和过长的缓和曲线，并较好地控制了缓和曲线偏移值；同时，也明确了在不得已情况下可采用较长的缓和曲线。

4.5 缓和曲线长度过长路段超高过渡优化设计

4.5.1 缓和曲线过长路段为基本型平曲线时超高过渡优化设计思路

(1)当缓和曲线长度过长时,超高过渡设计时容易出现的问题。

当缓和曲线长度过长时,在超高过渡设计时容易出现如下设置不合理的问题:

①如果超高过渡在缓和曲线全段过渡,过渡段最小渐变率不满足规范规定要求,纵坡较小时路面容易出现积水,影响交通安全,如图2-4-15a)所示。

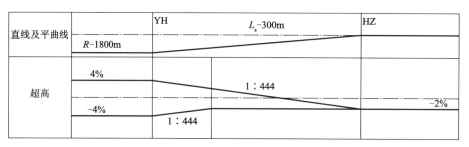

a)全缓和曲线长度范围过渡

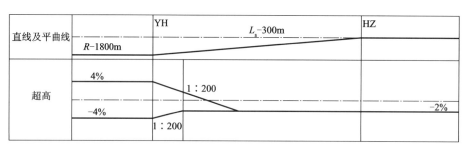

b)从圆缓点或缓圆点开始一次过渡

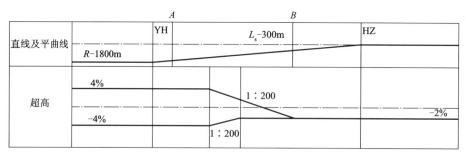

c)在缓和曲线中间一次过渡

图2-4-15 基本型平曲线超高过渡不合理的示意图(以 $R=1800$m、$L_s=300$m 为例)

②如果超高过渡仅根据渐变率,并从缓圆点或圆缓点开始过渡至正常路拱,如图2-4-15b)所示,通过对缓和曲线不同位置的曲率半径反算可知,中间存在一段超高值不满足规范规定要求的反超高。

③如图2-4-15c)所示,如果仅根据不设超高位置(B点)开始按规范规定的渐变率设置超高渐变段,靠A点位置出现一段超高值偏大的路段。

(2)基本型平曲线超高过渡优化设计思路。

当缓和曲线长度过长时,首先根据规范规定的超高取值范围,反算出缓和曲线缓圆点超高值的上限圆曲线半径为A点位置,再反算出不设超高的圆曲线半径为B点位置。然后以A点至B点之间的长度为基础,检查超高过渡段长度是否满足要求[图2-4-16a)];如果基本满足渐变率要求,则在A点至B点之间设置超高过渡段;如果过渡段长度不满足规定要求,超高过渡段范围可向缓直点或直缓点方向延长,也可向两端分别延长,使超高渐变率符合规范规定要求。如果缓和曲线长度超长(图2-4-16以$R=1800\mathrm{m}$、$L_s=300\mathrm{m}$为例),可能出现A点至B点的长度较超高过渡所需的长度更长(特殊情况),出现超高渐变率不满足要求,这时超高过渡应分二次过渡,首先以B点为基础,按规范规定的超高渐变率设置一段过渡段(横坡较小),然后再过渡到A点,第二段渐变率大于规范规定值(横坡较大),如图2-4-16b)所示;如果圆曲线外侧半幅路基是衔接连续下坡的路段,车辆运行速度往往较设计速度偏高,建议采用图2-4-16c)方式过渡,即从A点过渡到B点,B点横坡取2%,然后再按规范规定的超高渐变率过渡至正常路拱(−2%)。

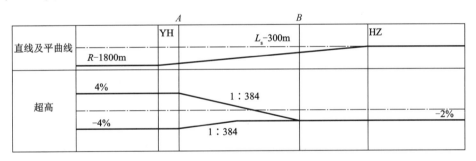

a) 在缓和曲线中的A点与B点之间过渡

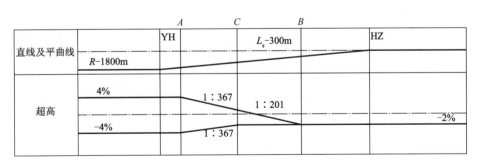

b) 在缓和曲线中的A点与B点之间二次过渡

图 2-4-16

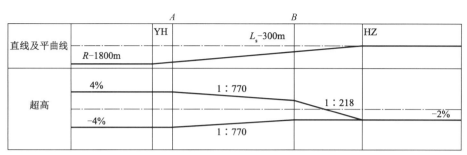

c) 在缓和曲线中的 A 点与 HZ（ZH）点之间二次过渡

图 2-4-16 基本型平曲线超高过渡优化设计示意图（以 $R=1800\text{m}$、$L_s=300\text{m}$ 为例）

4.5.2 缓和曲线过长路段为 S 形平曲线时超高过渡优化设计思路

（1）在超高过渡设计中容易出现的问题。

当 S 形曲线之间的缓和曲线长度过长时，在超高过渡设计时也较容易出现设置不合理的问题。存在的问题同基本型平曲线（图 2-4-17）。如果超高过渡在缓和曲线全段过渡，过渡段渐变率不满足规范规定要求，纵坡较小时路面容易出现积水，影响交通安全，如图 2-4-17a) 所示；如果超高过渡仅根据渐变率，并从缓圆点或圆缓点开始过渡至正常路拱，S 形平曲线之间设置一段正常路拱（-2%），如图 2-4-17b) 所示，通过对缓和曲线不同位置的曲率半径反算可知，中间存在一段超高值不满足规范规定要求的反超高；如图 2-4-17c)，如果仅根据不设超高位置（B 点）开始按规范规定的渐变率设置超高渐变段，靠 A 点位置出现一段超高值偏大的路段。

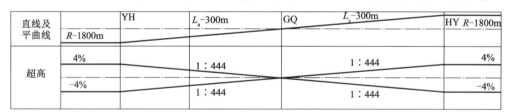

a) 全缓和曲线长度范围过渡

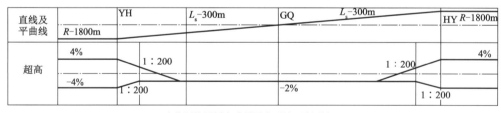

b) 分别从圆缓点或缓圆点开始一次过渡

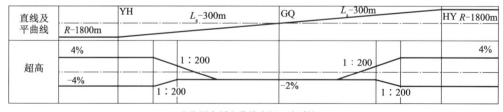

c) 分别在缓和曲线中间一次过渡

图 2-4-17 S 形平曲线超高过渡不合理的示意图（以 $R=1800\text{m}$、$L_s=300\text{m}$ 为例）

(2)S形平曲线超高过渡优化设计思路。

同基本型平曲线,当缓和曲线长度过长时,首先根据规范规定的超高取值范围,反算2个相接的缓和曲线中超高值为2%的下限圆曲线半径位置(A_1、A_2点)。

同基本型平曲线,当缓和曲线长度过长时,首先根据规范规定的超高取值范围,反算找出2个缓和曲线相应的缓圆点超高值的上限圆曲线半径为$A_1(A_2)$点位置,再反算找出不设超高的圆曲线半径为$B_1(B_2)$点位置。然后以$A_1(A_2)$点至$B_1(B_2)$点之间的长度为基础,检查超高过渡段长度是否满足要求,如果基本满足渐变率要求,则在A点至B点之间设置超高过渡段;如果过渡段长度不满足规定要求,超高过渡段范围可向缓直点或直缓点方向延长,也可向两端分别延长,使超高渐变率符合规范规定要求。

如果缓和曲线长度过长[图2-4-18a)],可能出现A点至B点的长度较超高过渡所需要的长度更长(正常情况),出现超高渐变率不满足要求,这时超高过渡应分二次过渡,以S形平曲线的公切点横坡取0%,在B_1、B_2点之间按规范规定的超高渐变率先分别过渡至超高2%,然后再分别过渡到A_1点、A_2点,如果缓和曲线长度相对较短,该过渡方式较为合理。采用图2-4-18a)时如B_1点和B_2点之间超高渐变率偏缓,可参照如图2-4-18b)在QG点附近采用1:200的渐变率对超高横坡 -2% ~ +2%进行过渡。如果缓和曲线长度过长,可分别按单一的缓和曲线在A_1至B_1与A_2至B_2之间分别过渡,在B_1点与B_2点之间为正常路拱路段(-2%);但如图2-4-18c)所示,一次过渡设计渐变率不满足规定要求,宜改为图2-4-18d)过渡方式,即分别分二次过渡。

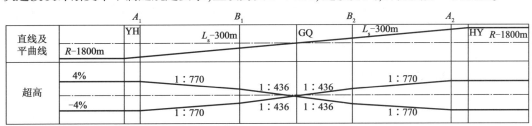

a)在缓和曲线中的A_1点至A_2点之间过渡(渐变率偏大)

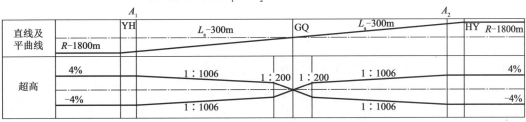

b)在缓和曲线中的A_1点至A_2点之间过渡(渐变率符合规定)

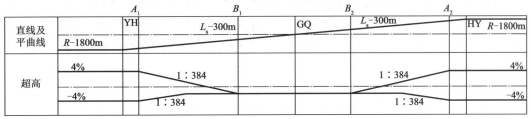

c)在缓和曲线中的A_1至B_1点与B_2至A_2点之间一次过渡(渐变率不符合规定)

图 2-4-18

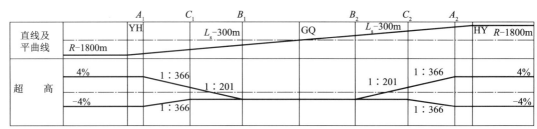

d) 在缓和曲线中的 A_1 至 B_1 点与 B_2 至 A_2 点之间二次过渡(渐变率符合规定)

图 2-4-18　S 形平曲线超高过渡优化设计示意图(以 $R=1800\text{m}$、$L_s=300\text{m}$ 为例)

4.5.3　缓和曲线过长路段超高过渡段优化设计典型示例

规范从美学角度考虑缓和曲线与圆曲线的协调性,提出了缓和曲线参数 A 与圆曲线半径 R 的相关要求。设计人员在实际应用时易出现缓和曲线长度远大于规范规定的最小长度,从而出现超高设计时需要长度远小于缓和曲线长度,为了满足超高过渡渐变规定要求,只能选取缓和曲线中一段进行超高过渡,若超高过渡段位置选取不合理会导致排水不畅或缓和曲线上局部点超高取值偏大等问题。

为减少缓和曲线过长带来安全风险,设计人员首先应灵活运用缓和曲线的规范规定,在满足超高过渡长度要求的情况下尽量采用较短的缓和曲线。

在缓和曲线长度确定后,需要对超高过渡段进行合理选取,避免选取不合理带来的超高值不合理或排水不畅带来交通安全问题。

结合项目实际运用时积累的经验,本章对超高过渡段的设置方法总结如下:

1) 缓和曲线较长时超高过渡段设置典型示例

对于缓和曲线较短的曲线,全超高起终点宜设在缓圆点或圆缓点,之后按照满足规范的超高渐变率渐变。例如:对设计速度为 120km/h,路基宽度为 27m 的高速公路,圆曲线半径为 1600m,缓和曲线长度 200m,须设置 4% 超高,曲线的缓圆点为 K20+667.526,故将该点定为 4% 的全超高起点,按照 1/200 的超高渐变率,计算渐变 1% 的超高需要长度为 22.5m,按照 5m 取整后选用 25m,曲线由 4% 过渡至 -2% 需要总长为 150m,因此选取在 K20+517.529~K20+667.526 进行曲线的超高渐变,如图 2-4-19 所示。

2) 缓和曲线过长时超高过渡段设置典型示例

(1) 基本型曲线超高过渡段设置典型示例。

对于缓和曲线较长的曲线,为防止渐变率过小,排水不畅,宜选取缓和曲线中一段作为超高过渡段,可选用曲线中曲率半径为该曲线半径 R 对应的设超高的上限半径 R_2 至曲率半径为不设超高最小半径之间段落进行超高过渡。如图 2-4-20 所示的例子,设计速度为 120km/h 的高速公路,路基宽度为 27m,圆曲线半径为 1600m,缓和曲线长度 300m,须设置 4% 超高,按规范设 4% 超高的半径范围为 1500~1990m。该曲线的缓圆点为 K30+667.526,之后计算缓和曲线上曲率半径为 1990m 的桩号为 K30+895.496,K30+895.496~K30+667.526 范围均可设 4% 的全超高,再计算缓和曲线曲率半径为 5500m(设计速度为 120km/h 时,不设超高的圆曲线最小半径)的桩号为 K30+741.563,此断面设置为正常路拱断面。因此选取 K30+741.563~K30+895.496 段进行曲线的超高渐变,若该超高渐变长度不足,可向圆曲线方向延伸或两个方向分别延伸。

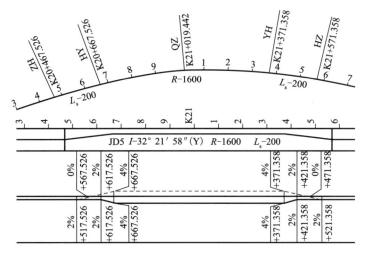

图 2-4-19　基本型曲线超高过渡段设置示意图(缓和曲线较长)

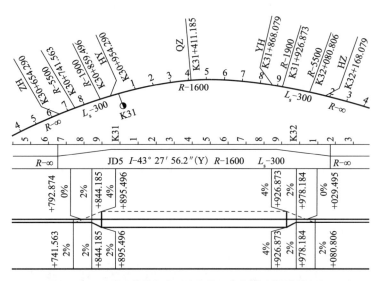

图 2-4-20　基本型曲线超高过渡段设置示意图(缓和曲线过长)

(2)S 形曲线超高过渡段设置典型示例。

对于 S 形曲线的超高过渡段设置,宜将 GQ 点超高值设为 0,之后超高 -2% ~2% 范围按照不小于 1/330 的超高渐变率过渡,超高 2% ~i% 范围按照不小于 1/800 的超高渐变率过渡。例如:对设计速度为 100km/h,路基宽度为 26m 的高速公路,半径为 1400m 和 1300m 圆曲线组成 S 形曲线,缓和曲线长度均为 200m,须设置 4% 超高,曲线的公切点为 K21 + 106.775,故将该点定为 0% 的超高起点。按照 1/225 的超高渐变率,计算渐变 1% 的超高需要长度为 25.31m;按照 5m 取整后选用 25m,选取 K21 + 056.775 ~ K21 + 156.775 作为 -2% ~2% 的过渡段,之后分别计算圆曲线超高 4% 的上限半径 1480m 的桩号为 K20 + 931.100 和 K21 + 295.964,作为设 4% 超高的起点或终点,将 K20 + 931.100 ~ K21 + 056.775 和 K21 + 156.775 ~ K21 + 295.964 分别作为超高 2% ~4% 的过渡段(图 2-4-21)。

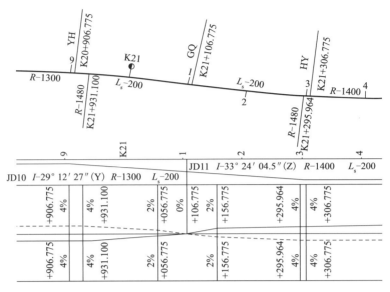

图 2-4-21 S 形曲线超高过渡段设置示意图

(3)卵形曲线超高过渡段设置典型示例。

对于卵形曲线的超高过渡段设置(图 2-4-22),宜选取圆曲线半径 R_1(小圆半径)对应的设超高 $i\%$ 的上限半径 R_2 至圆曲线半径 R_3(大圆半径)对应的设超高 $i\%$ 的下限半径 R_4 之间段落进行超高过渡,渐变长度不足时可向小圆半径方向延伸或分别向两个方向延伸。例如:对设计速度为 100km/h,路基宽度为 26m 的高速公路,半径为 2200m 和 1300m 圆曲线组成卵形曲线,缓和曲线长度 200m,两圆曲线需分别设置 4%、2% 超高,按规范设 4% 超高的半径范围为 1100～1480m,2% 超高的半径范围为 2150～4000m,之后计算圆曲线超高 4% 的上限半径为 1480m 的临界点桩号为 K21+223.988、圆曲线超高 2% 的下限半径为 2150m 的临界点桩号为 K21+357.811,最后选取 K21+223.988～K21+357.811 范围作为超高 4%～2% 的过渡段。

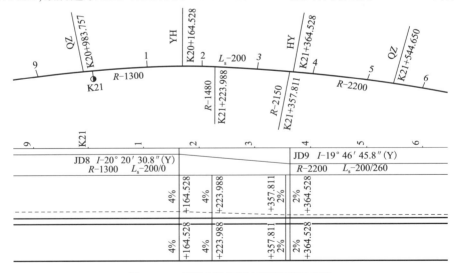

图 2-4-22 卵形曲线超高过渡段设置示意图

本章参考文献

[1] 马小龙,余强,刘建蓓,等.基于无人机视频拍摄的高速公路小型车换道行为特性[J].国公路学报,2020,33(6):95-105.

[2] 陈志贵,王雪松,张晓春,等.山区高速公路驾驶人加减速行为建模[J].中国公路学报,2020,33(7):167-175.

[3] 张驰,孟良,汪双杰,等.高速公路曲线路段小客车制动行为侧滑风险仿真分析[J].中国公路学报,2015,28(12):134-142.

[4] 许金良,王恒,赵利苹,等.考虑横风作用的公路平曲线最小半径研究[J].中国公路学报,2014,27(1):38-43.

[5] AASHTO. A Policy on Geometric Design of Highways and Streets [M]. Washington, D. C.,2011.

[6] 日本道路公团.日本高速公路设计要领[M].西安:陕西省旅游出版社,1991.

[7] Serviced'Études Techniques des Routes et Autoroutes. Instruction sur Les Conditions techniques d'Aménagement des Autoroutes de Liaison[S]. Bagneux,2000.

[8] 中华人民共和国交通运输部.公路路线设计规范:JTG D20—2017[S].北京:人民交通出版社股份有限公司,2017.

[9] 徐进,罗庆,彭其渊,等.回旋线设置对弯道行驶速度的影响[J].中国公路学报,2011,24(1):25-33.

[10] 杨轸,唐莹,唐磊.隧道出入口平面线形一致性[J].同济大学学报(自然科学版),2012,40(4):553-558.

[11] 杨少伟,洪玉川,潘兵宏.基于车辆偏移阈值的隧道洞口缓和曲线参数研究[J].中外公路,2017,37(8):4-7.

[12] 曹友露,高建平.圆曲线与缓和曲线组合对高速公路运营安全的影响[J].中外公路,2016,36(6):300-305.

[13] 王贵山,柳银芳,林宣财,等.公路缓和曲线应用探讨[J].中外公路,2021(2):1-4.

[14] 屈强,李星,吴明先,等.基于行车稳定性的高速公路超高过渡方式对比研究[J].公路交通科技,2021,38(09):15-24.

[15] 王贵山,胡昌亮,白浩晨,等.高速公路圆曲线超高及过渡段设计研究[J].公路交通科技,2021,38(12):47-55.

[16] 任春宁,宋帅,王佐,等.基于调整缓和曲线参数的中间带宽度变化分幅过渡研究[J].公路交通科技,2021,38(09):25-32.

[17] 富志鹏,林宣财,任春宁,等.高速公路中间带宽度变化过渡段过渡方式的研究[J].公路交通科技,2021,38(12):28-36.

[18] 范爽.高速公路平面线形指标及其组合安全性研究[D].西安:长安大学,2019.

[19] 路宁.道路线形与交通事故关系分析[J].交通标准化,2012,4:120-122.

[20] 涂圣文,王冰,邓梦雪,等.考虑平纵组合的事故预测模型在双车道公路线形安全分析中的应用[J].公路,2019,64(07):196-203.

[21] 王浩,孟祥海,关志强.开阳高速公路几何线形与事故率关系研究[J].公路工程,2011,36(4):89-92.

[22] 程国柱,程瑞,徐亮.基于路侧事故判别的公路平曲线车速限制研究[J].交通运输系统工程与信息,2020,20(01):222-227,240.

[23] 郭应时,付锐,袁伟,等.开阳公路事故率与平面线形的关系[J].交通运输工程学报,2012,12(1):63-71.

[24] 杨少伟.道路勘测设计[M].2版.北京:人民交通出版社,2009.

第 5 章
CHAPTER 5 >>

多车道高速公路超高过渡方式与双路拱优化设计

> **本章导读**
>
> 为解决高速公路线性超高过渡段的行车稳定性不足和小横坡断面排水不良的问题,基于动力学软件 CarSim 仿真平台,分别构建三次抛物线、上半波正弦型曲线、下半波余弦型曲线三种曲线型超高渐变仿真模型,以多车道高速公路的长缓和曲线的道路线形为试验路况,分析了零坡断面处的超高渐变率,验证了不同超高渐变方式下的行车稳定性,得到了相应的稳定性参数变化情况;对比分析了线性过渡方式与曲线过渡方式的小横坡路段长度。同时,本章结合多车道高速公路分车道分车型限速管理的特点,提出了多车道高速公路圆曲线超高双路拱取值方法和双路拱超高过渡设置方法,可供设计人员参考。主要结论与建议如下:
>
> (1)过渡段长度相同时,三次抛物线、上半波正弦型曲线、下半波余弦型曲线过渡的超高渐变率是线性过渡超高渐变率的 1.5 倍、2 倍、1.57 倍。线性过渡方式的超高渐变率恒定,曲线过渡方式超高渐变率连续变化,都以过渡段中点为临界点。曲线过渡方式的超高渐变率呈现轴对称分布,在中点处达到最大值,即在横坡为零的断面附近超高渐变率最大,能有效缩短小横坡路段的长度,有利于雨天行车安全。
>
> (2)三种曲线过渡方式在超高过渡起终点附近的侧向加速度、横摆角速度变化曲线较线性过渡方式平滑连续。同时,通过分析对比三种曲线过渡形式下小横坡段的长度,结果表明三次抛物线的过渡形式小横坡段的长度最短,更有利于雨天的行车安全。
>
> (3)设计中将过渡段中最大超高渐变率与零坡断面位置相结合,可降低小横坡路段长度,增强路面排水。曲线超高方式对改善多车道高速公路长缓和曲线过渡段的稳定性及排水性能有着重要意义。
>
> (4)提出了多车道高速公路圆曲线超高双路拱设置方法、新增路拱线设置位置以及双路拱过渡段设置方法,同时结合公式推导,提出了内外侧车道超高建议值。

5.1 概述

高速公路曲线路段往往是事故的高发路段;相关报告指出,在近年来发生的重大交通事故中,弯道路段事故的数量、死亡人数逐年增加,其中 6.30% 为两货车相撞,由货车导致的事故占比高达 67.72%,事故发生点在高速公路的百分比为 34.62%。而超高过渡段的设置有利于车辆遵循曲线走向,实现车辆的平稳运行。当前对于超高过渡段的渐变方式研究,一般立足于已建成的高速公路运营及相关路线规范的完善。为了使渐变路段高程计算相对简单、易于施工,设计中常使用线性渐变;但对于长缓和曲线及 S 形曲线路段,线性渐变方式不能很好地处理路面积水及行车的安全问题,而曲线超高渐变方式有排水性能优越、行车稳定性好的特性。

目前,国内外学者对于超高渐变方式的研究成果丰富。美国《公路与城市道路几何设计》、日本《公路技术标准的解说与应用》中给出了超高过渡方式、超高渐变率的大小等参数,对比了各国超高渐变率的规定,给出了超高过渡段的计算公式。Moreno G. 从重型车辆稳定性的角度出发,对最小半径、超高程、坡角、侧摩阻力和设计速度之间的关系进行重新评估。在考虑车辆稳定性的基础上,对高速公路设计超高方式进行了评价。Jeong J. 等针对 S 形曲线零坡断面排水的不良特性,改良了纵向坡度对超高雨水排放的影响。Jaehak Jeong 建立了以二维有限体积扩散模型来模拟几何表面的流场,以探寻路面板流分布与路面横坡、纵坡等的关系。Fitzpatrick K. 等讨论了有关侧摩擦因子和过渡长度确定的方法。Rosenow J. A. 证实了超高过渡参数应适合设计速度、曲率和超高率特定组合。Arslan A. 等在车辆运动学方面美学过渡曲线与经典过渡曲线进行比较,推导了曲率和超高函数。

国内,白钢等基于 Carsim 车辆动力学软件研究了车辆的行驶稳定性,提出了道路线形几何设计指标的合理取值范围,但未考虑超高渐变下的车辆稳定性参数。姜康等结合轮胎的受力、形变特点,推导了半挂汽车列车特性、圆曲线路段参数的耦合动力学模型,却忽略了排水及行车稳定性的效应。谢威等构建了急弯陡坡路段坡长限制模型、陡坡急弯路段极限半径模型、弯坡叠加路段极限半径模型。杨永前等列出了 S 形曲线超高过渡的两种过渡方法,分析了其适用性及可行性。潘兵宏等列出了公路设计中的 3 种超高过渡段起点设置方式,基于行车稳定性参数指标,构建三类方式下的横向力系数、横向加速度变化率模型。傅兴春等基于排水要求提出了适合各等级公路路面排水的超高渐变率。

综上研究成果可知国内外对超高过渡段研究均基于数学模型分析,大部分缺乏超高过渡段行车稳定性的分析。为改善公路线性超高过渡段的行车稳定性及其零坡断面排水性能,本章建立了三次抛物线、上半波正弦型曲线、下半波余弦曲线的超高渐变模型。以多车道高速公路长缓和曲线为试验仿真路况,分析了其零坡断面处的超高渐变率;基于动力学软件 CarSim 仿真平台构建三种超高过渡形式的路面模型,验证不同超高渐变方式下的行车稳定性,并分析相应稳定性参数变化情况。进而分析比较曲线渐变与线性渐变下车辆的行车稳定性,并提出利于零坡断面排水的超高方式建议。

5.2 三种曲线超高过渡方式计算模型

目前合适的"曲线型"超高过渡方式(简称曲线过渡方式)有以下三种:三次抛物线、上半波正弦型曲线、下半波余弦型曲线,三种曲线过渡方式上任一点的超高值采用式(2-5-1)~式(2-5-3)计算。

$$h = \frac{Hl^2}{L_c^2}\left(3 - \frac{2l}{L_c}\right) \tag{2-5-1}$$

$$h = H\left[\frac{l}{L_c} - \frac{\sin\left(\frac{2\pi l}{L_c}\right)}{2\pi}\right] \quad (2\text{-}5\text{-}2)$$

$$h = \left(1 - \cos\frac{l\pi}{L_c}\right)\frac{H}{2} \quad (2\text{-}5\text{-}3)$$

式中：H——总超高值(m)；

L_c——超高过渡段长度(m)；

l——超高过渡段中任意一点到超高过渡段起点的距离(m)；

h——距离 l 处的超高或降低值(m)。

对式(2-5-1)～式(2-5-3)中 l 求导，可得曲线上任意点的超高渐变率分别为：

$$p = \frac{dh}{dl} = \frac{6Hl}{L_c^2}\left(1 - \frac{l}{L_c}\right) \quad (2\text{-}5\text{-}4)$$

$$p = \frac{dh}{dl} = \frac{H}{L_c}\left(1 - \cos\frac{2\pi l}{L_c}\right) \quad (2\text{-}5\text{-}5)$$

$$p = \frac{dh}{dl} = \frac{\pi H}{2L_c}\sin\frac{l\pi}{L_c} \quad (2\text{-}5\text{-}6)$$

式(2-5-4)～式(2-5-6)中，当 $l = 0$ 时，$p = 0$；当 $l = L_c$ 时，$p = 0$。若对式(2-5-4)～式(2-5-6)中 l 分别求导，可以发现曲线过渡方式的曲率变化率连续，因此车辆进、出入超高过渡段时，在纵向不会有明显的跳车、颠簸现象，路面平纵线形平滑顺适。基本形和 S 形、卵形平曲线均可采用曲线过渡方式，图 2-5-1 和图 2-5-2 给出了超高纵向设计的超高方式图(绕中央分隔带边线旋转)。

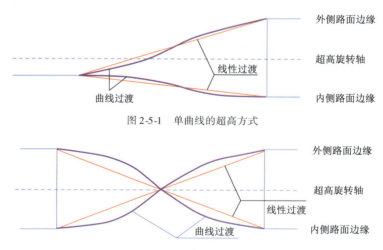

图 2-5-1　单曲线的超高方式

图 2-5-2　S 形曲线的超高方式

由上图 2-5-1、图 2-5-2 可以看出曲线过渡方式除了能保证行车顺适和路容美观外，曲线过渡方式的中点为拐点且连续，此点路基边缘的纵坡度最大、超高渐变率最大。因此需对三种曲线过渡方法的最大超高渐变率进行分析。由式(2-5-4)～式(2-5-6)可得到三次抛物线的超高

渐变率最大值 p_1、上半波正弦型曲线的超高渐变率最大值 p_2、下半波余弦型曲线的超高渐变率最大值 p_3，分别采用式(2-5-7)~式(2-5-9)计算。而线性过渡方式的超高渐变率为定值 H/L_c。

$$p_1 = 1.5H/L_c \tag{2-5-7}$$

$$p_2 = 2H/L_c \tag{2-5-8}$$

$$p_3 = 1.57H/L_c \tag{2-5-9}$$

可以看出在同一过渡段长度下，三次抛物线、上半波正弦型曲线、下半波余弦型曲线过渡的最大超高渐变率分别是线性过渡方式超高渐变率的 1.5 倍、2 倍、1.57 倍。线性过渡方式的超高渐变率恒定，三次抛物线及上半波正弦曲线过渡的超高渐变率是连续变化的，都以缓和曲线段中点为临界点，渐变率呈现轴对称分布，在中点处达到最大值。

综上所述，三种曲线型超高过渡方式优势如下：

(1) 相较于线性过渡，曲线型超高过渡的曲率变化率连续，车辆进、出入超高过渡段时，在纵向不会有明显的跳车、颠簸现象，路面平纵线形平滑顺适，有利于行车安全。

(2) 相较于其他曲线型超高过渡方式，三次抛物线、上半波正弦型曲线、下半波余弦型曲线过渡方式的变化趋势满足实际道路超高设计需要，可以广泛应用于基本型、S 形曲线、卵形。

(3) 此三类曲线型超高均在平坡位置处超高渐变率达到峰值，相较于线性过渡方式，排水不利区域更小，因此有利于路面横向排水。

5.3 曲线过渡方式行车稳定性分析

5.3.1 车辆模型构建

仿真时首先定义车辆模型。由于小客车速度较高，相较货车受不同超高过渡方式的影响更大，因此本章选用小客车作为仿真车型。根据 2014 年版《标准》中规定的标准小客车的外观数据，结合 CarSim 仿真平台自带的车辆材质库，新建了仿真车型的基本参数，如图 2-5-3 所示。

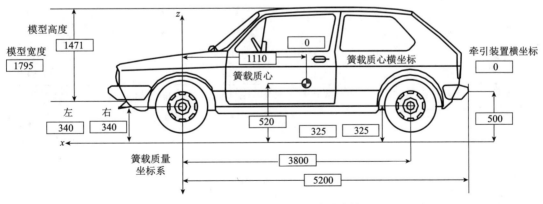

图 2-5-3　小客车质心坐标及基本参数
注：图中所有数字的单位均为毫米。

5.3.2 构建道路模型和仿真控制策略

从道路的线形特征、摩擦系数和路面构造及环境3个方面来建立道路场景模型。基于研究路段的平面几何特征,导入若干生成的逐桩坐标,选取平直线、缓和曲线、圆曲线组成若干试验路段。设置不同工况的超高、附着系数等,道路场景如图2-5-4所示。

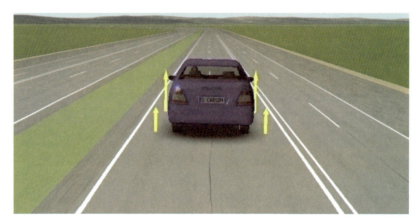

图 2-5-4　道路场景图

表2-5-1给出了三次抛物线、上半波正弦型曲线过渡下的平曲线参数(由于下半波余弦型曲线过渡与三次抛物线过渡长度相似,二者仿真设置参数一致)。选用一般地区下圆曲线6%的超高,绕中央分隔带边缘旋转,并根据不同的设计速度选择半径。而从线形的协调性看,宜将回旋线、圆曲线、回旋线之长度比设计成1∶1∶1或1∶2∶1。仿真中拟定回旋线长度取到极限值(满足最大、最小超高渐变率要求),具体设置长度如表2-5-1所示。

三种过渡方式下平曲线设置参数　　　　表 2-5-1

超高过渡方式	三次抛物线过渡		上半波正弦曲线过渡		线性过渡	
车道数	4		4		4	
设计速度(km/h)	120	80	120	80	120	80
半径(m)	1200	500	1200	500	1200	500
圆曲线长度(m)	264	198	352	264	352	264
缓和曲线长度(m)	264	198	352	264	176	132
直线长度(m)	264	198	352	264	264	198
总长(m)	792	594	1056	792	792	594

注:表中三次抛物线过渡的缓和曲线长度均按1.5倍线性过渡方式超高过渡段长度计算得到(即三次抛物线过渡所需的最短长度)。

本章主要研究与超高相关的仿真,因此在速度控制上采用选用 Target speed from path preview 子模块,制动控制中,试验采用 No Open-loop Braking Pressure 模式,换挡控制采用根据速度值自动离合自动换挡的控制策略。转向控制选用跟随道路中心行驶的预瞄驾驶策略,设置汽车期望运行轨迹为行车道中线。转向系统中,车辆的主传动器速比设为25∶1,变速器的速比根据挡位的不同设置默认值,其他参数均采用软件提供的默认值。

5.3.3 稳态参数的输出

将以上参数设置好后,在 CarSim 仿真试验平台进行仿真运行后得到衡量车辆稳定性的参数(横向偏移值、横向加速度、侧倾角、横摆角速度等)变化图。鉴于仿真试验的冗余及篇幅限制,书中仅罗列 120km/h、80km/h 对应的仿真工况,并将所得到的仿真动态参数在 MATLAB 中整理,得到如图 2-5-5、图 2-5-6 所示的三次抛物线过渡、上半波正弦型曲线过渡和线性过渡方式下车辆稳定状态参数。

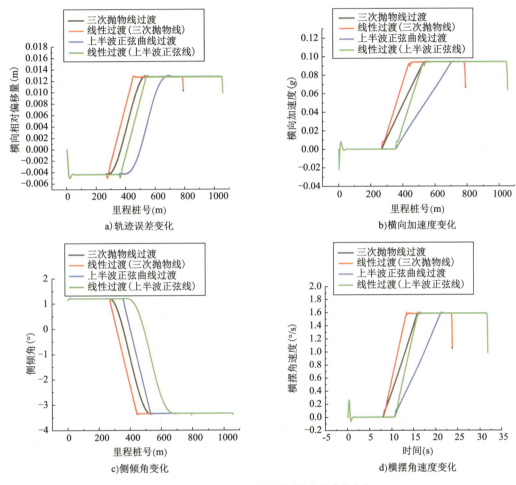

图 2-5-5 120km/h 运行速度下稳定性参数变化

为使三次抛物线、下半波余弦型曲线的最大超高渐变率等于线性渐变的最大值,其长度等于 1.5 倍线性过渡段长度。由图 2-5-5、图 2-5-6 可知,小客车在高、中、低速行驶时,两类渐变形式(三次抛物线、下半波余弦型曲线)下输出的稳定性参数变化情况总体一致,由于曲线型过渡段的长度更长,其车辆稳定参数变化率低于线性过渡,但两者输出得到的参数峰值基本相等,都在圆曲线上到达稳定。特别地,当车辆分别行驶于线性与三次抛物线、下半波余弦曲线过渡的回旋线时,前者在缓和曲线起讫点处的稳定参数出现波动,稳定性相对较差;后者输出得到的参数曲线平滑,利于车辆稳定行驶。

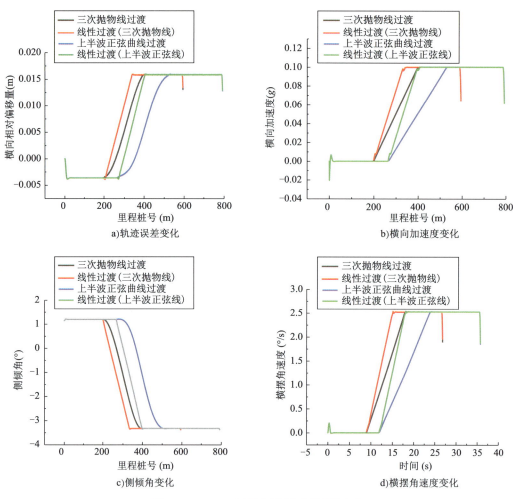

图 2-5-6　80km/h 运行速度下稳定性参数变化

为使上半波正弦型曲线的最大超高渐变率等于线性渐变的最大值,其长度等于 2 倍线性过渡段长度。由图 2-5-5、图 2-5-6 可知,在运行速度为 120km/h 时,客车的轨迹误差基本稳定在 $-0.5\sim1.3\text{cm}$ 之间,横向加速度、侧倾角、横摆角速度等参数变化范围为 $-0.02\sim0.1g$、$-3.3°\sim1.1°$、$0\sim1.6°/\text{s}$。采用线性过渡方式时,四类参数在缓和曲线起终点处波动明显,存在折点及突变,参数变化率为定值;选用上半波正弦曲线过渡时,整段缓和曲线下的参数变化平滑稳定,其参数变化率小于线性过渡的变换率。当运行速度降低至 80km/h 时,轨迹误差处于 $-0.5\sim1.6\text{cm}$ 间,其他三类参数变化范围为 $-0.02\sim0.1g$、$-3.3°\sim1.1°$、$0\sim2.5°/\text{s}$。表明小半径曲线下车辆的稳态参数变化区间有所扩大,但均在圆曲线达到峰值,与三次抛物线过渡状况类似。

5.3.4　稳定性分析

鉴于小客车在其他半径、设计速度下的仿真试验与本书中列举的类似,输出得到的指标变化图与上述仿真试验结果(图 2-5-5、图 2-5-6)相仿,且都满足设计代表车型稳定行驶的要求,此处不再一一罗列。由仿真结果可以发现:①三次抛物线超高过渡方式整体稳定性好,尤其在缓和曲线起终点处,线性超高过渡方式下的车辆稳定性低于三次抛物线及上半波正弦曲线,这是由于线性渐变方式缓和曲线的起讫点位置处会出现一个附加坡度,本来连续的纵坡在起终点会出现折线式的突变。因此国外经常在转折点处插入用来缓冲的竖曲线,以实现纵向附加坡度的缓和。②曲线渐变方式下的超高过渡段恰好能在起讫点处让车辆实现平顺稳定行驶。

5.4 曲线过渡方式的排水分析

在探究超高过渡段路面排水之前,应先探寻路面排水的主要控制因素。2017 年版《路线规范》中规定合成坡度不宜小于 0.5%。当路线纵坡较大,横坡为零时,路面水向坡底聚集;若路线纵坡为零,而有一定大小横坡时,路面水将快速流往路面之外。因此路面排水依靠路面的合成坡度,但主要是靠横坡排出路面。根据 2017 年版《路线规范》,路线纵坡不小于 0.5%。2017 年版《路线规范》中规定超高过渡段应在缓和曲线全长范围内进行。下面根据线性过渡、三次抛物线、上半波正弦曲线过渡方式的特点,从排水性能的角度分析三类超高过渡形式对超高过渡段路面的影响,从而选择更有利于路面排水的超高过渡方式。

5.4.1 小横坡段长度

小横坡段是指超高区间的横坡处于[-0.3% ,0.3%]的路段。国外对于小横坡段长度研究较少,《日本高速公路设计要领》(以下简称《设计要领》)中规定,直线向圆曲线过渡或反向曲线拐点附近处,往往是路段排水不畅区间。如果超高渐变率过小,小横坡路段的长度就较长,横向排水路段的长度就更长,高速行车会因溅水、滑溜引发交通安全事故。《设计要领》中限制了超高过渡段平曲线外侧超高为[-2% ,2%] 区间内的路线长度,并规定其最小渐变率不低于 1/300;而对于平曲线外侧超高横坡大于 2% 的区间,在满足最大超高渐变率后,无论渐变率取多少都不影响排水及行车舒适性,故对该路段的最小超高渐变率没有要求。由式(2-5-1) ~ 式(2-5-3)可得到曲线过渡方式上任一断面横坡的计算公式,见式(2-5-10) ~ 式(2-5-13)。

三次抛物线:

$$i_x = \frac{(i_h - i_z)l^2}{L_c^2}\left(3 - \frac{2l}{L_c}\right) + i_z \tag{2-5-10}$$

上半波正弦型曲线:

$$i_x = (i_h - i_z)\left[\frac{l}{L_c} - \frac{\sin\left(\frac{2\pi l}{L_c}\right)}{2\pi}\right] + i_z \tag{2-5-11}$$

下半波余弦型曲线:

$$i_x = \left(1 - \cos\frac{l\pi}{L_c}\right)\frac{i_h - i_z}{2} + i_z \qquad (2\text{-}5\text{-}12)$$

线性渐变：

$$i_x = \frac{(i_h - i_z)l}{L_c} + i_z \qquad (2\text{-}5\text{-}13)$$

式中：i_x——缓和曲线上某点的超高横坡值(%)；

i_h——全超高值(%)；

i_z——路拱横坡值(%)。

横坡在[-2%,2%]范围的超高过渡段在满足最大超高渐变率前提下，应尽量缩短过渡区段[-0.3%,0.3%]的长度。下文将分析三类过渡方式的数学特性，基于i_h的变化值重点研究变化区间[-2%,i_h]内区段-0.3%~0.3%的过渡段长度。

采用式(2-5-10)~式(2-5-12)分别进行求解超高过渡区间点-0.3%、0.3%在L_c上的对应位置，解算出三种方式下小横坡段长度与超高过渡段长度L_c之比，结果见表2-5-2。

小横坡段长度　　　　　　表2-5-2

i_z(%)	i_h(%)	l_{0x}(m)	l_{0p}(m)	$1.5l_{0p}$(m)	l_{0z}(m)	l_{0y}(m)	Δl_1(m)	Δl_2(m)	Δl_3(m)	Δl_4(m)
-2	2	0.150	0.100	0.150	0.076	0.096	-0.050	0	-0.074	-0.054
	3	0.120	0.082	0.123	0.062	0.078	-0.038	0.003	-0.058	-0.042
	4	0.100	0.070	0.106	0.054	0.068	-0.030	0.006	-0.046	-0.032
	5	0.086	0.063	0.094	0.049	0.061	-0.023	0.008	-0.037	-0.025
	6	0.075	0.057	0.085	0.045	0.055	-0.018	0.010	-0.030	-0.02
	7	0.067	0.053	0.079	0.042	0.051	-0.014	0.012	-0.025	-0.016
	8	0.060	0.049	0.073	0.039	0.048	-0.011	0.013	-0.021	-0.012
	9	0.055	0.046	0.069	0.038	0.045	-0.009	0.014	-0.017	-0.01
	10	0.050	0.043	0.065	0.036	0.042	-0.007	0.015	-0.014	-0.008

注：表中i_z为路拱横坡值(%)，i_h为全超高值(%)；l_{0x}、l_{0p}、l_{0y}分别表示线性过渡、三次抛物线过渡、上半波正弦曲线、下半波余弦曲线过渡的小横坡段长度与缓和曲线长度L_c的比值(无量纲)，Δl_1、Δl_2、Δl_3、Δl_4指三种曲线过渡方式的小横坡段长度比(l_{0p}、$1.5l_{0p}$、l_{0z}、l_{0y})分别与线性渐变的小横坡段长度比(l_{0x})的差值(无量纲)。

由表2-5-2可知：①当过渡段长度相等时，线性过渡方式的小横坡段长度比曲线过渡方式长；②线性过渡小横坡段长度分别是三次抛物线、上半波正弦型曲线、下半波余弦型曲线过渡方式小横坡段长度的1.16~1.5倍，1.39~1.98倍，1.19~1.56倍；③上半波正弦型曲线渐变的小横坡段长度最短；④若三次抛物线的最大渐变率与线性过渡相同时，三次抛物线过渡方式的小横坡段长度是线性过渡方式的1~1.3倍。

5.4.2 零坡位置

为有利于小横坡断面的排水，根据式(2-5-10)~式(2-5-13)可以得到四类超高过渡方式的零坡位置，如表2-5-3所示。

零坡点位置计算表 表 2-5-3

i_z(%)	i_h(%)	零坡点距过渡段起点长度与超高过渡段长度 L_c 之比			
		线性	三次抛物线	上半波正弦型曲线	下半波余弦型曲线
-2	2	0.500	0.500	0.500	0.500
	3	0.400	0.433	0.449	0.436
	4	0.333	0.387	0.414	0.392
	5	0.286	0.353	0.388	0.359
	6	0.250	0.326	0.367	0.333
	7	0.222	0.305	0.350	0.312
	8	0.200	0.287	0.336	0.295
	9	0.182	0.272	0.323	0.280
	10	0.167	0.259	0.313	0.268

注：表中 i_z 为路拱横坡值(%)，i_h 为全超高值(%)；表格主体部分的数值均为与过渡段起点的相对位置，无量纲。

从表 2-5-3 可知：①不同过渡方式的零坡位置不同；②超高过渡段长度相等时，上半波正弦曲线的零坡位置离过渡段起点最远，线性过渡段最近。为避免出现反超高，S 形曲线采用线性过渡方式时，零坡位置与长度呈线性关系，方便使平面线形拐点位置与零坡位置相契合；曲线过渡方式下零坡点位置计算则相对复杂，拐点位置与零坡位置较难吻合。因此，通常将 S 形曲线型过渡段以 $[-i_{h1}, 2\%]$、$[-2\%, 2\%]$、$[2\%, i_{h2}]$ 三区间进行分段设置，这样便于控制小横坡段的位置。

5.5 多车道高速公路圆曲线超高双路拱取值方法

5.5.1 分车道分车型管理

《公路限速标志设计规范》(JTG/T 3381-02—2020)已于 2020 年 11 月 1 日实施，该规范中明确规定，双向八车道及以上高速公路，宜采用分车道限速方式，或根据实际需要采用分车道与分车型组合限速方式。图 2-5-7 为分车道与分车型组合限速示例。

图 2-5-7 分车道与分车型组合限速示例

随着经济的发展,新建或改扩建项目采用八车道及以上断面形式较多。分车道分车型的交通分离管理规定发布后,内侧车道为小客车道,外侧为客货车道,内外侧车道限速及车型不同,其内外侧超高设置应有所不同,但2017年版《路线规范》未给出分车道分车型的超高设置指标。

5.5.2 超高值计算

车辆在曲线上行驶时会产生离心力,为抵消该离心力,需要将曲线段的外侧路面横坡设成与内侧路面同坡度,这样的单坡横断面设置称为超高。根据汽车行驶在曲线上力的平衡理论,超高坡度计算公式如下:

$$i = \frac{v^2}{127R} - \mu \qquad (2\text{-}5\text{-}14)$$

式中:i——超高坡度;
v——设计速度(km/h);
R——平曲线半径(m);
μ——横向力系数。

当采用规范规定的平面极限最小半径R_{min}时,即可得到最大超高坡度i_{max}的计算公式,见式(2-5-15):

$$i_{max} = \frac{v^2}{127R_{min}} - \mu \qquad (2\text{-}5\text{-}15)$$

最大超高坡度的限值与车辆行驶速度、路面结构形式、沿线自然条件、车辆组成等因素相关;为保证汽车转弯时有较高速度,同时乘客舒适性较好,超高横坡取值应尽量大一些;但考虑到公路上车辆组成各异,车速不尽一致,特别是有因故障停在弯道内的汽车($v=0$),行驶车辆存在向弯道内侧滑移的危险,因此最大超高选取又不能过大。

5.5.3 多车道高速公路圆曲线超高双路拱取值方法

根据超高值计算公式,可计算出取2017年版《路线规范》中圆曲线超高值所对应的横向力系数采用值,如表2-5-4所示。

规范圆曲线超高取值相应横向力系数的采用值 表2-5-4

超高	设计速度					
	120km/h		100km/h		80km/h	
	R(m)	μ值	R(m)	μ值	R(m)	μ值
0.02	5500	0.0006	4000	−0.0003	2500	0.0002
	2860	0.0196	2150	0.0166	1410	0.0157
0.03	2860	0.0096	2150	0.0066	1410	0.0057
	1990	0.0270	1480	0.0232	960	0.0225
0.04	1990	0.0170	1480	0.0132	960	0.0125
	1500	0.0356	1100	0.0316	710	0.0310

续上表

超高	设计速度					
	120km/h		100km/h		80km/h	
	R(m)	μ 值	R(m)	μ 值	R(m)	μ 值
0.05	1500	0.0256	1100	0.0216	710	0.0210
	1190	0.0453	860	0.0416	550	0.0416
0.06	1190	0.0353	860	0.0316	550	0.0316
	980	0.0557	690	0.0541	420	0.0600
0.07	980	0.0457	690	0.0441	420	0.0500
	790	0.0735	530	0.0786	320	0.0875
0.08	790	0.0635	530	0.0686	320	0.0775
	650	0.0944	400	0.1169	250	0.1216

随着2020年版《限速规范》的发布，多车道高速公路内外侧车道车型和限速不一致，一般内侧1~2车道仅行驶小客车，且相对外侧车道速度高20km/h。根据超高计算公式可知，圆曲线超高设置与设计速度、圆曲线半径、横向力系数存在相关性，根据公式可以反推出圆曲线超高。横向力系数固定后，圆曲线半径 R 与设计速度关系的计算公式如式(2-5-16)所示：

$$R = \frac{v^2}{127(i+\mu)} \tag{2-5-16}$$

将2017年版《路线规范》中圆曲线半径与超高值作为外侧超高取值依据，采用与2017年版《路线规范》同样的 μ，按式(2-5-14)可计算出内侧车道超高的建议值，如表2-5-5所示。

多车道高速公路内外侧车道圆曲线半径与超高取值(最大超高8%为例)　　　　表2-5-5

超高(%)	设计速度					
	120km/h		100km/h		80km/h	
	内侧 R(m)	外侧 R(m)	内侧 R(m)	外侧 R(m)	内侧 R(m)	外侧 R(m)
2	5500~3460	5500~2860	4000~3096	4000~2150	2500~2203	2500~1410
3	3460~2408	2860~1990	3096~2131	2150~1480	2203~1500	1410~960
4	2408~1815	1990~1500	2130~1584	1480~1100	1500~1109	960~710
5	1815~1440	1500~1190	1584~1238	1100~860	1109~859	710~550
6	1440~1186	1190~980	1238~994	860~690	859~656	550~420
7	1186~956	980~790	994~763	690~530	656~500	420~320
8	956~700	790~700	763~400	530~400	500~250	320~250

多车道高速公路圆曲线超高双路拱的取值可参照表2-5-5执行，以使超高设置与道路各车道上车辆运行速度及车型更匹配。

5.6 多车道高速公路圆曲线超高双路拱过渡段方法

5.6.1 多车道路面新增路拱线设置位置

设置双路拱后,部分路段在新增路拱线位置左右两侧存在双向横坡,该位置如若放置在行车道内会影响行车安全,因此设置双路拱时建议新增路拱线设置在两相邻行车道之间,以减少对行车的影响,建议位置如图 2-5-8、图 2-5-9 所示。

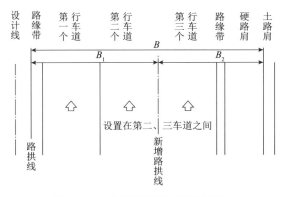

图 2-5-8 六车道新增路拱线位置示意图

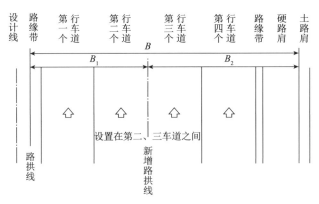

图 2-5-9 八车道新增路拱线位置示意图

5.6.2 圆曲线超高双路拱过渡方法

根据 2017 年版《路线规范》规定,双向六车道及以上车道数的公路宜增设路拱线。同时在条文说明解释,高等级公路一般以中央分隔带外缘为旋转轴,即使超高渐变率大于 1/330,在路线纵坡平缓路段,因为路基宽度较宽,行车道排水往往难以达到满意的效果。为避免出现排水不良的情况,除应该尽量减短超高过渡段长度、在缓和曲线部分区段设置超高等措施外,还能采用在行车道中间增设路拱线减小流水汇水面积的办法。国外多车道公路通常采用增设 1~2 个路拱线的方法加速路面排水。

设双路拱主要是把超宽的平缓路面通过新增路拱线分成若干块的平缓路面，同时保证几块平缓路面不同时出现在一个断面上，如图 2-5-10 和图 2-5-11 所示（图中阴影部分为平缓路面）。

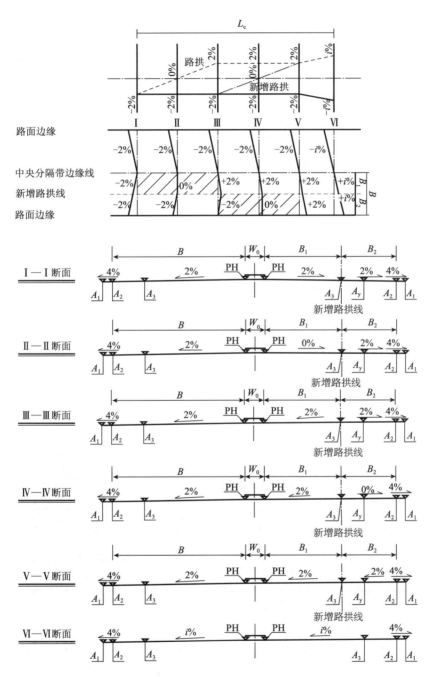

图 2-5-10　设双路拱的超高方式示意图（基本型曲线）

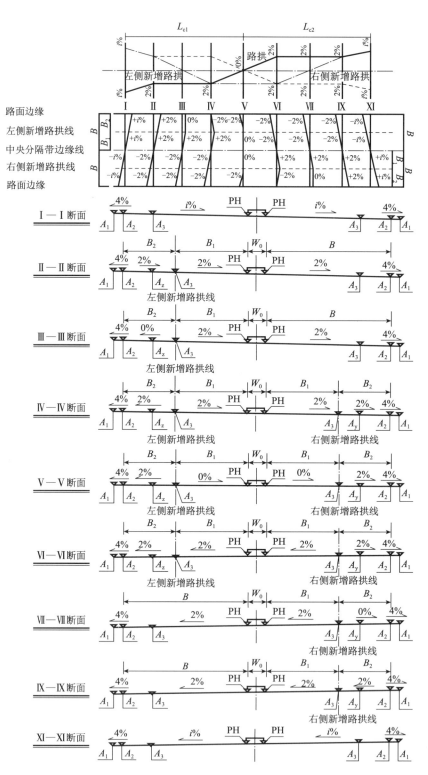

图 2-5-11 设双路拱的超高方式示意图(S形曲线)

按此设置超高能有效改善超高段的路面排水效果。建议在进行超高设计时,对于六车道高速公路纵坡值偏小、凹曲线底部等排水不畅段以及八车道高速公路,采用设置双路拱的超高渐变方式。

5.6.3 圆曲线超高双路拱过渡段长度

双路拱超高过渡段长度计算方法,以基本型曲线为例,设置双路拱后,存在两条超高旋转轴,因此其超高方式也与单路拱略有不同,其渐变过程大致分为以下三个阶段:

第一阶段(Ⅰ—Ⅰ断面至Ⅲ—Ⅲ断面):先将 B_1 范围内行车道绕中央分隔带边缘旋转,超高由 -2% 渐变为 $+2\%$,同时 B_2 范围内高程随 B_1 外侧高程变化,但 B_2 范围内横坡保持 -2% 不变。该阶段超高过渡段长度 $L_{c1} = B_1 \times 0.04/P$。

第二阶段(Ⅲ—Ⅲ断面至Ⅴ—Ⅴ断面):将 B_1 范围内行车道横坡保持 $+2\%$ 不变,B_2 范围内行车道绕新增路拱线旋转,超高由 -2% 渐变为 $+2\%$。该阶段超高过渡段长度 $L_{c2} = B_2 \times 0.04/P$(建议第一、二两阶段渐变率取值相同)。

第三阶段(Ⅴ—Ⅴ断面至Ⅵ—Ⅵ断面):将 B_1 和 B_2 范围内行车道一起绕中央分隔带边缘旋转,超高由 $+2\%$ 渐变为 $+i\%$。该阶段超高过渡段长度 $L_{c3} = (B_1 + B_2) \times (i-2) \times 0.01/P$。

5.6.4 圆曲线超高双路拱横坡路段的安全性分析

根据董斌"部分滑水条件下高速公路车辆行驶安全性研究"中雨天高速公路路面滑水时道路附着系数与行车速度、水膜厚度的关系,并通过多元线性回归分析,建立了部分滑水时道路附着系数与行车速度、横坡长度、纵坡坡度、横坡坡度、降雨强度、粗糙系数的关系,见式(2-5-17)。

$$h = 1.3589 \left[\frac{qnL_x(i^2 + i_h^2)^{1/4}}{i_h} \right]^{3/5} \tag{2-5-17}$$

式中:h——坡面水膜厚度(mm);

q——降雨强度(mm/min);

n——粗糙系数,简称糙率;

L_x——横坡长度(m);

i——道路的纵坡坡度;

i_h——道路的横坡坡度。

根据上述公式可知,设置双路拱后,横坡长度 L_x 减小,水膜厚度 h 随着减小。因此设置双路拱可减小水膜厚度,水膜厚度减小也提高了行车的安全性。

本章参考文献

[1] 李方媛. 重特大道路交通事故致因机理及其风险行为研究[D]. 西安:长安大学,2014.

[2] 日本道路协会. 日本公路技术标准的解说与运用[M]. 北京:人民交通出版社,1980.

[3] AASHTO. A Policy on Geometric Design of Highways and Streets[M]. Washington, D.

C.,2011.

[4] JEONG J,CHARBENEAU R J. Diffusion Wave Model for Simulating Storm-Water Runoff on Highway Pavement Surfaces at Superelevation Transition[J]. Journal of Hydraulic Engineering, 2010,136(10):770-778.

[5] ZHANG Z,CHENG J. Safety Margin-Based Analysis on Road Superelevation Rate Selection [C]//CICTP,2015:2386-2396.

[6] FITZPATRICK K,KAHL K. A Historical and Literature Review of Horizontal Curve Design. Final Report[R]. Transportation Research Board,1992.

[7] ARSLAN A,TARI E,ZIATDINOV R,et al. Transition Curve Modeling with Kinematical Properties:Research on Log-Aesthetic Curves[J]. Computer-Aided Design and Applications, 2014,11(5):509-517.

[8] 白钢.基于车辆行驶稳定性仿真的道路几何线形设计参数研究[D].吉林:吉林大学,2013.

[9] 姜康,张梦雅,陈一锴.山区圆曲线路段半挂汽车列车行驶安全性分析[J].交通运输工程学报,2015,15(03):109-117.

[10] 谢威.基于车路耦合安全度模型的弯坡组合路段设计理论研究[D].重庆:重庆交通大学,2017.

[11] 杨永前,黄红明.S形曲线超高过渡设计方法研究[J].中外公路,2017,37(06):6-9.

[12] 潘兵宏,周海宇,刘斌,等.基于CarSim仿真的超高过渡起点位置对比研究[J].铁道科学与工程学报,2018,15(03):637-644.

[13] 傅兴春.考虑排水的超高渐变率设计[J].中外公路,2019,39(05):5-8.

[14] 张锋,刘永旭,杜晓博.高速公路超高过渡段排水技术研究[J].华东公路,2019(01):44-48.

[15] 中华人民共和国交通运输部.公路工程技术标准:JTG B01—2014[S].北京:人民交通出版社股份有限公司,2015.

[16] 中华人民共和国交通运输部.公路路线设计规范:JTG D20—2017[S].北京:人民交通出版社股份有限公司,2017.

[17] 刘利民,王智.三次抛物线与线性超高渐变的对比研究[J].中外公路,2018,38(03):1-3.

[18] 屈强,李星,吴明先,等.基于行车稳定性的高速公路超高过渡方式对比研究[J].公路交通科技,2021,38(09):15-24.

[19] 王贵山,胡昌亮,白浩晨,等.高速公路圆曲线超高及过渡段设计研究[J].公路交通科技,2021,38(12):47-55.

[20] 日本道路公团.日本高速公路设计要领[M].西安:陕西旅游出版社,1991.

[21] 曹友露,高建平.圆曲线与缓和曲组合对高速公路运营安全的影响[J].中外公路,2016,36(6):300-304.

[22] 黄进,方守恩.平曲线路段事故数目与线形元素的关系[J].公路,2002(12):76-80.

[23] 朱明明.高速公路交通安全综合评价及整治措施研究[D].重庆:重庆交通大学,2015.

[24] 孟祥海,侯芹忠,史永义.基于线形指标的山岭重丘区高速公路事故预测模型[J].公路交通科技,2014,31(8):138-143.
[25] 孟祥海,覃薇,邓晓庆.基于神经网络的山岭重丘区高速公路事故预测模型[J].公路交通科技,2016,33(3):102-108.
[26] 叶伟.平曲线路段突起路标线形诱导有效性研究[D].西安:长安大学,2015.
[27] 王路.道路线形设计指标选用及安全评价研究[D].南京:东南大学,2017.
[28] 曹世全.能见度影响下平曲线路段道路设施参数优化[D].合肥:合肥工业大学,2018.
[29] 范爽.高速公路平面线形指标及其组合安全性研究[D].西安:长安大学,2019.
[30] 李政,陈飞,胡飞.高速公路超高路段的排水优化研究[J].城市建设理论研究,2019(23):51.
[31] 戚明敏.降雨对山区高速公路行车安全影响与保障技术研究[D].重庆:重庆交通大学,2011.
[32] 中华人民共和国交通运输部.公路限速标志设计规范:JTG/T 3381-02—2020[S].北京:人民交通出版社股份有限公司,2020.
[33] 杨少伟.道路勘测设计[M].北京:人民交通出版社,2003.
[34] 董斌.部分滑水条件下高速公路车辆行驶安全性研究[D].重庆:重庆交通大学,2011.

第 6 章
CHAPTER 6 ≫

高速公路中间带宽度变化过渡方式与分幅过渡优化设计

本章导读

中间带宽度变化时在直线或圆曲线上采用线性渐变过渡,外观突变点可能对驾驶人的视觉有影响。但根据调研发现,只要渐变率符合规范规定要求,驾驶人在高速行驶过程中较难发现宽度变化点的外观突变现象,因此对交通安全的影响非常小。尽管如此,从执行规范的严肃性和提升交通安全性考虑,中间带宽度变化不宜采用线性渐变过渡。本章提出调整缓和曲线参数或平曲线设计参数实现左右分幅线形设计的过渡方式,并对线性渐变过渡方式提出了安全性优化设计的建议意见,可供设计人员参考。主要结论与建议如下:

(1)高速公路中间带宽度变化主要有三种类型:①前后路段不同标准引起的变化,其变化值最小,一般在1.5m内;②斜拉桥桥面中间设墩引起的宽度变化,其变化值较大,一般为2.5~3.7m;③隧道结构需要引起的宽度变化,其变化值范围较大,一般为1.0~5.65m。根据2017年版《路线规范》规定,中间带宽度变化值大于3.0m时应采用左右分幅线形设计。

(2)高速公路中间带宽度变化渐变过渡符合左右分幅线形设计的过渡方式主要有四种,在缓和曲线一端通过调整缓和曲线参数实现左右分幅线形设计对工程规模影响最小,影响长度也最短;通过调整两端平曲线设计参数实现左右分幅线形设计时对工程规模影响最大,影响长度也最长;中间带宽度变化渐变过渡应结合所处位置的平曲线要素及宽度变化值研究确定渐变过渡方式。

(3)从保证行车道线形连续性及符合2017年版《路线规范》相关规定等因素综合考虑,新建高速公路不论增宽或减窄值大小,均宜采用左右分幅线形设计;高速公路改扩建工程、新建斜拉桥等工程,在不得已时可按2017年版《路线规范》中"条件受限制"规定采用线性渐变过渡,但宜在缓和曲线上过渡,应避免在圆曲线上过渡。

(4)不得已要在直线段上渐变过渡时的设置原则:①当单侧中间带宽度变化值不大于0.5m时,可采用线性渐变,渐变率不应大于1/100;②当单侧中间带宽度变化值为0.5~1m时,宜采用三次抛物线渐变,采用线性渐变时渐变率不应大于1/150;③当单侧中间带宽度变化值为1.0~1.5m时,应采用三次抛物线渐变,渐变率不应大于1/120。

(5)基于调整缓和曲线参数的中间带宽度变化分幅过渡的优化设计建议:①当中间带单侧宽度变化值小于0.5m时,通过调整缓和曲线参数能实现中间带宽度变化过渡符合左右分幅线形设计;②当中间带宽度单侧变化值在0.5~1.0m范围时,需进一步结合设计中心线圆曲线半径和中间带内外缘缓和曲线参数计算结果分析确定;③当中间带宽度单侧变化值大于1.0m时,较难通过调整缓和曲线参数实现左右分幅线形设计。

6.1 概述

依据我国 2017 年版《路线规范》规定，高速公路中间带宽度增宽或减窄时应采用左右分幅线形设计，条件受限制时可采用渐变过渡。因对 2017 年版《路线规范》缺乏的具体规定，且参考的研究成果较少，因此较多设计者从降低设计难度和减小工程规模考虑仍然采用线性过渡。

国外关于高速公路中间带宽度变化如何过渡的研究资料也非常少，美国 *A Policy on Geometric Design of Highway and Streets* 和日本《高速公路设计要领》没有这方面的内容。缓和曲线作为构成公路平面线形基本要素的重要组成部分，一方面有效地模拟了车辆转弯时的行驶轨迹，使车辆从直线向圆曲线或圆曲线向直线过渡时离心力逐渐变化，有助于车辆匀速行驶；另一方面缓和曲线的设置提供了曲线加宽及超高过渡有利条件，对改善路容，避免圆曲线起终点处线形明显的转折具有显著效果。国内对缓和曲线及超高过渡方式、方法的研究较多，对缓和曲线本身研究得较少。杨轸等建立了隧道洞口附近缓和曲线的计算模型，并结合车辆偏移阈值，根据几何关系确定隧道最小缓和曲线参数。曹友露等通过采用相关性分析方法，研究了交通事故与平曲线和缓和曲线组合之间的关系。范爽等以事故资料为依据，全面地分析了公路平面设计中各元素之间组合关系的安全性，并提出了基于交通安全的高速公路平面设计指标及其组合。部分学者通过研究不同平面线形情况下的驾驶人生理、心理特征，探究线形指标与事故率之间的关系。郭时应等从交通事故率角度研究了平面几何线形。程国柱等基于仿真实验，对道路几何指标根据影响路侧安全程度进行排序，并分析了不同车型在平曲线路段的速度特性。涂圣文等将平面线形与纵面线形进行组合，分析不同组合条件下的道路运行安全性，得到易发生交通事故的平纵线形组合情况。张玥等对设计速度、圆曲线半径、横向力系数、超高值及过渡段的关系进行深入研究。这些研究与中间带宽度变化应如何过渡的相关性小。

本章根据中间带宽度增宽或减窄的类型，以符合左右分幅线形设计的理想过渡线形为切入点，通过分析研究中间带宽度变化所处各种条件，提出中间带宽度变化渐变过渡符合 2017 年版《路线规范》规定的左右分幅线形设计要求的渐变过渡方式，并提出采用三次抛物线替代线性渐变过渡和在缓和曲线上采用线性渐变过渡安全性优化设计的建议，其中重点研究基于调整缓和曲线参数实现左右分幅线形设计，使高速公路中间带宽度变化过渡符合规范相关规定，不得已才考虑采用线性渐变过渡。

6.2 现状调研分析

6.2.1 高速公路中间带宽度发生变化的类型

1) 前后路段设计标准不同引起的变化

2014 年版《标准》规定高速公路整体式断面必须设置中间带。中间带由中央分隔带和两侧路缘带组成,如图 2-6-1 所示。

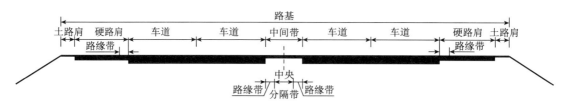

图 2-6-1　高速公路整体式路基一般断面形式

根据 2014 年版《标准》规定,高速公路中间带宽度依据中央分隔带功能确定,没有具体宽度的规定,行业认可的取值原则为:设计速度 120km/h 时,中央分隔带采用 3m 或 2.5m,设计速度 100km/h、80km/h、60km/h 时,采用 2m;设计速度 120km/h、100km/h 时,两侧路缘带采用 0.75m,设计速度 80km/h、60km/h 时,采用 0.5m;设计速度 120km/h、100km/h、80km/h、60km/h 时,中间带宽度一般为 4.5m 或 4.0m、3.5m、3m 四种,即中间带宽度变化范围为 0.5m、1.0m 和 1.5m 三种。因此,不同的设计标准相衔接时应根据前后路段的平面线形设计过渡段。

2) 斜拉桥桥面中间设墩引起的变化

斜拉桥由于桥墩设置在桥面中间,桥墩断面宽度一般大于 4.0m,同时为了降低桥梁工程造价,引桥路段中间带宽度往往采用 1.5m,使前后路段中间带宽度变化值大于 2.5m。如某特大桥标准段左右幅桥梁中间净距为 1.5m,如图 2-6-2 所示。主跨路段左右幅桥梁中间设墩,净距达 5.2m,变化值 3.7m,如图 2-6-3 所示。

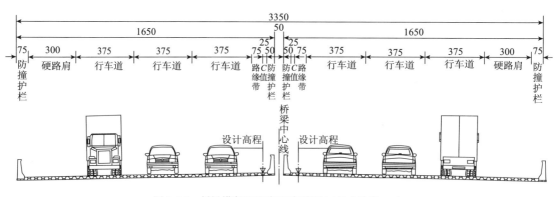

图 2-6-2　桥梁横断面设计图(标准段)(尺寸单位:cm)

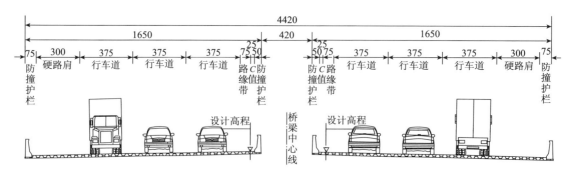

图 2-6-3　桥梁横断面设计图(左右幅中间设墩段)(尺寸单位:cm)

3) 隧道断面结构需要引起的变化

隧道工程分为分离式断面和整体式断面,整体式主要有连拱隧道、小间距隧道、明挖暗埋隧道、沉管隧道等形式。隧道断面形式不同,中间带宽度不同,一般为 2.0~7.65m,图 2-6-4 为明挖隧道断面,中间带宽度达 4.58m。分离式较整体式路基标准断面的中间带宽度宽 1.0~5.65m。

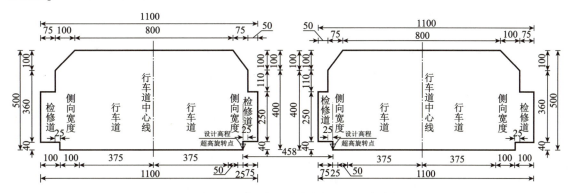

图 2-6-4　某项目整体式断面隧道建筑限界(尺寸单位:cm)

6.2.2　高速公路中间带宽度变化采用线性过渡存在的主要问题

2017 年版《路线规范》第 9.4.3 条规定"整体式路基的中间带宽度宜保持等值。当中间带的宽度根据需要增宽或减窄时,应采用左右分幅线形设计。条件受限制,且中间带宽度变化小于 3.0m 时,可采用渐变过渡,过渡段的渐变率不应大于 1/100"。渐变过渡方式可采用线性过渡或多次抛物线过渡。如果在直线路段上采用线性渐变过渡,当宽度增宽或减窄值较小时,渐变起终点折线之间存在极角变化,按 2017 年版《路线规范》规定的渐变率 1/100 计算极角变化值仅为 0.57°,当宽度增宽或减窄值较大时,中间带内外缘的行车道平面轨迹线在外观视觉上将出现较为明显的突变点,如图 2-6-5 所示。如果在圆曲线路段采用线性渐变过渡,中间带内外缘的行车道平面轨迹线在外观视觉上内侧突变点感觉不明显,外侧相对较为明显。

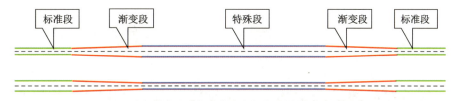

图 2-6-5　中间带宽度变化在直线路段采用线性渐变过渡示意图

高速公路中间带宽度增宽或减窄采用线性渐变过渡,虽然符合规范中条件受限制时的规定,但采用线性渐变过渡与 2017 年版《路线规范》中其他规定之间存在冲突,产生规范规定之间不一致性的问题,不一致主要体现在以下几个方面:

(1)不满足 2017 年版《路线规范》第 7.3.1 条"各级公路平面不论转角大小,均应设置圆曲线……"的规定。

(2)不满足 2017 年版《路线规范》第 7.4.1 条"……直线同小于表 7.4.1 不设超高的圆曲线最小半径径相连接处,应设置回旋线……"的规定。

（3）设置一处渐变段相当于在局部路段设置2处小偏角，难以满足现行《路线规范》第7.8.2条"当路线转角小于或等于7°时，应设置较长的平曲线，其长度应大于表7.8.2中规定的'一般值'……"的规定。

（4）当中间带宽度变化较大时，采用线性渐变过渡方式时，行车道中心线线形不够圆滑，路容较差。

6.2.3 高速公路中间带宽度变化采用渐变过渡安全性调查

由于采用线性渐变过渡与2017年版《路线规范》中的其他规定不一致，因此采用渐变过渡是否存在安全隐患成为多年来行业内关注的焦点问题。本章针对行业内专家与学者争论的问题开展调研，通过调查没有发现中间带宽度增宽或减窄采用渐变过渡出现交通事故明显高于其他路段的情况。根据现场实车观察，只要过渡段渐变率符合规范规定要求，即小于1/100，驾驶人在高速行驶过程中较难发觉宽度变化点的突变现象，所以对交通安全影响较小，一些宽度变化实景图如图2-6-6所示。国内外对中间带宽度变化过渡方法的研究资料较少，但调查发现有些高速公路项目在设计时已提出安全性优化设计方案，如采用三次抛物线渐变过渡替代线性渐变过渡，使突变点附近平面线形圆滑，避免视觉突变点。尽管高速公路中间带宽度变化采用线性渐变过渡没有发现交通事故率明显高于一般路段，但从规范规定一致性考虑，还是应采用左右分幅线形设计，不得已时才可以采用线性渐变过渡。

a) 斜拉桥　　　　　　　　　　　b) 连拱隧道

图2-6-6　斜拉桥和连拱隧道洞口中间带宽度变化实景图

6.3 历次规范对高速公路中间带宽度变化过渡方式的修订及执行情况

6.3.1 历次规范的修订情况

（1）2017年版《路线规范》中9.4.3条规定"整体式路基的中间带宽度宜保持等值。当中间带的宽度根据需要增宽或减窄时，应采用左右分幅线形设计。条件受限制，且中间带宽度变化小于3.0m时，可采用渐变过渡，过渡段的渐变率不应大于1/100"。

（2）2006年版《路线规范》中9.4.3条规定"整体式路基的中间带宽度宜保持等值。当中间带的宽度根据需要增宽或减窄时,应设置过渡段。过渡段以设在回旋线范围内为宜,长度应与回旋线长度相等。条件受限制时,过渡段的渐变率不应大于 1/100"。

(3)1994 年版《路线规范》中 6.3.3 条规定"中间带的宽度一般情况下应保持等宽度,并不得频繁变更宽度。当中间带宽度受地形条件及其他特殊情况限制而减窄或增宽时,应设置过渡段。中间带的过渡段以设在回旋线范围内为宜,其长度应与回旋线长度相等",示意图如图 2-6-7 所示。

图 2-6-7　中间带宽度变化在缓和曲线范围过渡示意图
W_1、W_2-中间带宽度

6.3.2　对规范的理解及执行情况

1994 年版《路线规范》第 6.3.3 条对分离式断面中间带宽度宜大于 4.5m 的规定,与 2017 年版《路线规范》规定左右分幅线形设计相一致;当中间带宽度变化值小于或等于 4.5m 时,过渡段以设在回旋线范围为宜,且长度应与回旋线长度相等的规定较为合理;2006 年版《路线规范》增加了"条件受限制时,过渡段的渐变率不应大于 1/100"的规定,使其在直线段或圆曲线路段采用线性渐变过渡被普遍认可;2017 年版《路线规范》没有强调在缓和曲线路段渐变过渡。因此,已建和在建高速公路中间带宽度变化较少在缓和曲线范围渐变过渡有着客观原因。2017 年版《路线规范》规定应采用左右分幅线形设计,显然在强调采用左右分幅线形设计是为了保证行车道线形符合规范有关圆曲线、缓和曲线和小偏角转角线形等规定要求,是为了保证行车道线形不发生突变现象;保留"条件受限制"的规定,并将过渡段规范用词改为"渐变过渡",一方面给设计留有灵活余地,另一方面不局限于线性渐变,也可以采用其他的渐变方式。

6.4　高速公路中间带宽度变化过渡方式

6.4.1　符合左右分幅线形设计的过渡方式

1)调整一端缓和曲线参数

设计标准不同引起中间带宽度的增宽或减窄,其变化值为 0.5m、1.0m 和 1.5m 三种。由于变化值较小,可考虑在平曲线的缓和曲线一端通过调整设计中心线的缓和曲线长度,使中间带内外缘敷设的缓和曲线参数满足规范中要求的左右分幅线形设计的规定要求。

(1)为减少占地,过渡段宜设置在高标准路段平曲线末端的缓和曲线范围内,如图 2-6-8 所示的过渡段 1 位置。

（2）当分界点为互通立交，主线中间带内需设墩时，过渡段宜设置在低标准路段平曲线起点段的缓和曲线范围内，如图2-6-8所示的过渡段2位置。

图2-6-8　中间带宽度变化调整一端过渡方式示意图

2）调整两端平曲线设计参数

斜拉桥桥面中间设墩引起中间带宽度的增宽，宽度变化一般大于3.0m，由于斜拉桥路段平面线形基本上为直线，斜拉桥之外的引桥为曲线，当通过调整缓和曲线参数难以实现左右分幅线形设计的过渡时，可通过调整引桥上平曲线设计参数，实现符合左右分幅线形设计的要求，但该方法影响长度较长，工程规模较大，如图2-6-9所示。

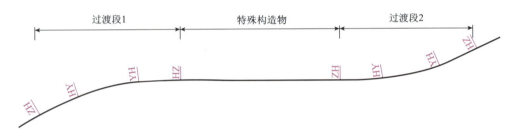

图2-6-9　中间带宽度变化调整两端过渡方式示意图

3）调整内侧半幅两端缓和曲线参数

隧道断面结构需要引起中间带宽度的增宽，与整体式路基标准断面的中间带宽度比较，增宽2~5.65m。当宽度变化值小于1.5m时，除了可通过调整缓和曲线参数以实现左右分幅线形设计外，也可通过调整平曲线内侧半幅两端的缓和曲线参数实现（图2-6-10）。

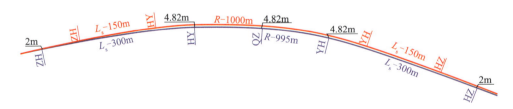

图2-6-10　中间带宽度变化调整内侧半幅过渡方式示意图

4）调整平曲线设计参数

当中间带宽度增宽值较大，仅通过缓和曲线参数调整无法实现左右分幅线形设计时，可通过调整整个平曲线设计参数，满足左右分幅线形设计的要求（图2-6-11）。

利用平曲线全段进行左右分幅线形设计，较采用缓和曲线范围渐变过渡，在工程规模上的增加主要体现在占地上,如表 2-6-1 所示。当中间带宽度增宽值大于 1.5m 时,增加占地面积约为 1 亩[1],方案比选时应重点考虑占地的影响。

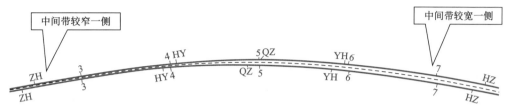

图 2-6-11　中分带宽度变化调整平曲线设计参数过渡方式示意图

左右分幅线形设计与渐变过渡工程规模比较表　　　表 2-6-1

中间带变化宽度 (m)	左右分幅线形设计		渐变过渡	
	长度(m)	增加面积(亩)	长度(m)	增加面积(亩)
0.5	1000	0.37	160	0.06
1.0	1000	0.75	160	0.12
1.5	1000	1.12	160	0.18
2.0	1000	1.50	160	0.24
2.5	1000	1.87	160	0.30
3.0	1000	2.25	160	0.36

6.4.2　渐变过渡的过渡方式

1)直线路段采用三次抛物线与线性渐变过渡的区别

2017 年版《路线规范》对高速公路中间带宽度变化明确规定可采用渐变过渡,渐变过渡方式主要有线性渐变、三次抛物线渐变等。其中,线性渐变过渡方式简单易作,但过渡段起终点出现折线点,不够圆滑;三次抛物线宽度渐变过渡中间带外缘较圆滑、美观。建议将三次抛物线渐变过渡方式作为传统的线性渐变过渡方式的优化设计方案。线性渐变与三次抛物线渐变合理性分析如下:

过渡路段上任意一点的加宽值计算公式分别如下:

线性渐变:

$$b_x = kb \tag{2-6-1}$$

三次抛物线渐变:

$$b_x = (3k^2 - 2k^3)b \tag{2-6-2}$$

式中:b_x——加宽过渡段上任一点的中间带宽度单侧加宽值(m);

　　　b——中间带宽度单侧加宽值(m);

　　　k——加宽过渡段上任一点至起点距离与加宽过渡段全长比,$k = L_x/L$;

　　　L_x——加宽过渡段上任一点至起点的距离(m);

　　　L——加宽过渡段全长(m)。

---

[1] 1 亩 = 666.6m²。

以单侧加宽值 0.5m 为例,加宽过渡段长度分别为 50m、100m、150m 时两种渐变过渡方式的差异变化分析如图 2-6-12 所示。

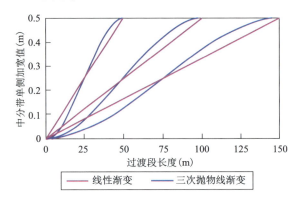

图 2-6-12 不同渐变过渡方式的宽度变化示意图

由式(2-6-1)、式(2-6-2)可得两种宽度渐变过渡方式任意一点的加宽差值:

$$\Delta b_x = -b(2k^3 - 3k^2 + k) \tag{2-6-3}$$

经计算,当 $k = \dfrac{3 \pm \sqrt{3}}{6}$ 时,$|\Delta b_x|$ 达到最大值为 $|\Delta b_x|_{max} = 0.0962b$,故线性渐变和三次抛物线渐变过渡最大差值只与中间带单侧宽度变化值 b 有关(图 2-6-13),且差值随着渐变过渡段长度的增加,变化速度有所减缓,如图 2-6-14 所示。

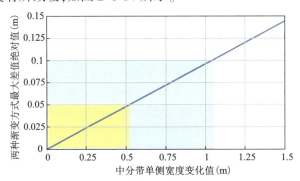

图 2-6-13 两种宽度渐变方式最大差值绝对值

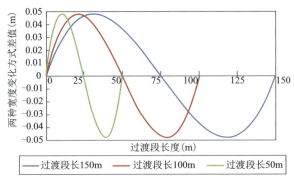

图 2-6-14 两种宽度渐变方式任意一点的加宽差值变化

2) 在缓和曲线路段采用线性渐变过渡

当中间带单侧宽度变化值较大,在缓和曲线长度范围通过调整缓和曲线参数难以满足左右分幅线形的相关规定时,考虑缓和曲线任意一点的曲率是变化的,可在缓和曲线全段采用线性渐变方式,过渡段渐变率应不大于 1/100,如图 2-6-15 所示。

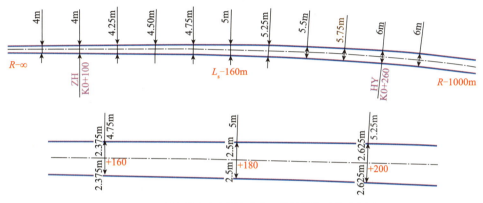

图 2-6-15　中间带宽度在缓和曲线上线性渐变过渡示意图

从路线平面线形分析,路线平面线形主要由直线、圆曲线和缓和曲线组成,其中直线、圆曲线路段曲率相同,中间带宽度变化在直线或圆曲线上渐变过渡,必然产生较短路段范围内曲率不连续及行车轨迹发生改变的现象,因此采用线性渐变过渡时,为避免中间带宽度变化引起直线、圆曲线路段出现小偏角及原单圆曲线拆分零散化,应首选在缓和曲线路段范围内渐变过渡。因缓和曲线上任意一点的曲率本身是变化的,在缓和曲线上渐变过渡避免了平曲线出现小偏角或原单圆曲线被拆分零散化,使路线线形保持连续性,有利于交通安全。

3) 在平曲线内侧一端的缓和曲线上渐变过渡

(1) 当调整缓和曲线参数时,如果出现缓和曲线长度过长、圆曲线长度过短的情况,宜采用渐变过渡方式,利用原缓和曲线的全段进行渐变过渡,渐变率应不大于 1/100。

(2) 当中间带宽度变化小于 0.5m 时,宜优先通过调整缓和曲线参数来满足左右分幅线形设计要求;当中间带变化大于 0.5m、小于 3.0m 时,可保持曲线外侧设计线不变,在曲线内侧一端的缓和曲线上进行渐变过渡,如图 2-6-16 所示。

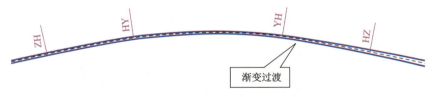

图 2-6-16　中间带宽度在内侧一端缓和曲线范围渐变过渡示意图

4) 在圆曲线上渐变过渡

以在圆曲线上的连拱隧道为例,中间带宽度约为 4.5m,较一般路段约增宽 2.5m,由于连拱隧道一般较短,为了保持中间带宽度等宽,应在两端缓和曲线范围内按左右分幅线形过渡设计,见图 2-6-17。

图 2-6-17　中间带宽度在两端缓和曲线上渐变过渡示意图

为避免中间带宽度变化引起圆曲线路段出现小偏角及原单曲线拆分零散化,应避免在圆曲线上采用线性渐变过渡,即使在隧道洞口外侧 3s 行程范围之外,如图 2-6-18 所示。

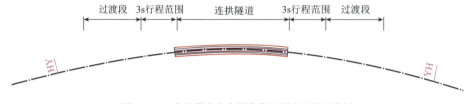

图 2-6-18　中间带宽度在圆曲线上渐变过渡示意图

6.5　调整缓和曲线参数的中间带宽度变化分幅过渡设计计算模型

6.5.1　以中心线平曲线设计参数为基准的中间带内外缘缓和曲线计算模型

以中心线平曲线的回旋线作为缓和曲线的计算模型图(图 2-6-19),在平面存在转角的地方设置圆曲线和回旋线时,曲线存在一定的内移值 p,计算见式(2-6-4):

$$p = \frac{L_s^2}{24R} - \frac{L_s^4}{2688R^3} \tag{2-6-4}$$

式中:L_s——缓和曲线长度(m);

R——缓和曲线所连接的圆曲线半径(m)。

因 $\frac{L_s^4}{2688R^3}$ 计算值很小,可忽略不计,则式(2-6-4)可简化为 $p = \frac{L_s^2}{24R}$。

中间带宽度变化控制因素在于采用圆曲线或直线时,通过调整前(后)缓和曲线参数来实现中间带宽度变化的线形过渡,其左右幅线形主要受 p 值大小的影响。假设标准路段为直线段,中间带单侧宽度 $d = 1\text{m}$;加宽段位于圆曲线,加宽值单侧为 Δb,则中间带宽度单侧值为 $1 + \Delta b$;根据左右分幅线形设计,则平曲线内外缘参数 $R_外$、$R_内$、$p_外$、$p_内$ 分别如下:

(1)中间带外缘边线平曲线内移值:$p_外 = p - \Delta b$;圆曲线半径 $R_外 = R + \Delta b + 1$。

(2)中间带内缘边线平曲线内移值:$p_内 = p + \Delta b$;圆曲线半径 $R_内 = R - \Delta b - 1$。

根据式(2-6-4)的简化公式,平曲线缓和曲线长度 $L_s^2 = 24Rp$,则:

$$L_{s内}^2 - L_s^2 = 24(R - \Delta b - 1)(p + \Delta b) - 24Rp \tag{2-6-5}$$

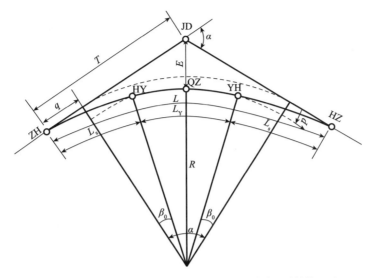

图 2-6-19 以中心线平曲线的回旋线作为缓和曲线的计算模型图

式(2-6-5)可简化为：

$$(L_{s内} - L_s)(L_{s内} - L_s + 2L_s) = 24\Delta b(R - \Delta b - p - 1) - 24p \quad (2\text{-}6\text{-}6)$$

令 $L_{s内} - L_s = \Delta L_{s内}$，则式(2-6-6)可调整为：

$$\Delta L_{s内}^2 + 2L_s\Delta L_{s内} - 24\Delta b(R - \Delta b - p - 1) + 24p = 0 \quad (2\text{-}6\text{-}7)$$

求解式(2-6-7)，得：

$$\Delta L_{s内} = \sqrt{L_s^2\left(1 - \frac{1}{R} + \frac{\Delta b}{R}\right) + 24\Delta b^2 + 24\Delta b(R+1)} - L_s \quad (2\text{-}6\text{-}8)$$

同理得：

$$\Delta L_{s外} = \sqrt{L_s^2\left(1 + \frac{1}{R} + \frac{\Delta b}{R}\right) - 24\Delta b^2 - 24\Delta b(R+1)} - L_s \quad (2\text{-}6\text{-}9)$$

由式(2-6-8)、式(2-6-9)可知，通过缓和曲线参数调整实现中间带宽度变化，并符合左右分幅线形设计，则过渡段内外缘缓和曲线长度与设计中心线圆曲线半径 R、缓和曲线长度 L_s 及中间带宽度变化值 Δb 相关。

6.5.2 中间带宽度增宽值与中间带内外缘缓和曲线长度相关性分析

假定设计中心线平曲线中缓和曲线长度 L_s = 100m、150m、200m、250m，圆曲线半径 R = 1000～4000m，中间带单侧加宽值 Δb 从 0m 增加到 1.5m；根据式(2-6-8)、式(2-6-9)计算得出中间带内外缘缓和曲线长度变化值 $\Delta L_{s内}$、$\Delta L_{s外}$，如图 2-6-20 所示。

由图 2-6-20 可知：

(1) 当中间带单侧加宽值不断增加时，曲线内侧中间带边缘缓和曲线长度随之增加，所以曲线内侧缓和曲线较容易敷设；而曲线外侧中间带边缘缓和曲线长度则是随之不断减小。当中间带宽度变化值大于 0.50m 时，曲线外侧较难符合敷设条件，如果缓和曲线长度减少值大于中心线缓和曲线长度，曲线将出现中断，即不连续现象，此时表明无法通过调整缓和曲线参数实现中间带宽度变化符合左右分幅线形设计的要求。

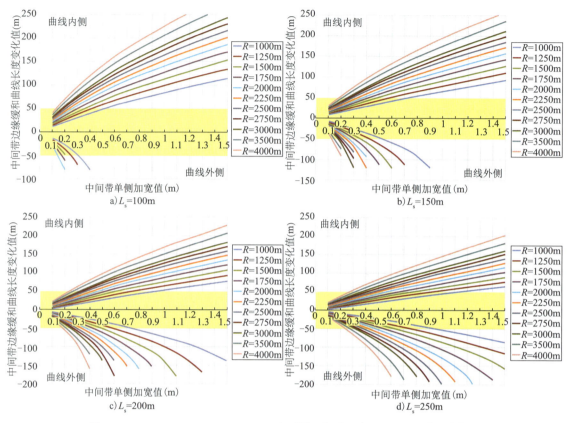

图 2-6-20　$L_s=100m$、$150m$、$200m$、$250m$ 时，不同 R 值下 Δb 与 $\Delta L_{s内}$、$\Delta L_{s外}$ 关系变化图

（2）随着圆曲线半径的增加，曲线内、外侧中间带边缘缓和曲线长度变化值均不断增加，且随着中心线圆曲线半径增大，中间带内外缘缓和曲线长度增加或减小的幅度更大。当 $R \geq 1500m$ 时，容易造成中间带内外缘缓和曲线长度差异大，内外缘组合线形的合理性、可行性需要针对具体计算结果分析确定。

（3）随着中间带单侧加宽值的增加，曲线内外侧缓和曲线长度的变化基本呈线性变化，且其变化率随着设计中心的圆曲线半径增大不断增加。如当 $L_s=200m$、$R=2000m$、$\Delta b=0.9$ 时，中间带外缘缓和曲线长度变化值已大于 200m，即无法通过缓和曲线参数调整进行过渡，而内缘缓和曲线长度变化值为 88.3m，缓和曲线长度为 288.3m。当内缘缓和曲线长度计算值过长时，可能使圆曲线长度缩短过多而变得过短，造成平曲线各单元长度不协调。

从以上分析结果可知，当中间带边缘缓和曲线长度计算值变化在 ±50m 以内时，采用调整缓和曲线参数实现中间带宽度变化的方法满足左右分幅线形设计相关规定的要求；当中间带内外缘缓和曲线长度变化值大于 50m 时，调整中间带内外缘缓和曲线参数则难以满足左右分幅线形设计要求。

6.5.3 中心线缓和曲线长度变化与中间带内外缘缓和曲线长度相关性分析

假定中间带单侧加宽值 $\Delta b = 0.25\text{m}$、0.5m、1m、1.5m，圆曲线半径 $R = 1000 \sim 4000\text{m}$，缓和曲线长度 L_s 从 150m 增加到 300m，根据式（2-6-8）、式（2-6-9）计算得出中间带内外缘缓和曲线长度变化值 $\Delta L_{s内}$、$\Delta L_{s外}$，如图 2-6-21 所示。

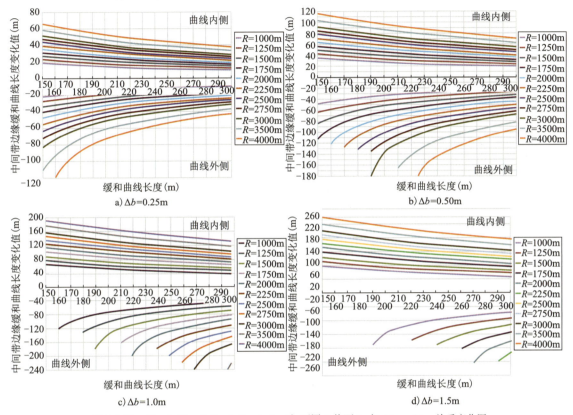

图 2-6-21　$\Delta b = 0.25\text{m}$、0.5m、1.0m、1.5m 时，不同 R 值下 L_s 与 $\Delta L_{s内}$、$\Delta L_{s外}$ 关系变化图

由图 2-6-21 可知：

（1）随着中心线圆曲线半径的增加，中间带内外缘缓和曲线长度变化值均呈不断增加趋势。

（2）随着中心线缓和曲线长度的增加，中间带内外缘缓和曲线长度变化值呈下降趋势，且内缘缓和曲线长度下降速度较外缘慢。当 $\Delta b = 1.0$、$R = 2000\text{m}$ 时，L_s 由 150m 增加到 300m，中间带内缘缓和曲线长度变化值仅为 44.088m，外缘变化值为 105.031m，即曲线中心线长度每增加 10m，中间带内缘缓和曲线长度仅减少 2.939m、外缘减少 7.00m；若中心线缓和曲线长度不到 200m，内缘缓和曲线计算值已经大于 200m，通过调整缓和曲线参数的方法无法满足中间带宽度过渡符合左右分幅线形设计的要求。

（3）随着中间带单侧加宽值的增加，中间带内外缘缓和曲线长度变化值也不断增加。当中间带单侧加宽值为 1m 时，中间带内外缘缓和曲线长度变化值已达 40m，对缓和曲线长度的取值影响较大。故当中间带单侧宽度变化值小于 0.5m 时，建议采用调整缓和曲线参数方法来实现中间带的宽度变化；当中间带宽度单侧宽度变化值小于 1 时，需结合设计中心线圆曲线半径和中间带内外缘缓和曲线参数计算结果分析确定。

6.5.4 在缓和曲线上采用线性渐变的分幅过渡安全性分析

当中间带单侧宽度变化值较大时,在缓和曲线线长度范围通过调整缓和曲线参数难以实现左右分幅线形设计,此时可考虑在缓和曲线全段或一段采用线性渐变方式分幅过渡,过渡段渐变率应不大于1/100,如图2-6-22所示。

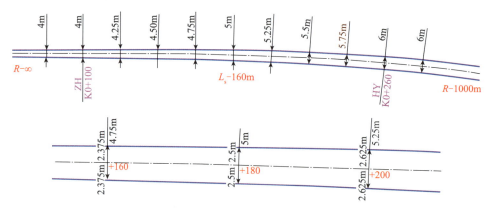

图2-6-22　中间带宽度在缓和曲线上线性渐变的分幅过渡示意图

路线平面线形中,直线、圆曲线路段曲率相同,中间带宽度变化在直线或圆曲线上渐变过渡,必然产生较短路段范围内曲率不连续及行车轨迹发生改变的现象。因此,采用线性渐变过渡时,因缓和曲线上任意一点的曲率本身就是变化的,应首选在缓和曲线路段范围内渐变过渡,在缓和曲线上线性渐变的分幅过渡可避免平曲线出现小偏角或原单圆曲线被拆分零散化的情况,使路线线形保持连续性,保证交通安全。

 6.6 应用案例

6.6.1 在高速公路沉管隧道前后路段中的应用

某高速公路明挖隧道工程,隧道末端段、敞开隧道段和听海大道特殊结构桥梁段均位于同一平曲线。其中明挖隧道中间带宽度要求为5.2m,末端可适当减小;听海大道特殊结构桥梁中间带宽度要求为4.9m;设计终点位于缓和曲线,衔接既有桥梁中间带宽度为2m,该段落中间带宽度过渡较为复杂,限制因素较多。由于中间带宽度较既有桥梁的标准横断面增宽3.2m,按照现行规范规定必须采用左右分幅线形设计。

综合考虑控制因素,在明挖隧道末端的缓和曲线全段采用左右分幅线形设计,中间带宽度由5.2m过渡至4.9m,过渡段缓和曲线长度155m;明挖隧道洞口段、敞开隧道,听海大道特殊结构桥梁中间带宽度保持4.9m不变;终点段在缓和曲线上采用线性渐变的分幅过渡,中间带宽度由4.9m渐变至2m,渐变率1/117,衔接既有桥梁。该段高速公路中间带宽度变化分二次分幅进行,第一次过渡在缓和曲线上采用调整缓和曲线参数做到左右分幅线形设计,第二次过

渡也在缓和曲线上,但因该段为改扩建路段,既有缓和曲线长度较长,宽度变化值又偏大,难以通过调整缓和曲线参数实现左右分幅线形设计。经反复比较,最后采用在缓和曲线上线性渐变的分幅过渡方式进行渐变过渡,路线线形始终保持连续,有利于交通安全,见图2-6-23。

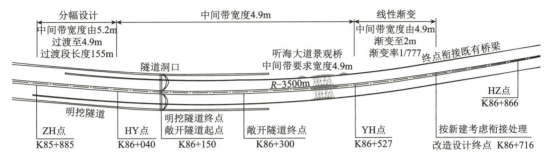

图 2-6-23　路线线形分幅过渡设计示意图

6.6.2　在超多车道高速公路中间带设墩路段中的推广应用

由于上跨高速公路的桥梁受行车视距、侧向余宽、桥墩防撞措施等的影响,较多高速公路中央分隔带不允许设置桥墩。随着我国经济高速增长的需要,改扩建双向六车道以上高速公路将越来越多,包括新建高速公路考虑远期预留六车道以上改扩建条件。一跨跨越整体式六车道以上高速公路,因跨线桥桥梁跨径较大,特别是小角度交叉时,桥梁工程规模增加明显。大型枢纽互通式立交范围内,跨线桥梁较集中路段或小角度交叉的重大桥梁工程,为了减小桥梁跨径和桥梁工程规模,可通过采取对高速公路局部路段中间带宽度增宽的措施来满足上跨桥梁设墩要求,见图2-6-24;但中间带增宽路段过渡方式宜采用本章推荐的调整两端缓和曲线参数的方式实现左右分幅线形设计。

图 2-6-24　中间带宽度变化分幅过渡实景图

本章参考文献

[1] 中华人民共和国交通运输部.公路路线设计规范:JTG D20—2017[S].北京:人民交通出版社股份有限公司,2017.

[2] 中华人民共和国交通部.公路路线设计规范:JTJ 011—94[S].北京:人民交通出版

社,1994.

[3] 中华人民共和国交通部.公路路线设计规范:JTG D20—2006[S].北京:人民交通出版社, 2006.

[4] AASHTO. A Policy on Geometric Design of Highways and Streets[M]. Washington, D. C., 2011.

[5] 日本道路公团.日本高速公路设计要领[M].西安:陕西省旅游出版社,1991.

[6] 杨轸,唐莹,唐磊.隧道出入口平面线形一致性[J].同济大学学报(自然科学版),2012,40(4):553-558.

[7] 杨少伟,洪玉川,潘兵宏.基于车辆偏移阈值的隧道洞口缓和曲线参数研究[J].中外公路,2017,37(8):4-7.

[8] 曹友露,高建平.圆曲线与缓和曲线组合对高速公路运营安全的影响[J].中外公路, 2016,36(6):300-305.

[9] 范爽.高速公路平面线形指标及其组合安全性研究[D].西安:长安大学,2019.

[10] 张捷,任作武,朱守林.草原公路直线段长度对驾驶人心率变异性的影响研究[J].科学技术与工程,2014,14(18):135-139.

[11] 田林,许金良,贾兴利.高海拔地区驾驶人心率-反向曲线间直线长度-车速关系分析[J].公路交通科技,2015,32(11):138-142.

[12] 武士钥,朱守林,戚春华,等.基于驾驶人视觉特性的草原公路直线长度研究[J].内蒙古农业大学学报(自然科学版),2013,34(6):142-147.

[13] 郭应时,付锐,袁伟,等.山区公路事故率与平面线形的关系[J].交通运输工程学报, 2012,12(1):63-71.

[14] 路宁.道路线形与交通事故关系分析[J].交通标准化,2012,4(8):120-122.

[15] 王浩,孟祥海,关志强.开阳高速公路几何线形与事故率关系研究[J].公路工程,2011, 36(4):89-92.

[16] 程国柱,程瑞,徐亮.基于路侧事故判别的公路平曲线车速限制研究[J].交通运输系统工程与信息,2020,20(1):222-227,240.

[17] 涂圣文,王冰,邓梦雪,等.考虑平纵组合的事故预测模型在双车道公路线形安全分析中的应用[J].公路,2019,64(7):196-203.

[18] 张玥.基于横向力系数的公路平曲线半径及超高取值方法研究[J].中外公路,2015,35(2):5-9.

[19] 涂文靖.曲线超高计算的优化方法及应用[J].铁道建筑,2019,59(2):120-125.

[20] 潘兵宏,周海宇,刘斌,等.基于CarSim仿真的超高过渡起点位置对比研究[J].铁道科学与工程学报,2018.15(3):637-644.

[21] 富志鹏,林宣财,任春宁,等.高速公路中间带宽度变化过渡段过渡方式的研究[J].公路交通科技,2021,38(12):28-36.

[22] 任春宁,宋帅,王佐,等.基于调整缓和曲线参数的中间带宽度变化分幅过渡研究[J].公路交通科技,2021,38(09):25-32.

[23] 中华人民共和国交通运输部.公路工程技术标准:JTG B01—2014[S].北京:人民交通出版社股份有限公司,2015.

第 7 章
CHAPTER 7 ≫

隧道洞口明暗适应特性与洞口线形优化设计

本章导读

关于隧道洞口线形应一致的规定,历次规范的修订均是含糊的,缺少具体的控制性指标,隧道洞口能否设置在缓和曲线上成为设计者、审查专家关注的最主要焦点问题,这一问题至今尚未得到一致认可。本章首先基于"瞳孔震荡"理论,以瞳孔震荡评价隧道进出口附近视觉负荷,分析隧道洞口明暗适应特性,建立了明、暗适应过程的车辆运行速度与瞳孔震荡换算关系模型,提出了不同运行速度下明、暗适应时间和距离设计指标,而且在调研过程发现产生"黑洞"与"白洞"效应的基本条件。其次,对隧道洞口线形相关规定的历次修订用词变化、理解歧义的主要观点及理由进行梳理,再根据出现理解歧义的关键焦点问题及对交通安全性的影响,在总结既有研究成果的基础上,建立了隧道洞口线形一致性控制性指标体系。本章研究内容填补了规范中相应部分的一系列空白,并提出了隧道洞口线形优化设计原理。主要结论与建议如下:

(1) 当车辆行驶速度大于或等于80km/h以上时,隧道洞口内外的明暗适应时间均短于2s,因此隧道洞口前后线形设计按3s行程控制具有较大的安全富裕度。

(2) 对地形条件复杂路段,隧道洞口前后3s行程范围的线形设计只要符合一定条件,可不必过分追求理想线形,造成工程规模和造价大幅增加,或为满足3s行程将线形指标降低,采用小半径的圆曲线,反而使行车安全性降低。

(3) 调查发现,进洞瞳孔变化所需的适应时间较出洞长,因此,不论阴天或晴天,白天进洞出现"黑洞"效应较为常见;出洞时,只有当太阳光直对隧道洞口时才会出现"白洞"效应;在阴天或缺少太阳直照时一般不会出现"白洞"现象。该调查结论纠正了长期以来较多设计者一遇到隧道洞口就强调"黑洞"与"白洞"效应及影响行车安全的认知问题,也为隧道洞口照明及遮阳棚设计提供了科学依据。

(4) 建立了缓和曲线轨迹线与冻结车辆方向盘产生的行车轨迹偏移值的计算模型,根据高速公路横断面宽度组成、车辆宽度等因素综合分析,以偏移值控制阈值取0.3m作为洞口线形一致性判别标准,并提出了洞口线形一致性控制指标。

(5) 当进隧道过程出现"黑洞"效应或出隧道过程出现"白洞"效应时为最不利状况,驾驶人瞳孔出现剧烈震荡并造成视觉障碍,持续时间长度在2s内;因此,结合规范对洞口前后3s行程距离范围的规定,建议方向盘冻结固定时间3s作为洞口线形一致性控制指标的一般值,方向盘冻结固定时间取2.5s作为最小值。

(6) 规范规定隧道洞口前后3s行程距离线形应一致,主要考虑进洞前或出洞前需要3s时间调整车辆行驶位置;当出现"黑洞"效应时,进洞过程视觉障碍出现在隧道口之内;当出现"白洞"效应时,出洞时视觉障碍出现在隧道口之外;因此,线形设计应重点控制出现视觉障碍时间段的行车轨迹线的偏移值。

7.1 隧道洞口明暗适应特性相关研究简介

随着我国高速公路建设里程的迅猛增加,公路隧道近几年年增加数量超千座。截至 2022 年,我国高速公路总里程为 17.7 万 km,已建成公路隧道 24850 座,总长 26784.3km,其中长隧道 6715 座、总长 11728.2km,特长隧道 1752 座、总长 7951.1km,特长隧道和长隧道共占隧道总长度的 73.47%,隧道里程变化如图 2-7-1 所示。随着公路隧道数量及里程的增加,隧道内及洞口附近交通事故也随之不断增加,因此,国内学者对此开展了较多相应的研究。同时,从 2003 年版《标准》开始,包括 2014 年版《标准》、2017 年版《路线规范》以及《公路隧道设计规范》(JTG 3370.1—2018)(以下简称 2018 年版《隧道规范》)等,均对隧道洞口平纵面线形提出"隧道洞口内外侧不小于 3s 设计速度行程长度范围内的平纵线形应一致"的规定。该规定是从隧道进出口明暗光线差别大的角度考虑,特别是进洞时可能出现"黑洞"效应,出洞时可能出现"白洞"效应,造成驾驶人眼睛视觉障碍,影响交通安全。

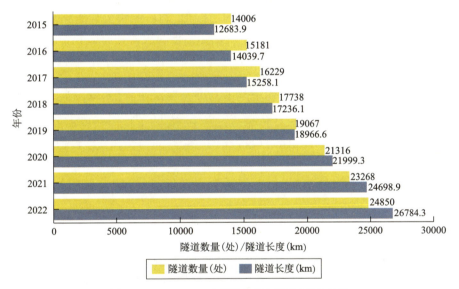

图 2-7-1 2015—2022 年隧道数量和里程变化统计图

国内对隧道及洞口明暗适应特性与行车安全性进行了较多研究,赖金星对 2193 起高速公路隧道交通事故资料进行统计分析,得到隧道中的交通事故时间、空间、形态等分布特征;张玉春调研了浙江省发生在高速公路隧道路段的 599 次交通事故,拟合出了隧道交通量与追尾事故率的关系,为重大交通事故提供了参考;倪洪亮等对西汉高速公路的公路隧道交通事故资料进行统计,分析出隧道交通事故的时间、空间、形态、原因分布规律;施卢丹根据实车实验,分析在隧道路段驾驶人的视觉特征,结果表明:特长隧道的视觉平均注视时间大于非隧道路段,特长隧道入口段瞳孔面积迅速增大,出口路段瞳孔面积迅速减小;吴玲等人通过实车实验,分析得到进出隧道时视觉感受最佳的期望车速值为 50km/h、60km/h,建立了隧道出入口减速标线参数模型;于亚敏通过实车实验,记录视点照度变化,根据相邻比值得到视觉感受分级阈值,基于仿真模拟法分析控制速度下、不同视点照度水平下隧道入口视点照度变化,提出了设置遮阳棚的条件。潘晓东等通过实车实验分析证明,在隧道进口 50m 的范围内驾驶人瞳孔面积与进出口光环境照度之间为幂函数关系,提出当瞳孔面积变化变化速率在($-6mm^2$,$4 mm^2$)之外且持续时间在 0.2s 以上时驾驶人会产生视觉障碍,以换算视觉震荡持续时间评价人眼舒适度,并指出隧道限速为 80km/h 时,驾驶人驶入隧道速度在 85km/h 以下时,人眼较为舒适,提出隧道进出口合理照度过渡斜率,分析得到 k 值,即瞳孔面积变化速率/瞳孔面积临界变化速率,基于 k 值建立驾驶人明暗适应时间与隧道长度的关系。丁光明通过实车实验,研究驾驶人心理、视觉等变化特征,结果表明在驶入隧道时人眼扫视幅度逐渐减小,驶出隧道时瞳孔面积呈指数增长。

国外对隧道交通安全方面的研究侧重于驾驶人的视觉特性与视觉疲劳的研究,研究结果大多为定性分析。R. Jurado-Piña 等人从阳光直射造成的眩光会干扰驾驶人的视力性能出发,基于柱状图上太阳路径的投影,提出了一种用于评估由隧道口造成的潜在驾驶人视力障碍情况的方法,该方法能够探索出眩光问题,并为避免眩光有针对性地提出安全保障措施。Akihiro SHIMOJO 通过分析超长隧道的驾驶性能及驾驶人驾驶偏好,研究了隧道横断面对行车安全的影响,结果表明,当右侧硬路肩狭窄时,驾驶人会产生较大的心理负荷。

根据相关研究,我国相关规范对隧道洞口前后线形、洞口照明及其他交通安全保障措施等提出了要求,随着交通环境的改善,隧道进出口路段交通事故得到有效控制;但相关研究对隧道洞口"黑洞"与"白洞"效应发生的基本条件、进洞暗适应与出洞明适应的发生规律及适应时间尚未得出明确的结论,对隧道洞口在什么条件下需要采用理想线形,在什么条件下可采取其他线形的问题仍然存在较大的争议,对建设方案及工程造价造成较大的影响;同时在什么条件下隧道进出口需要设置遮阳棚缺少设计依据,造成不必要的工程浪费或需要设置但没有设置的情况。后文通过开展隧道洞口明、暗适应特性及适应时间与交通安全性研究,提出隧道洞口发生"黑洞"与"白洞"效应的基本条件,得到进出隧道口过程的明暗适应发生规律及适应时间,为隧道洞口前后路线平纵面线形设计、隧道洞口照明设计、洞口遮阳棚设计等提供科学依据。

7.2 隧道洞口出现"黑洞"与"白洞"效应的基本条件

7.2.1 隧道洞口出现"黑洞"与"白洞"效应的基本条件

根据现场调研,不论阴天还是晴天,白天洞外自然光均明显强于洞内,由于车辆保持较高的速度行驶,车辆进洞时,洞口前后光照强度骤变,驾驶人瞳孔面积瞬时变化,造成瞬间看不清隧道内的路面标线等视线目标,如图 2-7-2a),白天进洞"黑洞"效应较为常见;如果隧道洞口照明效果较好,能避免洞口出现"黑洞"效应,见图 2-7-2b),但运营成本较高。车辆出洞时,洞外光线折射至洞内部分,有助于驾驶人瞳孔面积逐渐变小,避免瞬时变化过快,在阴天或太阳光没有对着洞口往隧道内照射时,一般不会出现"白洞"效应,见图 2-7-2c);只有太阳光往隧道洞口直射或斜射时才会出现"白洞"效应,见图 2-7-2d),出洞洞口照明与"白洞"效应几乎无关。黑夜出洞或进洞,尽管洞外照度较洞内隧道有照明时的照度低,但由于洞内外照度差较小,车灯相对又比较亮,因此基本上不存在"黑洞"或"白洞"效应。

a) "黑洞"效应(晴天,阴天)

b) 无"黑洞"效应(照明效果好)

c) 无"白洞"效应(阴天,晴天)

d) "白洞"效应(晴天,太阳光直射洞口)

图 2-7-2　隧道出入口的"黑洞""白洞"效应

7.2.2 隧道洞口出现"黑洞"与"白洞"效应的典型示例

出现"黑洞"与"白洞"的典型示例如图 2-7-3 所示，调研车辆下午 2:36 进枣园隧道，进洞时出现"黑洞"效应，下午 2:37 出隧道，太阳光直对隧道洞口方向照射进去，出现"白洞"效应；调研车辆下午 2:39 进新窑沟隧道，进洞时出现"黑洞"效应，下午 2:41 出隧道，太阳光斜对隧道洞口方向照射进去，洞口"白洞"效应不明显；调研车辆下午 2:43 进山狼岔隧道，进洞时出现"黑洞"效应，下午 2:45 出隧道，太阳光晒到洞口，但太阳光照射方向与隧道洞口断面接近平行，车辆出洞口时没有出现"白洞"效应，洞外路况清晰可见；因此，对东西走向的隧道出口和南北走向的南洞口偏东、北洞口偏西的隧道出口，太阳光直对隧道洞口方向照射时会出现"白洞"效应，这些隧道出口应特别注重遮阳设计；现场调研发现进洞时几乎所有隧道洞口都出现"黑洞"效应，如图 2-7-3，与洞口段照明较弱有较大关系。

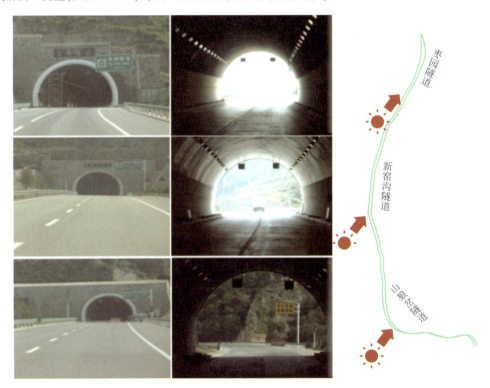

图 2-7-3　隧道出入口的黑洞/白洞效应

7.2.3 短隧道"黑洞+白洞"叠合现象的典型示例

调研发现车辆在进短隧道时，驾驶人看到的是"黑洞+白洞"叠合现象（图 2-7-4），"白洞"基本上为清晰可见的出口；从进隧道至出口全过程，始终有一个清晰可视的出口引领方向，驾驶人行驶过程避免了两眼一抹黑，什么也看不见的紧张状态；同时，驾驶人眼睛瞳孔面积变化范围也变小了，进出洞口适应时间相应变短。因此，短隧道"黑洞+白洞"叠合现象对驾驶人的驾驶行为及交通安全较"黑洞"或"白洞"效应影响小。

图 2-7-4　短隧道"黑洞 + 白洞"叠合现象

7.3 隧道出入口驾驶人明、暗适应特性与适应时间

7.3.1　明、暗适应时间及视觉变化特征试验方案

1）试验目的及任务

基于采集的隧道进、出口车辆运行速度、照度、驾驶人眼动参数数据,分析隧道进、出口照度变化规律。在此基础上探究运行速度、照度与眼动参数之间的关系,以确定驾驶人进洞对应的暗适应时间和出洞对应的明适应时间。

2）试验测点要素

（1）试验路段。

试验考虑到交通量、外界环境等因素,选取福银高速公路陕西境内段（蓝关收费站至葛牌收费站路段）,高速公路限速 120km/h、100km/h,隧道路段限速 80km/h、60km/h。试验路段及隧道的分布情况如表 2-7-1 所示。

试验路段隧道相关参数　　　　　表 2-7-1

隧道名称	辋川			山底村	白家坪		董家岩		李家河（遮阳棚连接）	
	1	2	3		1	2	1	2	1	2~3
长度(m)	610	485	260	400	600	180	220	60	900	4300
是否有照明	是	是	是	是	是	是	是	否	是	是

隧道名称	黄沙沟	庙边子	草坪	周家院				景家湾	铁索桥	
				1	2	3	4			
长度(m)	305	445	290	80	280	175	180	150	80	
是否有照明	是	是	是	否	是	是	是	是	否	

（2）试验人员。

确定试验人员样本量，基于样本均数与总体均数的比较，样本含量采用式(2-7-1)计算：

$$n = \frac{[(t_\alpha + t_\beta)s]^2}{\delta} \tag{2-7-1}$$

式中：n——样本含量（个）；

α——检验水准，本试验取 0.05，$t_\alpha = 1.96$；

β——犯第二类错误的概率，检验效能 $1-\beta$ 一般要求把握度不能低于 0.75，本试验取 $\beta = 0.25$，$t_\beta = 0.674$，采用双侧检验；

s——总体标准差的估计值(s)，根据数据分析结果取 0.6s；

δ——容许误差(s)，$\delta = \mu_1 - \mu_0$；

μ_1——试验结果总体平均值(s)；

μ_0——总体平均值，根据心理学常用最小刺激时间(s)，取 δ 为 0.2s。

根据式(2-7-1)计算得 $n = 12.488$，因此，安排试验人员为 13 人。要求所有被试驾龄大于等于 3 年，驾驶技艺娴熟，视觉机能正常，矫正视力达到 4.8 及以上。近视的被试者，要求在测试过程中佩戴隐形眼镜，以避免眼动仪佩戴于眼镜外侧引起的滑动，导致数据采集出现较大误差。

（3）隧道照明参数。

表征照明质量的常用量化指标为照度、亮度。照度定义为光通量与被照明表面积之比，即单位面积通光量，记作 E，计量单位为勒克斯(lx)。照度取值与被照物体无关，不同材质的物体由于反射系数不同，在人眼中呈现的亮度却不同。由于人对亮度的视觉感受受色温影响较大，光通量一致时，人觉得色温较高的亮度较高，是一种虚假的亮；若考虑人眼中隧道亮度情况，不同物体在不同人眼中所占比例存在差异，导致沿人眼方向的光强不一致，因而亮度测量步骤烦琐，产生误差的影响因素较多，故本章中隧道照明选用照度作为采集参数。

（4）眼动参数。

瞳孔是人眼重要的构成元素，其主要功能是调节人眼通光量，类似于相机的光圈。环境光照度增加，瞳孔面积缩小，在单位时间内通过的通光量减少；环境光照度较低，瞳孔面积增大，在单位时间内的通光量增大。在非常明亮时，瞳孔直径在 2mm 左右；在黑暗中，瞳孔直径在 8mm 左右，直径扩大近 3 倍。在通过隧道时，驾驶人会经历光环境的突变，驾驶人瞳孔受自主神经系统控制虹膜肌调控大小；然而瞳孔面积变化速率是有限制的，当超过限制，瞳孔将难以聚焦，导致视网膜成像不清，影响驾驶人视觉。故选取瞳孔面积表征驾驶人眼动参数，量化分析明、暗适应时间。

3）试验流程

（1）选取晴天进行户外试验，在试验车辆内部固定记录车速与照度数据的手机，准备相关设备。

（2）在收费站附近停车，并试佩戴眼动仪，启动设备并进行 3 点校准，在进行校准时要先调出眼睛捕捉图像，如图 2-7-5 所示，再进行校准工作。点击开始，进行数据记录，驾驶人进入试验路段行驶（图 2-7-6）。

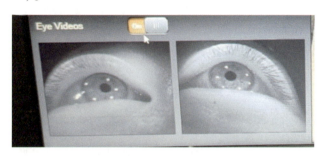

图 2-7-5　眼动仪校准眼睛捕捉图像

图 2-7-6　试验过程

（3）告知被试者根据自己的驾驶习惯操作驾驶，在进入李家河隧道群时根据副驾驶提示速度打开定速巡航系统，操作中应避免触碰眼动仪。

（4）在进入隧道洞口前方 500m 前，根据手机导航提示，副驾驶打开照度计开关，出隧道洞口约 1min 关闭照度计。试验全程，两部手机始终保持视频录制状态。

（5）时刻注意眼动仪与计算机之间数据连接是否稳定，一旦连接断开，寻找最近的服务区或至紧急停车带停车调整，从步骤（5）开始补充单次试验。

（6）在到达下一收费站后视为单次试验结束，停止数据记录并拆卸眼动仪，更换被试人员，从步骤（2）开始重复步骤（3）～（5）。

（7）下午 5 点左右，待单个被试测试完成，停止试验，整理仪器，以确保隧道进出口存在较为明显的照度变化。

4）试验误差分析与处理

（1）仪器误差。

①眼动仪误差：在车辆行驶的过程中难免会出现颠簸现象或眼动仪松动的现象，环境光线

太暗或太亮也可能会导致眼动数据无法被记录上。

②照度计误差:照度计会有温度依赖性,且会受到测定方向性的影响。

(2)外界环境误差。

①在黑暗的光源中突然出现其他光线的影响。

②洞口处植被或山体遮挡也会对照度有所影响。

(3)处理误差的方法。

①试验开始时,尽量保持车内安静,以减少对被试驾驶人的心理影响。

②严格按照相关规定校准眼动仪。

③试验期间若出现异常状况要及时采取补救措施。

7.3.2 数据处理与分析

1)数据分析软件

本章采用的数据分析软件为 SPSS、Data Viewer、Excel、Origin、Adobe Premiere Pro CC 2018、KM player。

(1)Data Viewer:为眼动仪自带数据分析软件,用于导出所需数据。

(2)Adobe Premiere Pro CC 2018:一款画面编辑软件,Premiere 提供了采集、剪辑、调色、美化音频、字幕添加、输出、DVD 刻录等一系列功能。

(3)KM player:影音全能播放器,支持几乎全部音视频格式,可实现控制不同音效、调节音速快慢等多种功能。

2)数据预处理

首先用眼动仪自带的分析软件将数据导出,将 avi 视频、wav 音频、txt 文本文件保存在笔记本电脑中,其次用 Adobe Premiere Pro CC 2018 将照度视频、速度视频、眼动视频、音频与对应时间保持一致。由于数据量大,在 Excel 中将数据进行初步整理,用 KM player 将照度、速度、瞳孔面积的对应数值记录到相应的表格(图 2-7-7)。

图 2-7-7 数据处理图

7.3.3 明、暗适应时间变化规律研究

1)基于"瞳孔震荡"的明、暗适应时间界定

在隧道入口附近,由于光强变暗,瞳孔面积变大(图 2-7-8);在隧道出口附近,光照强度恢复洞外自然光,瞳孔面积变小。瞳孔面积因光照强度的改变而发生变化属于自然现象,并不一定会导致驾驶人在行驶过程中出现视觉信息获取障碍。以瞳孔面积变化趋势定义的明、暗适应时间普遍过长。只有当明、暗过渡剧烈,才会引起瞳孔面积瞬时变化,当变化范围超出驾驶人适应阈值,瞳孔将会难以聚焦,阻碍视网膜清晰成像,导致出现强烈的视觉不适与信息获取障碍。

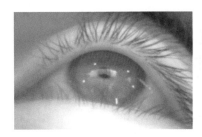 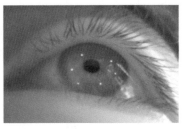 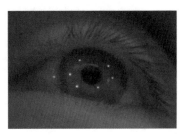

图 2-7-8　进洞时瞳孔面积逐渐变大

本章提出以瞳孔震荡作为界定指标,用来量化分析隧道进出口范围内明、暗适应时间。瞳孔震荡定义及对应时间:①起始时间:瞳孔面积扩张到前一相邻时刻的 50% 及以上;②结束时间:瞳孔面积缩小到前一相邻时刻的 50% 及以下(图 2-7-9)。此现象类似于医学上的心率震荡。

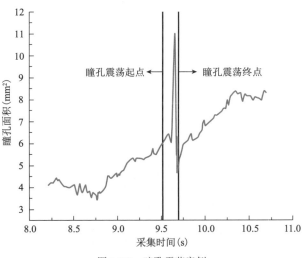

图 2-7-9　瞳孔震荡案例

以瞳孔震荡评价隧道进出口附近视觉负荷,进而量化明、暗适应时间。视觉负荷与刺激的强度、刺激时间呈正向相关,故采用瞳孔瞬时震荡幅度 μ 衡量视觉负荷强度[式(2-7-2)],得到换算瞳孔震荡时间 T 的计算式(2-7-3)。

$$\mu = \int_{t_0}^{t_0+t_v} \frac{S(t) - S(t_1)}{\Delta St_v} dt \tag{2-7-2}$$

$$T = f(\mu) t_v \qquad (2\text{-}7\text{-}3)$$

式中：μ——瞳孔震荡幅度；

t_v——瞳孔瞬时震荡时间(s)；

t_0——瞳孔瞬时震荡起点时间(s)；

$S(t)$——t 时刻对应瞳孔面积(mm^2)；

$S(t_1)$——t_1 时刻对应瞳孔面积，t_1 为 t_v 内瞳孔面积最小值对应的时间(mm^2)；

ΔS——瞳孔面积变化正常区域范围差值(mm^2)，瞳孔直径正常变化区域为 2～5mm 之间，故取 16.5mm^2；

T——换算瞳孔震荡持续时间(s)；

$f(\mu)$——瞳孔震荡幅度函数，当 $\mu \leq 1$ 时，$f(\mu) = 1$；当 $1 < \mu < 1.1$ 时，$f(\mu) = \mu$；当 $\mu \geq 1.1$ 时，$f(\mu) = 1.1$。

研究表明，人眼无法感知小于 0.1s 的视觉刺激，心理学常用最小刺激时间为 0.2s。对于相邻瞬时瞳孔震荡时间差小于 0.1s 的数据，应视为一次瞬时瞳孔震荡发生。在后续分析数据过程中，发现对于长隧道存在二次震荡现象，即在出现一次时间大于 0.2s 的瞬时震荡后，又出现了第二次大于 0.2s 的瞬时震荡，此时应分别计算单次强度得到换算时间，各自时间加上中间间隔时间为换算震荡持续时间。

相关文献提出基于视觉符合的行车舒适性评价标准（表 2-7-2）。

基于驾驶人主观感受的隧道洞口行车舒适性评价尺度 表 2-7-2

视觉震荡累计时间(s)	≤0.1	0.1~0.2	0.2~1.0	1.0~1.5	>1.5
驾驶人主观感受	舒适	轻度不适	不适	重度不适	极其不适

2) 数据处理

通过眼动仪采集得到瞳孔直径原始数据（图 2-7-10），发现存在部分瞳孔直径为 0 的数据，即未采集到该对应时刻瞳孔变化情况。造成数据采集误差的主要原因如下：①车辆行驶中出现较大幅度颠簸，眼动仪未能捕捉瞳孔。②瞳孔晶状体落在焦点外。③眨眼：不自知地眨眼或因光线太强出于自我保护的眨眼行为。

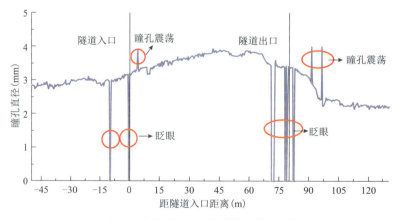

图 2-7-10　隧道瞳孔直径变化原始数据分布案例

研究表明,左右眼瞳孔直径差的绝对值应不大于 0.25mm,当左右眼有一处存在为 0 的数据,且上一相邻时刻左右眼直径满足差值要求时,为 0 的数值采用另一只眼的数值代替,分析过程中取左右眼均值。通过瞳孔直径,基于圆面积计算公式求取瞳孔面积。当空白数据占据分析数据区间的 20% 及以上时,界定数据为无效数据。

3) 隧道洞口明、暗适应发生起始点位置

试验车速区间变化范围为 50~102km/h,隧道进出口有效样本数量 127 次。根据式(2-7-2)与式(2-7-3),得到基于驾驶人行车舒适性的隧道洞口瞳孔换算震荡持续时间分布情况(表 2-7-3)。其中,隧道进口有 72.44% 的样本存在视觉震荡,隧道出口有 69.29% 的样本发生视觉震荡。

基于舒适性的隧道洞口瞳孔换算震荡时间分布　　　　表 2-7-3

	瞳孔换算震荡持续时间 T(s)	≤0.1	0.1~0.2	0.2~1	1~1.5	>1.5
隧道进口	样本量	29	7	42	11	3
	百分比(%)	31.52	7.6	45.65	11.96	3.26
	瞳孔换算震荡持续时间 T 均值(s)	\multicolumn{5}{c}{0.478 ± 0.445}
隧道出口	样本量	52	5	27	3	1
	百分比	59.09	5.68	30.68	3.41	1.11
	瞳孔换算震荡持续时间 T 均值(s)	\multicolumn{5}{c}{0.267 ± 0.354}

从表 2-7-3 看出,在发生瞳孔震荡的样本中,隧道进出口瞳孔换算震荡时间集中分布于 0.2~1s 之间,比较隧道进出口震荡时间 T 的均值,从行车舒适性角度出发考虑,隧道出口优于隧道入口。采用配对 t 假设检验,分析 13 名被试者在隧道进出口产生轻微不适及以上情况的瞳孔换算震荡持续时间均值是否存在显著差异,表 2-7-4 为不同被试隧道进、出口瞳孔震荡换算震荡时间均值,配对 t 假设检验结果(图 2-7-11)。根据假设检验结果,隧道进、出口瞳孔换算震荡时间存在显著差异。根据数据趋势,可以认为进洞瞳孔换算震荡时间长于出洞。

不同被试隧道进、出口瞳孔换算震荡时间均值　　　　表 2-7-4

被试	1	2	3	4	5	6	7	8	9	10	11	12	13
进洞瞳孔换算震荡时间均值(s)	0.366	0.734	0.881	0.332	0.873	0.751	0.757	0.732	0.455	0.699	0.824	0.399	0.532
出洞瞳孔换算震荡时间均值(s)	0.285	0.473	0.673	0.183	0.365	0.774	0.555	0.608	0.591	0.620	0.562	0.266	0.374

探究车速与产生轻微不适及以上的瞳孔震荡换算时间关系,绘制隧道洞口运行速度与瞳孔换算震荡时间关系,如图 2-7-12 所示。由于数据分布不满足正态分布要求,采用 Spearman 相关系数进行分析,分析结果见表 2-7-5。

车速与瞳孔换算震荡时间相关性分析　　　　表 2-7-5

统计学分析指标		速度(km/h)	瞳孔换算震荡时间(s)
进洞速度	Spearman 相关	1	-0.464
	P 值	—	0.0001
出洞速度	Spearman 相关	1	-0.052
	P 值	—	0.765

注:采用双尾显著检验,显著水平 0.05。

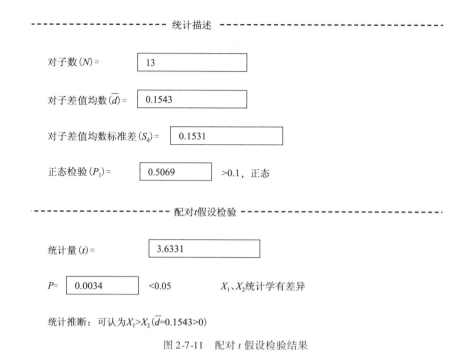

图 2-7-11 配对 t 假设检验结果

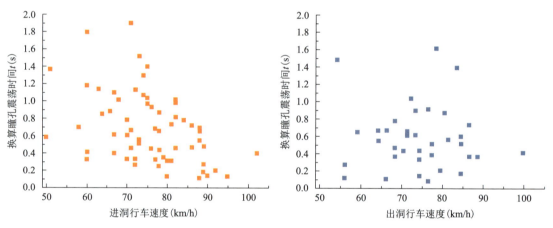

图 2-7-12 隧道洞口运行速度与瞳孔换算震荡时间关系

分析结果表明在隧道入口,瞳孔换算震荡时间 T 与运行速度呈中等强度的负相关,而在隧道出口车辆运行速度与换算震荡时间 T 之间未表现出相关性。

以明适应过程瞳孔换算震荡时间的85%分位值作为视觉不适临界值,由于出洞时瞳孔换算震荡时间与行驶速度未表现出显著相关,故直接取隧道出口瞳孔换算震荡持续时间85%分位临界值为0.898s。对暗适应过程,瞳孔换算震荡时间与行驶速度表现为中等强度的负相关,考虑试验隧道限速情况,故分别对50~70km/h、71~102km/h两组速度分布区间取隧道内的瞳孔换算震荡持续时间85%分位临界值1.181s、1.064s。

进一步统计分析发生轻微不适及更为强烈不适状况时瞳孔换算震荡发生的位置,得到对应空间分布情况,如表2-7-6所示。

隧道洞口瞳孔换算震荡起始点空间分布 表2-7-6

距洞口距离(m)		−40以下	−40~−30	−30~−20	−20~−10	−10~0	0~10	10~20	20~30	30~40	40以上
进洞	样本量	0	1	1	11	13	19	11	7	2	0
	百分比(%)	0	1.54	1.54	16.92	20.00	29.23	16.92	10.77	3.08	0
出洞	样本量	0	0	1	2	19	14	12	4	2	0
	百分比(%)	0	0	1.85	3.70	35.19	25.93	22.22	7.41	3.70	0

注：距洞口距离0m位置为洞口位置，正值为洞外距洞口位置，负值为洞内距洞口位置。

根据表2-7-6中分布结果，并进一步按行车速度50~70km/h、71~102km/h将空间分布结果分为两组。

从瞳孔换算震荡起点位置分布来看，大多数集中于洞口附近20m内的位置，且从试验结果来看，瞳孔换算震荡的起点位置随驾驶人、外部环境及其他偶发因素的差异，在洞内与洞外均有分布。从驾驶人经历瞳孔换算震荡的最不利情况考虑，为满足绝大多数驾驶人的明暗适应过程需求，将明、暗适应过程分为洞内、洞外部分分别考虑。对暗适应瞳孔震荡过程的洞外部分，将其考虑为瞳孔换算震荡洞外起点分布85%分位值位置至隧道洞口的一段距离，此时即可满足大多数驾驶人暗适应瞳孔震荡需求；对洞内部分，将瞳孔换算震荡起点位置考虑为洞内位置分布的85%分位值，即大多数驾驶人在此之前开始经历瞳孔换算震荡，故洞内暗适应距离包含洞口至瞳孔换算震荡洞内起点分布85%分位值位置、瞳孔换算震荡时间85%分位值内车辆行驶距离两部分，如图2-7-13所示。

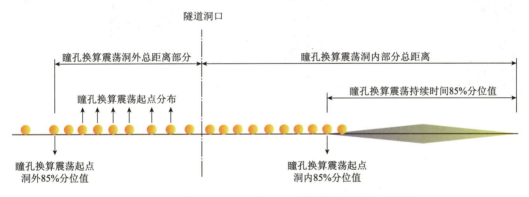

图2-7-13 隧道出入口明暗适应过程瞳孔换算震荡总距离示意图

同理，对明适应过程洞内部分的瞳孔换算震荡距离考虑为瞳孔换算震荡洞内起点分布85%分位值位置至洞口的距离；对洞外部分，同样将瞳孔换算震荡总距离考虑为两部分，既洞口至瞳孔换算震荡洞外起点分布85%分位值位置的距离与瞳孔换算震荡时间85%分位值内行驶的距离。

试验结果中隧道出入口瞳孔换算震荡洞内外起点位置85%分位值分布如表2-7-7所示。

隧道洞口明、暗适应发生起始点位置　　　表 2-7-7

隧道限速值(km/h)		60	80 及以上
速度分布区间（km/h）		50~70	71~102
暗适应起点距洞口距离(m)	洞外 85% 分位值	22	26
	洞内 85% 分位值	−16	−17
明适应起点距洞口距离(m)	洞外 85% 分位值	17	22
	洞内 85% 分位值	−6	−9

注：距洞口距离 0m 位置为洞口位置，正值为洞外距洞口位置，负值为洞内距洞口位置。

7.3.4　隧道出入口明暗适应过程

从实际驾驶行为与需求的角度出发，驾驶人在驶出隧道时，处于光环境过渡程度较大的场景中，如在"白洞"效应下，驾驶人在瞳孔震荡前实际上已无法看清隧道外部的路况与环境，如图 2-7-14a)所示。因此，明适应过程还需考虑驾驶人在经历瞳孔震荡前对洞外空间方向迷失的反应时间(准备时间)。同样驶入隧道时，如在"黑洞"效应下[图 2-7-14b)]，驾驶人在瞳孔震荡前实际已无法看清隧道内的路况环境。因此暗适应过程同样需考虑驾驶人在经历瞳孔震荡前迷失空间方向的反应时间(准备时间)，隧道出入口明暗适应全过程见图 2-7-15。

a)"白洞"效应　　　　　　　　　　　　　　b)"黑洞"效应

图 2-7-14　驾驶人出入隧道洞口时的"白洞"与"黑洞"效应

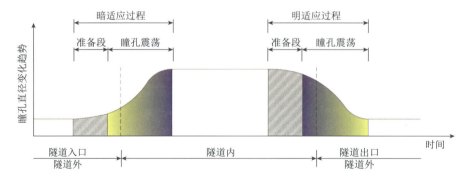

图 2-7-15　隧道出入口明暗适应过程示意图

7.3.5 洞口明、暗适应时间

目前国内外大量研究成果中对驾驶人反应时间的建议取值集中于 0.5~1.5s。结合上述实际驾驶需求，从安全的角度出发，对暗适应时间的洞外部分与明适应时间的洞内部分，在试验所得出瞳孔换算震荡时间的基础上，给予 0.5~1.5s 反应时间，从进洞与出洞安全性角度考虑，将洞外暗适应时间与洞内明适应时间统一取值为 2s，洞内暗适应时间与洞外明适应时间取值则按试验值进行取整。

同时考虑到 2018 年版《隧道规范》对隧道内行车道左侧侧向宽度的规定较原规范有所提高，使得隧道内的限制速度具有了采用路段设计速度的安全条件。从将来可能的限速考虑，将隧道路段 120km/h 作为上限，最终提出隧道洞口明、暗适应时间建议值如表 2-7-8 所示。

隧道洞口明、暗适应时间　　　　表 2-7-8

隧道路段不同车道运行速度或限速值(km/h)		120	110	100	90	80	70	60
洞外暗适应时间(s)	试验值	0.84	0.91	1.01	0.96	1.08	1.13	1.32
	建议值	2.0	2.0	2.0	2.0	2.0	2.0	2.0
洞内暗适应时间(s)	试验值	1.57	1.62	1.68	1.74	1.83	2.00	2.14
	建议值	1.6	1.6	1.7	1.7	1.8	2.0	2.1
洞外明适应时间(s)	试验值	1.62	1.68	1.76	1.70	1.79	1.77	1.92
	建议值	1.6	1.7	1.7	1.7	1.8	1.8	1.9
洞内明适应时间(s)	试验值	0.27	0.29	0.32	0.32	0.36	0.31	0.36
	建议值	2.0	2.0	2.0	2.0	2.0	2.0	2.0

7.4 隧道进出口前后 3s 行程范围驾驶行为及行车安全性分析

7.4.1 从隧道洞口内外交通条件不同分析

隧道洞口内外总是存在光线明暗的差异，明、暗适应的影响程度取决于隧道口内的照明效果。当隧道洞口出现对交通安全最不利的"黑洞"或"白洞"效应时，对正常行驶的车辆驾驶行为有较大的影响，如在洞口前适当的减速、进出洞口时固定方向盘等，若操作不当，有可能影响交通安全。由于隧道洞口内外光线反差较大，进入隧道口后交通环境突变，隧道内的环境更差，且进洞前出现"黑洞"效应概率较大，容易在隧道入口附近路段发生交通事故；出隧道口后交通环境优于隧道内，而且出现"白洞"效应概率较小，故在隧道出口附近发生交通事故的概率较低；短隧道驾驶人进洞前如果能看到出口，出现"黑洞+白洞"叠合现象，有利于缩短明、暗适应时间，从进洞至出洞始终能看到清晰可见的出口，有了视觉导向，有利于交通安全。

7.4.2 从隧道进出口运行速度变化趋势差异分析

运行速度对交通安全影响较大，驾驶人从驶入隧道至驶出隧道，运行速度大致分为调整期、适应期、调整期三个阶段（图2-7-16）。在接近隧道入口时，随着光环境的突变（含黑洞效应），驾驶人会逐渐减速；进入隧道之后，驾驶人在适应隧道内的环境后，会逐渐提高运行速度，直至增大至期望速度（限制速度），并以期望速度一直行驶至接近隧道出口路段；接近隧道出口时，驾驶人又会适当减速以适应隧道出口段光环境的变化（含白洞效应），适应出口光环境变化后，又会进行加速行驶。由此可见，在隧道出入口路段，驾驶人为了适应明暗光线的变化，一般通过合理控制行驶速度来确保行车安全；在进入隧道过程中，如果行驶速度控制不合理，速度差过大，或超速进隧道，安全风险则比较大。

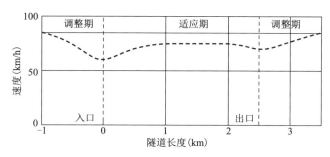

图2-7-16　隧道内车速趋势变化示意图

7.4.3 从隧道进出口连接线纵坡度对运行速度影响分析

隧道洞口连接线纵坡与洞口关系分别为：下坡进洞、上坡进洞、下坡出洞、上坡出洞四种。上坡进洞与上坡出洞对洞口前保持合理的行驶速度是有利的，因此有利于交通安全。下坡进洞对进洞时需要减速行驶影响较大，因为下坡过程往往保持较高的运行速度行驶，造成到洞口时仍然保持较高的速度进洞，在洞口"黑洞"效应下，可能会带来较大的安全风险；下坡出洞，由于隧道内的运行速度较低，即使保持较隧道内允许速度还要高些的速度行驶，相对于隧道外的运行速度仍然偏低，只要洞口没有出现"白洞"效应，行车安全有保障。

7.4.4 隧道洞口不降速的通行条件及安全保障措施

在隧道入口附近，由于光强变暗，驾驶人眼睛瞳孔面积变大；在隧道出口附近，光照强度恢复至洞外自然光，瞳孔面积变小。瞳孔面积因光照强度的改变而发生的变化属于自然现象，并不一定会导致驾驶人在行驶过程中出现视觉信息获取障碍；当明、暗过渡剧烈，将引起瞳孔面积瞬时变化过快；当变化范围超出驾驶人适应阈值，将导致瞳孔难以聚焦，阻碍视网膜清晰成像，导致出现强烈的视觉不适与信息获取障碍，进洞表象为"黑洞"效应，出洞表现为"白洞"效应，这时驾驶人难以做出符合曲线线形的方向调整。

对进洞有"黑洞"效应的隧道洞口，应加强照明设计及诱导设施设置[图2-7-17a)]，完全能消除"黑洞"效应，但运营成本较高，应通过智能管控降低运营成本。对出洞有"白洞"效应的隧道洞口，可考虑遮阳设计，尽量消除"白洞"效应[图2-7-17b)、c)]，通过遮阳棚设置并加强出口照明设计,完全能消除"白洞"效应。也就是说,通过相应的安全保障综合措施,完全能实现隧道及洞口不降速的通行条件。

a) b)

c)

图 2-7-17　隧道洞口照明、遮阳及诱导设施

7.5 隧道洞口线形设计存在的问题及相关研究简介

1988年之前,相关标准、规范规定隧道内避免设置平曲线,因此,公路隧道基本上都为直线隧道,而且公路隧道也较少。随着我国高速公路逐步向山区延伸的快速发展,隧道数量迅猛增加,1988年版《标准》规定隧道可为曲线后,我国出现了大量的曲线隧道,隧道洞口前后3s行程长度范围平面采用曲线的线形比比皆是,而且各种组合的平面线形都有,包括单一的圆曲线或缓和曲线。2003年版《标准》对隧道洞口平纵面线形规定为"隧道洞口内外侧不小于3s设计速度行程长度范围内的平纵线形应一致"之后,行业内对技术标准中关于隧道洞口平面线形"应一致"规定的理解出现分歧,尤其是平面线形。有些专家认为只要3s设计速度行程长度范围停车视距满足要求,不论哪种线形或组合线形都符合"一致性"要求,因为即使是缓和曲线,其曲率变化也是连续的;但有些专家认为只有单一的圆曲线或直线才符合"一致性"

要求,即曲率必须是固定的。面对非常复杂的地形、地质条件,理解上的差异经常会对隧道隧址及洞口平纵面线形设计造成较大的影响,间接地对隧道长度、洞口位置地形地质条件、连接线工程规模及自然环境等产生重大影响。

2014年版《标准》针对平纵线形"应一致"出现理解歧义的问题,增加"特殊困难地段,经技术经济比较论证后,洞口内外平曲线可采用缓和曲线,但应加强线形诱导设施"的规定。但2014年版《标准》发布实施以来,由于2014年版《标准》对线形"一致性"没有给出具体的指标要求,使原来理解上的分歧事实上并没有得到解决。

针对隧道洞口线形一致性的问题,国内研究者主要集中在线形安全设计、行车视距理论、运行速度连续性等方面开展研究。隧道出入口平面线形一致性评价方法有运行速度法,驾驶人心理、生理指标评价方法等。其实出现理解歧义的根源在于缺少明确的设计指标。杨轸等人针对2018年版《隧道规范》对隧道进出口平面线形一致性缺乏明确判别标准,提出方向盘冻结3s在缓和曲线上行车轨迹偏移值(控制阈值取0.2m)作为线形一致性的控制性指标;廖勇刚等人针对城市隧道也提出轨迹偏移值和停车视距相结合的判别方法。对纵面线形一致性问题,尽管在理解上也有争议,但研究较少。国外专门针对公路隧道出入口线形的研究比较少,一般在进行隧道通风、照明、紧急设施等设计时考虑线形的影响;还有提出隧道出入口处线形应尽量适当降低行车速度,从而通过增加隧道接近段适当距离的行车时间来缓解隧道出入口处的视觉障碍。欧美没有专门的隧道线形设计标准或规范,公路隧道的线形设计以公路设计规范为基准。

因此,有必要对隧道洞口平纵面线形一致性问题开展系统研究,提出相关控制性指标,为保证隧道出入口线形的安全性与灵活性设计提供科学依据。

7.6 隧道洞口平纵面线形相关规定修订过程简介

7.6.1 早期标准与规范对隧道洞口平纵面线形的规定

在1988年之前,标准与规范对隧道规定"应避免采用平曲线",对隧道洞口平纵面线形没有规定,1988年之后允许采用曲线隧道。随着我国高速公路建设与发展的需要,公路隧道越来越多,标准与规范对隧道及与洞口相接的平纵面线形提出了要求。

1988年版《标准》仅规定"隧道洞口的连接线应与隧道线形相配合"。《公路隧道设计规范》(JTJ 026—90)(以下简称1990年版《隧道规范》)除了与1988年版《标准》有相同的规定外,还增加"隧道两端平面线形与路线线形相一致的最小长度规定(按设计速度1倍取值)"和"隧道两端的接线纵坡应有一段距离与隧道纵坡保持一致,以满足设置竖曲线和保证各级公路停车或会车视距的要求"的规定。1994年版《路线规范》与1988年版《标准》相比较,除了将"相配合"三个字改为"相协调"外,增加"隧道两端洞口连接线的纵坡应有一段距离与隧道纵坡保持一致"的规定,与1990年版《隧道规范》对纵坡的规定基本相同。

在1997年之前,我国隧道比较少,而且多为直线隧道,尚未出现因曲线隧道导致交通事故多发的现象,因此,1997年版《标准》对隧道洞口前后线形的规定没有考虑1990年版《隧道规范》所增加的两条规定,而是维持与1988年版《标准》相同的规定。

2003年版《标准》将相应规定改为"隧道洞口内外侧不小于3s设计速度行程长度范围内的平纵线形应一致",长度范围明确了,但"平纵面线形应一致"没有更具体规定。

2006年版《路线规范》规定"隧道洞口外连接线应与隧道洞口内线形相协调,隧道洞口外侧不小于3s设计速度行程长度与洞口内侧不小于3s设计速度行程长度范围内的平面线形不应有急骤的方向改变",前半句的规定与1994年版《路线规范》相同,后半句的规定仅针对平面线形,对纵坡没有再提要求,且没有进一步解释"急骤的方向改变"具体含义和相应的更具体规定。

7.6.2 现行标准与规范对隧道洞口平纵面线形的规定

1) 2014年版《标准》的规定

2014年版《标准》规定:洞口内外侧各3s设计速度行程长度范围的平、纵线形应一致。特殊困难地段,经技术经济比较论证后,洞口内外平曲线可采用缓和曲线,但应加强线形诱导设施。

条文说明:由于光线的剧烈变化以及横断面宽度、路面状况和行车环境的改变,隧道进出口是事故多发地段,因此,洞内一定距离与洞外一定距离保持线形一致是必要的。"3s行程线形一致"的规定自实施以来,其必要性和作用受到肯定。线形一致的理想线形是直线和圆曲线,但实践证明,在地形条件特别复杂的地段,若过分追求理想线形,往往造成工程规模和造价大幅增加,或为满足3s行程将线形指标降低,采用小半径的圆曲线,反而使行车安全性降低。因此,本次修订提出,特殊困难地段经技术经济论证后可在洞口段布设缓和曲线,但须避免急剧的方向改变,注重线形的均衡性,同时采取相应的工程措施,保障行车安全。

2) 2017年版《路线规范》的规定

2017年版《路线规范》对隧道洞口平纵面"线形应一致"的规定,除了与2014年版《标准》相同的内容外,还增加"洞口的纵面线形宜采用直坡段,需设置竖曲线时,宜采用较大的竖曲线半径"。增加的规定与《公路隧道设计细则》(JTG/T D70—2010)(以下简称2010年版《隧道细则》)的规定较为一致。

3) 2018年版《隧道规范》的规定

2018年版《隧道规范》对隧道洞口平纵面"线形应一致"的规定与2014年版《标准》相同。

综上所述,《标准》《路线规范》和《隧道规范》对隧道洞口平纵面线形的规定,从不完全一致到目前已基本一致。

7.7 隧道洞口平纵线形相关规定的不同理解及对工程造价的影响

7.7.1 平面线形一致性规定的不同理解

1) 不同理解的主要观点

从历次标准、规范的修订结果来看,隧道洞口平面线形的规定基本一致,差别在于规范用词上的一些变化,如"相配合""保持一致""相协调""应一致""不应有急骤的方向改变"等,这些用词均较含糊,缺少具体规定或相应的控制指标,难免出现理解歧义。其中"平面线形应一致"的理解歧义最大。不同理解的代表性观点如下:

《降造指南》第三章中对"线形一致"解释为指同一曲率或连续变化的曲率或曲线线形趋势变化一致的线形,即直线或圆曲线、缓和曲线、缓和曲线与圆曲线组合等四种线形,理想线形为直线或圆曲线;并对平纵面线形指标及行车视距等提出要求。《新理念指南》第三章"几何设计"3.5.5节路线指标运用总表中提出"困难路段,缓和曲线与圆曲线可视为一致线形"(与《降造指南》中的理解较为一致)。

但有些专家认为"所谓平面线形一致,是指采用直线、圆曲线的一种,不能采用缓和曲线"。

以上不同的理解缺少规范层面的释义,让设计者不知按哪种理解执行,许多设计工程师、咨询工程师都感到困惑。

2)不同理解的主要理由

对隧道洞口平面线形规定争论的焦点在于能否采用缓和曲线,包括缓和曲线与圆曲线、缓和曲线与直线的组合线形。各自理由如下:

(1)不能采用缓和曲线的理由:主要从缓和曲线偏移值和路面超高过渡对交通安全的影响考虑。由于缓和曲线的曲率是不断变化的,车辆在快速行驶过程中必须通过不断调整方向盘来保持车辆的正常行驶,当隧道洞口前后光线出现剧烈变化时,洞口出现"黑洞"或"白洞"效应时,驾驶人难以做出符合曲线线形的方向调整;另一方面,缓和曲线路段一般为超高过渡段,车辆在行驶过程中会产生离心力急剧变化,危险性在增加。因此,在3s行程范围内应避免采用缓和曲线,以保证洞口的行车安全;但该理解缺少与圆曲线半径、缓和曲线参数及超高值大小的关联,包括超高过渡设置的合理性。

(2)可以采用缓和曲线的理由:主要从高速公路平面线形指标较高、缓和曲线偏移值较小、行车道及侧向宽度富余量较大等角度考虑。如果在洞口前后3s行程范围内,因光线剧烈变化保持车辆驾驶方向不变的情况下能保证车辆不偏离出行车道范围;如果路面超高值较小,超高过渡比较平稳,能保证不出现离心力急剧变化的情况,交通安全就有保障。因此,洞口前后3s行程范围平面线形在一定条件下可采用缓和曲线;但该理解仍然缺少具体的控制性指标支持。

7.7.2 纵面线形一致性规定的不同理解

长期以来,有些专家对隧道洞口前后3s行程距离范围"平纵线形应一致"的规定,一直理解为隧道洞口前后3s行程内不允许设置变坡点,应采用直坡段;但也有些专家认为只要竖曲线半径较大,停车视距满足要求,可以设置变坡点。2017年版《路线规范》考虑了一些专家的意见,修订为"洞口的纵面线形宜采用直坡段,需设置竖曲线时,宜采用较大的竖曲线半径",该规定其实与2010年版《隧道细则》的规定较为一致,直坡段可称为洞口纵面理想线形。但由于2017年版《路线规范》中"较大的竖曲线半径"的规定还不够具体,使理解歧义的问题未能得到圆满释义。

7.7.3 标准、规范中用词"应"加深了理解的分歧

在标准规范用词中"应"表示严格,在正常情况下均应这样做。既然标准与规范规定隧道

洞口前后3s行程长度"线形应一致",就必须严格遵照执行,否则被认为存在安全问题,但该问题又缺少对安全性的系统研究,因此加深了理解的分歧。理解不同,线形设计结果不同,对工程造价影响较大。

7.7.4　平纵线形一致性的不同理解对工程造价的影响

对于地形条件相对较好的低山丘陵区,隧道设置一般相对独立,通过路线的反复调整,能够在工程规模变化不大的情况下,较容易做到理想线形(单一的直线、圆曲线、直坡段)。对于地形和地质条件复杂的山区,隧道的设置受隧道长度、隧道前后连接线的工程规模、隧道进出口位置的选择等诸多因素制约,难以做到所采用的线形符合理想线形,特别是隧道群的路段。隧道洞口平纵线形"应一致"的不同理解,对工程规模、自然环境、通行条件等产生较大的影响。

1) 平面线形必须采用直线或圆曲线时对交通安全性及工程造价的影响

(1) 容易因满足隧道洞口内外3s行程的线形要求,而出现降低洞口连接线或隧道内的平面指标导致洞口附近更不利于交通安全的情况。例如在某山区高速公路项目勘察设计时,隧道洞口内外3s行程线形采用缓和曲线,行驶视距均大于规范规定的110m停车视距要求,通过运行速度检验,该路段运行速度的协调性较好,行车安全有保证。但在审查时专家提出洞口内外3s行程线形不满足规范规定要求(必须保证为直线),认为存在安全问题,提出将隧道前后平曲线半径从900m减小为600m,超高值由3%增大为5%,线形调整后出现长下坡末尾接小半径平曲线的不利于安全的线形组合。该意见实际上是将较为安全的线形设计改为偏不利于安全的线形。

(2) 出现隧道洞口连接线线形与自然环境不协调、必须设置高边坡或高架桥的情况,导致隧道洞口连接线的工程规模增加,或对自然环境影响增大。

(3) 对于隧道群路段,易出现公路整体线形因需要满足隧道洞口3s行程要求,而调整曲线半径大小或改变隧道群之间的曲线组合,使线形设计僵硬,与自然环境不协调,或使前后线形指标不均衡、不顺畅。

(4) 难以选择最佳洞口位置。为确保洞口内外3s行程内处于直线或圆曲线上,隧道洞口位置不是预先选定的,而是通过画图调整后试出来的,这样设计很难选择到最佳的洞口位置。

(5) 已建隧道洞口内外3s行程线形不满足直线或圆曲线情况较多,若认为都存在交通安全问题,则需要改建的隧道较多,但实际上许多隧道改建困难或做不到。

隧道洞口线形设计时,若在一定条件下(如曲线半径较大)能采用各种曲线线形布设,就能最大限度地顺应地形,与复杂的山区自然环境相协调,使总体方案做到最合理,使洞口位置做到最佳选择,使工程造价得到有效降低,灵活设计得以体现。

2) 洞口纵面线形采用较大竖曲线半径时对工程造价的影响

如果隧道洞口纵面线形只能采用理想的直坡段,不能设置变坡点,较多项目要么难以做到,要么增加较大的工程规模。对于地形、地质条件较为复杂的地段,一般可考虑采用"较大的竖曲线半径",即使采用满足视觉要求的竖曲线半径,相对于采用直坡段而言,对工程规模影响较小。

7.8 隧道洞口平纵线形一致性判别标准及控制性设计指标

7.8.1 隧道洞口内外3s行程距离范围平面线形组合

隧道洞口前后3s行程距离范围的平面线形组合可分为五类：第一类为全路段在直线或圆曲线上，为理想线形；第二类为全路段在缓和曲线上；第三类为洞口在圆曲线上，缓圆点或圆缓点在3s行程内；第四类为洞口在缓和曲线上，圆缓点或缓圆点、直缓点或缓直点在3s行程内；第五类洞口在直线上，直缓点或缓直点在3s行程内。根据隧道洞口位置，线形组合具体分类如下（表2-7-9）：

Ⅰ型：线形组合为单一的直线称为Ⅰ-1型，为单一的圆曲线称为Ⅰ-2型。

Ⅱ型：线形组合为单一的缓和曲线，曲线要素点（YH或HY）在隧道内为Ⅱ-1型，在隧道外为Ⅱ-2型。

Ⅲ型：当洞口在圆曲线上，曲线要素点（YH或HY）在3s行程范围时，线形组合为圆曲线与缓和曲线的组合；要素点在隧道内为Ⅲ-1型，在隧道外为Ⅲ-2型。

Ⅳ型：当洞口在缓和曲线上，曲线要素点（YH或HY）在3s行程范围时，线形组合为缓和曲线与圆曲线的组合，要素点在隧道内为Ⅳ-1型，在隧道外为Ⅳ-2型。当洞口在缓和曲线上，曲线要素点（ZH或HZ）在3s行程范围时，线形组合为缓和曲线与直线的组合，要素点在隧道内为Ⅳ-3型，在隧道外为Ⅳ-4型。

Ⅴ型：当洞口在直线上，曲线要素点（HZ或ZH）在3s行程范围时，线形组合为直线与缓和曲线的组合，要素点在隧道内为Ⅴ-1型，在隧道外为Ⅴ-2型。

隧道洞口内外3s行程距离范围不同线形组合　　表2-7-9

平面线形组合类型		洞口前后3s行程范围内			3s行程点的线形	
		要素点名称	要素点位置	洞口线形	第一点	第二点
Ⅰ型	Ⅰ-1	无曲线要素点（理想线形）		直线	直线	直线
	Ⅰ-2			圆曲线	圆曲线	圆曲线
Ⅱ型	Ⅱ-1	YH(HY)	隧道内	缓和曲线	缓和曲线	缓和曲线
	Ⅱ-2		隧道外	缓和曲线	缓和曲线	缓和曲线
Ⅲ型	Ⅲ-1	YH(HY)	隧道内	圆曲线	缓和曲线	圆曲线
	Ⅲ-2		隧道外	圆曲线	圆曲线	缓和曲线
Ⅳ型	Ⅳ-1	YH(HY)	隧道内	缓和曲线	直线或缓和曲线	圆曲线
	Ⅳ-2		隧道外	缓和曲线	圆曲线	直线或缓和曲线
	Ⅳ-3	ZH(HZ)	隧道内	缓和曲线	直线或缓和曲线	缓和曲线或圆曲线
	Ⅳ-4		隧道外	缓和曲线	缓和曲线或圆曲线	直线或缓和曲线
Ⅴ型	Ⅴ-1	ZH(HZ)	隧道内	直线	直线	缓和曲线
	Ⅴ-2		隧道外	直线	缓和曲线	直线

7.8.2 基于轨迹偏移法的平面线形一致性判别标准

1) 基于轨迹偏移法的平面线形一致性安全性评价依据

2017 年版《路线规范》对隧道洞口线形的规定主要是考虑隧道口内外光线的剧烈变化,增加了驾驶人心理、生理负荷,使得车辆驾驶人在接近或离开隧道时不能有效识别道路信息,进而威胁到行车安全。当进隧道过程出现"黑洞"效应或出隧道过程出现"白洞"效应时为最不利状况,根据隧道洞口明、暗特性及适应时间的研究,驾驶人瞳孔出现剧烈震荡并造成视觉障碍的持续时间长度在 2s 内,进洞时视觉障碍在隧道口之内,出洞时视觉障碍在隧道口之外。因此,线形设计应重点控制出现视觉障碍时间段(需要固定方向盘)车辆偏移车道轨迹线的偏移值。2017 年版《路线规范》规定隧道洞口前后线形应一致的范围取 3s 行程距离,主要考虑进洞前需要 3s 时间调整车辆行驶位置,而进洞后方向盘固定 3s 考虑了一定的安全富余;出洞过程驾驶人心理、生理负荷相对较小,但当遇到"白洞"效应时驾驶人操作过程与进洞时相同。假如隧道出入口线形是缓和曲线,驾驶人由于视觉障碍,方向盘在隧道口开始保持不变状态,按照洞口位置缓和曲线对应曲率半径行驶 3s 后,如果其位置与按缓和曲线行驶的轨迹偏差小于某个值,保证车辆不至于驶离行车道,与相邻车道的车辆发生碰撞,以此作为隧道洞口平面线形一致性控制性指标。

2014 年版《标准》规定:高速公路车道宽度为 3.75m,隧道左侧侧向宽度为 0.50~0.75m,右侧侧向宽度为 0.75~1.25m;小客车总宽度为 1.8m,载重汽车或铰接客车总宽度为 2.5m,大型客车或铰接列车总宽度为 2.55m;如果进隧道或出隧道前车辆调整至车道中心位置,则车辆两侧富余宽度分别为 0.975m、0.625m、0.60m。如果车辆可能偏移中心位置按约 0.30m 考虑,车道侧向宽度作为安全富余,则安全富余度较大,因此可选择 0.3m 作为线形一致性控制指标的阈值。

2) 线形一致性控制指标计算模型

线形一致性控制指标计算采用线形轨迹偏移法计算模型,以车辆进洞的最不利条件作为研究对象,并可分为三种情况:第一种是洞口在直线上而 3s 行程点在缓和曲线上(V-1 型),如图 2-7-18a)所示,点 A 为隧道洞口位置,点 B 为沿着道路平面线形 3s 行程位置,点 C 为维持方向盘状态 3s 行程位置,ΔD 表示内移值,根据推导,得到式(2-7-4);第二种是洞口和 3s 行程点均在缓和曲线上(Ⅱ-1 型),如图 2-7-18b)所示,内移值 ΔD 用式(2-7-5)计算;第三种是洞口在缓和曲线上而 3s 行程点在圆曲线上(Ⅳ-1 型),如图 2-7-18c)所示,内移值 ΔD 用式(2-7-6)计算。

$$\Delta D \approx (S-L)^3/(6A^2) \qquad (2\text{-}7\text{-}4)$$

$$\Delta D \approx S^3/(6A^2) \qquad (2\text{-}7\text{-}5)$$

$$\Delta D \approx \frac{S^3 - [S-(L_s-L)]^3}{6A^2} \qquad (2\text{-}7\text{-}6)$$

式中:ΔD——点 B 和点 C 间的距离(m),即轨迹偏移值;

L——点 A 和点 ZH 间的距离(m);

S——车辆3s行程轨迹长度(m);
A——回旋线参数;
L_s——缓和曲线长度(m)。

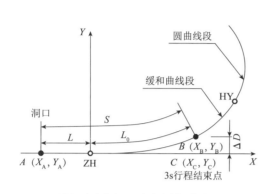

a) 洞口在直线上而3s行程在缓和曲线上

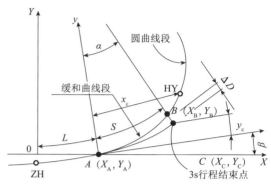

b) 洞口和3s行程均在缓和曲线上

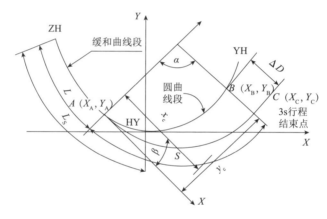

c) 洞口在缓和曲线而3s行程在圆曲线上

图 2-7-18 线形一致性计算图式

3) 线形一致性设计控制性指标符合性分析

由以上分析可知,当回旋线参数 $A \geq \sqrt{S^3/6\Delta D}$,三种情况均可满足线形一致性要求。当 $A < \sqrt{S^3/6\Delta D}$ 时,第一种情况:当洞口距直缓点的距离 $L \geq S - \sqrt[3]{1.8A^2}$ 时,可满足线形一致性要求,洞口越靠近直缓点,偏移值越小,直至为零;第二种情况:不能满足线形一致要求;第三种情况:当洞口距缓圆点的距离 $L_s - L \leq S - \sqrt[3]{S^3 - 1.8A^2}$,可满足线形一致性要求,洞口越靠近缓圆点,偏移值越小,直至为零。

经过理论计算,上述结果同样可推出下面两种情况:第四种情况,当洞口位于圆曲线上而3s行程点位于缓和曲线上时(Ⅲ-1型),3s行程点距圆缓点的距离应不大于 $S - \sqrt[3]{S^3 - 1.8A^2}$;第五种情况,当洞口位于缓和曲线上而3s行程点位于直线上时(Ⅳ-3型),3s行程点距缓直点的距离应不小于 $S - \sqrt[3]{1.8A^2}$。

4) 隧道洞口线形一致性判别标准

根据隧道洞口明、暗特性及适应时间的研究,当出现"黑洞"效应或"白洞"效应时会出现视觉障碍,即在进隧道口或出隧道口过程有可能出现视觉障碍,持续时间长度在2s内;规范规定隧道洞口线形一致性范围按3s行程距离考虑,因此在一致性控制指标的判别标准取值时,建议3s行程作为一般值,取2.5s(>2s)行程作为最小值,将内移值$\Delta D = 0.3$m作为隧道洞口线形一致性控制指标的阈值。根据隧道洞口与3s或2.5s行程点可能分别在直线、缓和曲线或圆曲线上,也可能同时在缓和曲线上(最不利情况),分别依据线形一致性计算模型及符合性条件提出隧道洞口线形一致性判别标准,见表2-7-10。

隧道洞口线形一致性判别标准(取整5m) 表2-7-10

设计速度(km/h)		120	100	80
车辆行程距离 S(m)	一般值(3s行程)	100	84	67
	最小值(2.5s行程)	83	69	56
完全满足线形一致性条件 $A \geq \sqrt{S^3/6\Delta D}$, $\Delta D \leq 0.30$m	一般值(3s行程)	745	575	410
	最小值(2.5s行程)	565	430	310
当 $A < \sqrt{S^3/6\Delta D}$ 时,线形一致性满足条件为 $\Delta D \leq 0.30$m	第一种情况(V型)	$\Delta D \approx (S-L)^3/(6A^2)$		
	第二种情况(Ⅱ型)	$\Delta D \approx S^3/(6A^2)$		
	第三种情况(Ⅳ型、Ⅲ型)	$\Delta D \approx \dfrac{S^3 - [S-(L_s-L)]^3}{6A^2}$		
	第四种情况(Ⅳ型、Ⅲ型)	$\Delta D \approx \dfrac{S^3 - [S-(L_s-L)]^3}{6A^2}$		
	第五种情况(Ⅳ型、Ⅲ型)	$\Delta D \approx (S-L)^3/(6A^2)$		

5) 完全满足洞口线形一致性要求的控制性设计指标

根据隧道洞口线形一致性判别标准,当 $A \geq \sqrt{S^3/1.8}$ 时,隧道洞口与3s或2.5s行程点同时落在缓和曲线上(第二种情况)、隧道洞口与3s(或2.5s)行程点分别落在缓和曲线直线上或圆曲线上(其他各种情况),线形一致性均符合要求(轨迹偏移值 $\Delta D \leq 0.3$m)。根据设计速度分别为80km/h、100km/h、120km/h时对应的3s(或2.5s)行程距离分别为67m(56m)、84m(69m)、100m(83m),可计算得到当 $A = \sqrt{S^3/1.8}$ 时的不同圆曲线半径所需要的最小缓和曲线长度,见表2-7-11。表中圆曲线半径对应超高分别为4%、3%、2%的最小取值(最大超高取8%),经计算得到相应的最小缓和曲线长度。从表2-7-11可知,当圆曲线半径采用2%的超高时,圆曲线半径与回旋线参数 A 之间基本符合1:3的关系,但从满足超高过渡和车辆在直线与圆曲线之间过渡偏移值不宜过大等因素考虑,缓和曲线取值不宜过长。根据缓和曲线长度合理取值研究,高速公路缓和曲线长度宜控制在120~200m范围,相应的圆曲线最小半径见表2-7-11,若最小圆曲线半径与缓和曲线长度之间的关系满足表2-7-11要求时,可以认为符合线形一致性要求。

完全满足线形一致性要求的圆曲线半径与缓和曲线长度　　　表 2-7-11

控制超高取值的圆曲线半径与缓和曲线长度取值						
计算参数				当最大超高取值为8%时的超高取值(%)		
设计速度 (km/h)	行程时间 (s)	行程距离 S (m)	$A=\sqrt{S^3/1.8}$	2	3	4
				圆曲线最小半径(m)/缓和曲线长度(m)		
80	3.0	67	409	1410/118	960/174	710/235
	2.5	56	312	1410/69	960/101	710/137
100	3.0	84	574	2150/153	1480/223	1100/300
	2.5	69	427	2150/85	1480/123	1100/166
120	3.0	100	745	2860/194	1990/279	1500/370
	2.5	83	564	2860/111	1990/160	1500/212

控制缓和曲线长度的圆曲线半径取值									
计算参数				圆曲线最小半径(m)					
设计速度 (km/h)	行程时间 (s)	行程距离 S (m)	$A=\sqrt{S^3/1.8}$	100	120	150	200	250	300
				缓和曲线长度 L_s 取值(m)					
80	3.0	67	409	1673	1394	1115	836	669	558
	2.5	56	312	973	811	649	487	389	324
100	3.0	84	574	3295	2746	2197	1647	1318	1098
	2.5	69	427	1823	1519	1215	912	729	608
120	3.0	100	745	5550	4625	3700	2775	2220	1850
	2.5	83	564	3180	2651	2121	1590	1272	1060

7.8.3　隧道洞口纵面线形一致性控制性设计指标

1)纵面竖曲线最小半径的合理控制

由于隧道纵坡一般小于3%,为了尽快克服高差,缩短建设里程,降低工程造价,使隧址及洞口连接线平纵断面设计整体达到最优的效果,在隧道洞口前后3s行程距离范围往往需要设置变坡点,且洞外需要采用比隧道内更大的纵坡或反向纵坡。从克服高差的纵断面设计可知,一般纵坡较大但坡差较小,采用满足视觉要求的竖曲线半径较容易做到。因此,所谓"较大的竖曲线半径"已逐步被理解为应满足视觉要求的竖曲线半径。当竖曲线半径满足视觉要求时,停车视距不仅满足要求,且有较大的富余,应理解为纵面线形符合一致性要求。当条件受限制,且为凹形竖曲线时,由于不存在动态视距不满足要求的情况,竖曲线半径要求则可放松,但应大于竖曲线最小半径一般值的1.5~2.5倍,即应符合表2-7-12的要求。

满足纵面线形一致性要求的最小竖曲线半径值　　　表 2-7-12

设计速度(km/h)			60	80	100	120
竖曲线最小半径 (m)	凸形		9000	12000	16000	20000
	凹形	一般值	6000	8000	10000	12000
		最小值	4000	5000	7000	9000

2）洞口连接线最大纵坡的合理控制

根据 2017 年版《路线规范》规定，隧道内纵坡应小于 3%，中短隧道受条件限制时可适当加大，但不宜大于 4%，隧道内纵坡规定相对于一般路段纵坡较小。为了尽快克服高差，洞口连接线往往需要采用较大的纵坡（表 2-7-13）。根据调查，隧道进洞前的纵坡，如果是下坡且纵坡度较大，特别是连续长大纵坡，由于车辆进隧道之前的行驶速度受纵坡度影响较大，下坡进洞行驶速度容易高于设计速度或限制速度，存在较大交通安全风险。因此，有条件时最大纵坡宜控制在 3% 以内，特别困难地段，最大纵坡应控制在 4% 以内。上坡进洞，因在洞口位置行驶速度相对较低，所以进洞前的最大纵坡符合规范规定即可。由于车辆在隧道内行驶速度相对较低，出隧道洞口之后开始加速，洞口之外的连接线纵坡可结合地形条件灵活设计，相关纵坡设计指标建议值见表 2-7-13。

隧道洞口连接线最大纵坡合理控制　　　　　　表 2-7-13

	设计速度（km/h）		60	80	100	120
规范规定值	基本路段最大纵坡（%）		6	5	4	3
	隧道路段最大纵坡（%）	隧道	应小于 3%（短于 100m 除外）			
		中短隧道	受条件限制时，可适当加大，但不宜大于 4%			
建议值	洞口连接线最大纵坡（%）	下坡进洞	应不大于 -4%，有条件时宜不大于 -3%，平均纵坡宜不大于 3.5%，有条件时宜不大于 -3%			
		上坡进洞	符合规范规定			
		出洞	符合规范规定			

7.9　隧道洞口平纵线形优化设计

7.9.1　曲线隧道对交通安全性的影响

随着我国高速公路逐步延伸到山区，已出现非常多的曲线隧道。根据相关调查资料，当平纵面指标较高时，由于曲线隧道较直线隧道能减轻驾驶人因隧道内环境单一出现视觉疲劳，有利于提高驾驶人的注意力，有助于控制洞内车速，因此曲线隧道反而有利于交通安全。当平纵面指标偏低时，在隧道内或洞口附近的交通事故率明显高于其他路段；但根据调研，尚未发现隧道洞口在缓和曲线上的路段交通事故明显高于其他路段的情况。因此，在高速公路设计时不能为了降低工程造价，忽视隧道环境的特殊性而采用较小的平纵曲线半径。

7.9.2　隧道洞口平纵线形一致性设计原则

隧道洞口线形设计应服从路线布设的需要，在确保洞口一定距离内的良好视距条件下（满足停车视距要求），对地形地质条件复杂路段，应从线形与地形保持相协调角度出发，选择最佳洞口位置，避开不良地质，尽量避免或减轻偏压，且选用较大的曲线半径，使洞口附近线形设计与隧道隧址总体方案相协调。而隧道洞口平纵线形一致性设计原则建议如下：

(1)平纵线形"应一致"是泛指隧道洞口前后线形指标不应出现突变,所谓突变是指前后路段线形指标不均衡,如:①进隧道洞口前连接的平面线形指标过高,特别是长直线和长大纵坡下坡,接洞口附近的小半径平面线形或小半径竖曲线的情况;②隧道内平面线形指标较高,纵坡较大,一路下坡;出隧道洞口后连接的平面线形指标过低,且纵坡大、坡差大,竖曲线半径小的情况;③隧道洞口采用缓和曲线时曲线超高值偏大、超高渐变过急等情况。

(2)在进洞或出洞过程中,驾驶人容易出现视觉障碍,隧道入口或隧道出口之后3s行程距离(最小值为2.5s)范围宜采用圆曲线或直线(理想线形)。当条件受限制,需采用缓和曲线或组合线形时,缓和曲线参数、衔接的曲线半径和缓和曲线长度宜满足表2-7-11取值要求。原则上不建议采用长缓和曲线以满足一致性控制指标要求,圆曲线半径与缓和曲线宜相匹配。不得已时,可采用较长的缓和曲线,但应检查缓和曲线路段超高过渡是否满足超高取值相关规定要求。

(3)在进洞或出洞前驾驶人需要适当调整车辆行驶位置,由于驾驶人视觉还处于正常状态,因此,隧道入口前或出口前的3s行程距离(最小值为2.5s)范围可采用圆曲线、缓和曲线、直线或组合线形,只要前后平纵线形指标大小均衡,应理解为平纵线形一致性符合要求。

(4)在隧道隧址及洞口连接线设计时,不能为了降低工程造价忽视隧道环境的特殊性而采用较小的平曲线半径。隧址平面最小半径宜以超高值控制在4%以内;当隧道洞口前后3s行程距离(最小值为2.5s)范围处在缓和曲线上或组合线形中时,应检查可能出现视觉障碍路段(进洞后或出洞后的3s行程距离范围)一致性控制指标是否满足要求。

(5)隧道长度不超500m的短隧道,且在进隧道前能看到隧道出口时,由于驾驶人在进洞过程看到的是"黑洞+白洞"叠合现象,隧道洞口内外光线的亮度反差明显减小,眼睛瞳孔面积变化变慢,避免了发生视觉障碍的情况,使隧道洞口前后光线明暗对行车安全影响较小,隧道进出口前后3s行程距离(最小值为2.5s)范围可采用缓和曲线或组合线形,且可不受线形一致性控制指标的限制。

(6)隧道洞口前后3s行程距离范围纵面可设置变坡点,竖曲线半径宜满足视觉要求的规定值。条件受限制时,凹形竖曲线最小半径可采用表2-7-12中的最小值。

(7)进洞前的下坡路段纵坡宜小于4%,有条件时宜小于3%。长大下坡路段平均纵坡宜小于3.5%,有条件时宜小于3%。

7.9.3 洞口线形一致性控制性指标合理性验证与优化设计

1)当缓和曲线 A 满足平面线形一致性控制指标要求时优化设计

典型示例一:如图2-7-19所示,该项目设计速度为100km/h,洞口设置在缓和曲线上,距ZH或YH点均大于3s行程规定要求,圆曲线半径为3000m,缓和曲线长度为150m。主要考虑隧道洞口前后平面指标较高,隧道口附近纵坡较缓,行车视距好,为减小工程量没有采用理想线形。洞口位置若采用理想的直线线形且满足大于3s行程规定要求,桥梁长度将增长约115m,工程规模增加较多。经核查可能出现视觉障碍路段缓和曲线参数 $A=734$,大于一般值574,满足控制指标要求。根据调查,本项目从2007年10月建成通车以来,该隧道口没有发生过交通事故,说明本章提出的洞口线形一致性控制指标是合理的。

典型示例二:在咨询审查时,咨询单位认为隧道洞口不宜设置在缓和曲线上,如图2-7-20所示。设计单位认为虽然隧道洞口在缓和曲线上,但满足距ZH或YH点均大于3s规定要求,应认为符合一致性规定。由于缺少一致性控制性指标,双方争议较大。考虑调整后线位内移 6.1m,占地减少了,且洞口在圆曲线上,故最后采纳了咨询单位的意见。该示例圆曲线半径为 2200m,缓和曲线长度为 260m(取值偏长),缓和曲线参数为 756,大于 574,满足控制指标要求,洞口线形设计符合一致性控制指标要求,但应结合前后线形及工程规模综合考虑隧道洞口线形设计。本章不认为平面曲线要素点距离洞口大于 3s 行程就满足线形一致性控制指标要求,同时也不赞成采用较小的圆曲线半径和长缓和曲线(给超高设置带来问题)组合方案满足线形一致性控制指标要求。建议尽量调整整体线形设计或采用较大的圆曲线半径满足线形一致性控制指标要求。

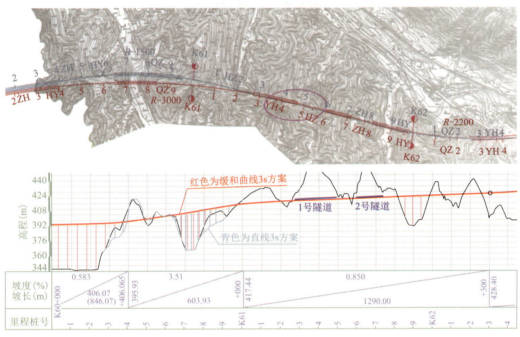

图 2-7-19　洞口线形优化设计之一

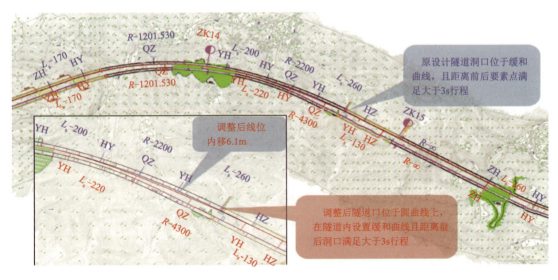

图 2-7-20　洞口线形优化设计之二

典型示例三:在咨询审查时,咨询单位认为隧道洞口不宜设置在缓和曲线上,如图2-7-21所示;由于缺少一致性控制性指标,设计单位与咨询单位双方争议较大。调整后隧道洞口在直线上,为理想线形,但占地多,工程规模较大,经双方沟通,维持原设计方案。该示例圆曲线半径为2000m,缓和曲线长度为280m(取值偏长),缓和曲线参数为748,大于设计速度100km/h时缓和曲线参数控制指标一般值为574的技术要求,洞口线形设计符合一致性控制指标要求,隧道洞口线形设计不需要调整,但应检查超高过渡是否符合规定要求。

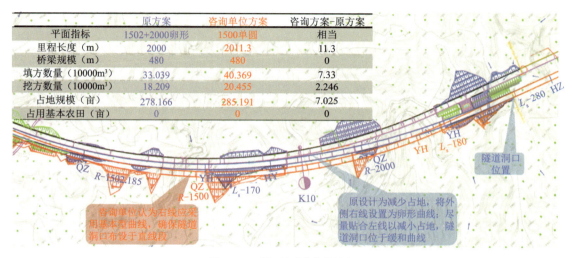

图2-7-21 洞口线形优化设计之三

2) 当缓和曲线A不满足平面线形一致性控制指标要求时优化设计

典型示例一:该项目设计速度为80km/h。设计时,由于该段路线即使采用连拱隧道,也难以避免速度洞口采用缓和曲线或组合线形的情况。考虑连拱隧道造价高,施工期安全风险较大,因此,尽量考虑采用分离式隧道或小间距隧道(图2-7-22),为了布设分离式隧道,且隧道之间距离满足不小于小间距隧道设计要求,两处隧道进口附近线形采用了缓和曲线和圆曲线组合线形。第1处圆曲线半径为835.258m,缓和曲线长度为140m,YH点距洞口47.94m;第2处圆曲线半径为1200m,缓和曲线长度为120m,HY点距洞口34.196m。两处隧道进口均处在上坡中,平面指标较高,满足行车视距要求。经运行速度检验行车安全有保障,且洞口位置较为合理,故推荐采用。经核查可能出现视觉障碍路段(进洞后):第1处缓和曲线参数$A=342$,小于一般值409,大于最小值312,一致性控制指标:3s行程$\Delta D=0.43$m,2.5s行程$\Delta D=0.13$m;第2处缓和曲线参数$A=379$,小于一般值409,大于最小值312,一致性控制指标:3s行程$\Delta D=0.34$m,2.5s行程$\Delta D=0.11$m,均满足本章推荐的一致性控制指标最小值要求,但不满足一般值要求。根据调查,本项目从2007年10月建成通车以来,该两处隧道口附近没有发生过交通事故,验证了一致性控制指标最小值的合理性。

典型示例二:如图2-7-23所示,右线有条件采用理想线形,且避免将洞口设置在"S"形曲线的拐点上,工程量基本上没有增加。左线有两处隧道洞口线形要满足理想线形有困难,考虑平面指标较高,圆曲线半径为1086.886m,缓和曲线长度为100m,缓和曲线参数$A=330$,小于一般值409,大于最小值312。第1处上坡出洞,HY点距洞口8.901m,第2处上坡进洞,YH点距洞口 10.511m，行车视距较好，故采用缓和曲线。经核查可能出现视觉障碍路段：第1处一致性控制指标：3s 行程 $\Delta D = 0.46$m，2.5s 行程 $\Delta D = 0.14$m，满足本章推荐的一致性控制指标最小值要求；第2处一致性控制指标：3s 行程 $\Delta D = 0.18$m，2.5s 行程 $\Delta D = 0.08$m，均满足本章推荐的一致性控制指标一般值要求。根据调查，本项目从2007年10月建成通车以来，两处隧道口附近没有发生过交通事故，说明一致性控制指标最小值较为合理。

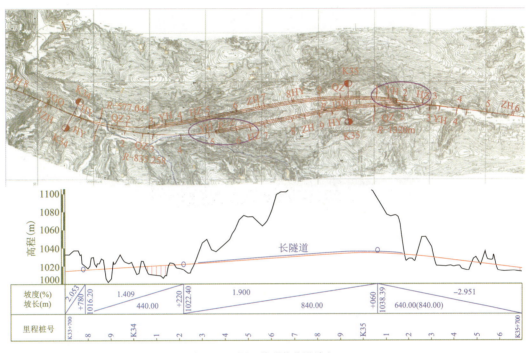

图 2-7-22　洞口线形优化设计之四

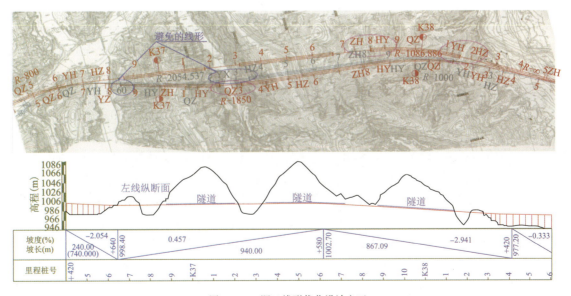

图 2-7-23　洞口线形优化设计之五

3) 短隧道洞口平面线形一致性优化设计

车辆在进短隧道时，驾驶人看到的是"黑洞 + 白洞"叠合现象（图 2-7-24），从进隧道至出口全过程，始终有一个清晰可见的出口引领方向，驾驶人眼睛瞳孔面积变化范围变小了，进出洞口适应时间相应变短。隧道长度不超 500m 的短隧道，不会出现视觉障碍，隧道洞口前后光线明暗对行车安全影响较小。因此隧道进出口前后 3s 行程范围可采用缓和曲线，且可不受控制指标限制。

图 2-7-24　短隧道进洞时"黑洞 + 白洞"叠合现象

典型示例一：某一级公路 1997 年建成通车，如图 2-7-25 所示，后来发生坍塌，采取设置明洞方案处治，隧道长度为 159m。2006 年开始升级改造为设计速度 80km/h 的高速公路。在设计时，核查该隧道平面设置在缓和曲线上，圆曲线半径为 500.96m，缓和曲线长度为 120m，缓和曲线参数 A 为 245，隧道洞口距离 YH 点和 HZ 点不满足洞口 3s 行程规定要求。东进洞前纵面设置半径为 5160m 的凸形竖曲线，不满足视觉要求（满足本章提出的建议值）。考虑该隧道短于 200m，且通车以来洞口前后没有发生交通事故，为尽量利用既有工程，故维持原设计。该项目升级改造后于 2009 年 7 月建成通车。根据调查，改建为高速公路后，该隧道洞口附近路段没有发生过交通事故，说明隧道长度短于 200m 的短隧道洞口前后线形可采用缓和曲线，且可不受一致性控制指标限制。

典型示例二：如图 2-7-26 所示，设计速度为 80km/h。左线 $R = 900m$，$L_s = 200m$，$A = 424$，YH 点（洞外）距离洞口 82.015m，HZ 点（洞内）距离洞口 117.985m；左线 $R = 500m$，$L_s = 150m$，$A = 274$，HZ 点（洞内）距离洞口 76.136m，HY 点（洞外）距离洞口 73.864m。右线 $R = 900m$，$L_s = 225m$，$A = 450$，YH 点（洞外）距离洞口 76.336m，HZ 点（洞内）距离洞口 148.664m；右线 $R = 500m$，$L_s = 120m$，$A = 244$，HZ 点（洞内）距离洞口 22.817m，HY 点（洞外）距离洞口 97.183m。

咨询单位认为隧道洞口不宜设置在缓和曲线上，建议调整为直线，即将隧道前后平曲线半径一个从 900m 减小为 600m，超高值由 3% 增大为 5%，另一个平曲线半径由 500m 改为 450m。因隧道洞口线形调整后下坡方向在长下坡末尾接小半径平曲线，而 450m 半径不满足规范对停车视距的要求，如此调整实际上是将较为安全的线形设计改为不利于安全的设计。考虑该隧道为 395m（右线 340m）的短隧道，经双方沟通同意维持原设计方案。该项目于 2009 年 7 月建成通车。根据调查，该隧道洞口附近路段没有发生过因一致性控制指标不足而诱发车辆相互剐蹭或碰撞隧道侧壁的交通事故,说明小于400m的短隧道(进口可以看到出口)的洞口前后线形可采用缓和曲线,且可不受一致性控制指标限制。

图 2-7-25 洞口线形优化设计之六

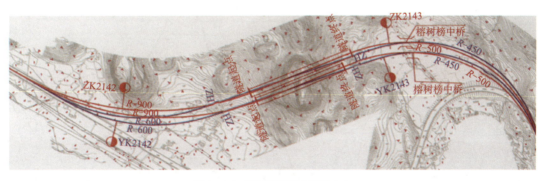

图 2-7-26 洞口线形优化设计之七

4)隧道洞口之外平面线形一致性优化设计

典型示例:如图 2-7-27 所示,左线 ZH 点距离隧道洞口 38.211m;右线 ZH 点距离隧道洞口 35.544m。改建时,咨询单位认为 HZ 点距离洞口不满足 3s 行程规定要求,要求进行修改。设计单位根据该洞口附近位置通车以来没有发生过交通事故的事实,并考虑增加占地与工程规模较大的实际情况,经双方沟通后维持原设计。根据本章一致性判别标准,经核查,左线 $\Delta D = 0.087\text{m}$,满足一致性控制指标要求;同时,根据调研结论,正北方向的隧道出口,太阳光线不会出现对着洞口往隧道内照射的情况,因此车辆在出口驶离隧道过程不会出现"白洞"效应,即不会出现视觉障碍,可不受一致性控制指标限制。经核查,右线 $\Delta D = 0.0\text{m}$,满足一致性控制指标要求。该项目升级改造后于2009年7月建成通车。根据调查,改为高速公路后该隧道洞口前后路段没有发生过交通事故,说明一致控制指标判别标准较为合理。

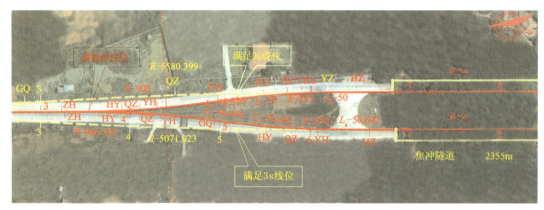

图2-7-27　洞口线形优化设计之八

5)隧道洞口纵面线形一致性优化设计

典型示例一:设计速度为100km/h,如图2-7-28所示。原设计隧道出口附近凸形竖曲线半径为16000m,满足视觉要求,隧道入口凸形竖曲线半径为13000m。咨询单位认为不满足视觉要求,不符合洞口纵面线形一致性原则要求,应调整设计。调整后,竖曲线半径采用16000m,原设计竖曲线前后纵坡坡差为0.04,E值调整为3.232m,比原设计E值2.626m小0.61m,对挖方路基边坡安全设计影响较大,需调整纵坡。按原设计高程控制,调整后影响段落长度约2km,对全段规模有一定影响,考虑竖曲线终点距离隧道洞口138.7m,大于3s行程距离,故维持原设计。

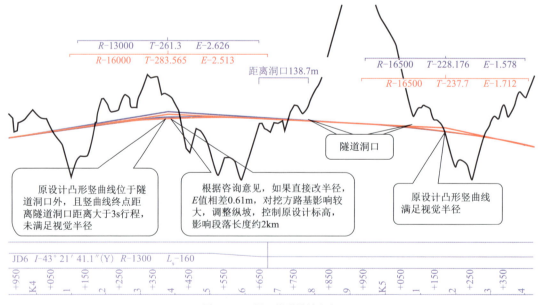

图2-7-28　洞口线形设计之九

典型示例二:设计速度为100km/h,如图2-7-29所示。左线ZK5+075~ZK5+185段为隧道进口端范围,设计纵坡3.5%,不符合规范隧道内的纵坡应大于0.3%并小于3%的规定值。

咨询单位建议调整变坡点位置,满足隧道内纵坡设计要求,变坡点后移65m后,隧道连接线纵坡为3.794%。设计单位认为隧道洞口临界纵坡度仅为2.527%,符合隧道内纵坡设计要求,而隧道连接线纵坡3.5%较3.794%小,有利于交通安全,且凹形竖曲线半径大于视觉要求的半径,经双方沟通后维持原设计。

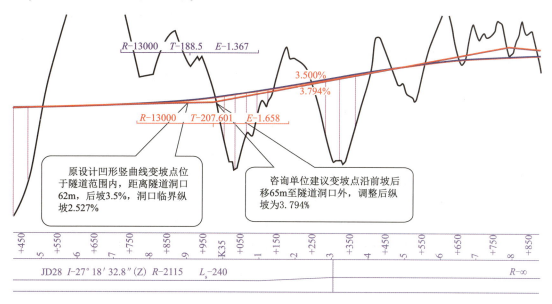

图 2-7-29　洞口线形设计之十

● 本章参考文献

[1] 中华人民共和国交通部.公路工程技术标准:JTG B01—2003[S].北京:人民交通出版社,2003.

[2] 中华人民共和国交通运输部.公路工程技术标准:JTG B01—2014[S].北京:人民交通出版社股份有限公司,2015.

[3] 中华人民共和国交通运输部.公路路线设计规范:JTG D20—2017[S].北京:人民交通出版社股份有限公司,2017.

[4] 中华人民共和国交通运输部.公路隧道设计规范:JTG 3370.1—2018[S].北京:人民交通出版社股份有限公司,2018.

[5] 赖金星,张鹏,周慧,等.高速公路隧道交通事故规律研究[J].隧道建设,2017,37(001):37-42.

[6] 张玉春,何川,吴德兴,等.高速公路隧道交通事故特性及其防范措施[J].西南交通大学学报,2009,44(005):776-781.

[7] 倪洪亮,戴忧华,赵庆鑫.高速公路隧道事故分布研究[J].公路,2010(4):126-129.

[8] 施卢丹.高速公路特长隧道驾驶人眼动注视特性研究[D].西安:长安大学,2011.

[9] 吴玲,张冬梅,刘浩学,等.高速公路中长隧道出入口段视错觉减速标线设置研究[J].中

国安全科学学报,2016,26(01):81-86.
[10] 于亚敏.公路隧道入口"黑洞"效应的数值表征与遮阳棚光环境设计方法[D].西安:长安大学,2019.
[11] 杜志刚,潘晓东,郭雪斌.高速公路隧道进出口视觉适应实验[J].哈尔滨工业大学学报,2007(12):1998-2001.
[12] 杜志刚,潘晓东,郭雪斌.公路隧道进出口行车安全评价指标应用研究[J].同济大学学报(自然科学版),2008,36(3):325-329.
[13] 杜志刚,潘晓东,杨轸,等.高速公路隧道进出口视觉震荡与行车安全研究[J].中国公路学报,2007(05):105-109.
[14] 杜志刚,潘晓东,郭雪斌.公路隧道进出口行车安全的视觉适应指标[J].华南理工大学学报(自然科学版),2007(07):15-19.
[15] 杜志刚,朱顺应,潘晓东.基于瞳孔面积变动的公路隧道视觉适应试验研究[C]//中国公路学会.第四届全国公路科技创新高层论坛论文集:下卷.北京:人民交通出版社,2008:377-379.
[16] 丁光明.高速公路隧道环境对驾驶人生理及心理影响研究[D].西安:长安大学,2011.
[17] JURADO-PINA R, PARDILLO-MAYORA R M, JIMENEZ R. Methodology to Analyze Sun Glare Related Safety Problems at Highway Tunnel Exits[J]. Journal of Transportation Engineering,2010,136(6):545-553.
[18] SHIMOJO A,TAKAGI H,ONUMA H. A simulation study of driving performance in long tunnel[C]//1995 Vehicle Navigation & Information Systems Conference Proceedings. IEEE,1995:96-103.
[19] 冯国红.人因工程学[M].武汉:武汉理工大学出版社,2013.
[20] 李霖,朱西产,马志雄.驾驶人在真实交通危险工况中的制动反应时间[J].汽车工程,2014,36(10):1225-1229.
[21] 刘宁伟,梁波,肖尧,等.基于驾驶人反应时间特性的特长隧道行车安全[J].科学技术与工程,2020,20(26):10927-10933.
[22] BASSAN S. Sight distance and horizontal curve aspects in the design of road tunnels vs. highways[J]. Tunnelling and Underground Space Technology incorporating Trenchless Technology Research,2015,45:214-226.
[23] 中华人民共和国交通部.公路工程技术标准:JTJ 01—88[S].北京:人民交通出版社,1988.
[24] 林宣财.公路隧道洞口平面线形设计有关问题的探讨[J].公路,2007(03):22-27.
[25] 潘兵宏,周锡祯,韩雪艳.高速公路隧道入口连续视觉参照设施设置研究[J].重庆交通大学学报(自然科学版),2021(8):112-139.
[26] 林宣财,李红,王贵山,等.山区高速公路隧道洞口线形设计探讨[J].公路,2008(7):27-31.
[27] 交通部公路司.新理念公路设计指南(2005年版)[M].北京:人民交通出版社,2005.
[28] 交通部公路司.降低造价公路设计指南(2005年版)[M].北京:人民交通出版社,2005.

[29] 殷瑞华,朱光仪.浅谈公路隧道线形的安全设计[J].公路,2003(03):140-142.
[30] 杜博英,孙鹏,刘凯丰.基于运行安全的公路隧道线形设计[J].公路,2018,63(03):278-282.
[31] 王琰,孔令旗,郭忠印,等.基于运行安全的公路隧道进出口线形设计[J].公路交通科技,2008(03):134-138.
[32] 孔小晶.基于运行速度的隧道洞口线形一致性研究[J].中国水运(下半月),2019,19(04):201-203.
[33] 李诗佳,于志刚,窦同乐,等.高速公路隧道洞口平面线形一致性/安全性评价方法[J].公路,2021,66(10):30-38.
[34] 杨轸,唐莹,唐磊.隧道出入口平面线形一致性[J].同济大学学报(自然科学版),2012,40(04):553-558.
[35] 廖勇刚,刘燕.城市道路隧道洞口线形一致性设计探讨[J].城市道桥与防洪,2021(08):24-26.
[36] 中华人民共和国交通部.公路路线设计规范:JTJ 011—94[S].北京:人民交通出版社,1994.
[37] 中华人民共和国交通部.公路工程技术标准:JTJ 001—97[S].北京:人民交通出版社,1997.
[38] 中华人民共和国交通部.公路路线设计规范:JTG D20—2006[S].北京:人民交通出版社,2006.
[39] 中华人民共和国交通运输部.公路隧道设计细则:JTG/T D70—2010[S].北京:人民交通出版社,2010.

第 8 章
CHAPTER 8 》》

连续长大纵坡路段平均纵坡控制指标与纵坡优化设计方法

本章导读

长期以来,连续长大纵坡路段事故多发问题是不争的事实。但是,当平均纵坡相差 0.1%~0.3%(不大于 3% 时)对交通安全性的影响有多大,至今缺少明确的研究结论,故不限连续坡长的平均纵坡不宜超过 2.5% 的规定成为焦点问题;当相对高差大于 300m 时,平均纵坡相差 0.1%~0.3%,对路线里程及工程造价的影响非常大,特别是相对高差大于 500m 时。因此,为了合理控制工程造价,2017 年版《路线规范》也明确规定,"超过时"(2.5%)不是不行,而是"应提出路段速度管控和通行管理"等交通安全措施;但因缺少规范层面的具体规定,有关"速度管控和通行管理"的设计原理等问题也就一直成为尚未攻克的关键技术难点。为此,本章首先从已建高速公路平均纵坡控制情况的梳理与交通现状调查、分析后发现,交通事故率不仅与平均纵坡及连续坡长存在相关性,还与载重车占比、载重率及载重车功重比有着密切关系;其次结合载重车制动毂温升模型研究,建立了载重车专用缓速车道设计体系;第三,在总结既有研究成果的基础上,提出了连续长大下坡路段不同的平均纵坡控制指标,包括缓坡坡度、缓速车道平均纵坡和任意区间的平均纵坡(有待补充研究不同功重比下的平均纵坡指标);第四,提出了基于平均纵坡多指标为基础的"双控指标"纵坡优化设计方法。这些研究成果为攻克连续长大纵坡路段"速度管控和通行管理"奠定了理论基础和研究方向,为将来完善《路线规范》中的相关规定提供了基本依据,为建设项目在应用规范指标时采用"超过时"的规定提供了解决关键技术难点的参考依据。主要结论与建议如下:

(1)通过对载重车超载、大型载重车占比及装载率分别对高速公路连续长大纵坡路段交通安全性影响的调查分析,得出大型载重车功重比偏低是交通事故多发的主要诱因。

(2)随着我国汽车整体性能的不断提高和将来车辆核载管控规定的完善,我国载重车功重比将会实现达到 8.0kW/t 以上的目标,那时就能适应较大连续坡长相应的平均纵坡要求。高速公路连续长大纵坡路段平均纵坡掌握应综合考虑工程规模及汽车整体性能的逐步提升;现阶段对地形条件特别困难路段,可通过载重车功重比管控措施的专项研究,合理控制平均纵坡度和连续坡长,降低工程造价。

(3)调查发现,当平均纵坡为 3%、连续坡长大于 4km 时,交通事故率开始增加;当平均纵坡为 4%、连续坡长大于 3km 时,交通事故率明显偏高;结合连续长大纵坡路段交通事故率与平均纵坡及连续坡长的相关性研究,提出了在连续长大纵坡路段中相对高差在 300m 内的任意区间平均纵坡控制指标,旨在避免拉坡过于随意性,使纵坡设计更接近于平均纵坡线,以提升交通安全性。

(4)基于载重车限速管理的不限连续坡长的平均纵坡控制指标,是对2017年版《路线规范》规定中"超过时"应提出路段速度控制和通行管理方案的重要补充,与2017年版《路线规范》平均纵坡不小于2.5%规定相比较,具有较大的灵活性,有利于相对高差大于300m以上的重大工程合理控制工程造价。

(5)基于载重车限速管理的不限连续坡长的平均纵坡控制指标,是依据载重车制动毂温升预测模型,将制动毂温升为零作为条件,计算不同速度的临界纵坡研究成果。研究主导车型为东风DFL4251A15,功重比为5.7kW/t,由于载重车功重比偏低,得到的计算限速值偏低,有待补充研究载重车不同功重比的指标。

(6)本章在2017年版《路线规范》基础上,提出相对高差大于或等于300m不限连续坡长的平均纵坡控制指标、相对高差小于300m时的平均纵坡与连续坡长控制指标、载重车下坡缓坡坡度控制指标和载重车限速管理的不限连续坡长的平均纵坡控制指标,为连续长大纵坡路段平均纵坡采用"双控指标"指导纵断面设计奠定了基础,并提出了连续长大纵坡路段有利于交通安全的纵坡设计方法。

(7)基于载重车制动毂温升预测模型以及临界坡度的分析,通过对自由流、分车道、载重车缓速车道三种下坡方式载重车的制动毂温升趋势对比分析发现,设置缓速车道可以将制动毂温度控制在260℃以下,能够保障载重车下坡行车安全。本章提出了利于降低工程造价的载重车缓速车道的设置方法和线形设计指标,根据载重车下坡制动特性确定缓速车道限速值,并提出对应的限速方法。

8.1 概述

8.1.1 已建高速公路平均纵坡控制依据及现状调查

1)2008年以前建成通车的高速公路项目

1988年我国首条高速公路正式通车,2008年底我国高速公路总里程6.03×10^4km,总里程3.5×10^4km的"五纵七横"国道主干线已基本贯通。在1998年前约十年建成通车的高速公路里程仅8733km;1998年至2008年的第二个十年,年均通车里程5157km,是我国高速公路建设飞速发展时期,使我国"五纵七横"高速公路国道主骨架网比原规划提前13年完成。正是这期间,高速公路从东部迅速发展到西部,从平原、丘陵地带快速进入山区,山区地形地质条件复杂,高速公路建设延伸进入山区后,因地形起伏大,必然需要采用规范规定的最大纵坡值及最大限制坡长拉坡。这时期建成通车的高速公路主要设计依据是1997年版和2003年版《标准》、1994年版《路线规范》、1995年版《公路工程基本建设项目设计文件编制办法》(以下简称1995年版《编制办法》)。当时,《标准》和《路线规范》仅对二级、三级、四级公路越岭路线的平均纵坡进行规定,即"二级、三级、四级公路越岭路线连续上坡(或下坡)路段,相对高差为 200～500m 时平均纵坡不应大于 5.5%;相对高差大于 500m 时平均纵坡不应大于 5%,且任意连续 3km 路段的平均纵坡不应大于 5.5%"。由于我国山地、高原和丘陵占陆地面积约 69%,盆地和平原仅占陆地面积 31%,在缺乏相关规定的情况下,高速公路出现大量的连续长大纵坡段落。尽管在 2000 年前后,专家与学者对北京八达岭高速公路交通事故多发与制动失灵频发现象展开研究,但在执行 1994 年版《路线规范》过程中,设计者对连续长大纵坡缺乏完整的概念,为了克服高差和降低工程造价,仍然采用最大纵坡+短缓坡段连续拉坡。最大纵坡为 5% 时,任意连续 3km 平均纵坡较容易超过 4.25%,任意连续 5km 以上平均纵坡在 3.5% 左右的情况较多,但任意连续 10km 平均纵坡超过 4.0% 的较少。表 2-8-1 仅统计一些较为代表性的项目,全国类似项目非常多。

连续长大纵坡路段调查表　　　　表 2-8-1

高速公路名称	连续长大纵坡路段桩号	长度(m)	设计高差(m)	平均纵坡(%)
新原高速公路	K97+000～K108+000	11000	376.28	3.42
	K113+120～K125+980	12860	396.03	3.08
晋焦高速公路	K30+350～K36+610	6260	226.23	3.614
蓝田至商州高速公路	K39+440～K44+220	4780	160.14	3.35
	K59+020～K66+180	7160	194.31	2.71
京昆高速公路	K76+500～K33+000	43500	1109.25	2.55
	其中 K58+600～K49+080	9520	362.71	3.81
原八达岭高速公路	K10+400～K5+630	4770	203.7	4.27
泉三高速公路	K81+400～K91+180	9780	306.6	3.13
梅邵高速公路	K110+120～K119+920	9800	273.42	2.79
玉元高速公路	K130～K140	10000	417	4.17
	K150+980～K161	10020	340.83	3.40
	K167+620～K176+220	8600	268.83	3.13
	K190～K201	11000	413	3.82

2)2008 年以后建成通车的高速公路项目

2008 年至 2019 年新增总里程 8.93×10^4 km,年均通车里程 8118km,这是我国高速公路建设跨越式发展时期。这时期建成通车的高速公路主要设计依据是 2003 年版《标准》、2006 年版《路线规范》、2007 年版《编制办法》。尽管当时在修订标准与规范时已对连续长大纵坡路段开展了较多的研究,但研究成果难以支撑在标准与规范层面提出较为明确的设计指标或具体规定。2007 年版《编制办法》在公路总体设计图表示例中提出要统计连续长大纵坡路段的平均纵坡度,以供路线方案综合比选时参考。当相对高差大于 300m 时,平均纵坡对山区高速公路工程规模影响非常大,我国山区占比大,云贵川等西部省(区、市)山区占比超过 80%,相对高差大于 300m 情况非常多,为了合理控制工程造价,各省(区、市)对平均纵坡的掌握非常慎重。2008年之后，虽然全国交通事故发生总数及伤亡人数均趋于平稳，但高速公路因制动失灵发生重大交通事故的现象仍然持续发生，京珠北韶关段高速公路、玉元高速公路、西汉高速公路、漳龙高速公路等都发生过重大交通事故，迫使一些省（区、市）参照《公路路线设计细则》(2009年总校稿)（以下简称《路线细则》）的规定执行，即连续坡长的平均纵坡控制在2.5%左右，有些省（区、市）控制在3%以内，极少数省（区、市）没有进行控制或通过论证后平均纵坡仍然采用大于3%的连续长大纵坡。

8.1.2 高速公路连续长大纵坡路段交通现状与存在的问题

我国山区高速公路，因受到地形、经济条件的限制，连续长大下坡路段不可避免。由于高差大，地形、地质条件复杂，在越岭路段，为降低工程造价，减少对自然环境的破坏，需要采用较大的纵坡和较长的连续纵坡或组合坡段。从目前已建高速公路运营情况来看，载重车在连续长大下坡路段行驶，由于长时间制动使得制动鼓温度上升，制动"热衰退"现象突出，严重时甚至完全丧失制动能力，出现制动失灵诱发重大交通事故。对于连续上坡路段，由于载重车与小客车爬坡性能之间存在较大差异，出现混合行驶状态时，会严重影响路段通行能力，且可能会导致交通事故的发生。连续长大纵坡路段交通事故率总体偏高已是不争的事实，从提升连续长大纵坡路段交通安全性考虑，2017年版《路线规范》相关规定还存在以下不足：

（1）由于高速公路连续长大纵坡（下坡）路段交通事故多发的诱因众多，偶发机理非常复杂，到目前为止，尽管国内对"不同的平均纵坡度所对应的安全坡长"相关研究成果较多，但由于研究时的各种条件不尽相同，所得到的结论不完全一致。2017年版《路线规范》对平均纵坡与连续坡长的规定，在主导车型及功重比选择上考虑过于单一，功重比仅为5.2kW/t一种，难以完全适用于全国不同地区、不同路段的不同条件（如交通量、载重车占比、载重车功重比、平纵线形等）。

（2）根据调研，既有高速公路不同的连续长大纵坡路段交通事故率差异较大。平均纵坡较大，连续坡长较长，交通事故率一般较高，但也有一些路段交通事故率总体较低。有些路段平均纵坡较小，但连续坡长较长，交通事故率也较高。显然，与路段的平纵面线形、交通管控有较大的关系。2017年版《路线规范》相关规定难以指导连续长大纵坡路段平纵线形安全性设计。

（3）已建高速公路不符合2017年版《路线规范》规定的连续长大纵坡路段非常多，通过采取加强安全保障和交通管控等综合措施，2010年之后，交通事故率得到了有效控制，已基本遏制连续长大纵坡路段交通事故多发、频发现象，重特大交通事故更是大幅减少或不再发生。显然，加强车辆管理与交通组织管控能有效降低已建高速公路交通事故率。但至今对既有高速公路连续长大纵坡路段交通管控的经验缺少系统的总结。

（4）根据调查，连续长大纵坡路段交通事故率总体仍然偏高。从全国范围来看，重特大交通事故还时有发生，交通管控压力仍然较大。如何进一步提升连续长大纵坡路段交通安全性问题，已面临着技术瓶颈，2017年版《路线规范》再修订还需专项研究成果的支撑。

综上所述，对连续长大纵坡路段平均纵坡、连续坡长应合理控制，且应采取必要的交通安全保障措施（如避险车道）。但平均纵坡如何结合路段特点合理控制、需要哪些相应的保障措施，缺乏具体的设计指南。

8.1.3 连续长大纵坡路段车路适应性研究思路

大量调查数据表明,载重车是连续长大纵坡交通事故率(包括造成人员伤亡和财产惨重损失的重特大事故)居高不下的主要诱因;从载重车与道路的耦合作用角度出发解决车路适应性问题,降低载重车的交通风险,是山区高速公路连续长大下坡路段交通安全性优化与安全保障技术的研究方向。车路适应性研究思路主要包括以下三方面内容:

(1)2017年版《路线规范》指出,我国目前货运主导型车辆仍为六轴铰接列车,其研究车型功重比为5.2kW/t,与美国AASHTO规范给出的货运主导车型功重比8.3kW/t相比明显偏低,也不符合以往研究中给定的载重车主导车型和功重比。这些情况已说明载重车功重比偏低是我国连续长大纵坡路段交通事故多发的主要致因之一。载重车功重比偏低造成交通事故多发的问题,不能单纯从减缓平均纵坡度角度来解决。同时,随着我国汽车整体性能的大幅提高和车辆管理措施的完善,载重车功重比明显偏低的问题必将逐步得到解决。目前,为了提升连续长大纵坡路段交通安全性并更好地控制工程造价,应从所在项目的载重车功重比实际情况或提高载重车功重比的可能管控方案和限制速度两方面着手。

(2)已建高速公路连续下坡路段交通现状调查表明:平均纵坡偏大是交通事故多发的主要因素之一,因此必须控制平均纵坡度。2017年版《路线规范》对不限连续坡长的平均纵坡规定值为2.5%,较规范修订前建成的山区高速公路较多路段平均纵坡采用值小得多,主要原因在于现阶段载重车主导车型功重比仅5.2kW/t。由于平均纵坡对展线里程及工程规模影响非常大,显然规定值已不能再小了。因此,2017年版《路线规范》同时又对平均纵坡与连续坡长超过时进行了规定:"超过时,应进行交通安全性评价,提出路段速度控制和通行管理方案,完善交通工程和安全设施,并论证增设载重车强制停车区"。基于规范的这些规定,本章对已建且事故多发路段或新建高速公路平均纵坡偏大路段(超过时),提出下坡方向设置载重车专用缓速车道,上坡方向设置爬坡车道。利用硬路肩设置载重车专用缓速车道和爬坡车道,增加投资相对有限,但平均纵坡的适当增大对工程规模总体减小较多。设置载重车缓速车道能有效保障下坡方向的交通安全,设置爬坡车道能有效提高上坡方向通行能力。随着汽车整体性能(功重比)的不断提升,将来完全有可能不需要载重车专用缓速车道或爬坡车道,到那时缓速车道或爬坡车道将变为硬路肩(紧急停车带)。

(3)调查研究发现,连续长大纵坡路段区间出现陡坡是事故多发的位置,应完善连续长大纵坡路段区间平均纵坡的规定和纵坡设计方法。根据2017年版《路线规范》对最大纵坡、坡长限制的规定,如果采用极限指标拉坡,则区间会出现较大的平均纵坡指标。如设计速度为80km/h,最大纵坡为4%及最小缓坡长度时最大平均纵坡达3.82%,最大纵坡为5%时最大平均纵坡达4.55%,最大纵坡为6%时最大平均纵坡达5.14%。显然,2017年版《路线规范》中平均纵坡为2.5%时连续坡长不限、平均纵坡为3.0%时连续坡长14.8km与平均纵坡为3.5%时连续坡长9.3km的规定,对相对高差小于300m的区间路段纵坡设计难以起到指导作用。已建高速公路连续长大纵坡路段平均纵坡控制指标的现状调查分析表明,如果对连续长大纵坡路段中相对高差小于300m的任意区间平均纵坡没有控制,则拉坡随意性较大,连续长大纵坡路段中间局部区间,较容易出现平均纵坡大于4%、连续坡长大于3.0km的陡坡段落,可能成为交通事故多发位置。区间陡坡路段平均纵坡越大,连续坡长越长,交通事故多发的安全风险也越大。同时,为了使纵坡设计线更接近平均纵坡线,应完善连续长大纵坡路段纵坡设计方法。

本章研究内容不含连续长大纵坡路段交通安全综合保障体系。

8.1.4 国内外相关研究简介

1) 连续下坡路段载重车制动毂温升模型研究

载重车在制动毂温升模型及应用方面,国外研究起步较早,并开展了大量的研究工作。理论分析模型上,Blok H.、Majcherczak D. 等对制动器摩擦热及制动性能等问题进行研究。美国联邦公路局(FHWA)最早构建了大载重车制动毂温升模型,开发了坡道严重度分级系统(GSRS)。Olesiak Z. 等建立了制动毂温度与车辆、道路参数以及制动毂温度变化与车辆参数之间的函数关系模型。Eady P. 等建立的制动毂温度预测模型基于行车动力学及热平衡理论。Rao V. 采用有限元法对制动毂内温度分布进行了模拟,确定了制动毂的制动力矩。Sanket 采用有限元分析技术对全通风盘式制动毂的温度分布进行了预测。

相较于国外,国内在该领域也开展了大量卓有成效的研究,研究大多围绕汽车制动毂工作原理,主要关注制动毂热衰退机理及温度计算原理。根据建模方法,可将目前国内外关于制动毂温升模型的研究分为三类,即理论分析模型、有限元仿真模型和实测回归模型。张驰等结合动力学原理,建立连续下坡制动器温度模型。郭应时等通过能量法计算出制动毂摩擦产生的热量,建立了鼓式制动器温升计算的数学模型。苏波等利用台架试验,结合传热学理论,建立了辅助制动条件下制动器温度预测模型。陈兴旺利用 Ansys 建立了三维参数化制动毂模型和有限元制动毂温升数学模型。在紧急制动、重复制动和持续制动等三种工况下,采用有限元模型仿真分析,得到长大下坡路段制动毂温度场的温度变化规律。袁燕等基于传热学理论,采用 Ansys 建立载重车鼓式制动毂温升规律有限元热分析模型,研究了在紧急制动和持续制动工况下,鼓式制动毂的温升规律。杨东宇采用有限元分析软件 Ansys 对制动毂进行热分析,建立了制动毂有限元模型。肖润谋等采用最小二乘法拟合的方法建立了汽车制动毂温升模型。潘兵宏等人以山区高速公路长大下坡界定标准为出发点,采用无辅助制动条件下主制动毂温升试验和回归分析的方法,建立了主制动毂温升与车重、坡度、坡长的关系模型。杨宏志等采取现场拦车试验与多元回归分析的方法,建立了制动毂升温模型。周磊等选取代表车型,在不同平均纵坡与坡长组合下,测量代表车型等速下坡时的制动温度,结合动力学原理,建立连续下坡制动器温度模型。雷斌等通过分析高速公路连续下坡路段交通事故的发生机理,确定了运行速度和车毂温度预测模型,并拟合了制动毂温度预测值、实测值的分布关系,建立了修正后的连续下坡路段制动毂温度预测模型。史培龙等研究发现坡度对制动器的温度影响较大,且当坡度和制动方式相同时,坡长越长,温度升高量越大。

2) 连续长大下坡路段车速及交通安全性问题的研究

近年来,国内外对连续长下坡交通安全性问题的相关研究较多,主要有针对连续下坡路段交通事故进行统计分析,建立相关的制动毂温度模型,并提出相应的改善措施,如避险车道、交通管理等。另外,车速也是制动鼓温度升高的重要因素之一,过高的车速容易导致载重车失控,引发交通事故。国内外对此进行了大量的长下坡路段的限速管理、标志标牌,以及避险车道等交通安全设施的研究。

美国FHWA根据制动毂温升开发的下坡严重度分级系统(GSRS),提出了下坡载重车速度的管控措施;澳大利亚Austroad通过建立六轴半挂载重车温升模型,对下坡载重车进行速度预警,以保证制动毂在安全范围之内;AASHTO对高速公路避险车道的设置进行了研究,并给出了专门的设计规定;南非《公路几何设计手册》规定已建山区公路与新建公路设置避险车道的条件;澳大利亚昆士兰州颁布的《公路规划与设计指南》认为,车辆在连续长大下坡路段失控的主要原因是车辆制动力的丧失,通过在连续长大下坡路段的适当位置设置避险车道,降低事故风险。

国内研究多是基于公路事故特征及原因的交通安全设施设计研究,如李宝成等基于对长大下坡交通设施与事故之间关系分析,对连续长大下坡路段的警示标志、限速带等设施的设置方法进行了研究。在连续下坡与纵断面线形指标方面,潘兵宏收集了大量相关文献资料,通过路段试验、场地试验和理论分析,提出了山区高速公路平均纵坡和坡长限制的指标值。国内针对高速公路合理限速相关问题也有较多研究,主要基于运行速度、设计速度为主的限速方法。

但是,避险车道设置条件较为苛刻,山区高速公路由于地形条件复杂往往难以确定合适设置位置,且避险车道将大大增加工程造价。近年来,针对设置避险车道来保障长大下坡车辆行驶安全的弊端还进行了大量研究;钱勇生等以制动毂温升模型为基础,对下坡减速车道的构造和路床材料等进行了研究;王志新等根据不同联合制动工况下的温升模型提出了下坡辅助减速车道,并重点对其路床材料减速效果进行了研究;下坡减速车道功能定位仍是针对失控载重车,利用道路材料进行强制减速,难以解决载重车易发生制动失效的根本问题。

3) 连续长大纵坡路段平均纵坡与连续坡长研究

国外对于纵坡与安全的研究较为系统,但其重点均是针对单一纵坡坡度与坡长对交通安全的影响,对连续下坡的运行特征研究较少。美国基于主导大型车基础资料,探讨了载重车车速与纵坡之间相互影响关系,绘制了载重车运行速度与纵坡、坡长之间的关系图;根据法国道路安全手册,法国研究人员认为,在长大下坡中设置缓坡,将造成行车速度回升,使得长大下坡更加危险;德国以观察的历史数据为基础,提出了交通事故率与纵坡坡度的关系曲线,并指出,连续下坡路段比上坡路段更危险,下坡坡度越陡,事故率越高,汽车速度越快,造成的损失也越大。

国内对于纵坡与安全也有很多研究。廖军洪等从运营安全风险因子(驾驶人行为、车辆状态、设施条件、交通环境)分析连续长大下坡路段不利安全因素,基于驾驶负荷(行车感受、车辆操作行为特征)与线形指标关系,建立长大下坡路段平纵线形指标与驾驶负荷定量关系模型,优化了连续长大下坡路段纵断面指标;屈强等人对运行速度连续性和一致性差的路段,根据运行速度分布特点采取有效安全处置技术措施;林煌等通过对长大下坡路段事故特性、驾驶人行驶及车辆受力特性进行分析,结合驾驶人行车过程中的道路条件、交通管理和保障措施等多方面对行车安全的影响,提出道路线形改善、超载超速的管理及主动与被动防护措施的设置需求;陈斌等在连续长大下坡路段交通事故数据和道路设计参数调查的基础上,分析了连续长大下坡路段的交通安全状况,讨论了急弯陡坡、连续陡坡和连续缓坡3种线形组合形式路段的交通事故特征和事故原因,研究了交通事故与道路纵断面参数之间的关系;周晓光等通过对诱发长大下坡交通事故的各种因素进行统计分析,揭示交通事故发生的规律和原因,在此基础上对事故的发生趋势做出预测,采用回归分析方法建立长下坡路段交通事故预测模型;张永生等分析了山区长大下坡路段事故成因,得出长大下坡事故的发生与纵坡坡度和长度的关系,长距离的下坡更是诱发交通事故的重要原因;代诗宇等基于运行速度理论和制动器"热衰退"理论相结合的评价方法,研究了连续长下坡路段安全性设计方法的可靠性及适用性;王博等分析载重车在纵坡路段的运行特性,从理论上确定了主导车型加速上坡和减速冲坡的换挡速度。根据上坡路段容许的速度折减量,提出了山区高速公路各设计速度下不同纵坡坡长限制建议值,为山区高速公路连续纵坡路段陡坡的设计提供依据;潘兵宏等通过分析连续下坡路段交通事故的特点,提出了采用分析下坡过程中的主制动器温升方法,来定量地界定高速公路长大下坡路段。

目前国内高速公路连续下坡路段交通安全问题较为突出,事故比例较高;尽管国内外研究成果较多,但由于研究主导车型、所在项目的平纵面指标与交通组成、不同时期的载重车性能、载重车载重率(功重比不同)等基础条件差别较大。因此,研究结论不完全一致。

4) 连续下坡缓坡坡度及降温缓坡坡长设计指标研究

国外早期虽建造了载重车专用车道,但其出发点是分流路网中大型车辆,提高路段通行效率,而对安全性考量较少;相关的研究主要集中于限速和标志标牌设置等安全保障措施以降低长大下坡事故率;目前为止,国外尚无翔实的文献、规范及设计手册等可以指导长大下坡缓坡路段坡度和坡长的设计。我国关于缓坡设计指标的研究最早见杨仲谋等的成果,他们通过查阅大量国内外相关资料提出高速公路和一级公路缓坡坡度采用2%,缓坡坡长应根据各类地形和不同行车速度计算得出的最小纵坡长度来确定;李清波等从行车动力学角度列出载重车行驶方程,并解出不限坡长的最大纵坡,将小于该坡度的纵坡定义为缓坡;邹贤文等提出将缓坡坡度取为0.5%到3%的范围,通过行驶车辆的加速度计算缓坡坡长;曹杰等利用经验公式计算出不同海拔高度、不限坡长的临界坡度值,并从无辅助制动和发动机制动两种情况分析计算相应的缓坡坡长值;潘兵宏等收集了大量相关资料和文献,通过路段试验、场地试验和理论分析,对山区高速公路平均纵坡与坡长限制指标进行研究。综上,国内外关于缓坡设计指标的研究较少,尚未形成明确统一的结论。

8.2 大型载重车功重比对连续下坡路段交通安全性的影响

8.2.1 载重车超载对高速公路长大纵坡路段交通安全性的影响

我国山区高速公路基本上都是客货混行,由于载重车整体性能差别大,载重车功重比不同,造成客货之间以及载重车之间出现较大的速度差,在上坡路段客货之间与载重车之间强超强会,诱发交通事故。下坡路段超速或高速行驶,造成制动失控,甚至制动失灵,导致交通事故多发。我国高速公路交通事故率高于欧美等国,郭腾峰等研究认为主因在于载重车功重比严重偏低,即载重车性能差、超载是主因。如原八达岭高速公路交通事故多发路段的长大陡坡长度仅4.77km,平均纵坡为4.27%,任意连续3km最大平均纵坡为4.51%;载重车超载情况见表2-8-2(刚通车初期),其中中型载重车平均超载率为4.53倍,居最高,大型载重车次之,为

2.62倍,拖挂车最小,为1.7倍。由于载重车超载情况十分严重,载重车功重比非常低,且载重车整体性能差,加之平均纵坡度大,连续坡长较大,造成八达岭高速公路自1998年11月至2003年8月期间因制动失效冲入紧急避险坡道的汽车有400多辆,冲入山沟的有47辆。超载、特别是严重超载现象被严查后,交通事故逐年明显减少,该项目是载重车超载对交通安全性影响最为典型的代表。

原八达岭高速公路运输车辆装载吨位分布表(刚通车初期) 表2-8-2

核载(t)	5	5	5	10	10	10	12	12	15
实载(t)	21	26	20.9	37	28	31	21	21	25
超载率(实载/核载)	4.2	5.2	4.2	3.7	2.8	3.1	1.8	1.8	1.7
平均超载率(倍)	4.53			2.62			1.7		

8.2.2 大型载重车占比及满载对高速公路交通安全性的影响

根据调查研究,载重车占比及满载率对高速公路交通事故率影响较大,对连续长大纵坡路段交通事故发生概率的影响更大。如某高速公路东段,全长56km,连续长大纵坡路段为K9+280~K23+440,长度14160m,高差312m,平均纵坡2.2%,见图2-8-1。其中第一段长度8160m,高差207.2m,平均纵坡2.54%;第二段长度3100m,高差102.0m,平均纵坡3.29%,区间平均纵坡控制指标均符合2017年版《路线规范》要求。2007年11月通车,根据交通量统计载重车占比为80.0%~88.5%,载重车车型95%以上是六轴载重车,货物以煤为主,多数载重车功重比仅约为5.25kW/t。由于省内本项目其他路段地形较平坦,没有连续长大纵坡,也没有拉煤的六轴载重车,交通事故率低。而该段交通事故发生总数在2013年前占省内全线(约200km)的51%~80%以上,死亡人数占比在55%~94.6%。2014年之后,通过限速、限超等管控措施,交通事故发生总数明显降低,但同期其他路段交通事故率也明显降低,故占比还高达73%~83%。连续长大纵坡路段仅14.16km,下行线交通事故发生总数占东段的30%多,见表2-8-3。从表2-8-3中可以看出,大型载重车占比大、功重比偏低是交通事故多发的主要致因。随着大型载重车占比的逐年增加,大型半挂牵引汽车已成为我国公路货运的主要车型。因此,如果地形条件允许,在工程规模增加不多的情况下,连续长大纵坡路段平均纵坡控制原则上宜尽量采用较小值。

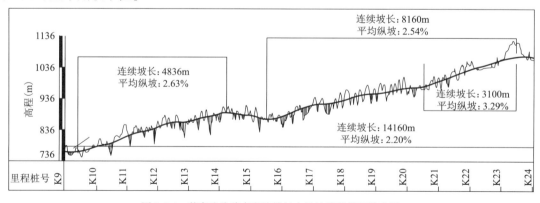

图2-8-1 某高速公路东段连续长大纵坡路段纵面缩略图

某高速公路东段交通现状表 表 2-8-3

年度	客车年流量（辆）	载重车年流量（辆）	客载重车合计（辆）	载重车占比（%）	交通事故（起/年）	受伤人数	死亡人数	占比（%）（全线）
2010 年	243242	1878406	2121648	88.5	492		119	53	94.6
2011 年	289101	2056148	2345249	87.7	687	K9～K23长大纵坡路段下行线交通事故总数	58	26	55.3
2012 年	299282	2258434	2557716	88.3	594		122	32	71.1
2013 年	364441	2317328	2681769	86.4	455		41	18	72
2014 年	322403	2152690	2475093	87.0	103		22	8	72.7
2015 年	322007	1341382	1663389	80.6	242		51	7	77.7
2016 年	361658	1586393	1948051	81.4	284	102（占比6%）	37	8	72.7
2017 年	370347	1877479	2247826	83.5	280	92（占比33%）	39	3	75
2018 年 1—8 月	303844	1190874	1494718	80.0	79	19（占比24%）	5	1	50

8.2.3 大型载重车总质量对高速公路交通安全性的影响

廖军洪等根据四川、广东、云南等省（区、市）长大下坡的调研，选取了坡长分别为 7.5km、10km、15km、20km、25km、30km、50km 的 7 个典型长大下坡作为研究对象，基于长大下坡制动器温升特性的对比分析，车辆总质量对载重车制动器温度影响显著。因此在研究长大下坡总长度、平均纵坡、限制速度及安全保障技术方案时，应考虑所在区域载重车代表车型的轴数和车辆总质量因素。

在汽车下坡行驶过程中，其重力沿着坡道的分力 F_i 所做功，将转化为制动器制动力 F_b、路面滚动阻力 F_f、空气阻力 F_w 和发动机牵引力 F_e 的消耗能。由于汽车各车轮的实际载荷和制动器效能存在差异，根据比热容原理可得到各制动器的升温 ΔT：

$$\Delta T = \delta \frac{F_i - F_f - F_w - F_e}{n m_b C_b} s \approx \delta \frac{mg(i-f) - F_w - F_e}{n m_b C_b} s \qquad (2\text{-}8\text{-}1)$$

式中：m——汽车质量（kg）；

　　　g——重力加速度（m/s²）；

　　　n——汽车的制动器数量；

　m_b、C_b——分别为制动器的质量（kg）和比热容 [J/(kg·℃)]；

　　i、f——分别为路面的下坡坡度和滚动阻力系数；

　　　s——汽车的行驶距离（m）；

　　　δ——制动器占全车制动的效能比值。

从式（2-8-1）可知，为避免制动器温度过高，必须严格限制汽车质量或功重比。研究表明：根据项目所在区域的货运特点、代表车型及汽车功重比，并结合连续长大纵坡坡长和平均纵坡度，对不同车型（型号）的载重车载质量或功重比，提出针对性的管控措施，如限制不同车型（型号）的载质量或根据发动机功率核定总质量等措施，能有效提高汽车功重比，提升连续下坡路段交通安全。

8.2.4 交通管控措施与交通事故相关性分析

根据全国 1990—2019 年交通事故发生总数及死亡人数统计可知,全国统计交通事故发生总数及死伤人数自 1993 年开始逐年增加,2002 年达到高峰值,然后逐年减少,至 2009 年后趋于平稳。2009 年之后,随着公路通车里程的迅速增加和汽车保有量的急剧增长,交通事故发生总数及死伤人数没有增加,而是趋于平稳,显然是交通管控和应急管理水平得到有效提升的缘故。近十年,通过超载监管,采取避险车道、降温池、路段限速、分车道分车型限速等措施,连续长大纵坡路段交通事故多发和制动失灵频发现象得到有效遏制。未来还需对已建高速公路在连续长大纵坡路段限速管理和载重车载重合理管控两方面深入开展研究。

8.2.5 我国汽车整体性能提升变化情况的调查分析

在研究载重车制动毂温升预测模型时,不同时期采用的主导车型不同。《路线细则》配套研究主导车型为东风 EQ5208XXY2 三轴载重车,而同济模型主导车型为解放 CA3168P1Kl Tl6X4 三轴载重车,2017 年版《路线规范》配套研究主导车型则为东风 DFL4251A15 六轴铰接列车,功重比为 5.7kW/t。根据 2019 年市场调查,我国六轴牵引汽车品牌与种类非常多,如表 2-8-4 所示,且汽车发动机功率及功重比近十年已明显提高,发动机功率 257kW 已是偏小的车型。目前载重车的最大功率已达 400kW,汽车整体性能总体已有较大幅度的提升。我国载重车核载标准依据现行《汽车、挂车及汽车列车外廓尺寸、轴荷及质量限值》(GB 1589—2016)中规定的最大允许总质量限值,并直接作为高速公路行驶的汽车、挂车及汽车列车的允许核载,缺少与载重车发动机马力(功率)相关联,一律按轴数核定还不够合理;造成不同发动机马力的载重车功重比差异较大,功重比区间为 5.24~8.31kW/t。随着汽车核载质量的合理管控规定的完善,未来我国汽车整体性能一定会适应较大连续坡长相应的平均纵坡要求;因此高速公路连续长大纵坡路段的平均纵坡指标,应综合考虑工程规模及汽车整体性能的逐步提升的发展现状。现阶段对地形条件特别困难路段,可通过载重车功重比管控措施的专项研究、设置必要的载重车专用缓速车道等措施,合理控制平均纵坡度和连续坡长,以降低工程造价。

六轴牵引汽车发动机功率及功重比调查表 表 2-8-4

序号	产品名称	产品型号	最大轴数	总质量 (kg)	发动机功率 (kW)		功重比 (kW/t)		核载质量 (kg)	功重比 (kW/t)	
					最小	最大	最小	最大		最小	最大
1	危险品牵引汽车	SX42584V384TLW	6	40000	257	309	6.43	7.73	49000	5.24	6.31
2	半挂牵引车	DFH4251AX4AV	6	40000	257	309	6.43	7.73	49000	5.24	6.31
3	平头柴油牵引车	CA4250P25K2T1E5A	6	40000	261	390	6.53	7.73	49000	5.33	7.96
4	牵引汽车	ZZ4256V384HE1LB	6	40000	265	316	6.63	7.90	49000	5.41	6.45
5	牵引汽车	ZZ4186V361HE1B	6	40000	268	400	6.63	7.90	49000	5.47	8.16
6	半挂牵引车	BJ4259SNFKB-AJ	6	40000	276	405	6.70	10.00	49000	5.63	8.27
7	牵引汽车	SX4250XC4Q	6	40000	276	353	6.90	10.13	49000	5.63	7.20

续上表

序号	产品名称	产品型号	最大轴数	总质量(kg)	发动机功率(kW)		功重比(kW/t)		核载质量(kg)	功重比(kW/t)	
					最小	最大	最小	最大		最小	最大
8	半挂牵引汽车	BJ4259SNFKB-AA	6	40000	279	375	6.98	9.38	49000	5.69	7.65
9	牵引汽车	SX42584X384TL	6	38755	280	309	7.22	7.97	49000	5.71	6.31
10	半挂牵引车	DFH4250A4	6	40000	283	323	7.08	8.08	49000	5.78	6.59
11	平头柴油牵引车	CA4250P25K27T1E5M	6	38775	294	294	7.58	7.58	49000	6.00	6.00
12	危险品牵引车	ZZ4256V324ME1W	6	40000	297	327	7.43	8.18	49000	6.06	6.67
13	牵引汽车	HFC4252P13K7E3S7V	6	40000	297	400	7.43	10.00	49000	6.06	8.16
14	平头柴油牵引车	CA4259P25K2T1E5A80	6	40000	312	407	7.80	10.18	49000	6.37	8.31
15	牵引汽车	ZZ4256V324HE1B	6	40000	327	400	8.18	10.00	49000	6.67	8.16
16	半挂牵引车	DFH4250A9	6	39590	353	353	8.92	8.92	49000	7.20	7.20
17	牵引汽车	SX4250XC4Q2	6	40000	368	390	8.83	10.65	49000	7.51	7.96
18	半挂牵引车	HQC4250T	6	40000	368	368	9.20	9.75	49000	7.51	7.51
19	平头柴油半挂牵引车	CA4250P66K25T1A2E5	6	40000	407	407	9.44	10.38	49000	8.31	8.31

8.2.6 京昆高速公路某段交通特管区典型示例

1) 交通特管区管控措施

为了提高 G5 京昆高速公路某段最长连续长下坡路段的行车安全性,改善路段通行环境,2018 年 8 月将北坡下坡路段前 36km 设置为交通特管区,在特管区内实行"客货分道、控速行驶、不超车不超速不越道"的方案管理,特管区内设置了 5 套违法抓拍系统及相应的标志设施,保障了有效监管,实现驾驶人对各类设施的严格遵循,见图 2-8-2。该路段载重车驾驶人安全意识观念强,大型载重车满载情况非常少。

2) 载重车车辆车轴数分布统计

通过对 G5 京昆高速公路某段车辆类型及轴数的调查,并对车型按照车轴数进行分类统计,调查结果显示,在高速公路上行驶的载重车类型中,6 轴大载重车所占比重最大,达到了 61%;2 轴、3 轴、4 轴大载重车所占比重相差不大,均在 10%~15% 范围内。车辆车轴数分布见图 2-8-3。

3) 载重车车辆载重分布统计

通过对 G5 京昆高速公路某段车辆的载重调查,调查结果发现,几乎没有超过 40t 的车辆;30~40t 载重所占比重最大为 41%;20~30t、10~20t、0~10t 载重所占比例依次递减,分别为 23%、19%、17%,见图 2-8-4。从载重车车轴数分布可知(图 2-8-3),6 轴载重车所占比重最大,达到了 61%,其额定载重为 49t,但装载没有超过 40t,载重为 30~40t 所占比重也仅为 41%,这说明在 6 轴半挂车中不仅没有满载,而且多数满载率仅为 60%~80%,相当于 6 轴半挂车功重比提高20%以上,即载重车功重比基本上大于7.0kW/t。车辆载重越大,车辆在连续下坡路段行驶过程中的行车危险性越高,车辆载重越小,行车危险性越小。

图 2-8-2　G5 京昆高速公路某段北坡交通特管区现状图

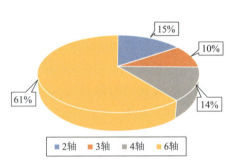
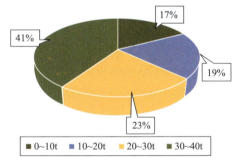

图 2-8-3　车辆车轴数分布图　　　图 2-8-4　车辆载重分布图

4)连续纵坡路段大载重车下坡速度统计

通过对 G5 京昆高速公路某段大载重车下坡过程中行驶速度的调查,调查结果见图 2-8-5。数据显示接近一半的速度小于 60km/h,38%的速度在 60~70km/h 之间,大于或等于 80km/h 仅占 2%,在 60~70km/h 之间占 14%,因此限速 70km/h 较合理。尽管限速 80km/h,但在两段长下坡内,驾驶人普遍采取了较低的行驶速度,说明驾驶人在下坡路段的安全意识较高,能自觉地减少载重车装载量,并保持低速行驶,提升交通安全性。下坡过程中速度越高,实施制动的频率也越高,制动频率高是导致制动系统温度上升较快、增加制动失灵的主要因素。通过速度的统计与分析,有助于对速度的控制,有利于安全管理措施的实施。

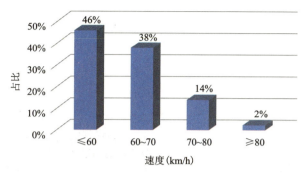

图 2-8-5 连续纵坡路段载重车下坡速度范围统计图

5) 交通特管区交通事故统计

京昆高速公路调查路段 2018 年共发生 11 起道路交通事故,均为简易程序事故,无人员伤亡。其中,重中型载重车 4 起、大中型客车 0 起,2017 年 18 起(伤 2 人)、2016 年 17 起(死亡 1 人)、2015 年 12 起,该交通特管区的载重车事故率总体较低,为十万分之 2.4。在连续下坡路段增设交通特管区,采取的各类相应安全措施进一步降低了运营中的安全风险,其中大型载重车没有满载、载重车功重比的提高,也是载重车事故率较低的主要因素之一。

8.3 基于交通事故多发位置的任意区间平均纵坡优化指标

8.3.1 高速公路平均纵坡控制指标相关规定合理性分析

山区高速公路连续长大纵坡路段交通事故多发的诱因非常复杂,一直到 2017 年版《路线规范》对连续长大纵坡路段平均纵坡指标才有了明确的规定,但还不够完善。早期在《路线细则》配套课题"山区高速公路平均纵坡研究"中已有一些重要的研究结论。该课题自 2005 年开始,历时三年多,研究期间正是我国高速公路连续长大纵坡路段重大交通事故的高发期,故平均纵坡指标取值偏于保守。课题研究从对山区高速公路连续长大纵坡交通事故特点、主要诱因进行调查分析,建立制动器外部温升预测模型,提出了有无发动机辅助制动方式下平均纵坡与连续坡长的关系,课题研究结论为:相对高差大于 300m 时平均纵坡宜控制在 2.5%,区间相对高差小于 300m 时对任意连续坡长的平均纵坡提出指标控制要求(表 2-8-5),即组成平均纵坡双控指标,如图 2-8-6 所示。

山区高速公路平均纵坡与连续坡长　　　　　　　表 2-8-5

分类	平均纵坡(%)						
	2.0	2.5	3.0	3.5	4.0	4.5	5.0
推荐值(km)	15	7.5	3.5	3.0	2.5	2.0	2.0
一般值(km)	15	9.5	4.0	3.5	3.0	2.5	2.5
极限值(km)	—	12.0	4.5	4.0	3.5	3.0	3.0

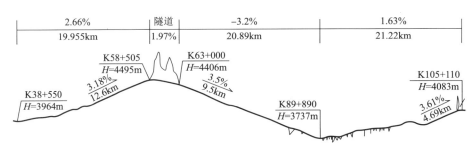

图 2-8-6 某高速公路连续长大纵坡路段平均纵坡双控指标示意图

相对高差大于 300m 时,平均纵坡相差 0.1%～0.3%,对路线里程及工程造价的影响都非常大,特别是相对高差大于 500m 时。但平均纵坡相差 0.1%～0.3% 对交通安全性的影响有多大,至今仍然缺少确定的研究结论,因而使平均纵坡宜控制在 2.5% 的规定存在较大争议。区间相对高差小于 300m 时,对任意区间不同平均纵坡度的连续坡长提出的要求,是基于当时连续长大纵坡重特大交通事故多发的现状考虑,当时调查发现,平均纵坡 3%、连续坡长大于 4km 时交通事故开始增加,平均纵坡 4%、连续坡长大于 3km 时交通事故率开始明显增加,目前调查结论还是如此。同时,调查表明:连续纵坡路段的纵坡设计接近于平均纵坡度是有利于交通安全的,故提出了表 2-8-5 的规定。该表对 2% 和 2.5% 的平均纵坡也建议限制连续坡长,较多专家认为没有必要,且认为 3.0% 和 3.5% 平均纵坡所限制的连续坡长偏短。2017 年版《路线规范》颁布之前,对山区高速公路连续长大纵坡设计,基本上参考《路线细则》中相对高差大于 300m 时平均纵坡宜控制在 2.5% 和连续坡长 3km 的平均纵坡不宜超过 4% 的规定进行路线总体设计。

2017 年版《路线规范》对高速公路、一级公路连续长、陡下坡路段的平均坡度与连续坡长进行了规定,其中高速公路部分详见表 2-8-6。2017 年版《路线规范》中平均纵坡小于 2.5% 连续坡长不限,与《路线细则》中相对高差大于 300m 时平均纵坡宜控制在 2.5% 的规定相一致,规范用词"宜"变为"不宜",即需更严格的执行。2017 年版《路线规范》中其他各级平均纵坡度对应的连续坡长是基于相对高差小于 500m 的研究成果,因此相对高差小于 300m 时的相关规定要求较松,执行规范时仍然存在拉坡随意性较大的情况。

高速公路平均纵坡与连续坡长 表 2-8-6

平均纵坡(%)	<2.5	2.5	3.0	3.5	4.0	4.5	5.0	5.5	6.0
连续坡长(km)	不限	20.0	14.8	9.5	6.8	5.4	4.4	3.8	3.3
相对高差(m)	不限	500	450	330	270	240	220	210	200

8.3.2 高速公路连续长大纵坡路段交通事故多发位置

通过对事故多发段位置的调查,发现连续长大纵坡长度小于或等于 15km 时,交通事故多发位置一般在靠近坡底位置;大于 15km 特别是大于 30km 以上,事故多发位置一般在中间的较大纵坡路段。典型案例的指标见表 2-8-7,表中所列路段平均纵坡与连续坡长采用的指标,有的符合 2017 年版《路线规范》规定,有的不符合规定,但路段均为事故多发路段。因此,2017 年版《路线规范》有关平均纵坡与连续坡长的规定有待进一步完善、优化设计指标。

交通事故多发路段多发位置及平均纵坡指标表　　　　　表2-8-7

高速公路名称	连续坡长全长（km）	平均纵坡（%）	是否符合规定	事故多发位置	事故多发路段桩号	段落长度（m）	段落平均纵坡（%）	是否符合规定
京珠高速公路某段	13（第一段）	2.97	符合	靠坡底	K49～K52	3000	3.95	符合
厦蓉高速公路某段	14.54	3.34	否	靠后坡底	K70～K76	6000	4.13	基本符合
京昆高速公路某段	43.5	2.55	基本符合	中间	K58+600～K49+080	9520	3.81	否
原八达岭高速公路	4.77（前有缓下坡）	4.27	符合	靠坡底	K5+630～K10+400	4770	4.27	符合

1) 京珠高速公路某段案例

该高速公路通车当天就发生交通事故,通车之后的短短3年,长109km路段死亡500多人,且大型载重车失控追尾占80%。交通事故集中在3个点,占比达到70%,事故最多路段不在北行最长的路段,也不在南行的最后一段,而在南行K49～K52路段,即在第一段13km的连续下坡坡低附近,原因是该段区间平均纵坡最大。通过对标志标线、减速带、加水站等的设置或改造,交通事故明显减少,采取综合交通安全保障措施效果显著;但治标不治本,因制动失灵发生重大事故的风险仍然存在。

2) 京昆高速公路某段案例

该高速公路全长约85km,全线地形条件复杂、工程规模大,桥隧比为82%,其中桥梁占65%,隧道占17%,建设投资大。本段设计速度为60km/h,路基宽度为20.0m,最小平曲线半径为175m,最大纵坡为5%,其中K33+000～K76+500路线长约43.5km,平均纵坡为2.55%。但交通事故多发路段在桩号K49+080～K58+600的9520m范围内(图2-8-7),该段区间平均纵坡最大为3.81%(超规定值),其中大于4.0%纵坡8段,总长5693m,占比约60%,最大纵坡为5%,长750m。

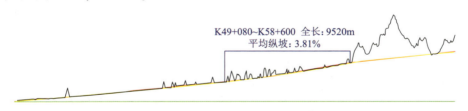

图2-8-7　京昆高速公路某段连续长大纵坡纵断面缩略图

8.3.3 与交通事故多发位置相关的主要研究结论

1) 区间平均纵坡与交通事故相关性

(1) 根据相关研究,交通事故多发生在区间平均纵坡大于3%的路段,约占事故总数的69.12%。当平均坡度3.0%～3.5%时,第一个事故多发路段与坡顶的距离为6～10km。平均坡度越小,事故多发路段距离坡顶的里程相对越长,即使平均纵坡相对较小,随着坡长的增加,也有事故集中发生位置,且多发生在单坡纵坡4%以上的路段。当平均纵坡大于4.0%以上,尽管连续坡长较短,也极易发生交通事故。

(2)根据长安大学潘兵宏等研究,平均纵坡与交通事故的关系如图 2-8-8 所示。图中曲线 A 的纵坡拐点位于 2%~3% 之间,接近 2.5%,坡长约 7.5km;曲线 B 的纵坡拐点位于 1%~2% 之间,接近 1.3%。从图中 2-8-8 可知,当高速公路平均纵坡大于 3% 以上时,事故率迅速上升,而且随着坡度的增加,事故车辆所行驶的距离变短。当高速公路平均纵坡小于 2% 时,车辆发生事故的概率越来越小。连续长大纵坡路段交通事故多发位置的调查结论与该研究成果基本一致。

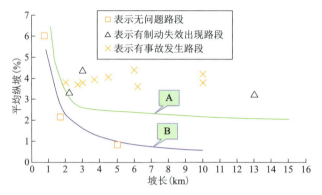

图 2-8-8　平均纵坡与交通事故相关性分析图

(3)图 2-8-9 为德国高速公路交通事故率与纵坡的关系曲线。从图中可以看出,当纵坡绝对值小于 2% 时,上、下坡事故率基本相同,且事故率较低;当纵坡绝对值在 2%~3% 时,下坡事故率开始大于上坡;当纵坡大于 3% 时,上坡事故率上升缓慢,而下坡事故率明显上升,随着纵坡的增大事故率迅速增加。

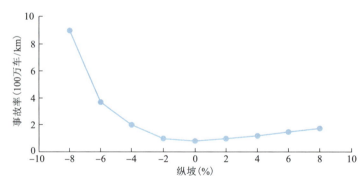

图 2-8-9　德国高速公路事故率与纵坡的关系

2)不同平均纵坡度与安全坡长

(1)陈富坚等以载重车制动器制动效能下降的临界安全温度作为约束条件,建立了载重车下坡过程制动器温升模型的功能函数,提出了纵坡可靠性设计模型的求解方法,并通过工程案例验证了可靠性设计方法的合理性。基于可靠性设计方法,目标可靠度设定为 0.9998,即可靠度指标为 3.5,计算得出高速公路连续下坡路段不同平均纵坡度所对应的最大安全坡长,见表 2-8-8。表中载重车辆的载质量均值 μ_m = 18t,标准差 σ_m = 11.4t,车速分布均值 μ_v 随着平均纵坡的增大而减小,标准差 σ_v 变化范围为 7.62~5.67km/h。计算得到的不同平均纵坡所对应的连续坡长均较 2017 年版《路线规范》规定值小。

高速公路不同平均纵坡对应的最大安全坡长　　　　　表 2-8-8

平均坡度（%）	载质量分布（t）	车速分布（km/h）	抽样次数	最大安全坡长	
				目标可靠度	坡长（km）
3.0	$\mu_m = 18$ $\sigma_m = 11.4$	$\mu_v = 54.402$	500000	0.9998	4.66
		$\sigma_v = 7.62$			
3.5		$\mu_v = 51.991$	500000	0.9998	4.11
		$\sigma_v = 7.28$			
4.0		$\mu_v = 48.865$	500000	0.9998	3.72
		$\sigma_v = 6.84$			
4.5		$\mu_v = 45.045$	500000	0.9998	3.53
		$\sigma_v = 6.31$			
5.0		$\mu_v = 40.525$	500000	0.9998	3.45
		$\sigma_v = 5.67$			

（2）长安大学杨宏志等通过采用 DHS-130XL 红外观测仪测量车辆制动毂温度，建立了载重车制动毂温度预测模型，以制动毂温度 200℃、220℃、260℃ 所对应的连续坡长分别作为安全坡长、一般最大安全坡长、极限最大安全坡长。以 30t 载重车为标准车型，下坡路段的运行速度取 60km/h，不同平均纵坡所对应的坡长见表 2-8-9（表中括号内数字为推荐坡长）。除了平均纵坡为 3.5% 时的极限最大安全坡长外，其余均较《路线规范》规定值大，但一般最大安全坡长与安全坡长的推荐值均小于 2017 年版《路线规范》规定值。

高速公路不同平均坡度对应的安全坡长　　　　　表 2-8-9

平均纵坡（%）	极限最大安全坡长（km）	一般最大安全坡长（km）	安全坡长（km）
3.5	7.56(8.0)	3.65(4.0)	2.53(3.0)
4.0	6.74(7.0)	3.25(3.0)	2.26(2.0)
4.5	6.10(6.0)	2.94(3.0)	2.04(2.0)
5.0	5.57(6.0)	2.69(3.0)	1.87(2.0)
5.5	5.13(5.0)	2.48(3.0)	1.72(2.0)

（3）同济大学苏波等利用高速公路实地制动毂测温试验的数据，对美国 GSRS 中的制动毂温度预测模型进行修正，并以此为基础，计算总质量为 60t 的车辆以 60km/h 的速度在长大下坡路段连续下坡时的连续坡长的限制长度，见表 2-8-10。该研究结论也较 2017 年版《路线规范》规定值小。

不同平均纵坡下的坡长限制　　　　　表 2-8-10

平均纵坡（%）	2.5	2.75	3.0	3.25	3.5	3.75	4.0
连续坡长（km）	8.86	7.49	6.5	5.73	5.13	4.64	4.24

（4）法国 *ICTAAL* 要求，下坡路段坡度大于 3%、水平高差大于 130m 时，建议设置慢车专用道；平均纵坡大于 3%、连续坡长大于 4333m，需要设置慢车专用道。该指标较《路线细则》

和 2017 年版《路线规范》规定更严格,《路线细则》仅规定平均纵坡 3% 路段长度不宜大于 4km,没有要求设置慢车道。

3) 避险车道设置位置及间距

由交通运输部公路科学研究院主编的《公路避险车道设计细则》(征求意见稿)对设置避险车道的平均纵坡和坡长进行了规定,见表 2-8-11,连续坡长大于表中的长度,且交通组成的载重车构成比例达到 20%~30%时,宜结合交通安全性评价结论考虑设置避险车道。同时该征求意见稿对设置避险车道的设置位置及间距进行了规定,见表 2-8-12。设置避险车道的要求较 2017 年版《路线规范》规定值小。

设置避险车道的平均纵坡和连续坡长　　　　　　　　　　　　表 2-8-11

平均纵坡(%)	2.0	2.5	3.0	3.5	4.0	4.5
连续坡长(km)	15	10	7	5	4	3

设置避险车道的位置和间距　　　　　　　　　　　　表 2-8-12

平均纵坡(%)	第一处避险车道距坡顶的距离(km)	增设避险车道的间距(km)
>4	2.5~3.5	1.0~3.0
4	3.0~4.0	
3.5	4.0~5.0	2.0~4.0
3.0	5.0~7.0	
≤2.5	7.0~9.0	3.0~6.0

4) 纵坡设计采用单一纵坡安全性的研究结论

廖军洪等根据四川、广东、云南等省(区、市)长大下坡的调研,选取了坡长分别为 7.5km、10km、15km、20km、25km、30km、50km 的 7 个典型长大下坡作为研究对象,基于长大下坡制动器温升特性,采用单一纵坡和设置缓坡两种展线形式对载重车制动器温度影响的对比分析结果,提出了如下长大下坡纵坡设计建议:①从降低载重车下坡过程中制动器温度角度考虑,应尽可能采用单一纵坡坡度设计;②当长大下坡相邻坡段采用不同纵坡坡度时,坡差不宜过大,以减小对制动器温度的影响;③车辆总质量对载重车制动器温度影响明显。

8.3.4 连续长大纵坡路段任意区间不同的平均纵坡优化指标

1) 任意区间不同的平均纵坡优化指标确定依据

在对高速公路连续长大纵坡路段交通事故多发位置的调查和对既有丰富的研究成果进行总结性梳理后,确定相对高差小于 300m 的任意区间平均纵坡控制指标的主要依据如下:

(1) 根据区间平均纵坡与交通事故相关性研究,平均纵坡在 3.0%~3.5%时,连续坡长宜控制在 6~10km。

(2) 调查与研究表明,纵坡设计采用单一纵坡有利于交通安全,为了控制纵坡设计线接近全路段的平均纵坡线,应控制平均纵坡大于或等于 4%的路段连续坡长不宜小于 3km;这时需要控制最大纵坡(最大纵坡及最大坡长与缓和坡段组合设计)连续拉坡次数,建议控制在 3 次内,不应超过 4 次。

（3）根据制动毂温升模型的相关研究，从降低连续长大纵坡路段安全风险角度考虑，有必要针对相对高差小于300m的任意区间不同平均纵坡所对应的连续坡长进行限制。

2）任意区间平均纵坡优化指标

综合以上研究，结合2017年版《路线规范》对最大纵坡与坡长的限制及设置缓坡等规定，为使连续长大纵坡路段区间纵坡设计更接近于平均纵坡线，避免可能出现的交通事故多发位置，提升交通安全性，减少重特大交通事故发生，本部分提出连续长大纵坡路段中相对高差在300m内的任意区间路段的平均纵坡优化指标，如表2-8-13所示。表中的推荐值可作为连续长大纵坡路段安全性优化设计的参考依据，相对高差大于300m时可参照采用。当地形条件受限制且对工程造价影响较大时，宜按2017年版《路线规范》规定值执行，但应加强安全保障措施。

任意区间不同的平均纵坡优化指标　　　　表2-8-13

	平均纵坡(%)	<2.5	2.5	3.0	3.5	4.0	4.5	5.0
推荐值	连续坡长(km)	不限	不限	9.0	6.0	3.0	2.5	2.0
	相对高差(m)			270	210	120	110	100
规范值	连续坡长(km)	不限	20.0	14.8	9.3	6.8	5.4	4.4
	相对高差(m)		500	450	330	270	240	220

3）任意区间不同的平均纵坡优化指标可行性测算

以设计速度80km/h为例，2017年版《路线规范》规定最大纵坡为5%，受地形条件限制时，经技术经济论证，最大纵坡可增加1%。如果采用最大纵坡和最大坡长与最大缓坡和最小长度的组合拉坡，若连续拉坡2次，则克服的高差小于90m，连续坡长小于2.5km；若连续拉坡3次，则克服的高差小于130m，连续坡长小于3.6km；若连续拉坡6次，则克服的高差小于265m，连续坡长小于7.5km；不同拉坡次数的平均纵坡在3.62%～5.14%之间，见表2-8-14。从连续长大纵坡路段纵坡设计宜接近于平均纵坡考虑，平均纵坡大于或等于4%的连续坡长限制以"陡+缓"连续拉坡3次控制为宜。如果连续拉坡不超过3次，平均纵坡3.0%的连续坡长为9km、平均纵坡3.5%的连续坡长为6km的规定要求（表2-8-13）较容易做到，对工程规模影响较小。以某高速公路为例，最长路段的连续下坡坡长51km，平均纵坡2.97%，最大纵坡4%，经对连续长大纵坡路段的全段纵断面设计核查，平均纵坡大于3%的任意区间不同的平均纵坡控制指标基本满足表2-8-13中的推荐值要求。

任意区间平均纵坡控制测算表　　　　表2-8-14

最大纵坡(%)	限制坡长(m)	最大缓坡(%)	最小坡长(m)	最大平均纵坡(%)	陡缓组合坡长(m)	连续坡长(km)/相对高差(m) 连续拉坡次数				
						2	3	4	5	6
4	900	3.0	200	3.82	1100	2.2/84	3.3/126	4.4/168	5.5/210	6.6/252
4	900	2.5	300	3.62	1200	2.4/87	3.6/130	4.8/174	6.0/217	7.2/261
5	700	3.0	200	4.55	900	1.8/82	2.7/123	3.6/164	4.5/205	5.4/246

续上表

最大纵坡(%)	限制坡长(m)	最大缓坡(%)	最小坡长(m)	最大平均纵坡(%)	陡缓组合坡长(m)	连续坡长(km)/相对高差(m)				
						连续拉坡次数				
						2	3	4	5	6
5	700	2.5	300	4.25	1000	2.0/85	3.0/128	4.0/170	5.0/212	6.0/255
6	500	3.0	200	5.14	700	1.4/72	2.1/108	2.8/144	3.5/180	4.2/216
6	500	2.5	300	4.69	800	1.6/75	2.4/112	3.2/150	4.0/187	4.8/225

8.4 缓坡坡度与降温所需的缓坡坡长控制指标

8.4.1 连续长大下坡路段缓坡坡度

1)载重车下坡受力分析

本章参考赵含雪对主导车型——东风 DFL4251A15 六轴铰接牵引车在发动机制动方式下的受力分析,建立整车下坡受力模型。根据行车动力学和热力学原理,参考相关经验公式,计算不同入坡速度、坡度和挡位对应的缓坡坡长。牵引车与半挂车通过铰链连接,在受力分析中作如下假设:①车辆在直线纵坡上行驶时铰链连接处只传递力,不传递力矩;②牵引车与半挂车视为刚体。下坡状态牵引车受力分析如图 2-8-10 所示,载重车受到持续制动力 F_b、空气阻力 F_w、滚动阻力 F_f、加速阻力 F_j、重力 G、重力沿坡道的分力 F_i、地面支持力 F_N。

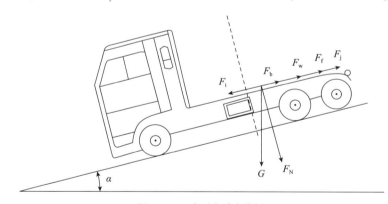

图 2-8-10 牵引车受力分析

由整车受力平衡,得到下坡路段汽车持续制动的行驶平衡方程为:

$$F_i = F_b + F_w + F_f + F_j \tag{2-8-2}$$

$$F_i = Gi \tag{2-8-3}$$

$$F_b = \frac{T_b \cdot i_g \cdot i_0}{r \cdot \eta} \tag{2-8-4}$$

$$F_w = \frac{1}{2}C_D A \rho v^2 \tag{2-8-5}$$

$$F_f = Wf \tag{2-8-6}$$

$$f = 0.0076 + 0.000056v \tag{2-8-7}$$

$$F_j = \delta m \frac{dv}{dt} \tag{2-8-8}$$

$$\delta = 1 + \delta_1 + \delta_2 i_k^2 \tag{2-8-9}$$

式中：i——坡度(%)，取 $\sin\alpha \approx \tan\alpha = i$；

T_b——持续转动力矩(N·m)；

i_g——变速器的变速比；

i_0——主减速比；

η——传动效率；

r——车轮的有效半径(m)；

δ——汽车旋转质量系数；

C_D——空气阻力系数；

A——迎风面积(m^2)；

ρ——空气密度(N·s^2·m^{-4})，一般为 1.226N·s^2·m^{-4}；

W——车辆载荷(N)；

δ_1——汽车车轮惯性力系数，一般取 $\delta_1 = 0.03 \sim 0.05$；

δ_2——发动机飞轮惯性影响系数，一般载重汽车 $\delta_2 = 0.04 \sim 0.05$；

i_k——变速箱速比，计算公式为 $i_{k(本档)} = V_{\max(高档)}/V_{\max(本档)}$。

通过以上受力分析，可得到关于坡度和运行速度的表达式，进而建立挡位-速度-临界坡度模型，通过该模型得到不同挡位、运行速度下的缓坡临界坡度。

2) 连续长大下坡缓坡坡度

根据行车动力学理论，载重车下坡行驶时，若某一坡度下车辆仅采用发动机制动即可保持匀速行驶，而坡度小于这个值时车辆减速行驶，则称此坡度为缓坡的临界纵坡，取其为连续下坡缓坡坡度控制阈值。当载重车驶入此缓坡时，载重车会减速或者匀速运动，有利于载重车挂低挡，从而增大发动机制动力。此时载重车的主制动器并不工作，因此制动毂在此时可以进行散热降温，有利于恢复载重车的制动性能。

由式(2-8-2)~式(2-8-9)可推导出：

$$mg\sin\alpha - F_b - F_w - F_f = F_j = \delta m \frac{dv}{dt} \tag{2-8-10}$$

根据临界纵坡定义，令式(2-8-10)右项等于零，因 $\sin\alpha = i/\sqrt{1+i^2}$，为计算简便，有：

$$\sin\alpha = \frac{F_b + F_w + F_f}{mg}, i = \frac{\sin\alpha}{\sqrt{1-\sin^2\alpha}} \tag{2-8-11}$$

当采用发动机制动时，式(2-8-4)中持续制动力矩 T_b 与转速呈如下二次函数关系：

$$T_b = -8.224736 \times 10^{-5} n^2 + 3.76413 \times 10^{-1} n + 2.045631 \times 10^{-2} \tag{2-8-12}$$

式中：n——发动机转速(rad/s)；

g——9.8m/s^2。

令：

$$F_b + F_w + F_f = B_2 v^2 + B_1 v + B_0 \quad (2\text{-}8\text{-}13)$$

则联立式(8-3)～式(8-7)及式(8-12)得：

$$B_2 = \frac{u_2}{0.142\eta} \cdot \left(\frac{3\pi n}{25v}\right)^3 + \delta_0 m C_2 \quad (2\text{-}8\text{-}14)$$

$$B_1 = \frac{u_1}{0.377\eta} \cdot \left(\frac{3\pi n}{25v}\right)^2 + \delta_0 m C_1 \quad (2\text{-}8\text{-}15)$$

$$B_0 = \frac{u_0}{\eta} \cdot \frac{3\pi n}{25v} + \delta_0 m C_0 \quad (2\text{-}8\text{-}16)$$

式中：v——载重车稳定速度(m/s)；

u_i——扭矩系数；

C_i——行驶阻力与车速函数表达式中的阻力系数；

δ_0——空挡时的旋转质量系数。

通过以上分析可知，将式(2-8-11)中的 $\sin\alpha$ 近似为 i，则联立式(2-8-11)和式(2-8-13)，可得发动机制动下纵坡 i 关于车速的二次函数为：

$$i = \frac{B_2}{mg} v^2 + \frac{B_1}{mg} v + \frac{B_0}{mg} \quad (2\text{-}8\text{-}17)$$

2017年版《路线规范》规定高速公路设计速度不宜低于100km/h，条件受限时可选用80km/h。在进入连续下坡路段时，驾驶人先通过降速来挂低挡，不同挡位对应一定速度范围。当下坡速度按80km/h控制时，最高可挂至11挡；当下坡速度按100km/h控制时，最高挂至12挡。因此将12挡及11挡发动机制动方式下的临界坡度作为缓坡坡度控制指标（即取一定条件下的最不利状况）。研究表明，下坡坡度为0%～6%时，大型车的运行速度一般在40～80km/h之间。因此本章载重车最低容许速度取40km/h。参考各挡位对应速度范围，代入其稳定速度，得到高速公路设计速度及运行速度下相应的平均缓坡坡度指标如表2-8-15所示。

发动机制动方式下连续下坡平均缓坡坡度(%) 表2-8-15

设计速度 (km/h)	制动挡位	运行速度(km/h)									
		40	45	50	55	60	65	70	75	80	90	100
120、100	12	—	1.60	1.70	1.70	1.80	1.80	1.90	1.90	2.00	2.10	2.30
80	11	1.70	1.80	1.90	2.00	2.10	2.10	2.20	2.30	2.30	—	—

表2-8-15中缓坡坡度均为坡度设计阈值，载重车在小于该表对应的坡度上行驶时，有利于载重车减挡降速，且制动毂处于降温态势，制动性能有所恢复。表2-8-15所示缓坡坡度均小于2017年版《路线规范》规定的2.5%，坡度取值与行驶速度相关，且划分更加详细，更利于保证载重车在连续下路段运行的安全性，可为设计人员在连续下坡路段缓坡坡度设计取值提供依据。

8.4.2 连续长大下坡路段降温所需的缓坡坡长

根据传热学理论，制动毂的散热方式有三种，分别是热传导、热对流、热辐射。根据相关文献对制动器物理模型的简化分析,制动毂与周围物体接触面积小,热阻大,因此热传导发散热量很少,可忽略不计。当制动毂温度变化时,通过热辐射散发的热量最多占散热量的5%~10%,也可忽略不计。因此,制动毂散热主要考虑热对流方式。热对流是指流体各部分之间发生相对位移,冷热流体掺混所引起的热量传递方式。当载重车在缓坡上行驶时,仅采用发动机制动方式即可匀速下坡,制动毂散热主要考虑热对流,此时制动毂与外界空气对流换热。由牛顿冷却公式可得,当制动毂因为周围空气的散热而冷却时,对流换热的热流量 P_d 为:

$$P_d = h_R A_{g2}(T - T_a) \tag{2-8-18}$$

式中:h_R——制动毂与空气间的对流换热系数[W/(m²·K)],表示对流换热的强弱;

　　T——制动毂温度(℃);

　　T_a——制动毂周围空气平均温度(℃),制动毂几乎被轮辋和侧面的保护板包裹,其中的空气温度明显高于外界温度;

　　A_{g2}——制动毂的外表面积(m²)。

由相关经验公式可知,鼓式制动器的对流换热系数接近于下列函数关系:

$$h_R = 5.224 + 1.5225 v e^{-0.0027785 v} \tag{2-8-19}$$

式中:v——平均车速(km/h)。

将式(2-8-19)代入式(2-8-18),忽略热传导和热辐射的散热作用,制动毂的散热热流量近似等于热对流换热的热流量,即:

$$P_d = (5.224 + 1.5525 v e^{-0.0027785 v}) A_{g2}(T - T_a) \tag{2-8-20}$$

制动毂温度可被近似视为是均匀的,因此制动毂温度 T 是行驶时间的函数,建立方程如下:

$$m_g c_g \Delta T = (P_{bh0} - P_d) \Delta t \tag{2-8-21}$$

式中:m_g——制动毂的质量(kg);

　　c_g——制动毂比热容(J·kg⁻¹·℃⁻¹);

　　P_{bh0}——单个后轮制动毂吸热速率。

将式(2-8-21)代入式(2-8-20)可得:

$$L_T = \frac{m_g c_g (T_2 - T_1)}{(5.224 + 1.5525 v e^{-0.0027 v}) A_{g2}(T_2 - T_a)} \tag{2-8-22}$$

式中:L_T——降低一定温度行驶坡长(m);

　　T_1——初温度(℃);

　　T_2——末温度(℃)。

考虑制动毂的临界失效温度 260℃,以载重车制动毂降温数值为安全边界条件,通过式(2-8-22)计算制动毂在临界温度条件下降低一定温度所行驶的坡长,计算结果如表 2-8-16、图 2-8-11 所示。

初始温度为 260℃时对应的降温缓坡坡长（m）　　　　表 2-8-16

降温数值 (℃)	运行速度（km/h）					降温数值 (℃)	运行速度（km/h）				
	40	50	60	70	80		40	50	60	70	80
10	860	885	910	935	960	90	7730	7950	8170	8405	8640
20	1715	1765	1815	1865	1920	100	8585	8830	9080	9335	9600
30	2575	2650	2725	2800	2880	110	9445	9715	9990	10270	10560
40	3435	3530	3630	3735	3840	120	10305	10595	10895	11205	11520
50	4295	4415	4540	4670	4800	130	11165	11480	11805	12140	12480
60	5150	5300	5450	5600	5760	140	12020	12360	12710	13070	13440
70	6010	6180	6355	6535	6720	150	12880	13245	13620	14005	14400
80	6870	7065	7265	7470	7680	160	13740	14130	14530	14940	15360

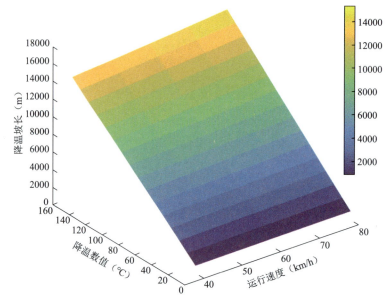

图 2-8-11　初始温度为 260℃时对应缓坡坡长图

在缓坡上行驶时,仅采用发动机制动的载重车主制动器不工作,制动毂处于休息降温状态,降温所需坡长取决于外界空气温度、制动毂本身温度以及载重车运行速度,与坡度无关。由图 2-8-11 可知,当运行速度固定时,降温所需坡长随降温数值呈线性增长;当降温数值固定时,降温所需坡长随运行速度变化趋势同前;当运行速度降低值固定时,坡长基本保持一致。

由图 2-8-11 和表 2-8-16 的结果可知,若通过设置缓坡来降低制动毂的温度,则需要很长的缓坡长,这在实际设计中几乎难以采用。因此,下坡路段设置缓坡主要目的不是降低制动毂的温度,而是降低行驶速度,减少制动毂的使用次数和强度,进而避免制动毂温度升高。

结合图 2-8-11,基于上述方法计算得到的缓坡坡长大于 2017 年版《路线规范》规定的最小值。以本章推荐的缓坡最小长度作为连续下坡路段缓坡坡长参考值,更利于降低大型载重车在进入陡坡前的运行速度及制动毂温度,更利于保证载重车下坡的运行安全。

8.5 基于限速管理的缓速车道稳速区平均坡度控制指标

8.5.1 温升模型介绍

通过国内外对制动毂升温变化过程的研究,同时考虑到本章所建立的温升模型能指导设计人员进行下坡路段载重车专用缓速车道设计,因此在参考同济大学方守恩、苏波等建立的制动毂温升模型(下文简称"同济模型")基础上,建立修正的温升模型。

同济模型较为全面地考虑了制动毂温度变化的影响因素,模型中很多参数可以根据实际条件或者车型来调整,因此可以将同济模型视作一个可靠的参考和指导。同济模型以解放 CA3168P1Kl Tl6X4 三轴载重车为主导车型,采用理论分析法建立初步模型,结合实车试验,确定了模型中的一些参数,其模型如下:

$$T = \begin{cases} (T_0 - T_a)\exp\left(-\dfrac{h_R A_{g2}}{m_g c_g}t\right) + T_a & (i \leqslant i_0) \\ \left(T_0 - \dfrac{C}{h_R A_{g2}}\right)\exp\left(-\dfrac{h_R A_{g2}}{m_g c_g}t\right) + \dfrac{C}{h_R A_{g2}} & (i > i_0) \end{cases} \quad (2\text{-}8\text{-}23)$$

$$h_R = 5.224 + 1.5525 v e^{-0.0027785 v} \quad (2\text{-}8\text{-}24)$$

$$C = P_{bh0} + h_R A_{g2} T_a \quad (2\text{-}8\text{-}25)$$

$$P_{bh0} = 0.95 v \times \dfrac{N_{bh0}}{3.6 R_t} \quad (2\text{-}8\text{-}26)$$

$$N_{bh0} = \dfrac{\left[(1-\beta) \times \left(\dfrac{Mgi}{\sqrt{1+i^2}} - 0.03858 A C_D \rho_a v^2\right) \times R_{bh} - (0.0076 + 0.000056 v) M_h g R_{dh} \times \dfrac{0.02}{i} - N_e\right]}{n} \quad (2\text{-}8\text{-}27)$$

$$N_e = \left[k_2 \left(\dfrac{I_0 I_k v}{7.2\pi R_t}\right)^2 + k_1 \dfrac{I_0 I_k v}{7.2\pi R_t} + k_0\right] \times \dfrac{I_0 I_k}{\eta} \quad (2\text{-}8\text{-}28)$$

式中:$k_0 = 66.34$,$k_1 = 1.0475$,$k_2 = 0.0501$;

T_a——制动毂周围空气平均温度(℃);

i_0——路线临界坡度;

T——制动毂温度(℃);

i——路线纵坡;

P_{bh0}——后轮制动毂吸热速率(W/s);

t——制动时间(s);

A_{g2}——制动毂的外表面积(m²);

c_g——制动毂比热容;

m_g——制动毂质量;

ρ_a——空气密度(N·s²·m⁻⁴);

T_0——初始温度(℃);

h_R——制动毂与空气间的对流换热系数[W/(m²·K)];

β——制动力分配系数;

R_{dh}——后轮的动力半径(m);

M_h——所有后轮所承受的重量(kg);

I_k——变速器位于 k 挡的传动比;

A——迎风面积(m²);

v——车辆行驶速度(km/h);

N_e——发动机制动条件下的制动力矩(N·m);

η——汽车传动系统的机械效率;

I_0——主减速器传动比;

M——车辆总质量(kg);

n——后轮制动毂个数;

N_{bh0}——单个后轮制动毂所产生的制动力矩(N·m);

C_D——空气阻力系数;

g——重力加速度(m/s²)。

8.5.2 同济模型修正

1) 主导车型

由于同济模型是建立在三轴载重车的基础之上,与 2017 年版《路线规范》条文说明中推荐的六轴铰接列车为主导车型不符。本次研究选取符合 2017 年版《路线规范》规定的东风 DFL4251A15 六轴铰接列车为主导车型,对同济模型进行修正。我国主导车型的总质量和发动机的最大功率并不匹配,导致我国当前规范规定的主导车型(六轴半挂式铰接列车)的综合性能并不能完全满足我国高速公路纵坡要求。因此选取符合国内当前情况的东风 DFL4251A15 六轴铰接列车作为研究的主导车型,该主导车型整车长度约 18m,满载质量为 49t,功重比为 5.7kW/t。

2) 载重车制动毂温升模型

由于主导车型六轴载重车的制动存在轴荷转移的现象,根据行车动力学理论,对载重车制动毂温度模型进行修正。因此,对于式(2-8-27)中的单个驱动轮制动毂产生的制动力矩 N_{bh0} 进行修正,见下式:

$$N_{bh0} = \frac{\left[\beta' \times \left(\frac{Mgi}{\sqrt{1+i^2}} - 0.03858 A C_D \rho_a v^2\right) \times R_{bh} - (0.0076 + 0.000056v) M_h g R_{dh} \times \frac{0.02}{i} - N_e\right]}{n}$$

(2-8-29)

式中:β'——制动力分配系数为所有驱动轮分配系数之和。

其余符号意义同前。需要注意,六轴载重车满载下坡过程中,由于轴荷转移及重心变化,β' 和 M_h 这两个关键参数会发生一定变化,导致模型产生误差。

8.5.3 基于载重车限速管理的缓速车道稳速区平均纵坡控制指标

根据 2017 年版《路线规范》的规定,当平均纵坡大于 2.5% 时,连续坡长不受限制的平均纵坡控制指标是以载重车限速管理为前提。稳速区是载重车在限速条件下稳定行驶的路段,能保证载重车在通过发动机辅助制动与主制动作用下制动毂温度不超过极限 260℃。根据制动毂的温升特性,以温升速率为零时的坡度为临界坡度,将对应的临界速度作为最大限速值,可保证制动毂温度在稳速区内基本处于降温状态。在下坡路段载重车的制动依靠主制动器以及发动机辅助制动系统共同完成,使用主制动器持续制动会造成制动毂温度持续升高,因此可利用发动机辅助制动系统的低挡来制动,以减少主制动器的制动次数。同时,根据主导车型各挡位的传动比,得到最佳换挡速度,依此得到不同速度下的推荐挡位。根据载重车制动毂温升预测模型,将制动毂温升为零作为条件,计算不同行驶速度的临界纵坡,最后得到表 2-8-17 所示结果,以此作为载重车专用缓速车道稳速区限速值,即为基于载重车限速管理的不限连续坡长平均纵坡控制指标。本章主导车型为东风 DFL4251A15,功重比为 5.7kW/t,由于载重车功重比偏低,因此表 2-8-17 计算限速值较低。

基于载重车限速管理的专用缓速车道稳速区(不限连续坡长)
平均纵坡控制指标 表 2-8-17

平均纵坡(%)	计算限速值(km/h)	推荐挡位
≥3.0	需技术论证	需技术论证
2.95	≤40	8 挡
2.75	≤50	9 挡
2.60	≤60	10 挡
2.50	≤70	11 挡
≤2.30	正常限速	11~12 挡

从表 2-8-17 可知,当稳速区平均纵坡小于 2.3% 时,载重车在 11 挡、80km/h 的速度下行驶在连续下坡路段上,在发动机辅助制动、空气阻力及路面摩阻力作用下,车辆无须借助制动毂也能控制速度及制动毂温度,可不用进行速度限制,即正常限速。根据高速公路缓速车道的最低限速值不宜小于 40km/h 的要求,对于平均纵坡大于或等于 3.0% 的路段,应对限速值进行进一步技术论证,其余限速值根据连续下坡平均纵坡坡度按表 2-8-17 选用。基于载重车限速管理的不限连续坡长平均纵坡控制指标,与 2017 年版《路线规范》平均纵坡大于或等于2.5%时规定相比较,具有更大的灵活性,有利于相对高差大于 300m 的重大工程项目合理控制造价,是对 2017 年版《路线规范》规定中"超过时"应提出路段速度控制和通行管理方案的重要补充。

8.6 基于多指标控制的连续长大纵坡优化设计方法

8.6.1 平均纵坡控制指标类型及适用条件

1) 平均纵坡控制指标类型及适用条件

根据前文研究结论,连续长大纵坡路段平均纵坡控制指标类型及适用条件汇总如表 2-8-18 所示。

平均纵坡控制指标类型及适用条件　　　　　　　表 2-8-18

序号	平均纵坡类型	指标来源	适用条件
1	限制连续坡长的平均纵坡	规范规定	相对高差小于 500m 时的任意区间平均纵坡控制指标
2	最大不限连续坡长的平均纵坡		相对高差大于 500m 时的全路段平均纵坡控制指标
3	限制连续坡长的平均纵坡	本章推荐	相对高差小于 300m 时的任意区间平均纵坡控制指标
4	最大不限连续坡长的平均纵坡		相对高差大于 300m 的全路段平均纵坡控制指标
5	载重车限速时不限连续坡长的平均纵坡		设置载重车专用缓速车道路段平均纵坡控制指标
6	载重车下坡降温路段的平均缓坡坡度		采用发动机制动即可保持匀速行驶，为理想纵坡；可作为高差小于 300m 的路段纵坡优化设计时的控制指标

注：1. 相对高差 300m 的控制指标也是相对高差 500m 的优化设计指标。
　　2. 基于载重车限速管理的不限连续坡长的平均纵坡控制指标，是对 2017 年版《路线规范》中"超过时"的补充。
　　3. 表中 2017 年版《路线规范》规定的指标载重车功重比为 5.2kW/t，本章推荐的指标载重车功重比为 5.7kW/t。针对路段的具体情况，可开展载重车不同功重比的不限连续坡长的平均纵坡控制指标的研究。

2) 平均纵坡控制指标对路线总体方案的影响

路线平纵面线形设计时，是否把平均纵坡作为重要的控制指标，对路线总体方案影响非常大。如图 2-8-12 所示，如果不考虑平均纵坡控制指标，必然推荐采用路线较短的北线方案，但考虑了平均纵坡的因素后，为提升交通安全性，显然会推荐采用路线长度略长的南线方案。

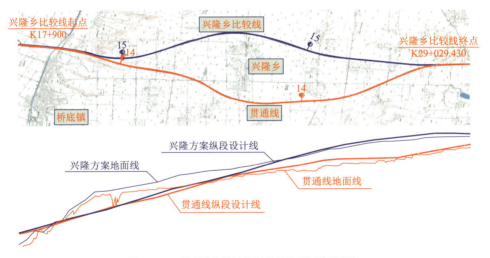

图 2-8-12　考虑平均纵坡控制指标的不同路线方案

8.6.2　平均纵坡"双控指标"

连续长大纵坡路段纵断面设计时，一般由不限连续坡长的平纵纵坡指标和任意区间限制连续坡长的平均纵坡两个指标来控制，简称"双控指标"。平均纵坡"双控指标"说明如下：

（1）不限连续坡长的平均纵坡控制指标主要包括：
① 规范中规定的相对高差大于 500m 时平均纵坡（<2.5%）；
② 相对高差大于 300m 时的平均纵坡（推荐值≤2.5%）；
③ 基于限速管理的载重车专用缓速车道平均纵坡（推荐值）；

④缓坡坡度(推荐值)。

(2)任意区间平均纵坡控制指标主要包括：

①规范中规定的任意区间(相对高差小于500m时)的平均纵坡与连续坡长相关规定；

②任意区间(相对高差小于300m时)的平均纵坡与连续坡长相关规定(推荐值)；

③在相对高差小于或等于300m时的路段进行路线方案比选时,从优中选优考虑,连续坡长4km的平均纵坡宜控制在3%。

8.6.3 平均纵坡"双控指标"运用原则

不限连续坡长的平均纵坡控制指标对工程造价影响非常大,不得已时可考虑采用基于限速管理(设置载重车专用缓速车道)的不限连续坡长的平均纵坡控制指标;任意区间平均纵坡控制指标对提升交通安全性影响较大,对工程造价影响较小。连续长大纵坡路段平均纵坡控制与纵坡设计应权衡工程经济性与交通安全性,平均纵坡"双控指标"的合理运用,能较好地解决二者的平衡问题。具体运用原则如下：

(1)当相对高差大于300m时,不限连续坡长的平均纵坡不宜大于2.5%,区间任意连续坡长3km的平均纵坡不宜大于4.0%。对载重车占比较大且功重比偏低(<6.0kW/t)路段,该"双控指标"应严格执行。

(2)当相对高差大于300m,不限连续坡长的平均纵坡采用2.5%控制,工程规模巨大,且实施难度大时,可考虑采用基于载重车限速管理的不限连续坡长平均纵坡进行控制,但应设置载重车专用缓速车道供载重车行驶。

(3)当相对高差小于300m,且有条件时,不限连续坡长的平均纵坡可采用缓坡坡度(≤2.3%),同时区间任意连续坡长4km的平均纵坡宜小于或等于3.0%。符合该"双控指标"的纵坡设计为理想纵面线形(宜在工程规模不增加或增加不多情况下采用)。

(4)在连续长大纵坡路段中提出相对高差小于300m的任意区间平均纵坡控制指标(表2-8-13中的推荐值),旨在使纵面设计线更接近于平均纵坡线,以提升交通安全性。最大纵坡为4%或5%时,推荐指标较容易做到。特别困难地区且大型载重车所占比例较少时,可按2017年版《路线规范》规定值控制,并加强交通安全措施。

(5)连续下坡过程一般不考虑设置缓坡坡度为载重车降温,因为需要的缓坡坡长过长,工程中难以实现。

(6)设置较长的缓坡或反坡有利于载重车换挡降速,有利于交通安全,有条件时可考虑设置。但当设置较长的缓坡或反坡后,出现某一任意区间的平均纵坡与连续坡长大于表2-8-13中的推荐值时,则不宜设置较长的缓坡或反坡。

(7)连续长陡下坡路段应加强限速管理及交通安全设施的设置,严禁驾驶人采用空挡,应采用低挡下坡,并控制合理的下坡速度。

8.6.4 连续长大纵坡路段纵坡优化设计方法

1)以平均纵坡线为基准的纵坡设计方法

以平均纵坡线为基准的纵坡设计方法是指首先确定全路段平均纵坡控制指标(包括采用

不限连续坡长的平均纵坡,如平均纵坡为2.5%),然后根据地形地势并结合工程类型,在平均纵坡控制指标的基础上调整具体段落的纵坡。具体运用原则如下:

(1)当平均纵坡为不限连续坡长的纵坡坡度(如2.5%)时,原则上最大纵坡应小于或等于3%,最小纵坡应大于或等于2%,最大坡长不限。

(2)当平均纵坡为限制连续坡长的纵坡坡度时(如3%),原则上最大纵坡应小于或等于平均纵坡加1%,最小纵坡应大于或等于平均纵坡减1%,最大坡长应符合坡长限制的规定要求。

平均纵坡为不限连续坡长的情况,适用于以隧道群为主的路段;平均纵坡为限制连续坡长的情况,一般适用于以桥梁为主或路基为主的路段。

典型示例一:某高速公路项目的设计速度为80km/h,地形条件非常复杂且高差大。项目以隧道为主,连续长大纵坡路段路线全长33.686km,高差844.44m,平均纵坡2.507%(初定为2.5%)。由于地形陡峻,布设明线基本不可能,形成了连续长大纵坡与小间距隧道群叠合的总体方案。以小间距隧道群组成的连续长大纵坡路段,最适宜采用接近"平均纵坡线"的设计方法。隧道之间或相对较短的隧道(≤1500m)路段,为了克服高差采用约2.9%(不大于3%)的纵坡,最大坡长不大于限制坡长1100m。从有利于交通安全角度考虑,长隧道路段采用小于或等于2.3%的平均缓坡坡度,全路段纵坡设计结果如图2-8-13所示,平均纵坡为2.507%。

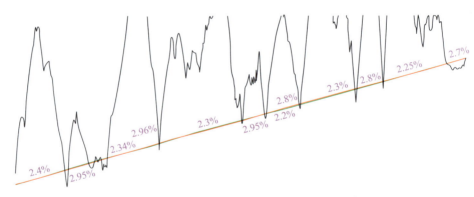

图2-8-13 连续长大纵坡路段纵坡设计示意图(典型示例一)

2)控制连续坡长(平均纵坡4%)的纵坡设计方法

控制连续坡长(平均纵坡4%)的纵坡设计方法是指以任意区间平均纵坡为4%的连续坡长不应超过3km,或连续坡长3km的平均纵坡不宜大于4%作为关键控制指标进行纵断面设计。同时,相对高差大于300m(或500m)时,全路段平均纵坡应符合不限连续坡长的平均纵坡度规定值要求(小于或等于2.5%)。

典型示例二:某高速公路项目设计速度为80km/h,在某隧道进口段(K18+420~K38+930)为长大纵坡,路线全长20.51km,高差512.75m,平纵坡2.50%。在纵断面设计时,控制全路段平均纵坡为2.5%(不限连续坡长),区间约5.5km的明线路段控制连续坡长3km的平均纵坡小于或等于4%,二者组成"双控指标"指导纵断面设计。设计结果全路段平均纵坡为2.5%,任意区间连续坡长2982m(小于3km),平均纵坡为3.71%(小于4%),如图2-8-14所示,符合任意区间平均纵坡为4%的连续坡长不应超过3km的设计要求。

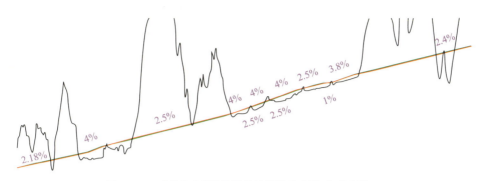

图 2-8-14　连续长大纵坡路段纵坡设计示意图(典型示例二)

3)控制连续坡长(平均纵坡 3%)的纵坡设计方法

控制连续坡长(平均纵坡 3%)的纵坡设计方法是指以任意区间平均纵坡为 3% 的连续坡长不应超过 4km,或连续坡长 4km 的平均纵坡不宜大于 3% 作为关键控制指标进行纵断面设计。同时,相对高差大于 300m(或 500m)时,全路段平均纵坡应符合不限连续坡长的平均纵坡度规定值要求(小于或等于 2.5%)。当该纵坡设计方法用于路线方案比选时优中选优的优化设计时,不限连续坡长的平均纵坡度应以缓坡坡度作为控制指标。

典型示例三:某高速公路项目设计速度为 100km/h,在某特大桥路段为连续长大纵坡,提出了 3 个路线方案进行比较(图 2-8-15),路线全长约 9km,高差约 180~205m,平纵纵坡约 2.0%~2.28%。在纵断面设计时,全路段以缓坡坡度(小于或等于 2.3%)作为不限连续坡长的控制指标,任意区间控制连续坡长 4km 的平均纵坡小于或等于 3%,组成"双控指标"指导纵断面设计。设计成果如图 2-8-16 所示,J 方案 9km 平均纵坡 2.28%,小于 2.3%,但任意区间连续坡长 4km 的平均纵坡大于 3%;A 方案和 G 方案平均纵坡"双控指标"均符合要求。经综合比选后推荐采用 A 方案。施工图阶段优化后连续坡长 9km 的平均纵坡为 1.9%,连续坡长为 4km 的平均纵坡为 2.62%。

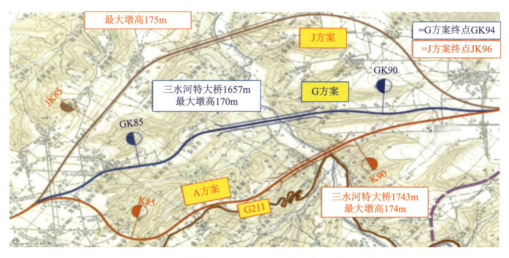

图 2-8-15　连续长大纵坡路段平面设计示意图(典型示例三)

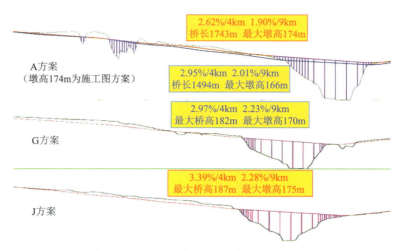

图 2-8-16　连续长大纵坡路段纵坡设计示意图（典型示例三）

4）控制连续陡坡次数的纵坡设计方法

控制连续陡坡次数的纵坡设计方法是指在平均纵坡"双控指标"的控制下，为了有效控制任意区间限制连续坡长的平均纵坡符合规定要求（如连续坡长 3km 时平均纵坡小于或等于 4%），当最大纵坡为 4% 或 5% 时，以"最大纵坡/限制坡长＋缓坡/最小坡长"的方式，连续拉坡次数不超过 3 次作为控制条件的纵坡设计方法。

典型示例四：在典型示例二中，为了充分利用区间约 5.5km 的明线克服高差，设计者往往会采用连续陡坡设计，容易造成连续坡长与平均纵坡不满足要求。在纵断面设计时，为了更好地控制明线路段连续坡长 3km 的平均纵坡小于或等于 4%，除了要控制全路段平均纵坡为 2.5%（不限连续坡长的控制指标）外，还应限制连续陡坡拉坡次数在 3 次内。本示例通过合理设计最大纵坡及限制坡长，在克服高差的同时，又能保证连续坡长与平均纵坡符合规定要求。设计结果为，连续陡坡路段长度 2982m（小于 3km），克服了 110.65m 高差（表 2-8-19），平均纵坡 3.71%（小于 4%），符合规定要求，并减小工程规模。

连续陡坡路段纵面设计指标表　　表 2-8-19

起变坡点桩号		止变坡点桩号	坡长（m）	坡度（%）	备注
限制连续陡坡路段（连续拉坡3次）	K29+660	K30+290	630	4	路基
	K30+290	K30+590	300	2.5	路基
	K30+590	K31+470	880	4	桥梁
	K31+470	K31+750	280	2.5	路基
	K31+750	K32+642.791	892.791	4	桥梁
总计		克服高差 110.65m	2982.791	3.71%	符合规定
K32+642.791		K33+910	1267.209	2.5	桥梁
K33+910		K34+390	480	1	路基
K34+390		K35+276.941	886.941	3.8	路基
总计		克服高差 179.63m	5616.941	3.198%	符合规定

5)载重车专用缓速车道路段纵坡优化设计方法

(1)采用载重车专用缓速车道的意义。

①减短路线展线长度,减少工程投资。由于平均纵坡对路线展线长度影响很大,对相对高差大于 300m 路段,当不限连续坡长的平均纵坡为 2.5% 时,若平均纵坡增加 0.01%(为 2.6%),路线展线长度缩短 462m(长度减少 3.85%);若平均纵坡增加 0.05%(即达到 3% 时),路线展线长度缩短 2km(长度减少 17%),对工程投资的影响约在 1~5 亿元。因此,有些路段应结合交通组成、载重车功重比等因素综合考虑是否设置载重车专用缓速车道,以便合理控制工程规模。

②对新建或已建高速公路交通事故多发路段,通过设置载重车专用缓速车道,提升连续长大纵坡路段交通安全性,提高小客车运行速度,提高路网综合效益。

(2)载重车专用缓速车道路段纵坡优化设计方法。

①稳速区原则上应采用"以平均纵坡线为基准"的纵坡设计方法,使稳速区纵坡设计线接近平均纵坡线,以便保证符合本章推荐的基于载重车限速管理的平纵纵坡控制指标的规定要求。

②稳速区上游连续坡长与平均纵坡应根据温控计算模型验算确定,载重车温控指标如图 2-8-17 所示。

③稳速区下游平均纵坡应符合缓坡坡度要求。

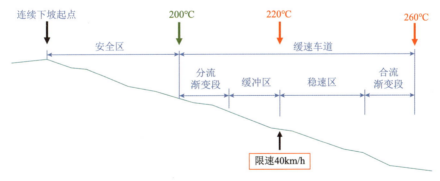

图 2-8-17 缓速车道载重车温控指标示意图

8.7 基于限速管理的载重车专用缓速车道设计

前文对载重车制动毂温升预测模型以及临界坡度的分析,可作为载重车专用缓速车道的理论设计依据,即从设计主导车型出发,提出缓速车道的设置方法、线形设计指标以及与之匹配的限速方法,最后通过载重车制动毂温升数据进行校核。

8.7.1 设置方法

目前,国内相关研究均是将制动毂性能开始衰减的温度作为载重车下坡安全性的控制阈值。

研究表明,载重车制动器的制动性能在制动毂温度达到200℃开始衰减,当温度达到260℃时剧烈衰减。故本章分别以制动毂温度达到200℃与260℃的位置作为载重车专用缓速车道起点与终点。

缓速车道的设置方法:①缓速车道起点的确定:在连续下坡路段上行驶时,载重车制动器温度达到200℃时的桩号位置;②设置分流渐变段,使载重车安全驶入缓速车道;③设置合流渐变段,使载重车安全汇入主线车道。基于经济因素考虑,设置缓速车道应利用右侧硬路肩并将其拓宽至3.75m,具体设置方法如图2-8-18所示。

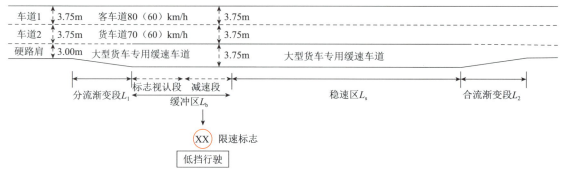

图2-8-18 载重车专用缓速车道设置示意图

8.7.2 线形设计

缓速车道是利用硬路肩增设的载重车专用附加车道,其线形应与主线一致。缓速车道具体由分流渐变段、缓冲区、稳速区与合流渐变段组成,各部分的设置指标如下。

1) 分流渐变段 L_1

载重车由主线驶入缓速车道时,考虑车辆行驶安全,设置分流渐变段。以《道路交通标志标线 第2部分:道路交通标志》(GB 5768.2—2009)对渐变段设置规定为依据,缓速车道分流渐变段的长度 L_1 可按式(2-8-30)计算:

$$L_1 = \begin{cases} \dfrac{Wv^2}{155} & (v<60\text{km/h}) \\ 0.625Wv & (v\geqslant 60\text{km/h}) \end{cases} \quad (2\text{-}8\text{-}30)$$

式中:v——下坡路段行驶速度(km/h);

W——渐变段宽度(m),取3.75m。

载重车在下坡路段的行驶速度为40~80km/h,将速度值代入式(2-8-30)计算得到不同速度对应的分流渐变段长度 L_1。

2) 缓冲区 L_b

缓速车道应进行限速,故应设置缓冲区使车辆由主线行驶速度降至缓速车道限速值。这一过程具体为:车辆驶入缓速车道后发现限速标志,识认后根据限速要求采取制动措施。缓冲区具体包括标志视认段与减速段,其长度分别计算如下。

(1) 标志视认段。

标志视认段长度 L_{b1} 包括标志认读距离以及反应距离,计算公式见式(2-8-31)。驾驶人由能看清标志内容处开始认读标志内容,从开始认读标志到读完标志信息的距离称为标志认读距离。驾驶人读完标志后,在反应时间内车辆驶过的距离称为反应距离。

$$L_{b1} = \frac{v}{3.6}(t_1 + t_2) \qquad (2\text{-}8\text{-}31)$$

式中：t_1——标志认读时间(s),取1.3s；

　　　t_2——反应时间(s),取2.5s。

(2)减速段。

根据运动学方程,减速段长度 L_{b2} 计算公式为：

$$L_{b2} = \frac{v_1^2 - v_2^2}{25.92 a_d} \qquad (2\text{-}8\text{-}32)$$

式中：v_1——制动初速度(km/h)；

　　　v_2——制动末速度(km/h)；

　　　a_d——制动减速度(m/s²)。

制动初速度 v_1 取值为车辆驶入缓速车道的运行速度,制动末速度 v_2 为缓冲区对应的限速值,可根据缓速车道路段的平均纵坡选择。考虑驾驶人及乘客的心、生理感受,保证车辆平稳运行,制动减速度 a_d 取为1.48m/s。根据式(2-8-32)可计算出单级限速条件下的减速段长度。

在缓冲区,载重车根据驶入缓速车道时的运行速度与缓速车道限速值减速,当两者速差大于20km/h时,从交通安全考虑,应实施分级减速的方法。为防止驾驶人产生烦躁心理,限速标志不宜过多。研究表明,当下坡坡度在0%~6%之间时,大型车的运行速度一般在40~80km/h之间。本章最低限速值取为40km/h。因此,当初始速度为70km/h与80km/h时,应分两个等级进行限速,每一级限速值与初始速度的差值为10km/h~20km/h。具体分级限速方案如表2-8-20所示。

分级限速方案(km/h)　　　　　表2-8-20

限速方案	初始速度	限制速度	第一限速标志	第二限速标志	限速方案简写
二级限速方案	80	40	60	40	60~40
	80	50	60	50	60~50
	70	40	50	40	50~40

当采取分级限速方案时,驾驶人需连续识认两个限速标志,假定驾驶人识认完第一个限速标志并完成减速后,便开始识认第二个减速标志,则缓冲区长度应为两次标志视认段与减速段长度的累积。例如,在缓速车道设置起点处,车辆的运行速度为80km/h,缓速车道限速值为40km/h时,应采取二级限速方案；限速标志设置方案为60~40km/h。综上可知,缓冲区长度 $L_b = (90 + 75) + (70 + 55) = 290\text{m}$。

综上,可以得出不同限速条件下的缓冲区长度 L_b。

3)稳速区 L_S

稳速区是载重车在限速条件下稳定行驶的路段,该路段应保证载重车在通过发动机辅助制动与主动制动作用下制动毂温度不超过极限260℃。稳速区的坡度与限速值以制动毂的温度升高为0为临界依据,尽量使稳速区内制动毂处于降温状态。

4) 合流渐变段 L_2

由于缓速车道限速值较主线低,载重车由缓速车道汇入主线时需在合流渐变段完成加速,因此合流渐变段长度 L_2 应同时满足加速与渐变需求,并取两者中的较大值,具体计算公式如下:

$$L_2 = \xi_1 L_1 + \xi_2 l_2 \tag{2-8-33}$$

$$l_2 = \frac{v_s^2 - v_{sr}^2}{25.92 a_a} \tag{2-8-34}$$

式中:L_1——渐变段长度(m),与分流渐变段计算方法相同,计算公式见式(2-8-30);

l_2——载重车加速至主线运行速度所需长度(m);

v_s——主线在合流处的运行速度(km/h);

v_{sr}——缓速车道的最低限制速值(km/h);

a_a——载重车加速度(m/s^2),根据 2017 年版《路线规范》相关内容,取 $1.2 m/s^2$;

ξ_1、ξ_2——系数,当 $L_1 > l_2$ 时,$\xi_1 = 1$,$\xi_2 = 0$;当 $l_2 > L_1$ 时,$\xi_1 = 0$,$\xi_2 = 1$。

8.7.3 限速设计

载重车制动特性决定了缓速车道的限速值。根据前文建立的载重车制动毂温升预测模型,将制动毂温升为 0℃ 作为条件,计算不同速度下的临界纵坡,并以此速度为限速值,具体见表 2-8-17 进行选用。

以上研究提出的缓速车道设计指标及限速值,均是以载重车按照交通规则、低速低挡行驶为前提。因此,对设置缓速车道的下坡路段,应合理加强交通管制,监督车辆行为,以保障车辆的行车安全。

8.7.4 温度检验

作为一种新提出的载重车下坡专用车道设置方法,目前并无工程实例,因此对缓速车道载重车制动毂温度的检验,应以实测路段数据为基础,根据构建的载重车制动毂温升预测模型并结合速度-临界坡度关系计算制动毂温度升高值,以评价设置缓速车道的效果。

1) 路段选取

京昆高速公路某段在 K172+340 ~ K147+800 桩号范围内为长下坡路段,本章以该路段的平面线形与纵面线形为基础,对载重车在该线形指标的下坡路段制动毂温度进行预测。该路段全长 24.54m,平均纵坡 2.95%,主线设计速度 80km/h,根据车道管理要求,最外侧车道为载重车道,限速 60~70km/h。

对该路段设置载重车专用缓速车道。首先,根据上文建立的载重车制动毂温升预测模型,可得到制动毂温度达到 200℃ 的桩号为 K159+070,故此桩号为缓速车道分流渐变段起点,以最外侧载重车道的限速值 60km/h 作为载重车驶入缓速车道的初始速度,由式(2-8-30)计算分流渐变段 L_1 的长度为 145m;缓速车道平均纵坡 2.95%,由表 2-2-3 可得限速值为 40km/h,由式(2-8-31)、式(2-8-32)计算缓冲区 $L_{b1} + L_{b2}$ 的长度 130m;由载重车制动毂温升预测模型计算出制动毂温度在缓冲区升高值为 20℃,满足保证载重车行车安全的温度升高值。在桩号为 K147+800 处设置合流渐变段,由式(2-8-33)、式(2-8-34)计算合流渐变段长度为 145m。

2）对比分析

选取如下三种下坡通行管理方式对缓速车道设置的效果进行检验：

（1）以自由流车速下坡；

（2）采用分车道分车型通行，以该路段载重车道最低限速值60km/h匀速下坡；

（3）于制动毂温度达到200℃时开始设置缓速车道，载重车在缓速车道之前以60km/h匀速下坡，经过在缓冲区短时间的制动后，减速至40km/h；并以此速度匀速下坡至坡底。

以六轴满载铰接列车为代表车型，对上述三种下坡方式的制动毂温度升高趋势进行模拟。从图2-8-19可知，三种下坡通行管理方式中，以自由流速度下坡时，在桩号为K154+94处载重车制动毂温度到达260℃，在坡底达到346℃；以分车道限速方式行驶时，K150+74处载重车制动毂温度到达260℃，在坡底达到312℃；设置缓速车道方式行驶时，载重车制动毂温度全程不超过260℃，在坡底仅为232℃。

从三种下坡通行管理方式下载重车制动毂温度升高趋势（图2-8-19）可以看出，在行驶了7.34km后，相比于自由行驶下坡，分车道限速下坡与缓速车道下坡载重车制动毂温度升高幅度明显较小；随着行驶里程的继续增加，分车道限速下坡的制动毂温度持续升高，缓速车道下坡的制动毂温度趋于稳定，在230℃上下浮动，到达坡底时的温度较自由行驶下坡低114℃，较分车道限速下坡低79℃。可以看出，设置缓速车道可以有效改善连续下坡路段载重车制动毂温度升高的问题。

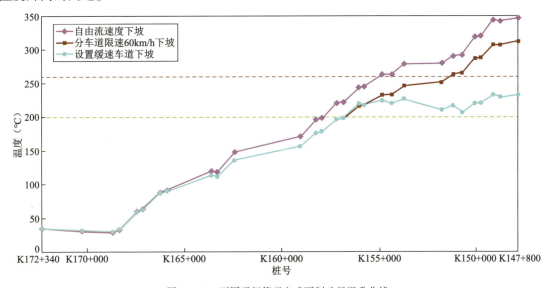

图2-8-19　不同通行管理方式下制动毂温升曲线

8.8 长大纵坡段交通安全保障措施综述

高速公路连续长大路段应加强运行速度分析和交通安全评价，通过增加交通安全设施、加强交通安全管理、提高汽车性能来提升运营安全。主要措施有：

（1）超过20km连续长大纵坡路段,有条件时宜在中间设置平均纵坡小于2%的缓坡段,缓坡段长度宜大于3km。

（2）在下坡起点附近或中间路段设置停车区或服务区,强制载重车进入,避免驾驶人疲劳驾驶,降低制动毂的温度,同时检查汽车制动器;交通运输管理部门还应进行治超检测,消除安全隐患。路段中间设停车区或服务区强制进入实现驾驶非连续化,相对于将连续长大纵坡分割为两段的措施,行车安全性将明显提高。

（3）设置必要的避险车道,减轻因制动失灵带来的重大财产损失和人身安全。

（4）设置其他必要的交通安全管理设施,如设置交通标志、标线、彩色路面、限速等,以提高行车安全性。

（5）从交通安全与工程造价两方面考虑是否需要增设载重车专用车道。

（6）上坡方向应通过运行速度验算是否需要增设爬坡车道,提高通行能力,减少因超车可能发生交通事故的可能性。

（7）冰冻积雪路段,路线应尽量布设在阳坡,路面采用能够提高耐久性、抗凝冰性等的相关措施,限速行驶,严禁超车。

（8）建议建立强有力的管控机构和应急救援体系。

（9）杜绝超载,并从汽车工业体系的角度进一步提高汽车性能,提高汽车动力荷载比及制动性能。

（10）建议开展不同交通环境条件(不同功重比)下平均纵坡设计指标与安全保障技术研究。

● 本章参考文献

[1] AASHTO. A Policy on Geometric Design of Highways and Streets[M]. Washington D. C.,2011.

[2] 雷斌,许金良,辛田,等.重载交通区连续下坡坡度危险度分级研究[J].中国公路学报,2013,26(06):53-58.

[3] 林宣财,张旭丰,王佐,等.大型货车功重比对高速公路连续下坡路段交通安全性的影响[J].公路交通科技,2021,38(09):98-104.

[4] 潘兵宏,牛肖,白浩晨,等.高速公路连续下坡路段货车制动毂温升模型修正研究[J].公路交通科技,2021,38(09):85-91.

[5] 张驰,侯宇迪,秦际涵,等.基于制动毂温升的连续下坡安全设计方法[J].华南理工大学学报(自然科学版),2019,47(10):139-150.

[6] BLOK H. The Flash Temperature Concept[J]. Wear,1963,6(6):483-494.

[7] OLESIAK Z,PYRYEV Y,YEVTUSHENKO A. Determination of temperature and wear during braking[J]. Wear,1997,210(1-2):120-126.

[8] EADY P,CHONG L. Advanced systems for managing heavy vehicle speed on steep descents[R]. Sydney,2015.

[9] RAO V T V S,RAJARAM L S,SEETHARAMU K N. Temperature and Torque Determination in Brake Drums[J]. Sadhana,1993,18(6):963-983.

[10] KOTHAWADE S,PATANKAR A,KULKARNI R,et al. Determination of Heat Transfer Coefficient of Brake Rotor Disc Using CFD Simulation[J]. International Journal of Mechanical Engineering and Technology,2016,7(3):276-284.

[11] 郭应时,袁伟,付锐.鼓式制动器温升计算研究[J].汽车技术,2006(06):8-10.

[12] 陈兴旺.鼓式制动器制动温度场的研究[D].西安:长安大学,2006.

[13] 袁燕,胡昌斌,沈金荣.山区公路长下坡路段货车鼓式制动器温升规律数值分析[J].福州大学学报(自然科学版),2009,37(06):895-904.

[14] 杨东宇.鼓式制动器热分析及冷却装置研究[D].哈尔滨:哈尔滨工业大学,2011.

[15] 肖润谋,叶燕仙,周晓悦,等.发动机制动失效的坡长临界值计算[J].交通运输工程学报,2006(04):122-126.

[16] 苏波.大货车持续制动性能与山区高速公路纵坡优化设计研究[D].上海:同济大学,2009.

[17] 杨宏志,胡庆谊,许金良.高速公路长大下坡路段安全设计与评价方法[J].交通运输工程学报,2010,10(03):10-16.

[18] 史培龙,余强,余曼,等.重型商用汽车长下坡制动器升温模型研究[J].公路交通科技,2016,33(1):147-152.

[19] 周磊.连续下坡路段汽车行驶特性与制动器制动性能研究[D].西安:长安大学,2007.

[20] 雷斌.重载交通高速公路连续纵坡交通安全保障关键技术研究[D].西安:长安大学,2013.

[21] 国俭.载货汽车制动器温度监测及预警系统研究[D].长春:吉林大学,2014.

[22] 付仲才,廖军洪,邬洪波,等.山区高速公路连续下坡路段驾驶人特性分析[J].公路交通科技(应用技术版),2011(8):28-30.

[23] 马晓刚,胡春丽,焦敏,等.路面湿滑气象等级研究与建立[J].气象与环境学报,2015,31(06):153-157.

[24] 惠鹏,顾永田,颜克亮.载重货车发动机制动和排气制动挡位选择研究[J].北京汽车,2008(01):29-31.

[25] HARWOOD D W,COUNCIL F M,Hauer E,et al. Prediction of the Expected Safety Performance of Rural Two-Lane Highways[J]. Bayes Theorem,2000.

[26] 廖军洪.高速公路连续长大下坡路段线形优化理论与方法研究[D].北京:北京交通大学,2016.

[27] 吴明先,杨军超,林宣财,等.高速公路下坡路段缓坡安全性设计研究[J].公路交通科技,2021,38(09):92-97,104.

[28] 屈强.基于运行速度的山区高速公路长大纵坡路段安全设计研究[D].西安:长安大学,2010.

[29] 林煌.连续长大下坡路段安全保障系统研究[D].重庆:重庆交通大学,2012.

[30] 陈斌.袁伟,付锐,等.连续长大下坡路段交通事故特征分析[J].交通运输工程学报,

2009(4):75-78.

[31] 周晓光.青海省长大下坡交通事故预测模型的建立[D].西安:长安大学,2007.

[32] 张永生,宋涛,于晓东.山区长大下坡对道路交通安全的影响及其工程措施研究[J].交通标准化,2006(8):160-163.

[33] 代诗宇.连续长下坡路段纵坡安全性设计标准与方法研究[D].重庆:重庆交通大学,2015.

[34] 林宣财,张旭丰,王佐,等.基于交通事故多发位置的区间平均纵坡控制指标研究[J].公路交通科技,2021,38(09):105-113.

[35] 王博.山区高速公路平均纵坡的研究[D].西安:长安大学,2010.

[36] 潘兵宏,杨少伟,赵一飞.山区高速公路长大下坡路段界定标准研究[J].中外公路,2009,29(6):5.

[37] 杨仲谋.关于高速公路和一级公路的纵坡长度[J].公路,1995(01):10-11.

[38] 安超杰,张旭丰,张堂仁,等.山区公路长大纵坡段平均纵坡与工程规模关系研究[J].公路,2022(5):30-37.

[39] 杨海,林宣财,吴善根,等.长大陡坡路段改造工程总体方案研究[J].公路,2008(7):35-37.

[40] 李涛,赵韬,王涛.山区高速公路长大纵坡路段平、纵面指标运用[J].公路,2022(5):19-21.

[41] 李清波,谢珍.公路纵坡设计的理论分析[J].长沙交通学院学报,1998,014(003):40-46.

[42] 邹贤文.高速公路长大上坡路段的运行车速连续性研究[J].山西建筑,2010,36(8):2.

[43] 曹杰.山区高速公路缓坡设计参数研究[D].西安:长安大学,2011.

[44] 潘兵宏.山区高速公路平均纵坡研究[D].西安:长安大学,2008.

[45] 侯宇迪.基于制动毂温升的高速公路连续下坡设计优化方法研究[D].西安:长安大学,2020.

[46] 苏波,方守恩,王俊骅.基于大货车制动性能的山区高速公路坡度坡长限制研究[J].重庆交通大学学报(自然科学版),2009,28(2):287-289.

[47] 廖军洪,邵春福,鄢洪波,等.考虑制动器温度的连续长大下坡纵坡设计方法[J].哈尔滨工业大学学报,2014,46(12):114-119.

[48] BOWMAN B L. Grade Severity Rating System(GSRS)—Users Manual[J]. Journal of Transportation Engineering,1990,60(7):19-24.

[49] COLEMAN M. Use of Auxiliary Brakes in Heavy Vehicles[R]. Austroads,2014.

[50] Austroad Publication Online. Guide to Road Design[R]. Sydney:Austroad Publication Online,2008.

[51] 李宝成.高速公路连续长下坡路段安全设施设置技术研究[D].重庆:重庆交通大学,2014.

[52] 钱勇生,周波,程永华,等.一类减速下坡车道的机理与试验分析[J].中外公路,2007(04):5-8.

[53] 王志新.基于汽车行驶安全特性的山区公路连续长大下坡路段辅助减速车道研究[D].西安:长安大学,2018.

[54] 国俭.载货汽车制动器温度监测及预警系统研究[D].长春:吉林大学,2014.

[55] 雷斌,许金良,辛田,等.重载交通区连续下坡坡度危险度分级研究[J].中国公路学报,2013,26(6):53-58.

[56] 付仲才,廖军洪,邬洪波,等.山区高速公路连续下坡路段驾驶人特性分析[J].公路交通科技(应用技术版),2011(8):28-30.

[57] 中华人民共和国国家质量监督检验检疫总局,中国国家标准化管理委员会.道路交通标志和标线:GB 5768.2—2009[S].北京:中国标准出版社,2009.

[58] 汪双杰,周荣贵,孙小瑞,等.公路运行速度设计理论与方法[M].北京:人民交通出版社,2010.

[59] 中华人民共和国交通运输部.公路路线设计规范:JTG D20—2017[S].北京:人民交通出版社股份有限公司,2017.

[60] APRONTI D T,SAHA P,MOOMEN M,et al. Truck Safety Evaluation on Wyoming Mountain Passes [J]. Accident Analysis & Prevention,2019,122:342-349.

[61] 周维东,邬洪波,廖军洪.基于事故预测的山区高速公路长下坡安全评价[J].重庆交通大学学报(自然科学版),2016,35(5):110-114.

[62] 胡立伟,李林育,古含焱,等.山区长大下坡路段货车行车风险因素识别[J].长安大学学报(自然科学版),2019,39(01):116-126.

[63] Infantini M B,Perondi E A,Ferreira N F,et al. Overheating of Drum Brakes in Downhills [C]// SAE Technical Papers. Sao Paulo:SAE International,2006.

[64] 张驰,胡涛,林宣财,等.高速公路连续长大下坡路段大型货车专用缓速车道研究[J].华南理工大学学报(自然科学版),2020(4):104-113.

[65] 李峰,桑套刚,刘清君.高速公路合理限速对策研究[J].道路交通与安全.2008,8(1):45-48.

[66] 李长城,张高强,刘兴旺.南友高速公路限速方法研究[J].公路,2009(10):6.

[67] 邬洪波,王璇.高速公路合理限速综合确定方法研究[J].公路,2016,61(12):170-175.

[68] 许金良,白国华,张晓冬,等.新建高速公路限速方案制定原则研究[J].公路,2019,64(10):181-186.

[69] 郭腾峰,张志伟,刘冰,等.适应6轴铰接列车动力性的高速公路最大纵坡坡度和坡长[J].交通运输工程学报,2018,18(3):34-43.

[70] 陈富坚,郑峰,徐培培.基于货车制动安全的公路长大下坡可靠性设计方法[J].北京工业大学学报,2017,43(7):1100-1107.

[71] 杨宏志,胡庆谊,许金良.高速公路长大下坡路段安全设计与评价方法[J].交通运输工程学报,2010,10(3):10-16.

[72] 胡江碧,李晓宇,罗绍建,等.基于驾驶行为需求的长大纵坡界定[J].北京理工大学学报,2017,37(6):590-594.

[73] 祝建平.长大纵坡界定及安全性设计研究[D].西安:长安大学,2012.

[74] 郭腾峰.长大纵坡安全与车路协同矛盾探究[J].中国公路,2018,4(2):62-65.

[75] 霍明.山区高速公路勘察设计指南[M].北京:人民交通出版社,2003.

[76] 吴华金,张林洪.山区公路选线[M].北京:人民交通出版社,2012.

[77] 徐婷,赵磊,张敏,等.基于重载车辆性能的高速公路长大纵坡临界坡长确定[J].长安大学学报:自然科学版,2019,39(3):108-116.

[78] 许甜,邱磊,刘建蓓.基于安全评价的山区高速公路越岭线纵坡设计方法研究[J].公路,2019,64(3):10-15.

[79] 宋纯宾.高速公路长大纵坡路段交通事故分析研究[D].南京:东南大学,2019.

[80] 周闯.山区高速公路长大下坡路段安全评价及保障措施研究[D].西安:长安大学,2019.

[81] 张伟宾.高速公路长大纵坡载重车最小安全行车间距研究[D].西安:长安大学,2018.

第 9 章
CHAPTER 9 》》

高速公路停车视距及保证措施

本章导读

根据核查,高速公路最内侧车道停车视距对应的左偏临界圆曲线半径较2017年版《路线规范》规定的圆曲线最小半径一般值大得多,说明既有山区高速公路圆曲线路段存在不满足停车视距要求的典型焦点问题。发现与规范规定不一致后,一方面,在平面线形设计时较多设计者不得不采用"就高不就低"的设计指标,或采取相应的停车视距保证措施,造成工程规模增加;另一方面,近十年来山区高速公路普遍通过基于设计速度的"提速"论证后,山区高速公路限速基本上都较设计速度"提速"10~20km/h。但根据调查,没有发现不满足停车视距要求的路段"提速"后交通事故率明显高于其他路段。因此,可以得出:①可能停车视距安全冗余度过大,导致临界圆曲线半径远大于2017年版《路线规范》规定的圆曲线最小半径一般值;②可能车辆行驶在圆曲线小半径路段时的行驶速度降低了。该问题仍在进一步现场实测与调查中。本章在深入研究高速公路停车视距及不同车道计算参数的合理取值基础上,提出了如下主要结论与建议,可供设计人员和2017年版《路线规范》修订时参考。

(1)横净距是计算停车视距对应的临界圆曲线半径的重要参数,驾驶人视点位置又直接影响横净距的大小。因此,在分析多车道高速公路管理方式基础上,调查得到多车道高速公路不同车道、不同车型的车辆横向位置分布如下:

①正常路段(路基与桥梁路段):小客车驾驶人视点位置距离左侧行车道边缘线均值为1.5m;大型车第四车道(最外侧车道)距离右侧行车道左侧边缘线均值为1.2m,中间车道均值为1.4m。

②隧道路段:小客车在第一车道(最内侧车道)行驶时,视点位置距离左侧行车道边缘线1.6m,在第二车道行驶时距离右侧行车道左边缘线0.8m处;货车在第二车道(最外侧车道)行驶时距离右侧行车道左边缘线1.0m。

(2)我国规范确定停车视距指标时路面为潮湿状态,行驶速度采用设计速度的85%或90%,这与运行速度实际情况不符。本章从运动学原理出发,对汽车制动过程进行分析,建立了基于制动减速度的车辆制动模型,并对模型中驾驶人反应时间、制动减速度和运行速度等关键参数进行试验、调查和分析,从而提出了舒适紧急制动和紧急制动两种情况下的停车视距,并建议分别作为高速公路停车视距一般值和最小值。停车视距对交通安全与工程造价影响均较大,从规范设计指标的推荐原则考虑,宜提供一般值与最小值两种情况供设计者选择。

(3)根据国内外大量研究数据综合分析,当驾驶人处于有预期的相当警惕性驾驶状态时,紧急制动反应时间可取1.5s,此时的停车视距可称为"紧急制动停车视距"。多数国家对无预期舒适性驾驶状态紧急制动反应时间均取2.5s,此时的停车视距可称为"舒适紧急制动停车视距",该计算值与规范规定值基本一致。

(4)从停车视距对应的临界圆曲线半径计算结果分析,得出如下结论:

①由于货车按规定靠右侧车道(最外侧车道和中间车道)行驶,左偏圆曲线最内侧车道停车视距可不考虑货车,同时考虑货车速度较左侧车道的小客车低(货车最高限速80km/h,最低限速60km/h),因此右偏圆曲线货车停车视距对应的临界圆曲线半径均小于圆曲线最小半径一般值。

②通过对停车视距横净距与临界圆曲线半径的核查,发现无论是路基、桥梁或隧道路段,停车视距不足位置主要在左偏圆曲线路段(右偏基本满足要求)。

(5)如果需要采取停车视距的保证措施时,原则上宜采用左右分幅线形设计的方法加宽横净距,以满足停车视距要求;不应采用改变路面标线位置的保证措施;设计中慎重考虑采用新泽西护栏的方案;不得已时采用提高平面设计指标的方法。

(6)当采用推荐的停车视距最小值作为高速公路停车视距验算指标时,本章也从最内侧车道被占概率、停车视距不足时可能碰撞速度与安全风险、紧急换道可能性与换道概率、停车视距安全冗余度和路面横向力系数等多角度进行了综合分析,发现满足停车视距最小值(紧急制动停车视距)要求的圆曲线路段交通安全风险非常小。

9.1 概述

9.1.1 2017年版《路线规范》相关规定

停车视距是指能提供驾驶人看清前方一定距离内的行车道的状况,以便在发现行车道上存在障碍物时,立即采取紧急制动措施并能在障碍物前安全停车的距离。我国2017年版《路线规范》规定,高速公路、一级公路的视距应采用停车视距。高速公路、一级公路的一般路段,每条车道的停车视距应不小于表2-9-1的规定,高速公路、一级公路以及大型车比例高的二级公路、三级公路的下坡路段,应采用下坡段货车停车视距对相关路段进行检验,各级公路下坡段货车停车视距应不小于表2-9-1的规定。

停车视距与圆曲线最小半径一般值　　　　　表 2-9-1

设计速度(km/h)			120	100	80	60	40	30	20
最小圆曲线半径一般值(m)			1000	700	400	200	100	65	30
停车视距(m)			210	160	110	75	40	30	20
货车停车视距(m)	下坡纵坡坡度(%)	0	245	180	125	85	50	35	20
		3	265	190	130	89	50	35	20
		4	273	195	132	91	40	30	20
		5		200	136	93	50	35	20
		6			139	95	50	35	20
		7				97	50	35	20

各国相关标准规范均对停车视距值进行了规定。从图 2-9-1 可以看出,我国 2017 年版《路线规范》规定的停车视距值与日本规定值相同,但与其他国家规定值有较大差异,总体是偏小的。

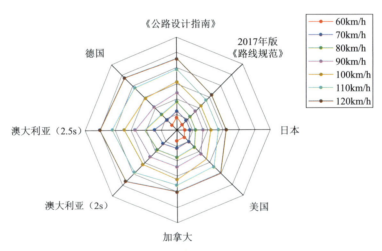

图 2-9-1　各国小客车停车视距值对比

9.1.2　高速公路停车视距存在的主要问题

我国高速公路中央分隔带均设置防眩设施,小客车在左偏曲线最内侧车道行驶时,因受中央分隔带防眩设施的遮挡,存在停车视距不满足规范规定值要求的情况。根据《路线细则》中"高速公路最内侧车道几何视距与对应的圆曲线半径"对照表(表 2-9-2),停车视距所需要的圆曲线半径较 2017 年版《路线规范》中规定的圆曲线最小半径一般值大得多;且设计速度越大,与 2017 年版《路线规范》中圆曲线最小半径极限值相比较,相差越大,如设计速度为 120km/h 时较 2017 年版《路线规范》规定的圆曲线最小半径一般值大一倍还多。山区高速公路地形条件复杂,为了更好地控制工程造价,早期已建高速公路较多项目平面圆曲线最小半径采用一般值或接近一般值,个别项目采用接近极限值;如果根据 2017 年版《路线规范》规定的停车视距对应的临界圆曲线半径进行核查,这些路段的圆曲线指标均不符合停车视距规定要求。

高速公路内侧车道几何视距与对应的圆曲线半径 表 2-9-2

设计速度(km/h)		120	100	80
圆曲线半径/ 几何视距(m/m)	一般值	1000/142	700/119	400/90
	极限值	650/114	400/90	250/71
圆曲线半径/停车视距(m/m)		2204/210	1279/160	604/110

注:表中最内侧车道中心线距护栏以 2.5m 为计算基准。

我国规范规定的停车视距值与日本规定值相同,比美国规定值小,但这些规定都是三十多年前的指标,当时汽车整体性能与现在无法相比,且多车道高速公路所有车道停车视距采用统一标准是否合理也有待商榷。除了根据停车视距及横向净距反算临界圆曲线半径时出现反算值远大于 2017 年版《路线规范》规定的圆曲线最小半径一般值外,我国《公路项目安全性评价规范》(JTG B05—2015)(以下简称《安评规范》)规定,评价停车视距时应采用运行速度检验。但 2017 年版《路线规范》条文说明中,停车视距的行驶速度是采用设计速度的折减值计算,设计速度大于或等于 80km/h 时折减系数为 0.85,60km/h 时的折减系数为 0.9,导致按照相同的停车视距计算公式检验时,《安评规范》计算结果大于 2017 年版《路线规范》,不同的规范相关规定不一致。上述两方面不一致问题,成为多年来困扰设计者的典型焦点问题,为此研究人员结合停车视距的影响因素开展了较多研究。

停车视距相关规定存在的具体问题主要如下:

(1)停车视距临界圆曲线半径与圆曲线最小半径规定值不一致。

通过对 2017 年版《路线规范》中所规定的停车视距对应的临界圆曲线半径与 2017 年版《路线规范》中圆曲线最小半径规定值进行对比后发现,停车视距对应的临界圆曲线半径与圆曲线最小半径规定值相差较大,见表 2-9-3。如果根据圆曲线最小半径反算临界停车视距,其结果较停车视距规定值小较多,见表 2-9-4。其主要原因与计算模型中的参数取值有关,或者说与安全冗余度有关。随着现代车辆性能的不断提升,停车视距相较圆曲线最小半径存在更大的安全冗余度,而过大的冗余度导致一系列重要公路几何设计指标超出实际需求,进而对工程项目的造价产生较大影响。

停车视距对应的临界圆曲线半径与圆曲线最小半径规定值 表 2-9-3

设计速度 (km/h)	车道宽度 (m)	左侧路缘带 宽度(m)	侧向余宽 (m)	横净距 (m)	停车视距 (m)	停车视距对应的 临界圆曲线 半径(m)	圆曲线最小半径(m)	
							一般值	极限值
120	3.75	0.75	0.5	3.125	210	1764	1000	700
100	3.75	0.75	0.25	2.875	160	1113	700	400
80	3.75	0.5	0.25	2.625	110	576	400	250
60	3.75	0.5	0.25	2.625	75	268	200	125

注:视点横向位置为行车道的中心线。

2017 年版《路线规范》规定的圆曲线最小半径对应的临界停车视距　　表 2-9-4

设计速度(km/h)	120	100	80	60
停车视距(m)	210	160	110	75
圆曲线最小半径一般值(m)	1000	700	400	200
对应的车道停车视距(m)	158.1	126.9	91.6	63.3
圆曲线最小半径极限值(m)	650	400	250	125
对应的停车视距(m)	127.5	95.9	72.5	50.0

（2）我国高速公路缺少停车视距对应的临界圆曲线半径规定值。

2017 年版《路线规范》对平曲线内侧设施构造阻碍视线时的视距检查与验算提出要求，同时对高速公路、一级公路下坡路段进行货车停车视距检验作出规定，并规定各级公路的互通式立体交叉、服务区、停车区、客运汽车停靠站等各类出口路段应满足识别视距检查。但在实际执行过程中，由于对高速公路停车视距的检验缺乏具体的计算参数指标，致使相关条文规定并不能较好地指导工程设计。《日本高速公路设计要领》提供了停车视距对应的临界圆曲线半径，见表 2-9-5。《路线细则》中同样也提出了停车视距对应的临界圆曲线半径（表 2-9-2），但我国 2017 年版《路线规范》没有提出停车视距对应的临界圆曲线半径规定值，造成不同的设计者计算结论不一致，影响了停车视距保证措施的落实。

日本高速公路停车视距的临界圆曲线半径规定值(m)　　表 2-9-5

设计速度(km/h)	停车视距(m)	路段类型	右偏曲线 Y1	右偏曲线 临界曲线半径	左偏曲线 Y2	左偏曲线 临界曲线半径
120	210	路基、中小桥	5.00	1110	3.63	1520
120	210	长大桥	5.00	1110	3.13	1770
120	210	隧道	2.75	2010	2.88	1920
100	160	路基、中小桥	5.00	640	3.50	920
100	160	长大桥	4.25	760	3.00	1070
100	160	隧道	2.75	1170	2.75	1170
80	110	路基、中小桥	4.50	340	2.75	550
80	110	长大桥	3.50	440	2.75	550
80	110	隧道	2.50	610	2.50	610
60	75	路基、中小桥	3.63	200	2.63	270
60	75	长大桥	2.88	250	2.63	270
60	75	隧道	2.38	300	2.38	300

（3）停车视距计算模型和关键参数与当前车辆性能不匹配。

2017 年版《路线规范》所采用的传统停车视距计算模型，既考虑了驾驶人的反应过程，也考虑了车辆的制动过程；其中驾驶人的反应过程是基于车辆匀速行驶的过程，而制动过程只考虑了匀减速过程，以纵向摩阻系数为关键参数，忽略了制动力上升阶段，也忽略了车辆制动过程中的复杂性。因此传统的计算模型采用路面摩擦系数代替汽车制动减速度不能客观地反映汽车制动全过程。

随着现代工业技术的不断发展，ABS（防抱死制动系统）的普遍装备使得现代车辆制动性能大幅提升，车辆自动防撞辅助系统（Automatic Collision Avoidance System）也在一些车辆中得到了应用。目前智能汽车发展迅速，自动驾驶技术也在逐步完善，基于雷达和视频的车辆控制系统的反应时间快于人的反应时间。传统的停车视距计算模型和停车视距值已与迅速发展的现代交通不相适应。此外，车辆行驶过程中一般采用行驶速度，可能高于公路的设计速度。因此，目前视距计算模型中采用设计速度折减的方法值得商榷。需要结合目前车辆的制动性能，充分考虑车辆制动过程的特点，车辆行驶速度，完善停车视距计算模型与对视距影响较大的关键参数研究。

(4) 停车视距保证措施对困难路段工程造价影响较大。

高速公路每条车道都应保证停车视距，这意味着路面外侧的障碍物与行车道之间的横净距必须满足要求，公路的平纵面线形指标也应基于停车视距来确定。2017 年版《路线规范》中纵断面的竖曲线最小半径是根据停车视距确定的，但平面的圆曲线最小半径是根据横向行驶稳定性要求确定的，在路侧障碍物不能处理的情况下，并没有考虑停车视距的要求。根据现有的公路标准横断面组成，经验算满足停车视距要求的临界圆曲线半径远大于 2017 年版《路线规范》规定的圆曲线最小半径规定值。如果提高困难路段平面圆曲线最小半径指标，往往导致工程量剧增，或者增加较大的拆迁量，对工程造价影响大。因此，需要结合现代汽车的性能，重新研究停车视距值，在保障安全制动的前提下，保证路段车辆一定行驶速度的情况下，寻求停车视距的最低值，以期降低工程规模。

(5) 2017 年版《路线规范》与《安评规范》中采用的速度不一致。

2017 年版《路线规范》中停车视距的行驶速度采用设计速度折减的方法计算，而《安评规范》中采用运行速度检查停车视距。在设计速度一定的情况下，如果预测的车辆运行速度高于设计速度，那么即使采用相同的计算模型，因速度采用值不同导致停车视距计算结果不同，出现了满足 2017 年版《路线规范》而不满足《安评规范》的矛盾情况（表 2-9-6）。这种情况目前在公路项目安全性评价中广泛存在，也引起了专家和设计人员的讨论，目前也迫切需要解决这种不一致带来的问题。

2017 年版《路线规范》与《安评规范》中停车视距对比　　　　表 2-9-6

2017 年版《路线规范》规定值							
设计速度（km/h）	120		100		80		60
行驶速度（km/h）	102		85		68		54
停车视距（m）	210		160		110		75
《安评规范》规定值							
运行速度（km/h）	120	110	100	90	80	70	60
停车视距（m）	280	245	205	170	140	110	90

在货车停车视距方面，2017 年版《路线规范》与《安评规范》同时规定高速公路、一级公路及大型车比例高的二级、三级公路下坡路段应进行货车停车视距检验，但也同样存在以上问题，即 2017 年版《路线规范》对货车停车视距检验采用设计速度进行，而《安评规范》采用运行速度进行，同样存在在实际执行过程中产生不同结果的问题。

(6) 2017年版《路线规范》中货车停车视距规定存在的不足。

2017年版《路线规范》规定高速公路、一级公路的下坡路段,应采用下坡路段货车停车视距对相关路段进行检验。该规定存在以下三方面的不足:

①货车停车视距采用设计速度,与货车实际行驶速度相比,取值偏大;

②规范规定检查下坡路段,与条文说明不完全一致。条文说明中,下列相关路段要进行视距检验:

a. 减速车道及出口端部;

b. 主线下坡路段且纵面竖曲线半径小于一般值的路段;

c. 主线分、汇流处,车道数减少,且该处纵面竖曲线半径小于一般值的路段;

d. 要求保证视距的圆曲线内侧,当圆曲线半径小于2倍一般值或路堑边坡陡于1∶1.5的路段;

e. 公路与公路、公路与铁路平面交叉附近。

③检查最不利的最内侧车道还是仅检查外侧车道,没有明确。

(7)《安评规范》释义手册提出物高采用0.8m的问题。

2017年版《路线规范》规定小客车视线高度取1.2m、物高取0.1m,基于此规定,波形梁立柱及混凝土护栏会影响驾驶人视距。当圆曲线半径不满足停车视距对应的临界圆曲线半径要求时,一般通过加宽中央分隔带宽度来满足左转视距要求。为满足小客车左转视距要求而对高速公路中央分隔带宽度进行加宽改造的投入非常大,同时也会增加施工难度。

从最内侧车道前方突然出现事故车辆停车角度考虑,《安评规范》的释义手册提出以前车制动灯0.8~0.9m高度为物高评价中央分隔带左转视距。由于制动灯高度高于波形梁护栏及混凝土护栏,中央分隔带左转视距将不受护栏影响,对于中央分隔带植物或防眩板,还可通过改变防眩方式或调整布设位置对视距问题进行改善。按《安评规范》规定的停车视距验算,高速公路最内侧车道停车视距不足问题基本上不存在了,但是0.8m物高的要求没有被行业完全认可。

9.1.3 研究现状

1) 不同车道的横向视点位置

国外对驾驶人视点位置的研究主要侧重于利用眼动仪分析驾驶人的视觉特性。如Hudák M. 等基于实车试验,研究了路侧广告牌对驾驶人视线的吸引时长,利用眼动仪追踪驾驶人眼动轨迹。Antonson H. 等通过驾驶模拟器和问卷调查研究了路侧植被疏密和有无护栏对驾驶人运行速度、车辆横向位置、扫视幅度的影响。国外对视觉特性的研究主要集中在自动驾驶以及驾驶人注意力上。国内对驾驶人视点的研究主要包括驾驶人视野范围内注视点分布、车辆横向位置对驾驶人视点位置的影响以及驾驶人的行车状态。对注视点分布的研究一般利用眼动仪记录眼动数据,陈芳等采用眼动仪研究山区高速公路弯道路段在不同转向、不同弯道半径条件下驾驶人视点分布的规律。杨运兴等人利用眼动仪记录驾驶人在山区挖方路段行驶时的眼动数据,结果表明挖方路段的路侧边坡容易使驾驶人产生紧张感,视点位置分布较为分散。张续光等在大雾环境下进行了实车测试,分析了驾驶人注视区域的分布特征。而对驾驶人视点位置多在讨论车辆视距时涉及,杨龙清基于隧道照明区段,分析了驾驶人视点、视野和视距等特征,以彩色路面隧道为试验段,通过眼动试验,获取了注视点位置。孟云龙等在计算平曲线横净距时对驾驶人视点位置与车道左侧边缘线进行了界定,但并未深入分析取值依据。赵永平、王晓楠等认为停车视距计算模型的驾驶人视点位置在距离车道左侧边缘线1.2m处。驾驶人行驶在隧道路段时,视线容易受隧道侧壁的遮挡,影响行车安全。周海宇通过数据调查得到,小客车在第一车道行驶时,视点位置距离左侧行车道边缘线1.6m,在第二车道行驶时视点位置距离右侧车道左边线0.8m。唐力焦在此基础上界定隧道内货车的视点位置,货车在第一车道行驶时,视点位置距离左侧行车道边缘线1.4m;在第二车道行驶时距离右侧车道左边线1.0m。

综上所述,国内外对视点位置的研究主要借助眼动仪对驾驶人眼动特性进行分析,缺乏对在高速公路不同车道管理条件下的驾驶人视点位置的研究。驾驶人视点位置和公路横断面设计是决定横净距的重要参数,而平曲线路段横净距又是影响停车视距的一个主要因素,我国2017年版《路线规范》规定高速公路每条车道都应满足停车视距的要求,因此有必要对不同车道驾驶人的视点位置进行深入分析,解决一直以来因视点位置不同导致停车视距检验结果不同的争议。

2) 不同车道的运行速度特点

国内研究者对公路运行速度的研究主要通过大量实测数据分析车辆运行速度的分布规律。裴玉龙等基于大量实测数据对平直路段、曲线路段及纵坡路段车速的$85\% v_{85}$进行统计分析,提出不同路段v_{85}与曲线半径、坡度的关系式。周宏敏等在进行速度数据采集时,将车型纳入统计变量,分析了不同公路线形组合情况下车辆运行速度的分布特点,并通过统计检验证明断面车辆运行速度符合正态分布。阎莹等基于实测数据对高速公路断面车辆运行速度分布特征展开研究,并提出由车速的累计分布求解特征指标的方法。王晓华等分析了平曲线起中讫三个断面的速度特征,建立了与曲线半径、长度和运行速度相关的回归模型。杨文臣等通过分析车头时距与车速的关系,界定自由流状态的车头时距,建立了小型车与大型车的运行速度预测模型。陈铭等通过实地调查建立了关于多元线性回归模型,研究了道路与环境特征对运行速度的影响。李长城等分析各国道路限速方式,提出以运行速度第85分位值作为基准值,并根据交通状态对基准值修正。付晓宇调查了弯坡组合路段小型车的运行速度,分析了平、纵、横线形组合对运行速度的影响。张驰等在分析高速公路互通式立体交叉单车道出口小客车运行速度实测数据的基础上,得出车辆在出口处的运行规律。

高速公路的交通管理方式影响道路交通的运行特性。目前,我国大部分高速公路均已实施车道限制的管理方式,规定小型车行驶在内侧车道、大型车行驶在外侧车道。在车道限制管理方式下,公路交通运行形成新的交通流特点,客、货车分车道限制行驶,使各车道不同车型混行的现象有所改善,尤其是多车道高速公路最内侧车道,仅有小型车行驶或以小型车为主,故车型间的相互干扰减小,车辆的运行速度明显提升。国内外大多数研究者将85%的行驶速度作为车辆运行速度计算停车视距,随着我国多车道高速公路交通管理方式的改进,不同车型、不同车道运行速度呈现明显差异。故仅从2017年版《路线规范》条文里对视距值确定的解释已经不能完全说服设计者和使用者,应根据现阶段我国高速公路交通的运行特点,结合车辆的制动性能,对停车视距的计算模型进行改进。

3) 停车视距与临界圆曲线半径及保证措施

国内研究者对停车视距的研究主要聚焦在视距模型理论的改进以及道路线形的检验方法，并针对不满足停车视距的路段提出安全保障措施。陈雨人等基于支持向量机的视距计算模型，将该模型应用于实际隧道的视距检验。文浩雄等对高速公路中央分隔带弯道路段横净距进行验算，发现不满足停车视距要求，并针对性地提出增大中央分隔带横净距、设置限速标志及减速标线等措施。张玥通过分析横向力系数取值，提出对规范中最小半径值调整的建议，并提出新的横向力系数与平曲线半径拟合公式，得到不同纵坡下的安全运行临界半径。梁友哲计算了曲线外侧超车道满足视距要求的最小平曲线半径，针对中央分隔带曲线外侧超车视距不足的问题，提出了保障停车视距的措施。邢福东通过分析安全及舒适行驶对半径的需求，提出了不同设计速度下的圆曲线最小半径，并通过分析停车视距对半径的需求，提出一般路段与隧道路段圆曲线最小半径值。夏荣霞等建立了曲线路段停车视距计算模型，将计算值与现行规范推荐的停车视距值进行比较，并给出了平曲线停车视距的一般值和极限值。杨帆等的研究认为，提高视点目标物高度至0.8m时，规范规定的停车视距对应的圆曲线最小半径值小于规范中圆曲线最小半径，可避免对中央分隔带护栏进行特殊设计或增加高速公路占地措施。张航提出满足高速公路对应安全等级的可靠性要求的停车视距。张驰等根据道路中线的坐标方程和横断面参数，提出了公路三维视距检验技术。姜虹等重新划分汽车制动过程并建立不同路面条件下的停车视距模型。杨永红等通过运行速度和制动减速度对停车视距进行修正。荀双杰建立停车视距检验模型，运用仿真平台对山区高速公路进行视距检验和评价。

国外研究者对停车视距计算模型和重要参数展开了深入研究。Fambro D.等基于驾驶人和车辆性能建立了停车视距计算模型，通过实际数据验证，推荐了不同车型的停车视距。Hassan Y.等通过分析驾驶人的特性及道路线形等因素，建立视距计算模型。Crisman B.等首次用车辆在遇到紧急情况时的减速度代替轮胎与地面之间摩阻系数作为视距计算时的主要计算参数。Nehate G.与Rys M.建立基于GPS（全球定位系统）数据的停车视距新模型。Hassan Y.和Saye T.等通过对道路断面进行参数化分析，提出三维视距的数学模型和计算方法。Bassani M.等针对在视距不足时驾驶人通过水平弯道的驾驶行为进行实验研究，发现驾驶人会通过减速或增大横净距来保证行车安全。

综上所述，国内外研究者对停车视距做了深入研究，但针对停车视距不足的问题，多数研究仅仅是按规范规定的停车视距所需要的圆曲线最小半径与实际采用的圆曲线半径进行比较，或与规范中圆曲线最小半径规定值比较，较少从汽车整体性能和高速公路路面摩阻系数的提高、停车视距安全冗余度越来越大方面考虑，更没有从多车道的高速公路不同车道是否应该采用不同的标准考虑。因此有必要从不同车道运行速度特点、横向视距位置、换道可能性及安全风险等因素综合研究停车视距及计算参数的合理取值问题，也只有对高速公路不同车道停车视距规定值或圆曲线最小半径规定值进行修订，才能使停车视距所需要的圆曲线最小半径与规范中圆曲线最小半径规定值相一致。对高速公路最内侧车道停车视距取值合理性问题，如果没有明确的研究结论，山区高速公路不得不采用高指标，造成工程造价居高不下。

9.2 高速公路不同车道驾驶人视点位置

9.2.1 多车道高速公路视点位置

1) 多车道高速公路视点位置影响因素

随着我国多车道高速公路建设与管理模式的改进,高速公路交通运行特性随之改变。多车道高速公路主要采取分车道限车型、限车速的交通组织管理方式。主要方式为:双向六车道第一车道(最内侧车道)一般专供小客车行驶,第二、三车道供客货车混合行驶;双向八车道第一车道专供小客车行驶,第二车道上供小客车和各种客车(有的也供中小型货车)行驶,第三、四车道以大货车为主,其他各类型车辆的混合通行;双向十车道一般为第一、二车道为小客车专用车道,禁止大型车辆通行,大型车辆可以在其他车道行驶。

行车道上限制速度与运行速度由内侧至外侧呈递减趋势,不同行驶速度下驾驶人的速度感知、侧向余宽不同,导致驾驶人在各行车道上的视点位置分布不同。

(1)第一车道一般为小客车专用车道,靠近中央分隔带,在高速行驶的情况下将增加驾驶人行车压迫感。相比于其他车道,左侧视野较为局限,尤其是在左偏平曲线路段,驾驶人视线受到中央分隔带防眩设施遮挡,一般认为驾驶人有靠车道右侧行驶的倾向。

(2)中间车道多为客货混行车道,视野较为宽阔,驾驶人倾向保持车身在车道中间行驶。

(3)最外侧车道大型车占比较大,因大型车车身尺寸较大,驾驶人更倾向于靠左边线行驶,其视点位置与小型车辆相差较大。

不同车道位置的侧向干扰不同,驾驶行为也不同,导致在车道内的视点位置也不同。另外,不同车型的驾驶人视线高度和车体结构宽度也会对驾驶人的视点位置产生影响。因此确定驾驶人视点位置应区分车型。

2) 视点位置数据采集方法

实际车辆行驶中视点位置调查路段选择了连霍高速公路陕西段(双向八车道高速公路),如图 2-9-2 所示的两个路段。

图 2-9-2 调查路段的选取

调查设备选择大疆御 Mavic Air 无人机,采用全景高清录像调查的方式采集一定范围内不同车道内车辆行驶的视频数据[图 2-9-3a)],以获取目标车道上行驶车辆在不同行车道内的横向位置。将无人机平飞在高速公路车道正上方,飞行高度为 300m 左右,采集视频数据[图 2-9-3b)]。数据采集期间天气晴朗无风,车流状态为自由流,无拥堵现象。获得高清视频数据后,对不同车道内车辆行驶的状态截图[图 2-9-3c)],将提取断面处的图像置于 AutoCAD 中量取图中两车道边线距离 a、车身边缘至行车道左边线的距离 b,再通过两车道边线实际距离为 3.75m 建立比例方程式,计算得到车身边缘至行车道左边线的距离 D_1[图 2-9-3d)],驾驶人视点位置 D 可通过式(2-9-1)计算。

$$D = D_1 + D_2 \tag{2-9-1}$$

式中:D_1——车身横向位置(m),指左车身边缘至左侧行车道边线距离;

D_2——车座横向位置(m),指驾驶人车座中心至车身左边缘的距离;

D——驾驶人视点横向位置(m)。

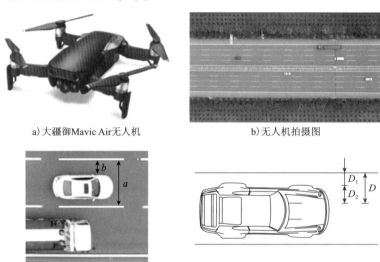

a) 大疆御Mavic Air无人机　　　　b) 无人机拍摄图

c) 图像分析过程　　　　d) 视点位置处理过程

图 2-9-3　视点位置数据采集过程及方法

为表述方便,将多车道高速公路的车道按照车道功能进行分类(图 2-9-4)。第一车道为靠近中央分隔带外侧的最内侧车道,与左侧路缘带相邻。在多车道高速公路中多为小客车专用车道,具备超车功能,行驶时驾驶人视线易受左侧中央分隔带护栏和防眩设施的遮挡,影响视距。中间车道(按行车方向,以中央分隔带为最左侧,从左到右,第二车道记为中间车道 1,第三车道记为中间车道 2)除严格规定外一般为混行车道。中间车道的车辆驾驶人除了要注意保持与两侧车道边缘线的距离外,还要留意与左、右两侧车辆之间的距离。第四车道为靠近右侧硬路肩的车道,一般为货车专用车道,视距易受路基侧的护栏以及挖方边坡的遮挡。

3)车身横向位置

根据多车道高速公路车道管理方式,在第一车道仅调查小客车的车身横向位置数据;最外侧车道仅调查货车左侧车身横向位置数据;中间车道调查全部代表车型。实测数据统计分析结果如图 2-9-5 所示。

图 2-9-4　车道分类分布图

由图 2-9-5 可以看出最内侧车道与中间车道大部分车辆的车身横向位置相差不大;而最外侧车道货车的车身横向位置明显小于前者。利用 Origin 软件进行样本数据的 K-S 正态性检验(表 2-9-7)。

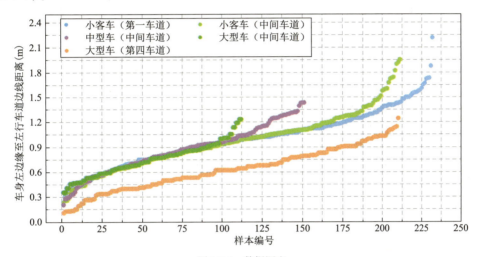

图 2-9-5　数据调查

车身横向位置数据单样本 K-S 检验结果　　　　表 2-9-7

分车道代表车型	第一车道	中间车道			第四车道
	小型车	小型车	中型车	大型车	大型车
样本量(辆)	232	211	151	112	210
统计值	0.047	0.059	0.051	0.078	0.052
P 值	0.722	0.444	0.877	0.462	0.631
样本均值(m)	1.00	0.97	0.88	0.76	0.63

当置信水平为 95% 时,P 值均大于 0.5(表 2-9-7),即 P 值在 0.5 的水平下,样本数据均符合正态分布,具有数理统计意义。由数理统计相关知识可知,当样本数据服从正态分布时,样本均值即为期望值。为使视点位置符合大多数驾驶人的特点,分析不同车道样本第 85% 分位车身横向位置分布(图 2-9-6)。

根据图 2-9-6 中车身横向位置分布情况,可得到各车道 85% 分位的车身横向位置(表 2-9-4)。由图 2-9-6 和表 2-9-8 可知,车身横向位置的均值由内侧车道向外侧车道呈递减趋势;85% 分位视点位置在最内侧车道与中间车道内也呈现递减趋势,而在最外侧车道货车驾驶人 85% 分位车身横向位置则最大。

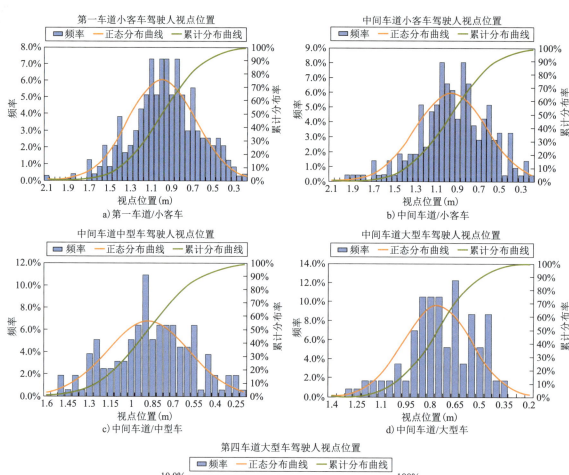

图 2-9-6 不同车道不同车型驾驶人车身横向位置分布图

不同车道不同车型车身横向位置 表 2-9-8

分车道代表车型	第一车道	中间车道			第四车道
	小客车	小客车	中型车	大型车	大型车
85%位车身横向位置(m)	0.65	0.62	0.57	0.54	0.89

4)车座横向位置

车座横向位置 D_2 为驾驶车座中心与左侧车身边缘的距离。调查表明(表2-9-9),不同车辆驾驶人车座中心至行车道边缘的距离是不同的,主要是因为在驾驶舱中,不同类型的车辆驾驶座和副驾驶座之间的距离不同。

不同车型车座横向位置调查数据 K-S 检验　　　　　表2-9-9

车型	小客车	中型车	大型车
样本量(辆)	134	101	117
P 值	0.061	0.124	0.100
样本均值(m)	0.503	0.546	0.600
D_2(m)	0.50	0.55	0.60

根据表2-9-9得知本次调查样本数据均符合正态分布,具有数理统计意义,样本均值即为期望值,在后续计算过程中,小客车、中型车、大型车车座横向位置分别取值为0.50m、0.55m、0.60m。

9.2.2　不同车道驾驶人视点位置

根据式(2-9-1),可知驾驶人视点位置为车身横向位置与车座横向位置之和,计算得到驾驶人视点位置见表2-9-10。小客车驾驶人视点位置的均值均为1.5m,第一车道85%分位小客车驾驶人的视点位置为1.2m,其他车道为1.1m。大型车视点位置第四车道的均值为1.2m,中间车道为1.4m;第四车道85%分位驾驶人视点位置为1.5m,中间车道为1.1m。

不同车道驾驶人视点位置取值　　　　　表2-9-10

分车道代表车型		第一车道	中间车道			第四车道	
		小客车	小客车	中型车	大型车	小客车	大型车
车身横向位置 D_1(m)	均值(m)	1.00	0.97	0.88	0.76	1.00	0.63
	85%分位	0.65	0.62	0.57	0.54	0.65	0.89
车座横向位置 D_2(m)		0.50	0.50	0.55	0.60	0.50	0.60
驾驶人视点位置 D(m)	均值	1.5	1.5	1.5	1.4	1.5	1.2
	85%分位	1.2	1.1	1.1	1.1	1.1	1.5

9.2.3　常用视点位置综述

由于驾驶人驾驶习惯和心理、生理特征的因素,车辆在车道上的横向分布位置存在一定规律。目前相关研究和规范中采用的视点位置有1.2m、1.5和行车道中心(1.875m)三种。孟云龙、赵永平、王晓楠等较多学者通过调查研究,认为行驶时车体位于行车道中线,驾驶人视点位置在距离车道左侧边缘线1.2m处(图2-9-7)。研究表明,不同的路侧设施、道路断面组成对驾驶人的横向位置存在影响,导致车辆横向位置存在偏移中线的现象,但相关研究中均没有实验调查数据支撑该结论。《新理念公路设计指南》(2005年版)(以下简称《新理念指南》)中指出驾驶人的视点位置距离行车道左侧边缘线1.5m(图2-9-8)。目前在停车视距对应的临界圆曲线半径研究中对《新理念指南》中所建议的视点位置值的应用较少。2017年版《路线规范》中指出驾驶人视点位置位于车道宽度的1/2处，即车道中心线，视点位置为1.875m或者1.75m(图2-9-9)。当车辆在靠近中央分隔带的第一车道行驶时，由于左侧存在中央分隔带，受"墙壁效应"的影响，小客车驾驶人有向右远离中央分隔带的倾向，而大型车由于车身较宽，若视点保持在行车道中心，则右侧车身将侵入相邻车道。

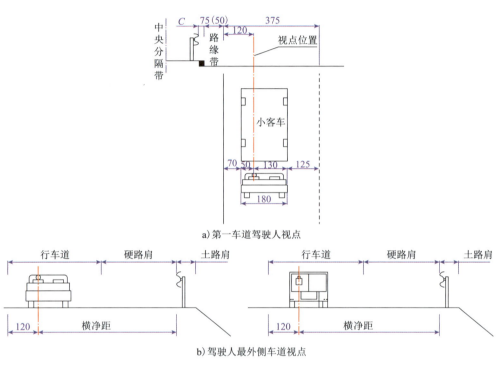

图2-9-7 驾驶人视点位置示意图一(尺寸单位:cm)

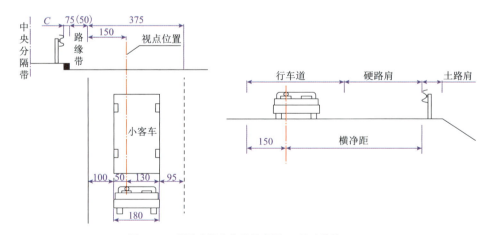

图2-9-8 驾驶人视点位置示意图二(尺寸单位:cm)

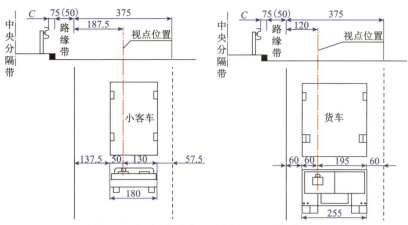

图 2-9-9　驾驶人视点位置示意图三(尺寸单位:cm)

9.2.4　路基或桥梁路段视点位置取值建议

受中央分隔带防眩设施的影响,85%分位小客车驾驶人视点位置第一车道要略大于第二车道。当车辆在较小的圆曲线路段内侧车道行驶时,受"墙壁效应"的影响,小客车驾驶人有向右远离中央分隔带的倾向,且驾驶人处于有相当警惕性的驾驶状态;当用视点位置确定横净距用于检验停车视距时,建议选取研究成果中均值作为小客车停车视距横净距计算依据,即小客车视点位置取1.5m、大型车视点位置取1.2m。

9.2.5　隧道路段视点位置取值建议

车辆在曲线隧道路段行驶时,驾驶人的视线易受侧壁遮挡,影响行车安全。长安大学周海宇等通过数据调查得到,小客车在第一车道行驶时,视点位置距离左侧行车道边缘线1.6m,在第二车道行驶时距离右侧车道左边线0.8m处。长安大学唐力焦等在此基础上界定隧道内货车在第一车道行驶时,视点位置距离左侧行车道边缘线1.4m,在第二车道行驶时距离右侧车道左边线1.0m,并以此为基础,确定了隧道路段横净距计算示意图(图2-9-10)。本章以此作为隧道路段的视点位置取值依据。

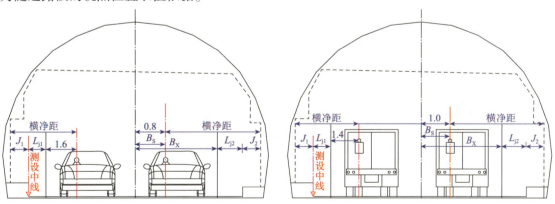

图 2-9-10　隧道路段横净距示意图(尺寸单位:m)

L_{j1}-隧道内左侧侧向宽度;L_{j2}-隧道内右侧侧向宽度;J_1、J_2-检修道宽度;B_S-视点位置距离右侧车道左边线距离;B_X-行车道宽度

9.3 高速公路停车视距

9.3.1 停车视距计算模型

1) 停车视距概述

停车视距由驾驶人发现障碍物到采取制动措施期间内(反应时间)的行驶距离和制动过程行驶的减速距离组成。停车视距计算图式如图 2-9-11 所示。

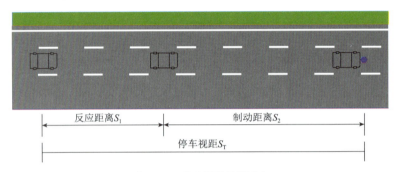

图 2-9-11　停车视距计算图式

2) 基于纵向摩阻力的停车视距传统计算模型

基于路面纵向摩阻系数的停车视距理论计算模型如式(2-9-2)所示。

$$S_T = S_1 + S_2 = \frac{v}{3.6}t_r + \frac{(v/3.6)^2}{2g(\varphi + \psi)} \tag{2-9-2}$$

式中：S_T——停车视距(m)；

v——行驶速度或运行速度(km/h)；

t_r——驾驶人紧急制动反应时间(s)；

g——重力加速度(m/s²)，取 9.8m/s²；

φ——纵向摩阻系数，依车速及路面状况而定；

ψ——道路纵坡，计算小客车停车视距时不考虑纵坡的影响。

由上式(2-9-2)可知，停车视距的取值主要取决于驾驶人反应时间、车辆的行驶速度及路面纵向摩阻系数、道路纵坡等参数。由于道路摩阻系数与轮胎条件、路面条件及制动条件相关，其规定值是在实验值的基础上得来，是传统计算模式。我国《机动车运行安全技术条件》(GB 7258—2017)规定大型货车必须安装 ABS，随着现代汽车工业的发展，新的轮胎和路面材料以及汽车 ABS 的应用，大大提升了汽车的制动性能，道路纵向摩阻系数不再能准确地反映出车辆的制动情况。

3) 基于汽车制动减速度的停车视距计算模型

(1) 汽车制动过程分析。

为更全面考虑汽车的制动系统，需要将制动过程更加细化，考虑基于制动减速度的汽车制动模型。当驾驶人发现前方有障碍物时，车辆出现紧急停车或换道行为。根据《汽车理论》，将汽车制动过程简化如图 2-9-12 所示的四个过程。第一个过程为驾驶人意识到障碍物以及脚从加速踏板移向制动踏板的过程，该过程所需的时间称为驾驶人反应时间 t_1；由于制动踏板存在自由行程、制动蹄与制动毂间存在着间隙等因素，踏下制动踏板后经一定时间制动力才开始发挥作用，第二个过程经历的时间为 t_2；第三个过程为制动减速度上升至最大值的过程，经时间 t_3 达到最大制动减速度，将第二和第三个过程所需的时间统称为制动系统协调时间（$t_2 + t_3$）；第四个过程为采用最大减速度制动的过程，经时间 t_4 后车辆停车，该过程所用时间为全制动时间 t_4。将制动减速度在制动力上升时间段的变化简化为线性递增过程。

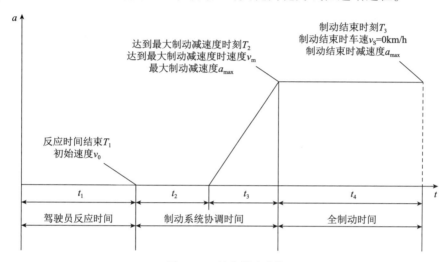

图 2-9-12　汽车制动过程

（2）基于制动减速度的停车视距计算模型。

①驾驶人在反应时间 t_1 内行驶反应距离为：

$$S_1 = v_0 t_1 = v_0 T_1 \tag{2-9-3}$$

式中：v_0——汽车制动前的初始速度（km/h）；

t_1——驾驶人反应时间（s）。

②在制动协调阶段，汽车行驶距离是指制动踏板自由行程时间 t_2 以及制动力上升时间 t_3 的行驶距离，计算公式如下：

$$S_{21} = v_0 t_2 + \int_{T_1+t_2}^{T_2} v \mathrm{d}t \tag{2-9-4}$$

式中：S_{21}——制动协调距离（m）；

v——制动力上升阶段任一时刻 t 的行驶速度（km/h），其计算公式为：

$$v = v_0 - \int_{T_1+t_2}^{t} \frac{a_{\max}}{t_3}(t - T_1 - t_2) \mathrm{d}t \tag{2-9-5}$$

经化简得：

$$v = v_0 - \frac{a_{\max}}{2t_3}(t - T_1 - t_2)^2 \tag{2-9-6}$$

式中:a_{max}——最大加速度。

将式(2-9-6)带入式(2-9-4),可以得制动协调时间段的行驶距离为:

$$S_{21} = v_0(t_2 + t_3) - \frac{a_{max}t_3^2}{6} \tag{2-9-7}$$

③车辆进入全制动过程,制动减速度保持恒定,车辆以最大制动减速度停车。由运动学原理可知:

$$t_4 = \frac{v_m}{a_{max}} \tag{2-9-8}$$

式中:v_m——制动力上升至最大减速度时的车辆速度(km/h),$v_m = v_0 - \frac{a_{max}t_3}{2}$。

则在汽车全制动的过程中车辆的行驶距离为:

$$S_{22} = \int_{T_2}^{T_3} v_m - a_{max}(t - T_2) dt \tag{2-9-9}$$

式中:S_{22}——全制动距离(m)。经计算得:

$$S_{22} = \frac{v_0^2}{2a} - \frac{t_3 v_0}{2} + \frac{a_{max}t_3^2}{8} \tag{2-9-10}$$

结合式(2-9-3)、式(2-9-7)、式(2-9-10),并将车辆速度单位转化为km/h,得到基于减速的停车视距计算模型,如式(2-9-11)所示。

$$S = \frac{v_0(t_1 + t_2)}{3.6} + \frac{v_0 t_3}{7.2} - \frac{a_{max}t_3^2}{24} + \frac{v_0^2}{25.92 a_{max}} \tag{2-9-11}$$

(3)时间参数。

美国《绿皮书》中规定,驾驶人识别判断时间1.5s,作用时间为1.0s,因此反应时间t_1可取2.5s。制动系统间隙消除时间t_2很短,受驾驶人踩踏板的速度与制动系统构造影响,液压制动系统的反应时间t_2为0.015~0.03s。制动器作用时间不仅取决于驾驶人的反应速度还取决于制动系统的结构,t_3制动力的作用时间一般可取值0.2~0.9s,本章t_3取0.2s。制动踏板存在的自由行程时间t_2取0.03s,可忽略不计。

(4)计算模型简化公式。

根据上述时间参数取值,基于汽车制动减速度的停车视距理论计算模型[式(2-9-11)]可简化为式(2-9-12)。

$$S_t = \frac{v}{3.6}t_r + \frac{v^2}{25.92a} \tag{2-9-12}$$

式中:S_t——停车视距(m);

v——行驶速度或运行速度(m);

t_r——驾驶人紧急制动反应时间;

a——减速度(m/s^2)。

美国《绿皮书》从2001版开始运用汽车制动减速度代替传统的道路摩阻系数计算停车视距,计算模型与式(2-9-12)相同。

9.3.2 停车视距计算参数取值分析

1）紧急制动反应时间

（1）国内相关研究。

我国研究人员对反应时间进行了研究，认为反应时间与设计速度、设计控制条件等有关，国内相关研究基本上认为反应时间的变化区是 1.5~2.5s。

陈胜营等《公路设计指南》中反应时间设计值详见表 2-3-4。表中理想值应用于高速公路主车道上，并应尽可能用于其他等级的公路上；极限最小值只能用于驾驶人有相当警惕性的区域。根据调查研究，在高速公路圆曲线半径较小路段内侧车道上高速行驶时，驾驶人处于有相当警惕性的状态，这时紧急制动反应时间可取 1.5s。

同济大学吴斌等基于中国自然驾驶数据，建立了紧急工况下制动避撞的驾驶人模型。图 2-9-13 为 51 例前车慢行或静止的直行追尾危险工况紧急制动反应时间分布图，研究表明，驾驶人的紧急制动反应时间与驾驶工况的紧急长度相关，以碰撞时刻倒数的临界值 $0.2s^{-1}$ 作为危险触发阈值，驾驶人的紧急制动反应时间分布均值为 0.5s，标准差为 0.63s，一般不超过 1.5s，最大值为 2.0s，该研究成果可作为紧急制动反应时间取值的参考依据。图 2-9-13 中紧急制动反应时间为负的工况表明驾驶人在危险触发阈值前就采取了制动措施。

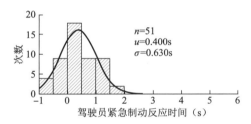

图 2-9-13　追尾危险场景驾驶人紧急制动反应时间分布及拟合

（2）国外研究。

在国外相关研究成果中，以决策的复杂程度即决策的信息容量来确定驾驶人的反应时间。根据驾驶人对于道路条件是否有了预先的估计，确定有预期反应时间与决策的信息容量之间的关系见图 2-9-14，回归得到式（2-9-13）。

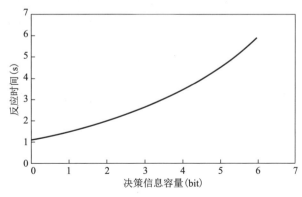

图 2-9-14　有预期反应时间的模型示意图

$$y = 1.237554e^{0.258913x} \quad (2\text{-}9\text{-}13)$$

式中：y——反应时间(s)；

x——信息容量(bit)，1bit 的信息容量相当于从两个相同概率的反应中选择一个所需的信息处理量，而从三个等概率的选项中决策的信息容量等于 1.5bit，以此类推，得到信息容量的量化水平。

驾驶人对道路条件无预期的反应时间作同样的分析，得到相关散点图与趋势线见图 2-9-15，回归得到式(2-9-14)。

$$y = 1.878384e^{0.261087x} \quad (2\text{-}9\text{-}14)$$

式中各符号的意义同前。

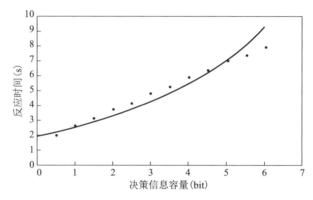

图 2-9-15　无预期反应时间的模型示意图

根据上述模型可计算不同决策信息容量情况下有、无预期的反应时间，见表 2-9-11。

驾驶人有、无预期的反应时间　　　　　　　　表 2-9-11

决策信息容量(bit)	1.0	1.5	2.0
有预期反应时间(s)	1.603	1.825	2.077
无预期反应时间(s)	2.439	2.779	3.166

如果选择决策信息容量 1bit、无预期反应时间是 2.439s；如果选择决策信息容量 1bit、有预期反应时间是 1.603s。与国内相关研究相比较，所谓无预期即为舒适驾驶状态，有预期就是有相当警惕性驾驶状态。在山区高速公路圆曲线半径较小路段的内侧车道高速行驶时，符合驾驶人处于有相当警惕性的驾驶状态，紧急制动反应时间可取 1.603s，舒适驾驶状态的紧急制动反应时间可取 2.439s。

国外除欧洲部分国家反应时间取 2s 外，其余国家驾驶人反应时间大多取 2.5s。根据美国 AASHTO 规定，驾驶人识别判断时间 1.5s，作用时间为 1.0s，反应时间取 2.5s。这些反应时间基本上为理想状态的取值，即舒适驾驶状态的紧急制动反应时间。

（3）反应时间取值建议。

从国内外研究成果可以看出，舒适驾驶状态的紧急制动反应时间，多数国家取 2.5s；驾驶人有相当警惕性的驾驶状态，紧急制动反应时间可取 1.5s。国外相关研究认为如果选择信息容量1bit且为有预期时反应时间1.603s,紧急制动反应时间有所差别,但相差不大。建议舒适驾驶状态的紧急制动反应时间取2.5s,作为停车视距一般值的计算参数;有相当警惕性的驾驶状态时紧急制动反应时间取1.5s,作为停车视距最小值的计算参数。

2) 路面摩阻系数

根据既有研究成果,路面摩阻系数一般大于0.5,我国2017年版《路线规范》采用潮湿状态下的道路摩阻系数计算停车视距,因此高速公路摩阻系数取值范围为0.29~0.31。但低等级公路摩阻系数取值为0.38~0.44(表2-9-12),低等级公路路面条件较高速公路差,摩阻系数取值反而高,说明高速公路摩阻系数取值偏于安全。国外较多国家摩阻系数取值高于我国(表2-9-13),对在紧急制动状态下计算停车视距,如果按设计速度计算我国高速公路摩阻系数可取0.46。

我国2017年版《路线规范》中小客车纵向摩阻系数取值表　　　　表2-9-12

设计速度(km/h)	120	100	80	60	40	30	20
行驶速度(km/h)	102	85	68	54	36	30	20
摩阻系数	0.29	0.30	0.31	0.33	0.38	0.44	0.44

国外摩阻系数表　　　　表2-9-13

美国(AASHTO, 2011 6th Edition)	德国(RAA,2008)	澳大利亚(Australia,2009)	
0.35	0.38	舒适制动	0.26
		舒适紧急制动	0.36
		紧急制动	0.46

3) 汽车制动减速度

汽车制动减速度的大小对停车视距的结果影响较大。同济大学吴斌等基于中国自然驾驶数据,认为在紧急制动工况下未发生碰撞,驾驶人的制动过程在其操控能力范围内,大部分最大制动减速度都未达到车辆或路面的极限情况,得到了121例追尾危险工况下紧急制动避撞最大制动减速度正态分布及拟合图(图2-9-16),正态分布均值$u=-6.1\text{m/s}^2$,标准差1.2m/s^2,最大减速度超过$a_L=7.5\text{m/s}^2$。

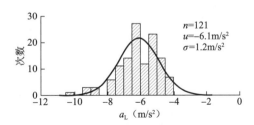

图2-9-16　最大制动减速度分布及拟合

美国 AASHTO 对 45 名驾驶人进行 3000 次制动试验,指出大多数驾驶人在意外发现前方道路有障碍物需停车时所采用的减速度大于 4.5m/s^2,约 90% 的驾驶人采用的减速度大于 3.4m/s^2。德国对制动减速度的取值为 3.7m/s^2,欧盟法律条例采用的制动减速度为 5m/s^2,各国平均制动减速度见表 2-9-14。澳大利亚对制动减速进行了详细的分类,考虑了制动时驾驶人实际操作状态和不同感受,规定紧急状况下的制动减速度采用 4.51m/s^2。

各国制动减速度表(m/s^2)　　　　　　　　　　　　　　　　　表 2-9-14

美国(AASHTO, 2011 6th Edition)	德国 (RAA,2008)	欧盟 71/320/EWG	澳大利亚 (Australia,2009)	
3.40	3.70	5	舒适制动	2.55
			舒适紧急制动	3.53
			紧急制动	4.51

我国《机动车运行安全技术条件》(GB 7258—2017)中明确规定了各类车型在空载与满载状态下的平均制动减速度要求(表 2-9-15)。由表 2-9-15 可知,最小汽车制动减速制动为满载下的铰接客车、铰接式无轨电车和汽车列车,但制动减速度也要求大于或等于 4.5m/s^2。

我国汽车制动减速度要求　　　　　　　　　　　　　　　　　　　　表 2-9-15

机动车类型	空载检验充分发出的平均减速度(m/s^2)	满载检验充分发出的平均减速度(m/s^2)
乘用车	≥6.2	≥5.9
总质量小于或等于 3500kg 的低速货车	≥5.6	≥5.2
其他总质量小于或等于 3500kg 的汽车	≥5.8	≥5.4
铰接客车、铰接式无轨电车、汽车列车(乘用车列车除外)	≥5.0	≥4.5
其他汽车、乘用车列车	≥5.4	≥5.0

根据相关研究,在紧急情况下小客车的最大减速度一般都能达到 7.5m/s^2,考虑停车视距为紧急制动状态的情形,小客车紧急制动减速度可取 4.50m/s^2,为小客车最大减速度的 60%;货车最大减速度一般能达到 6.5m/s^2,货车紧急制动减速度可取 3.80m/s^2,不到货车最大减速度的 60%。综上所述,建议基于制动减速度的停车视距计算方法,小客车紧急制动减速度取 4.50m/s^2,货车紧急制动减速度取 3.8m/s^2。不仅给紧急制动留有富余,也给后车保留一定的制动距离,为避免追尾留有空间。

4) 设计速度或运行速度

采用跟踪雷达对陕西西安与广东周边多条高速公路上的运行速度进行调查(图 2-9-16),为避免驾驶人看见实验人员和设备产生警戒心理而引起驾驶行为异常,实验人员隐蔽调查。为保证数据的有效性,采集过程中不能出现交通拥堵。分车道对速度采集结果进行分析,得到不同观测点各车道运行速度 v_{85}(表 2-9-16),表中高速公路车道由内向外分别为第一至第四车道。

图 2-9-17 车速调查现场

不同观测点各车道运行速度 v_{85}(km/h) 表 2-9-16

车道数	第一车道		第二车道		第三车道		第四车道	
	最高	最低	最高	最低	最高	最低	最高	最低
车道限速(km/h)	120	100	100/120	80	100	60/80	80	60
设计速度(km/h)	120(设计速度的85%为102)							
测点1 三车道	118.88		113.10		95.97			
测点2 三车道	120.24		112.50		82.98			
测点3 三车道	110.00		102.50		81.37			
测点4 四车道	123.20		120.00		98.67		96.16	
测点5 四车道	110.30		107.50		102.14		86.47	
测点6 四车道	119.58		117.92		106.85		86.21	
设计速度(km/h)	100(设计速度的85%为85)							
测点7 三车道	102.63		97.86		87.96			

从表 2-9-16 的实测运行速度结果可知，第一车道 v_{85} 接近或超过设计速度，且每条车道的 v_{85} 均达到或超过最高限制速度。运行速度由内侧车道向外侧车道呈递减趋势，最内侧车道车辆运行速度最高，最外侧车道车辆运行速度最低。

我国 2017 年版《路线规范》中停车视距计算模型采用潮湿状态下的道路摩阻系数进行计算，即使运行速度折减基本合理，但道路摩阻系数取值明显偏低，与现有路面条件及汽车性能等匹配度较低。随着汽车整体性能和道路条件的提升，原先基于道路阻力系数的计算模型已经不能准确地反映汽车紧急制动停车的实际情况，因此运用汽车制动减速度来代替道路摩阻系数计算停车视距较为合理。

基于制动减速度的停车视距计算方法：从调查结果分析，设计速度为 120km/h 的双向八车道高速公路 v_{85} 推荐值见表 2-9-17；其他标准的高速公路第一车道运行速度均接近设计速度，为保障高速公路交通安全，应按设计速度核查第一车道的停车视距是否满足要求。

设计速度为 120km/h 时的 v_{85} 推荐值(km/h) 表 2-9-17

车道数	第一车道	第二车道	第三车道	第四车道
单向三车道	120	110	100	—
单向四车道	120	120	105	90

注：表中数值按 5km/h 取整。

基于摩阻系数的停车视距传统计算方法:行驶速度按照2017年版《路线规范》规定,当设计速度120~80km/h时为其85%,当设计速度60~40km/h时为其90%,当设计速度30~20km/h时为其100%。如果直接采用设计速度,路面摩阻系数应按干燥状态取0.46。

9.3.3 高速公路停车视距一般值与最小值

1)提出停车视距一般值与最小值的基本依据

车辆在高速公路行驶过程中,为了避免追尾或保证安全换道,驾驶人经常需要制动减速,但一般不需要紧急停车。如果发现前方障碍物是静止的物体需要紧急停车或紧急换道时,最短停车距离取决于驾驶人紧急制动反应时间和最大制动减速度。紧急制动时的反应时间与驾驶人年龄、性别、驾驶经验有关,但与驾驶人在行驶时所保持的警惕性程度关系最大。一般情况下,多数驾驶人在最内侧车道行驶的警惕性要高于外侧车道,路线线形指标低的路段驾驶人警惕性要高于线形指标高的路段。当驾驶人处于有相当警惕性驾驶状态时,遇到紧急情况所需要的紧急制动反应时间短;当驾驶人处于舒适性驾驶状态时,遇到紧急情况所需要的紧急制动反应时间相对较长。

同时,停车视距对交通安全性有影响,但对工程造价影响更大,在规范制定时一般要提出一般值与最小值两种设计指标供设计者根据具体条件选择。

停车视距一般值:当车辆在高速公路外侧车道或圆曲线半径较大的内侧车道上行驶时,多数驾驶人处于无预期的舒适性驾驶状态(正常驾驶状态)。多数国家(含中国)对无预期的舒适性驾驶状态紧急制动反应时间取2.5s,据此计算得到的停车视距可称为"舒适紧急制动停车视距",计算结果与2017年版《路线规范》规定值基本一致,其安全冗余度较大,建议作为停车视距规定值的一般值。

停车视距最小值:当车辆行驶在高速公路最内侧车道上,以限制速度为基准速度,高速驶入圆曲线半径较小的路段时,驾驶人对道路通行条件有预期,通常保持有较高的警惕性。根据国内外对有相当警惕性驾驶状态的紧急制动反应时间研究数据综合分析,紧急制动反应时间可取1.5s,计算得到的停车视距可称为"紧急制动停车视距",其安全冗余度相对较小,建议作为停车视距规定值的最小值。

2)停车视距一般值与最小值

综上分析,基于路面摩阻系数的停车视距计算方法,摩阻系数宜取0.46;基于制动减速度计算方法,制动减速度宜取$4.50m/s^2$。舒适紧急制动反应时间取2.5s(一般值),紧急制动反应时间取1.5s(最小值)。小客车紧急制动停车视距(最小值)和舒适紧急制动停车视距(一般值)的计算值和推荐值如表2-9-18所示。采用舒适紧急制动反应时间计算的停车视距与我国2017年版《路线规范》规定值基本一致,计算模型较2017年版《路线规范》规定的计算方法更合理。

小客车停车视距一般值与最小值的计算值及推荐值　　表2-9-18

设计速度(km/h)			120	110	100	90	80	70	60
停车视距推荐值(m)	最小值	计算值	173.5	149.6	127.4	106.9	88.2	71.2	55.9
		推荐值	175	150	130	110	90	75	60

续上表

设计速度(km/h)			120	110	100	90	80	70	60
停车视距推荐值(m)	一般值	计算值	206.8	180.1	155.2	131.9	110.4	90.6	72.5
		推荐值	205	180	155	130	110	90	75
2017年版《路线规范》规定值(m)			210		160		110		75

9.3.4 基于运行速度的最内侧车道采用停车视距最小值合理性分析

根据高速公路实测运行速度分析,运行速度分布图中 v_{85} 与高速公路限速基本一致,见图 2-9-18。从图 2-9-17 中可知,设计速度或公路限速为 120km/h 时,超过 60% 车辆行驶速度在 110km/h 以下,仅有 15% 的驾驶人行驶速度达到或超过高速公路限速值,显然行驶速度在 110km/h 以上的车辆在较小半径圆曲线路段内侧车道上行驶时,驾驶人警惕性高于其他车道或路段。高速公路最内侧车道作为超车道或快车道,是多车道高速公路限速最高的车道,车辆在最内侧车道上以限制速度为基准速度,高速驶入较小圆曲线半径路段时,特别是驶入左偏圆曲线线形路段,因最内侧车道停车视距较小,行驶条件最为不利,驾驶人从对道路通行条件的预期考虑,必然处于高警惕性的驾驶状态。同时考虑小半径圆曲线路段基本上里程都较短,不存在长时间高警惕性带来的疲劳驾驶风险,而对行驶速度在 110km/h 以下的车辆,停车视距基本满足舒适紧急制动的规定要求。因此,对多车道高速公路提出不同车道采用不同的停车视距标准,即高速公路最内侧车道采用紧急制动停车视距(最小值),其他车道采用舒适紧急制动停车视距(一般值),符合不同车道的车辆运行特点和安全性要求。

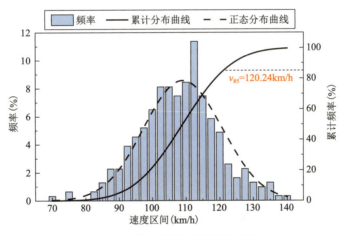

图 2-9-18 高速公路最内侧车道运行速度分布图

9.4 高速公路停车视距对应的临界圆曲线半径

9.4.1 高速公路停车视距对应的临界圆曲线半径计算模型

公路曲线路段因挖方边坡、路侧护栏、隧道侧壁、中央分隔带防眩设置等可能遮挡驾驶人视线,使驾驶人无法及时看清道路前方线形和行车道内的各种障碍物,导致没有足够的距离在障碍物前停车,从而增加了行车危险。因此,需要保障有足够的停车视距,而采用满足停车视距对应的临界圆曲线半径就是其中有效的手段之一。停车视距是车辆行驶轨迹线上从驾驶人视点轨迹线的不同位置引出不同的视线,其弧长均为停车视距值,与这些视线相切的曲线称为视距曲线(图2-9-19)。驾驶人视点轨迹线与视距曲线之间的横向距离称为横净距,横净距范围内应无任何遮挡视线的物体。

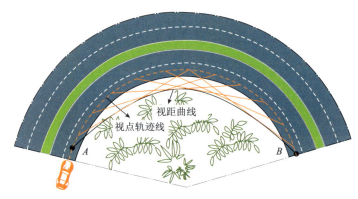

图 2-9-19 平曲线停车视距示意图

车辆在圆曲线上行驶时,驾驶人的视线主要受道路侧向能提供的最大横净距和圆曲线半径的影响,左偏曲线和右偏曲线道路能提供的横净距差异较大。根据几何关系,满足视距要求临界圆曲线半径(视点轨迹线的曲线半径)与横净距关系的计算公式见式(2-9-15)。

$$m = R\left[1 - \cos\left(\frac{S_t}{2R}\right)\right] \qquad (2\text{-}9\text{-}15)$$

式中:m——横净距(m);

R——视点轨迹线的曲线半径(m);

S_t——停车视距(m)。

由 $\cos\alpha = 1 - \alpha^2/2! + \alpha^4/4! - \cdots + (-1)^n \alpha^{2n}/2n!$,对式(2-9-15)进行近似简化,取 $n=2$,停车视距圆曲线半径简化为式(2-9-16)。

$$R = \frac{S_t^2}{8m} \qquad (2\text{-}9\text{-}16)$$

从图 2-9-20 中可看出,视点轨迹所在曲线半径大小决定了驾驶人在曲线路段的最大可视距离。在相同道路条件下,圆曲线半径越小,驾驶人视线受阻程度越大,可视距离越小。当可视距离小于车辆的停车视距时,若驾驶人对于紧急情况无法及时处理,容易导致交通事故的发生。

9.4.2 停车视距对应的左偏临界圆曲线半径(第一车道、第二车道)

2017 年版《路线规范》规定小客车驾驶人目高为 1.2m,受中央分隔带护栏的遮挡,高速公路第一车道(最内侧车道)为最不利的视距位置。第一车道横净距为 C 值宽度与左侧路缘带宽度、驾驶人视点横向位置之和(图2-9-21)。

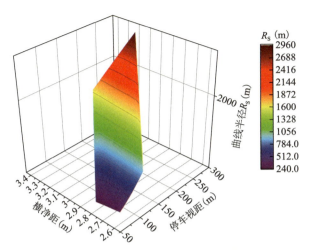

图 2-9-20　横净距、停车视距和曲线半径关系图

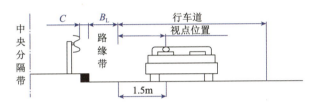

图 2-9-21　第一车道横净距示意图

一般路段左偏圆曲线视点轨迹线半径计算如图 2-9-22 所示。

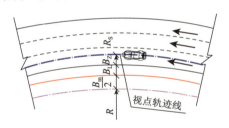

图 2-9-22　一般路段左偏圆曲线视点轨迹线半径计算示意图

左偏曲线第一车道的视点轨迹线半径计算见式(2-9-17)。

$$R_S = R + \frac{B_m}{2} + B_L + B_S \qquad (2\text{-}9\text{-}17)$$

式中：R_S——视点轨迹线的曲线半径(m)；

R——高速公路圆曲线最小半径(m)；

B_m——中央分隔带宽度(m)；

B_L——左侧路缘带宽度(m)；

B_S——驾驶人视点横向位置(m)，取 1.5m(推荐值)。

左偏曲线一般路段横净距及计算参数如表 2-9-19 所示。采用式(2-9-16)、式(2-9-17)和表 2-9-19 中的计算参数，分别计算得到满足不同设计速度的停车视距(规范值)所对应的左偏临界圆曲线半径计算值(表 2-9-19)。

停车视距对应的左偏临界圆曲线半径　　　　　　　　　　　　　　表 2-9-19

设计速度或运行速度(km/h)		120	100	80	60
左侧路缘带宽度 B_L(m)		0.75	0.75	0.5	0.5
C 值(m)		0.50	0.25	0.25	0.25
横净距(m)	视点位置取 1.5m 时(推荐值)	2.75	2.50	2.25	2.25
	视点位置取 1.875m 时(规范值)	3.125	2.875	2.625	2.625
停车视距(m)(取整 5m)	推荐值　停车视距最小值	175	130	90	60
	推荐值　停车视距一般值	205	155	110	75
	停车视距规范值	210	160	110	75
临界圆曲线半径(m)(取整 5m)	停车视距最小值　视点位置取 1.5m 时	1390	845	450	200
	停车视距一般值	1910	1200	670	310
	停车视距规范值　视点位置取 1.5m 时	2005	1280	670	310
	视点位置取 1.875m 时	1760	1115	575	270
2017 年版《路线规范》规定的圆曲线最小半径(m)	一般值	1000	700	400	200
	极限值	650	400	250	125
圆曲线最小半径一般值对应的临界横净距(m)		5.51	4.57	3.78	3.52

由表 2-9-19 的结果可看出,受高速公路中央分隔带护栏和防眩设施等的影响,当停车视距为规范值,且视点位置按规范规定取 1.875m 时,第一车道(最内侧车道)所需临界圆曲线半径约为 2017 年版《路线规范》中圆曲线最小半径一般值的 1.4~1.75 倍。当视点位置也取 1.5m 时,第一车道(最内侧车道)所需临界圆曲线半径约为 2017 年版《路线规范》中圆曲线最小半径一般值的 1.55~2.0 倍,与推荐的停车视距一般值基本一致。因此 2017 年版《路线规范》规定的圆曲线最小半径一般值不能满足左偏曲线路段停车视距的要求。

当采用推荐的停车视距最小值时(视点位置取 1.5m),第一车道(最内侧车道)停车视距对应的临界圆曲线半径为 2017 年版《路线规范》中圆曲线最小半径一般值的 1.0~1.39 倍。当设计速度为 80km/h 时,停车视距对应的临界圆曲线半径为 450m,较规范中圆曲线最小半径一般值仅大 50m;如果视点位置也采用规范规定的行车道中线位置,则圆曲线最小半径为 385m,较规范中圆曲线最小半径一般值小 15m。因此,地形特别困难路段,建议采用推荐的停车视距最小值进行核查(小客车),这样能较好地解释停车视距与规范中圆曲线最小半径规定值之间的关系。当设计速度为 80km/h 时,只要圆曲线半径大于规范中规定的圆曲线最小半径一般值,高速公路中央分隔带不需要特殊设计;当设计速度为 100km/h 或 120km/h 时,推荐的停车视距最小值对应的临界圆曲线半径分别为 845m 和 1390m,较规范中圆曲线最小半径一般值 700m 和 1000m 大 145m 和 390m,如果圆曲线半径小于停车视距对应的临界圆曲线半径,应采取停车视距的保证措施。

9.4.3 停车视距对应的右偏临界圆曲线半径

填方路段路侧一般设有护栏,因小客车驾驶人视线高度为 1.2m,右偏曲线最外侧车道驾驶人视线受到路侧护栏的影响;而大型车视线高度为 2.0m,不受路侧护栏遮挡。因此,从路侧护栏遮挡驾驶人视线角度仅考虑小客车的停车视距是否满足要求。右偏曲线的横净距为行车道宽度与硬路肩宽度之和减去驾驶人视点横向位置(图 2-9-23)。

填方路段右偏圆曲线视点轨迹线半径计算如图 2-9-24 所示。

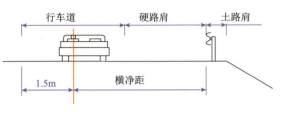

图 2-9-23 填方路段横净距示意图

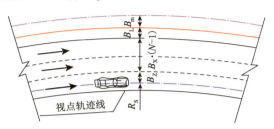

图 2-9-24 填方路段右偏圆曲线视点轨迹线半径计算示意图

视点轨迹线半径计算见式(2-9-18):

$$R_S = R - \frac{B_m}{2} - B_Z - B_L - B_X \cdot (N-1) \qquad (2\text{-}9\text{-}18)$$

式中:R_S——视点轨迹线的曲线半径(m);
R——高速公路圆曲线最小半径(m);
B_m——中央分隔带宽度(m);
B_L——左侧路缘带宽度(m);
B_X——行车道宽度(m);
N——车道数。

右偏曲线一般路段横净距及计算参数如表 2-9-20 所示。采用式(2-9-16)、式(2-9-18)和表 2-9-20 中的计算参数,计算得到满足不同设计速度的停车视距(规范值)所对应的右偏临界圆曲线半径计算值(表 2-9-20)。

停车视距(规范值)对应的右偏临界圆曲线半径　　　表 2-9-20

	设计速度或运行速度(km/h)		120	100	80	60
	行车道宽度 B_X(m)		3.75	3.75	3.75	3.50
	硬路肩宽度(m)		3.00	3.00	3.00	1.50
硬路肩为3.0m时的横净距(m)	视点位置取1.5m时(推荐值)		5.25	5.25	5.25	3.50
	视点位置取1.875m时(规范值)		4.875	4.875	4.875	3.125
停车视距(m)	推荐值	停车视距最小值	175	130	90	60
	推荐值	停车视距一般值	205	155	110	75
	停车视距规范值		210	160	110	75
临界圆曲线半径(m)(取整5m)	停车视距最小值	视点位置取1.5m时	730	400	190	130
	停车视距一般值		1000	570	288	200
	停车视距规范值	视点位置取1.5m时	1050	610	288	200
		视点位置取1.875m时	1130	655	310	225

续上表

设计速度或运行速度（km/h）		120	100	80	60
2017 年版《路线规范》规定的圆曲线最小半径（m）	一般值	1000	700	400	200
	极限值	650	400	250	125
圆曲线最小半径一般值对应的临界横净距（m）		5.51	4.57	3.78	3.52

由表 2-9-20 可知,当硬路肩为 3.0m 时,停车视距采用规范规定值,视点位置取行车道中心线 1.875m 时,则设计速度为 100km/h 和 80km/h 的对应临界圆曲线半径小于 2017 年版《路线规范》中圆曲线最小半径一般值,但大于极限值;当硬路肩为 3.0m 时,停车视距采用规范规定值,视点位置取行车道中心线 1.5m 时,则除了设计速度为 120km/h 时临界圆曲线半径略大于圆曲线最小半径一般值外,其他设计速度的临界圆曲线半径均小于圆曲线最小半径一般值;如果采用推荐的停车视距,则临界圆曲线半径较 2017 年版《路线规范》规定的圆曲线最小半径一般值小得更多。故只要圆曲线半径大于 2017 年版《路线规范》中圆曲线最小半径一般值,停车视距有保证,如果圆曲线半径小于一般值(大于或等于极限值),应采取停车视距保证措施。

9.4.4 隧道路段停车视距对应的左偏临界圆曲线半径

1）左偏曲线隧道路段

由图 2-9-9 可知,左偏曲线隧道路段小客车和大货车的横净距 M 采用式（2-9-19）计算：

$$M = B_X - B_S + L_{j1} + J_1 \tag{2-9-19}$$

式中：L_{j1}——隧道内左侧侧向宽度（m）；

J_1——左侧检修道宽度（m）；

B_S——视点位置距离左侧车道左边线距离（m），小客车取 1.6m,货车取 1.4m。

按上式计算得到隧道路段左偏曲线的横净距,圆曲线半径取视点轨迹线的曲线半径。结合表 2-9-21 中的横净距,可计算得到左偏曲线隧道路段停车视距对应的临界圆曲线半径（表 2-9-21）。由表 2-9-21 可知,2017 年版《路线规范》规定的圆曲线半径一般值,不能满足左偏曲线隧道路段规范规定的小客车停车视距要求,且相差约 1.2～1.6 倍。货车运行速度或限速一般较小客车或设计速度低一档,因此,除了设计速度为 80km/h、货车限速 60km/h 时满足货车停车视距要求外,其他设计速度的停车视距均不满足货车要求,相差约 1.1～1.7 倍。按车道管理规定,货车一般靠外侧车道行驶,因此隧道路段货车宜用右偏曲线为准进行核查。

隧道路段圆曲线最小半径一般以超高不大于 5% 进行控制设计。由表 2-9-21 和表 2-9-22 可知,当隧道内超高不大于 4% 时,除了设计速度为 120km/h 外,其余圆曲线最小半径均小于规范规定的停车视距对应的临界圆曲线半径;推荐的停车视距最小值对应的临界圆曲线均小于隧道内超高为 5% 的圆曲线最小半径。

隧道路段停车视距对应的左偏临界曲线半径(取为整5m) 表2-9-21

设计速度(km/h)			120	100	80	60
左侧侧向宽度(m)			0.75	0.75	0.5	0.5
左侧检修道宽度(m)			1	0.75	0.75	0.75
小客车内侧车道横净距(m)		视点位置取1.6m时	3.35	3.1	2.85	2.85
小客车停车视距(m)	推荐值	停车视距最小值	175	130	90	60
		停车视距一般值	205	155	110	75
	停车视距规范值		210	160	110	75
临界圆曲线半径(m)	推荐值	停车视距最小值	1145	680	355	160
		停车视距一般值	1570	970	530	245
	停车视距规范值		1645	1030	530	245
货车内侧车道横净距(m)		视点位置取1.4m时	3.15	2.9	2.65	2.65
货车停车视距规范值(m)		0%	245	180	125	85
不同纵坡货车停车视距对应的临界圆曲线半径(m)		0%	2380	1395	735	340
		-3%	2785	1555	795	375
		-4%	2955	1640	820	390
2017年版《路线规范》规定的圆曲线最小半径(m)		一般值	1000	700	400	200
		极限值	650	400	250	125

最大超高为8%时对应不同超高的圆曲线最小半径 表2-9-22

设计速度(km/h)		120	100	80	60
最大超高为8%时对应不同超高的圆曲线最小半径(m)	超高为4%	1500	1100	710	320
	超高为5%	1190	860	550	200

2) 右偏曲线隧道路段

隧道路段(右偏曲线)小客车、大货车横净距采用式(2-9-20)计算:

$$M = B_X - B_S + L_{j2} + J_2 \qquad (2-9-20)$$

式中:L_{j2}——隧道内右侧侧向宽度(m);

J_2——检修道宽度(m);

B_S——视点位置距离右侧车道左边线距离(m),小客车取0.8m,货车取1.0m。

计算得到右偏曲线隧道内小客车和大货车的横净距如表2-9-23所示。在隧道路段,圆曲线半径取视点轨迹线的曲线半径。结合式(2-9-16)和表2-9-23中的横净距,可计算出右偏曲线隧道路段停车视距对应的临界圆曲线半径。

隧道路段停车视距(规范值)对应的右偏临界圆曲线半径(取为整5m) 表2-9-23

设计速度(km/h)		120	100	80	60
右侧侧向宽度(m)		1.25	1.00	0.75	0.75
右侧检修道宽度(m)		1.00	1.00	0.75	0.50
小客车外侧车道横净距(m)	视点位置取0.8m	5.20	4.95	4.45	4.20

续上表

		设计速度(km/h)	120	100	80	60
小客车停车视距(m)	推荐值	停车视距最小值	175	130	90	60
		停车视距一般值	205	155	110	75
	停车视距规范值		210	160	110	75
临界圆曲线半径(m)	推荐值	停车视距最小值	735	425	230	110
		停车视距一般值	1010	605	340	170
	停车视距规范值		1060	645	340	170
货车外侧车道横净距(m)	视点位置取1.0m		5.00	4.75	4.25	4.00
货车停车视距规范值(m)	0%		245	180	125	85
不同纵坡货车停车视距对应的临界圆曲线半径(m)	0%		1500	850	460	225
	-3%		1755	950	500	250
	-4%		1865	1000	515	260
2017年版《路线规范》规定的圆曲线最小半径(m)	一般值		1000	700	400	200
	极限值		650	400	250	125

由表2-9-23可知,2017年版《路线规范》规定的圆曲线最小半径一般值基本能满足小客车停车视距的要求;货车运行速度或限速一般较小客车低一档,因此,也基本满足货车停车视距的要求。

9.4.5 停车视距对应的临界圆曲线半径主要结论

1) 货车停车视距对应的临界圆曲线半径

由于货车按规定靠右侧(最外侧)车道行驶,左偏圆曲线内侧车道停车视距可不考虑货车(含隧道路段),同时考虑货车限速或运行速度较左侧车道的小客车车速低(设计速度),因此无论路基路段的右偏圆曲线还是隧道路段的右偏圆曲线,均满足右偏圆曲线货车停车视距要求(表2-9-21、表2-9-23)。

2) 路基或桥梁路段停车视距对应的临界圆曲线半径

路基或桥梁路段小客车停车视距对应的横净距与临界圆曲线半径等指标,汇总如表2-9-24所示,根据高速公路停车视距对应的临界圆曲线半径计算结果分析,得出主要结论如下:

(1)小客车停车视距规范值对应的右偏临界圆曲线半径,除了设计速度为120km/h外,其余均小于2017年版《路线规范》中圆曲线最小半径一般值;推荐的停车视距一般值对应的右偏临界圆曲线半径均小于或等于圆曲线最小半径一般值。因此,当右偏圆曲线半径大于2017年版《路线规范》规定的圆曲线最小半径一般值时,除了设计速度为120km/h外,停车视距基本都有保证。

(2)小客车停车视距规范值、推荐的停车视距(一般值和最小值)对应的左偏临界圆曲线半径(表2-9-24),均大于或等于2017年版《路线规范》中圆曲线最小半径一般值。因此,当左偏圆曲线半径大于2017年版《路线规范》规定的圆曲线最小半径一般值时,仍然存在不满足停车视距要求的情况,不满足路段应采取相应的停车视距保证措施。地形特别困难路段,可采用推荐的停车视距最小值作为停车视距保证措施的验算指标。

（3）路基或桥梁路段左偏圆曲线，与规范规定值相比较，设计速度为120km/h、100km/h 和80km/h 对应的横净距差2.76m、2.7m 和1.53m。

综上所述，由于高速公路采用的圆曲线最小半径一般情况下大于一般值，故路基或桥梁停车视距不足路段主要在左偏圆曲线路段。

路基或桥梁路段小客车停车视距对应的横净距与临界圆曲线半径汇总 表2-9-24

	设计速度或运行速度(km/h)		120	100	80	60
满足规范规定的停车视距相应的指标	停车视距(m)		210	160	110	75
	圆曲线最小半径一般值(m)		1000	700	400	200
	对应的临界横净距(m)		5.51	4.57	3.78	3.52
	临界圆曲线半径(m)	左偏	2005	1280	670	310
		右偏	1050	610	288	200
满足推荐的停车视距一般值相应的指标	推荐的停车视距一般值(m)		205	155	110	75
	横净距(m)		2.75	2.50	2.25	2.25
	左偏临界圆曲线半径(m)		1910	1200	670	310
	横净距(m)		5.25	5.25	5.25	3.50
	右偏临界圆曲线半径(m)		1000	570	288	200
满足推荐的停车视距最小值相应的指标	推荐的停车视距最小值(m)		175	130	90	60
	横净距(m)		2.75	2.50	2.25	2.25
	左偏临界圆曲线半径(m)		1390	845	450	200
规范规定的圆曲线半径对应的横净距	圆曲线最小半径一般值(m)		1000	700	400	200
	对应的临界横净距(m)		3.83	3.02	2.53	2.25

注：表中的视点位置均为1.5m。

3）隧道路段停车视距对应的临界圆曲线半径

隧道路段小客车停车视距对应的横净距与临界圆曲线半径等指标，汇总如表2-9-25所示。根据高速公路速度路段停车视距对应的临界圆曲线半径计算结果分析，得出主要结论如下：

（1）小客车停车视距规范值和推荐的停车视距一般值对应的右偏临界圆曲线半径（表2-9-25），除了设计速度为120km/h外，其余均小于2017年版《路线规范》中圆曲线最小半径一般值。因此，当右偏圆曲线半径大于2017年版《路线规范》规定的圆曲线最小半径一般值时，除了设计速度为120km/h外，停车视距均有保证。

（2）小客车停车视距规范值和推荐的停车视距（一般值和最小值）对应的左偏临界圆曲线半径均大于2017年版《路线规范》中圆曲线最小半径一般值。因此，当左偏圆曲线半径大于2017年版《路线规范》规定的圆曲线最小半径一般值时，仍然存在不满足停车视距要求的情况，不满足路段应采取相应的停车视距保证措施。地形特别困难路段，可采用推荐的停车视距最小值作为停车视距保证措施的验算指标。

（3）隧道路段圆曲线最小半径一般以超高不大于5%进行控制。当隧道内超高不大于

4%时,除了设计速度为120km/h外,其余停车视距满足规定要求;当隧道内超高不大于5%时,只有设计速度为80km/h时停车视距满足规定要求;推荐的停车视距最小值对应的临界圆曲线均小于隧道内超高为5%的圆曲线最小半径。地形特别困难路段,可采用推荐的停车视距最小值作为验算指标。

(4)隧道路段左偏圆曲线,相对应的横净距差2.16m、1.47m和0.93m。

综上所述,由于隧道路段圆曲线最小半径一般以最大超高不大于4%或5%控制,因此,停车视距不足路段也主要在左偏圆曲线路段。

隧道路段小客车停车视距对应的横净距与临界圆曲线半径汇总   表2-9-25

	设计速度或运行速度(km/h)		120	100	80	60
	左偏圆曲线小客车视点位置取1.6m时横净距(m)		3.35	3.10	2.85	2.85
	右偏圆曲线小客车视点位置取0.8m时横净距(m)		5.20	4.95	4.45	4.20
满足规范规定的停车视距及相应的指标	停车视距(m)		210	160	110	75
	圆曲线最小半径一般值(m)		1000	700	400	200
	对应的临界横净距(m)		5.51	4.57	3.78	3.52
	对应的临界圆曲线半径(m)	左偏	1645	1030	530	245
		右偏	1060	645	340	170
满足推荐的停车视距一般值相应的指标	推荐的停车视距一般值		205	155	110	75
	对应的临界圆曲线半径(m)	左偏	1570	970	530	245
		右偏	1010	605	340	170
满足推荐的停车视距最小值相应的指标	推荐的停车视距最小值(m)		175	130	90	60
	对应的左偏临界圆曲线半径(m)		1145	680	355	160
隧道路段推荐的圆曲线最小半径及对应横净距	最大超高为8%时对应的圆曲线最小半径(m)	超高为4%	1500	1100	710	320
		超高为5%	1190	860	550	200
	左偏圆曲线小客车对应的横净距(m)	超高为4%	3.68	2.91	2.13	2.20
		超高为5%	4.63	3.72	2.75	3.52

9.5 高速公路停车视距保证措施及应思考的问题

9.5.1 停车视距保证措施及优缺点

根据停车视距及临界圆曲线半径的综合研究结果可知,停车视距不满足要求的情况主要在左偏圆曲线路段,应对左偏圆曲线进行重点核查。停车视距保证措施主要方案及优缺点详见表2-9-26,改变路面标线位置的保证措施示意图详见图2-9-25。

停车视距保证措施主要方案　　　　　　　　　表 2-9-26

序号	方案名称	停车视距保证措施的具体方案	存在问题
1	中央分隔带采用新泽西护栏的保障措施	通过改变中央分隔带形式,到达增大横净距目的。中央分隔带宽度为 3.0m 时,最大调整幅度能达到 1.5m;因此横净距相差小于 1.5m 时可考虑采用该方案(如设计速度为 80km/h 时)	该保证措施总体造价较低,但采用刚性防撞护栏对事故车辆上的人员伤害较大,从以人为本角度考虑,一般不采用
2	改变路面标线位置并挤占硬路肩的保证措施	采取将靠中央分隔带的内侧行车道标线外移以增大横净距。由于行车道右侧有 2.5m 或 3m 宽的硬路肩,通过将行车道边缘线及分界线适当外移,挤占硬路肩后能满足横净距要求	①变更后的线形如图 2-9-25 中红线所示,已经不是圆曲线,不符合规范相关规定要求。②硬路肩大部分被行车道占用,不满足规范要求。该方案不宜考虑
3	改变路面标线位置并加宽硬路肩的保证措施	同上,挤占硬路肩后,对硬路肩进行相应的加宽,以便满足硬路肩宽度的要求	变更后的线形已经不是圆曲线,不符合规范相关规定要求。该方案不宜考虑
4	加宽中间分隔带宽度的措施	采用左右分幅线形设计,加宽中间分隔带宽度,满足横净距要求	①适用于解决局部路段受条件限制时的保证措施。②如果需要全路段加宽中间分隔带宽度,鉴于我国土地资源紧缺,不合理也不经济
5	采用停车视距对应的临界圆曲线半径作为控制指标	圆曲线设计指标如果按停车视距对应的临界圆曲线半径掌握,相当于技术标准中提高了,且技术指标提高幅度较大。有些项目地形条件适应,有些项目桥隧占比大可考虑,但也有一些项目会带来工程规模大幅度增加的问题,应结合项目具体条件考虑	受停车视距对应的临界圆曲线半径的影响,山区高速公路较多项目不得不采用高指标,不仅增加桥隧工程规模,造成工程造价大幅度提高。有些项目还出现大填大挖,给工程带来安全隐患
6	采用限速的保证措施	通过限速措施保证停车视距满足要求是最经济的保证措施	如果全线多数路段进行限速,将影响高速公路的高速与高效功能

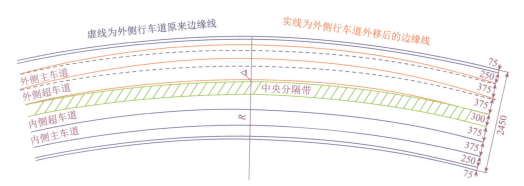

图 2-9-25　改变路面标线的停车视距保证措施设计示意图(尺寸单位:cm)

9.5.2　停车视距保证措施对工程造价的影响

山区高速公路较多项目地形条件非常复杂,为了合理控制工程规模,往往采用 2017 年版

《路线规范》规定的圆曲线最小半径一般值作为控制指标,依据停车视距所需要的横向净距要求,圆曲线半径较小时难以满足要求。地形复杂路段的在建工程,为了保证停车视距满足要求,需要加宽路基或桥梁宽度,造成工程造价相对增加较多的问题。新建项目采用提高圆曲线设计指标的保证措施,工程造价增加更多。

典型示例一:设计速度为100km/h的高速公路,对小客车停车视距、货车停车视距都进行了核查。检查结果显示,全线48.295km的项目,有28段需要采取加宽路基或桥梁的保证措施,如表2-9-27所示,本项目相对增加造价约1.5亿元。

全线依据停车视距(含货车)检查结果的加宽路段(典型示例一)　　　　表2-9-27

交点桩号	圆曲线半径（m）	小客车停车视距加宽值(m)	货车停车视距加宽值(m)	备注
K1+192.374	1300	不加宽	0.23	互通区
K2+883.351	1000	0.31	1.16	互通区
K4+036.081	940	0.51	1.41	桥梁段
K5+023.958	1050	0.16	0.97	桥梁段
K6+293.108	1010	0.28	1.12	桥梁段
K7+158.365	1100	0.02	0.79	桥梁段
K7+940.620	1200	不加宽	0.49	桥梁段
K8+685.472	1000	0.31	1.16	桥梁段
K10+203.60	1000	0.31	1.16	桥梁段
K10+948.19	720	1.54	2.71	桥梁段
K11+637.25	720	1.54	2.71	桥梁段
K14+757.66	1100	不加宽	0.79	桥梁段
K18+127.60	1325	不加宽	0.17	隧道段
K19+073.19	1120	不加宽	0.73	隧道段
K32+848.55	1200	不加宽	0.49	桥梁段(已施工)
K33+686.78	830	0.96	1.98	桥梁段(已施工)
K34+521.75	700	1.67	2.87	桥梁段(已施工)
K35+289.83	1200	不加宽	0.49	桥梁段(已施工)
K35+827.03	900	0.66	1.60	桥梁段(已施工)
K36+390.66	700	1.67	2.87	桥梁段(已施工)
K39+568.52	1100	不加宽	0.79	桥梁段(已施工)
K40+727.60	1020	0.25	1.08	隧道段(已施工)
K41+553.85	1150	不加宽	0.63	桥梁段(已施工)
K42+107.94	830	0.96	1.98	路基段(已施工)
K42+742.29	730	1.48	2.64	桥梁段(已施工)

续上表

交点桩号	圆曲线半径（m）	小客车停车视距加宽值（m）	货车停车视距加宽值（m）	备注
K44+274.17	880	0.74	1.70	桥梁段（已施工）
K45+129.22	1050	0.16	0.97	桥梁段（已施工）
K47+092.77	1350	不加宽	0.12	桥梁段（已施工）
K48+295.40	1180	不加宽	0.55	互通区（已施工）

注：表中停车视距加宽计算值取自原设计，由于计算参数的取值不同，与本章结论不一致。

典型示例二：设计速度 100km/h 的高速公路，对小客车停车视距进行了核查。结果显示，全线 78.4km 的项目，有 14 段需要采取加宽路基或桥梁的保证措施，其中交点桩号为 K81+996.88 的曲线采用限速措施后再考虑加宽，限制速度为 80km/h，如表 2-9-28 所示。该项目增加造价约 1.2 亿元。

全线依据停车视距检查结果的加宽路段（典型示例二）　　表 2-9-28

交点桩号	圆曲线半径（m）	加宽值（m）	左侧横净距（m）	限速（km/h）
K11+351.20	750	1.4	2.15	100
K12+775.96	800	1.2	1.95	100
K13+790.47	700	1.7	2.45	100
K14+867.41	1000	0.4	1.15	100
K64+938.21	1000	0.4	1.15	100
K68+513.47	1100	0.1	0.85	100
K72+142.07	785.63	1.2	1.95	100
K73+248.61	570	2.8	3.55	100
K75+370.87	1000	0.4	1.15	100
K77+846.88	1100	0.1	0.85	100
K78+716.91	1000	0.4	1.15	100
K81+996.88	500.283	0.2	0.95	80
K88+355.37	1000	0.1	0.85	100
K89+765.06	720	1.6	2.35	100

注：表中停车视距加宽计算值取自原设计，由于计算参数的取值不同，与本章结论不一致。

9.5.3 停车视距保证措施落实时应思考的问题

1）圆曲线最小半径与美国相关规定的比较

我国圆曲线最小半径极限值与美国等多数国家规定基本一致，美国没有一般值的规定，见表 2-9-29。如果以 2017 年版《路线规范》中的停车视距对应的临界圆曲线半径值作为控制指标，意味着我国技术标准较美国等国家高得多；如果按美国规定的停车视距反算圆曲线最小半径，所需要的临界圆曲线半径值更大，与 2017 年版《路线规范》中圆曲线最小半径规定值相差更大。根据了解,欧美高速公路较多项目中央分隔带没有设置防眩设施,且物高取 0.6m,因此基本不存在高速公路最内侧车道停车视距不足的问题。因此,美国圆曲线最小半径的指标不是由停车视距所需要的临界圆曲线半径确定。

中国、美国停车视距与圆曲线最小半径规定值　　　表 2-9-29

	设计速度(km/h)	120	100	80
中国	圆曲线最小半径一般值(m)	1000	700	400
	圆曲线最小半径最小值(m)	650	400	250
	停车视距(m)	210	160	110
美国	圆曲线最小半径(m)	665	395	230
	停车视距(m)	250	185	130

2) 既有高速公路停车视距不足路段交通现状

《路线细则》出台之前,由于设计、审查均没有核查"高速公路最内侧车道几何视距与对应所需要的圆曲线半径"之间的关系,因此,山区高速公路圆曲线最小半径都是按规范中规定的圆曲线最小半径一般值控制,即较多项目较多路段圆曲线半径采用接近或等于最小半径一般值。近几年,我国已通车的高速公路对限速进行了调整,从基于设计速度的高速公路限速调整结果来看,不但没有降低限速,基本上都是"提速"。有些省(区、市)设计速度不论是 100km/h 还是 80km/h,除了隧道和连续长大纵坡路段外,小客车一律将限速调整为 120km/h;有些省(区、市)设计速度为 80km/h,小客车限速调整为 100km/h;设计速度为 100km/h,限速调整为 120km/h。提速的高速公路项目中,较多路段平面指标采用设计速度所对应的圆曲线最小半径一般值或接近一般值,中央分隔带宽度并没有进行特殊设计。显然,既有高速公路有较多路段停车视距不满足限速调整的要求,但根据调查,这些路段没有发现交通事故率明显高于其他路段,说明可能车辆行驶到停车视距不足路段,驾驶人进行了适当的减速行驶,保证了交通安全;也有可能是高速公路停车视距安全冗余度大,车辆以限制速度行驶(不需要减速)能保证安全通行。因此高速公路不同车道的停车视距及计算参数取值有待现场实测验证。

3) 停车视距对运行速度及交通安全性的影响

停车视距是路线设计中最重要的验算指标之一,停车视距大小决定了公路在确保安全前提下能达到的运行速度,也是评价公路交通安全性与行车舒适性的重要指标。调查表明,车辆行驶速度高低取决于驾驶人对公路停车视距、路面状态、前后车辆实时变化情况等因素的综合判断,不同驾驶人掌握尺度差异较大。在交通量较小、天气较好时,停车视距为主要影响因素。对平面交叉口、高速公路出入口等三角通视区,如果停车视距安全冗余度不足将对交通安全造成直接影响。对其他路段,如果停车视距安全冗余度不足,将对驾驶人的期望速度与行车舒适性造成直接影响,对行车安全性影响较小。

尽管既有高速公路普遍"提速"了,但从调查分析结果可知,平曲线半径较小的圆曲线路段没有发现交通事故明显增加的现象,总体上交通运行事故风险较低,故可以认为停车视距对高速公路交通安全性影响较小。

9.6 高速公路停车视距最小值安全风险分析

9.6.1 高速公路内侧车道被占发生概率分析

根据分析可知,高速公路车道内侧车道被占有三种情况:一是在地质条件复杂区域出现山体滑坡,由于高速公路内侧车道停车视距不利位置在山体的外侧(左偏圆曲线),因此只有当全幅路基约 2/3 被占时内侧车道才会被占,这种情况滑坡体较大,中央分隔带防撞护栏和防眩设施遮挡不住滑坡体的视线,且发生概率极低。二是发生交通事故,事故车辆尚未移除,内侧车道发生概率较高。三是车辆落物,物体较大,被占发生概率较小。尽管后面两种情况发生的概率要高些,对某一路段而言,这三类事故都是随机偶发小概率事件,且刚好发生在某圆曲线半径最小或较小路段的概率更小。

9.6.2 发生事故危害程度分析

根据《公路限速标志设计规范》(JTG/T 3381-02—2020)相关研究,行驶速度影响事故所导致伤害的严重程度。当车辆行驶速度超过 30km/h 时,其所造成的伤害将超过人体的承受能力,但大多数人可以存活;被行驶速度 50km/h 的车辆撞击时,大多数人会失去生命,如图 2-9-26 所示。假设在高速公路内侧车道发现障碍物,且车辆没有换道机会,以规范规定值为基准,根据紧急制动停车视距(最小值)与规范值的差值,计算得到相应的碰撞速度,见表 2-9-30。从表中的结果可以看出,不同设计速度下,可能的碰撞速度均低于 20km/h,显然对车内人员的伤害均非常小,车辆损坏严重程度较低,同时高速公路上没有行人通行,因此,即使出现碰撞事故,安全风险较低,可能造成的直接经济损失较小。

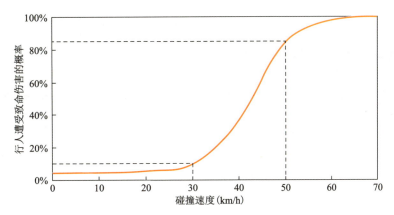

图 2-9-26　行人与车辆碰撞遭受致命的可能性

资料来源:*Speed Management*,Paris 2006,OECD(经济合作与发展组织)。

停车视距与碰撞速度　　　　　　　　表 2-9-30

设计速度(km/h)		120	100	80
2017 年版《路线规范》规定的停车视距(m)		210	160	110
停车视距一般值	推荐值(m)	205	155	110
	与规范差值(m)	5	5	0
	可能的碰撞速度(km/h)	2.18	2.9	0
停车视距最小值	推荐值(m)	175	130	90
	与规范差值(m)	35	30	20
	可能的碰撞速度(km/h)	17.92	18.23	16.38

9.6.3 紧急换道可能性及换道概率分析

1) 换道长度计算模型

当车辆发现前方有障碍物时,车辆采取紧急制动的同时会考虑换道行为。在内侧车道的车辆要变换到外侧车道上,换道过程由发现前方有障碍物时驾驶人紧急制动反应时间、寻找可插入间隙时间、判断可插入间隙时间、变换车道时间四部分组成,如图 2-9-27 所示。

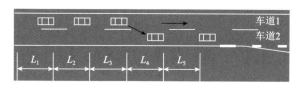

图 2-9-27　车辆换道过程示意图

(1)紧急制动反应时间 t_1 及距离 L_1。

①紧急制动反应时间 t_1。

根据前述内容,当车辆发现前方有障碍物时,紧急制动反应时间为 t_1,取 1.5s。

②反应时间前进的距离 L_1。

$$L_1 = \frac{v}{3.6} \times t_1 = 0.417v \quad (2\text{-}9\text{-}21)$$

式中: v——车辆的行驶速度(km/h)。

(2)等待可插入间隙时前进的距离 L_2。

车辆在准备换道过程中,需要等待相邻车道的可插入间隙时间,在该时间内前进的距离由式(2-9-22)计算。

$$L_2 = \frac{v}{3.6} \times t_w \quad (2\text{-}9\text{-}22)$$

式中: v——等待可插入间隙过程中车辆的行驶速度(km/h);

t_w——平均等待一个可插入的间隙的时间(s),由式(2-9-23)式计算。

$$t_w = \frac{1}{\lambda}\left[\mathrm{e}^{\lambda(t-\tau)} - \lambda(t-\tau) - 1\right] \quad (2\text{-}9\text{-}23)$$

式中: t——车辆临界间隙时间(s),一般取 4.0s;

λ——单位时间的平均到达率(辆/s);

τ——车头时距的最小值(s),一般取1.2s。

(3)判断可插入间隙时行驶的距离 L_3。

L_3 为判断可插入间隙是否可以安全插入时的纵向行驶距离,由式(2-9-24)计算。

$$L_3 = \frac{v}{3.6}t_3 = \frac{v}{3.6} \times 2.5 = 0.694v \qquad (2\text{-}9\text{-}24)$$

式中:v——判断可插入间隙过程中车辆的运行速度(km/h);

t_3——判断可插入间隙时间。

(4)车辆变换一次车道时行驶的距离 L_4。

研究表明,车辆的横移速度为1m/s,我国车道宽度3.75m,换道横移距离取3.05m,横移时间 t_4 取3.05s。车辆横移时行驶的距离为 L_4,由式(2-9-25)计算。

$$L_4 = \frac{v}{3.6}t_4 = \frac{v}{3.6} \times 3.05 = 0.847v \qquad (2\text{-}9\text{-}25)$$

式中:v——变换车道过程中车辆的运行速度(km/h)。

(5)车辆换道距离 L。

综合上述分析,得到车辆完成车道变换所需的距离,由式(2-9-26)计算。

$$L = L_1 + L_2 + L_3 + L_4 \qquad (2\text{-}9\text{-}26)$$

2)紧急换道可能性分析

根据上述换道计算公式计算,正常车辆换道所需要的距离要远大于停车视距,要在停车视距范围内完成换道,其前提条件必须是当驾驶人发现前方有障碍物时能立即进入可插入状态,即换道距离 $L = L_1 + L_4$。同时考虑障碍物占车道位置情况,本章紧急制动停车视距以占半个车道(视点位置为1.2m时横移距离1.175m)为准进行计算,则 $L = 0.743v$。按设计速度为120km/h、100km/h、80km/h、60km/h 计算变换车道所需距离见表2-9-31。

障碍物占道换道距离计算表 表2-9-31

设计速度(km/h)	120	100	80	60
占半个车道的换道距离(m)	89.2	74.3	59.4	44.6
停车视距规范值(m)	210	160	110	75
推荐的停车视距最小值(m)	175	130	90	60

从表2-9-31可知,如果障碍物占半个车道(视点位置),在发现障碍物时能立即变道,换道长度均短于紧急制动停车视距,具有换道的可能性。

3)紧急换道可行性概率分析

车辆在准备换道过程中,需要等待相邻车道的可插入间隙时间,可插入间隙时间计算式见式(2-9-23)。根据可插入间隙时间计算结果,立即进入换道行为的可行性概率见表2-9-32。不同的设计速度,二级服务水平时换道概率超过65%,最高达79.4%;三级服务水平时换道概率在50%左右,最低为44.2%,最高达69%,存在换道的可能。

紧急换道可行性概率　　　　　　　　　　　表2-9-32

设计速度(km/h)		120	100	80	60
换道概率(%)	二级服务水平	65.0	66.5	68.8	79.4
	三级服务水平	44.2	47.1	51.4	69.0

9.6.4 基于汽车制动试验的刹车距离安全性分析

根据许斌等在汽车制动试验中得到的汽车制动距离(表2-9-33)可知,在晴天路面干燥状态下,汽车以相同的速度在两种不同路面结构的制动距离相差较小;在小雨和中到大雨天气时,不同的路面类型及不同车型制动距离相差相对较大。

该汽车制动试验是基于两种不同路面结构的试验,路面结构类型不同,试验结果虽有差别但相差不大,因此可作为停车视距计算取值时的参考。本章推荐的停车视距最小值比汽车制动试验的制动距离大得多,而且设计速度越高,大得越多,因而安全风险越小。

汽车制动试验的制动距离　　　　　　　　　　　表2-9-33

车辆品牌及型号	车速(km/h)	路面类型	汽车试验制动距离(m)			基于减速度的制动距离计算值(m)	
			晴天	小雨	中到大雨		
大众迈腾	80	PAC路面	20.18	23.50	25.15	紧急制动减速度 $a=4.51\mathrm{m/s^2}$	54.75
		SMA路面	24.30	26.85	29.75		
	100	PAC路面	26.10	30.70	34.62		85.54
		SMA路面	30.23	34.55	41.20		
别克GL8	80	PAC路面	21.59	24.71	27.15	紧急制动减速度 $a=4.51\mathrm{m/s^2}$	54.75
		SMA路面	25.42	29.50	34.03		
	100	PAC路面	27.33	32.81	36.92		85.54
		SMA路面	33.43	37.53	44.11		

注:PAC路面为排水沥青路面或多孔隙沥青磨耗层路面,SMA路面为沥青玛蹄脂碎石混合料路面。

9.6.5 基于路面横向力系数的圆曲线最小半径安全性分析

1)横向力系数计算公式

圆曲线路段路面横向力系数计算公式如下:

$$\mu = \frac{v^2}{127R} - i \quad (2\text{-}9\text{-}27)$$

式中:v——运行速度(km/h);

R——圆曲线半径(m);

i——超高横坡值;

μ——横向力系数。

横向力系数是反映车辆在圆曲线上行驶的力学指标,与道路平面圆曲线半径成反比,与运行速度成正比。当以路面与轮胎之间的摩阻系数作为横向力系数时,即可分析计算速度与圆曲线半径之间的关系;当道路圆曲线半径和超高已确定时,可分析运行车速与其横向力系数的关系。

2) 基于横向力系数的圆曲线安全性、舒适性判别标准

2017 年版《路线规范》第 7.3.2 条条文说明指出,从人的承受能力与舒适感考虑,当横向力系数 $\mu<0.10$ 时,转弯不感到有曲线的存在,很平稳;当 $\mu=0.15$ 时,转弯感到有曲线的存在,但尚平稳;当 $\mu=0.20$ 时,已感到有曲线的存在,并感到不平稳;当 $\mu=0.35$ 时,感到有曲线的存在,并感到不稳定;当 $\mu>0.40$ 时,转弯非常不稳定,有倾覆的危险。

3) 基于横向力系数安全性判别标准的圆曲线最小半径

2017 年版《路线规范》对圆曲线最小半径取值计算时,一般值和极限值对应的横向力系数非常小(表 2-9-34),极限值对应的 $\mu=0.10\sim0.15$。不同的横向力系数对应的圆曲线最小半径计算结果如表 2-9-34 所示。当 $\mu=0.10$ 时,对应的圆曲线最小半径均小于规范规定的一般值;当 $\mu=0.15$ 时,对应的圆曲线最小半径均小于规范规定的极限值。根据《限速规范》第 5.4.2 条条文说明所述,随着车辆性能大幅提升,μ 值的冗余性非常充足,在圆曲线上的安全稳定性评价以 μ 值不大于 0.15 为限制值较为合适。通过圆曲线最小半径路段以横向力系数为基础的安全性分析表明,满足停车视距最小值要求的平曲线路段的交通安全风险非常小。

不同横向力系数的圆曲线最小半径计算表 表 2-9-34

	设计速度(km/h)	120	100	80	60
2017 年版《路线规范》规定值	横向力系数 μ(极限值)	0.10	0.12	0.13	0.15
	圆曲线最小半径一般值($i=7\%$)(m)	1000	700	400	200
	圆曲线最小半径极限值($i=8\%$)(m)	650	400	250	125
圆曲线最小半径计算值(m)	$i=8\%,\mu=0.10$	630	437	280	157
	$i=8\%,\mu=0.15$	493	342	219	123
	$i=8\%,\mu=0.20$	404	281	180	101
	$i=8\%,\mu=0.35$(舒适性差)	264	183	117	66

本章参考文献

[1] 中华人民共和国交通运输部.公路路线设计规范:JTG D20—2017[S].北京:人民交通出版社股份有限公司,2017.

[2] AASHTO. Highway Safety Design and Operations Guide [M]. Washington D. C.,2011.

[3] 日本道路公团.日本高速公路设计要领[M].交通部工程管理司译划组,译.西安:陕西旅游出版社,1991.

[4] 日本道路协会.日本公路技术标准的解说与运用[M].王治中,张文魁,冯理堂,译.北京:人民交通出版社,1979.

[5] 中华人民共和国交通部.公路项目安全性评价指南:JTG/T B05—2004[S].北京:人民交

通出版社,2004.

[6] ZHANG Xuguang,GAO Jianping. Research on the Fixation Transition Behavior of Drivers on Expressway in Foggy Environment[J]. Safety Science,2018,119.

[7] HUDAK M,MADLENAK R. The Research of Driver Distraction by Visual Smog on Selected Road Stretch in Slovakia[J]. Procedia Engineering,2017,178:472-479.

[8] ANTONSON H,JAGERBRAND A,AHLSTROM C. Experiencing Moose and Landscape While Driving:A Simulator and Questionnaire Study[J]. Journal of Environmental Psychology,2015,41:91-100.

[9] 陈芳,周智海,杨运兴.山区高速公路弯道路段驾驶人视点分布特征研究[J].合肥工业大学学报:自然科学版,2015,38(05):594-599.

[10] 杨运兴,陈芳.山区高速公路边坡路段驾驶人视点分布特征研究[J].公路交通科技,2018,4(34):102-106.

[11] 杨龙清,江建,王家主,等.彩色路面环境下隧道驾驶视觉空间研究[J].福建交通科技,2019,167(2):38-41.

[12] 孟云龙.高速公路曲线路段中央分隔带视距问题及交通安全设施改善措施研究[J].公路与汽运,2017(03):24-26.

[13] 赵永平,杨少伟,赵一飞.高速公路中央分隔带外侧超车道停车视距研究[J].公路,2004.6(06):39-42.

[14] 王晓楠,王云泽,苗慕楠,等.动态停车视距模型研究及应用[J].公路,2015(11):151-155.

[15] 周海宇.山区高速公路小半径平曲线隧道交通安全保障技术研究[D].西安:长安大学,2018.

[16] 唐力焦.基于高速公路几何线形与路侧安全设施的视线诱导技术研究[D].西安:长安大学,2019.

[17] 中华人民共和国交通运输部.公路工程技术标准:JTG B01—2014[S].北京:人民交通出版社股份有限公司,2015.

[18] 苏晓智,柳银芳,潘兵宏,等.多车道高速公路不同车道驾驶人视点位置研究[J].公路交通科技,2021,38(09):45-50.

[19] 裴玉龙,程国柱.高速公路运行车速调查与限制车速问题研究[J].哈尔滨工业大学学报,2003,35(2):168-172.

[20] 周宏敏,马玉成,王君,等.高速公路断面运行车速分布的研究[J].华东交通大学学报,2008,25(5):32-35.

[21] 阎莹,王晓飞,张宇辉,等.高速公路断面运行车速分布特征研究[J].中国安全科学学报,2008,18(7):171-176.

[22] 王晓华,汪凌志.高速公路平曲线运行速度特性的研究[J].中国市政工程,2011,(5):73-81.

[23] 杨文臣,田毕江,胡澄宇,等.山区高速公路隧道路段运行速度分析与预测[J].中外公路,2018,38(6):308-313.

[24] 陈铭,王雪松.城市主干路车速影响因素研究[J].交通与运输,2011,13(2):20-24.
[25] 李长城,张高强,刘兴旺.南友高速公路限速方法研究[J].公路,2009(10):141-146.
[26] 付晓宇.山区高速公路弯坡路段小型车运行速度预测模型研究[D].西安:长安大学,2017.
[27] 张驰,闫晓敏,李小伟,等.互通式立交单车道出口小客车运行速度模型[J].中国公路学报,2017,30(06):279-286.
[28] 吴明先,曹骏驹,林宣财,等.多车道高速公路不同车道运行速度的特点[J].公路交通科技,2021,38(09):33-45.
[29] 余志生.汽车理论[M].北京:机械工业出版社,2017.
[30] 袁浩,史桂芳,黄晓明,等.停车视距制动模型[J].东南大学学报(自然科学版),2009,39(04):859-862.
[31] 陈胜营,汪亚干,张剑飞.公路设计指南[M].北京:人民交通出版社,2000.
[32] 吴斌,朱西产,沈剑平.基于自然驾驶数据的驾驶人紧急制动行为特征[J].同济大学学报(自然科学版),2018,46(11):1514-1519.
[33] FANNING R,VEITH G,WHITEHEAD M,et al. Guide to Road Design Part 3:Geometric Design[J]. Austroads,2016(9):121-143.
[34] 中华人民共和国国家质量监督检验检疫总局,中国国家标准化管理委员会.机动车运行安全技术条件:GB 7258—2017[S].北京:中国标准出版社,2017.
[35] 张伟宾.高速公路长大纵坡载重车最小安全行车间距研究[D].西安:长安大学,2018.
[36] 许斌,杨志浩,石鑫,等.基于汽车刹车试验的排水沥青路面抗滑性能分析[J].公路,2019,(4):34-41.
[37] VAN DER HORST R,DE RIDDER S. Influence of Roadside Infrastructure on Driving Behavior[J]. Transportation Research Record:Journal of the Transportation Research Board,2007,2018(1):36-44.
[38] TAC. Geometric design guide for Canadian roads[M]. Ottawa:Transportation Association of Canada,1999.
[39] Austroads. Guide to Road Design Part 3:Geometric Design revised[M]. Sydney:Austroads Ltd,2016.
[40] DUERTE W. Federal German Road Design[M]. Translated by Jing Tianran. Beijing:China Communications Press,1987.
[41] 陈雨人,付云天,汪凡.基于支持向量回归的视距计算模型建立和应用[J].中国公路学报,2018,31(004):105-113.
[42] 文浩雄,钟琨,刘卓,等.高速公路中央分隔带横净距问题及对策[J].公路工程,2013,38(6):20-23.
[43] 张玥.基于横向力系数的公路平曲线半径及超高取值方法研究[J].中外公路,2015,35(2):5-9.
[44] 梁友哲.高等级公路平曲线外侧超车道停车视距的验算及改善措施[J].工程与建设,2018,32(4):520-522,545.

[45] 邢福东.高等级公路宜采用的平曲线半径分析[J].福建交通科技,2020(5):48-49.

[46] 杨帆,白浩晨,贺亚龙,等.高速公路中央分隔带停车视距评价方法研究[J].公路交通科技,2018,35(06):45-51.

[47] 吴善根,李涛,林宣财,等.基于制动减速度的高速公路停车视距研究[J].公路交通科技,2021,38(09):51-60.

[48] 林宣财,王科,李涛,等.高速公路内侧车道小客车停车视距合理取值的研究[J].公路交通科技,2021,38(09):68-77.

[49] 李星,王科,林宣财,等.高速公路内侧车道采用紧急制动停车视距安全风险分析[J].公路交通科技,2021,38(09):78-84.

[50] 张航,张肖磊,吕能超.高速公路停车视距可靠性设计[J].公路交通科技,2019,36(4):44-49.

[51] 张驰,杨少伟,赵一飞,等.公路三维视距的检验方法[J].长安大学学报(自然科学版),2009,29(03):54-57.

[52] 姜虹,李峰.不同路面条件下高速公路的停车视距建模与安全车速分析[J].西安工业大学学报,2012,32(1):25-30.

[53] 杨永红,吴传海,葛婷,等.山区高速公路超车道小客车停车视距安全性[J].长安大学学报:自然科学版,2014,34(5):42-48.

[54] 荀双杰.山区公路视距检验技术研究[D].昆明:昆明理工大学,2017.

[55] FAMBRO D B,FITZPATRICK K,KOPPA R J. Determination of Stopping Sight Distances. NCHRP Report 400[R]. Washington,D. C.:Transportation Research Board,1997.

[56] XIA R X,WU D H,HE J,et al. A New Model of Stopping Sight Distance of Curve Braking Based on Vehicle Dynamics[J]. Discrete Dynamics in Nature and Society,2016,20(16):1-8.

[57] HASSAN Y,SAYED T. Effect of driver and road characteristics on required preview sight distance[J]. Canadian Journal of Civil Engineering,2011,29(2):276-288.

[58] CRISMAN B,MARCHIONNA A,PERCO P. Photogrammetric Surveys for the Definition of a Model for a Passing Sight Distance Computation[C]// Proceedings of the 20nd International Symposium on Highway Geometric Design. Mainz:Road and Transportation Research Association,2000:110-118.

[59] NEHATE G,RYS M. 3D Calculation of Stopping-Sight Distance from GPS Data[J]. Journal of Transportation Engineering,2006,132(9):691-698.

[60] BASSANI M,HAZOOR A,CATANI L. What's around the curve? A driving simulation experiment on compensatory strategies for safe driving along horizontal curves with sight limitations[J]. Transportation Research Part F:Traffic Psychology and Behaviour,2019,66:273-291.